THE COORDINATED DEVELOPMENT OF
BEIJING-TIANJIN-HEBEI REGION:
INTERVIEWS, SPECIAL TOPICS AND OVERVIEW

京津冀协同发展：
访谈、专题与概况

张 贵 等◎著

经济管理出版社
ECONOMY & MANAGEMENT PUBLISHING HOUSE

图书在版编目（CIP）数据

京津冀协同发展：访谈、专题与概况/张贵等著.—北京：经济管理出版社，2023.5
ISBN 978-7-5096-8863-2

Ⅰ.①京…　Ⅱ.①张…　Ⅲ.①区域经济发展—协调发展—研究—华北地区　Ⅳ.①F127.2

中国国家版本馆 CIP 数据核字（2023）第 000037 号

组稿编辑：申桂萍
责任编辑：梁植睿
责任印制：黄章平
责任校对：陈　颖

出版发行：经济管理出版社
　　　　　（北京市海淀区北蜂窝 8 号中雅大厦 A 座 11 层　100038）
网　　址：www. E-mp. com. cn
电　　话：（010）51915602
印　　刷：唐山玺诚印务有限公司
经　　销：新华书店
开　　本：710mm×1000mm/16
印　　张：22.25
字　　数：374 千字
版　　次：2023 年 5 月第 1 版　2023 年 5 月第 1 次印刷
书　　号：ISBN 978-7-5096-8863-2
定　　价：98.00 元

前　言

自党的十八大以来到 2019 年初，习近平总书记先后六次考察调研京津冀地区，九次主持召开相关会议。从国家发展全局高瞻远瞩，推动京津冀协同发展，积极探索人口经济密集区优化开发模式。2017 年 4 月设立的雄安新区作为北京非首都功能疏解集中承载地，也承担着创造"雄安质量"、打造新时代推动高质量发展的全国样板、培育现代化经济体系新引擎、建设高水平社会主义现代化城市等历史使命。

本书是以国家社科基金重大招标项目首席专家张贵教授为首的团队近几年围绕京津冀协同发展和雄安新区规划建设形成的研究成果。

全书分为三篇：第一篇是媒体访谈。收录了 2014~2019 年媒体采访首席专家的文稿，有一部分内容散见于新闻媒体的报道中，一半以上的内容都是采访的完整稿，包括京津冀的缘起、顶层设计、产业、创新、人才、教育、交通、公共服务，以及天津和河北如何参与京津冀协同发展主题。在京津冀的缘起方面，主要包括京津冀何以"协同发展"、协同发展的背景、如何跳出京津冀一体化的"怪圈"、京津冀三地优劣势及国内外对比、河北省的京津冀一体化战略变迁等内容。在京津冀顶层设计方面，主要包括协同发展迫切需要顶层设计、协同发展最大的使命与趋势、协同发展的难点和规划重点等内容。在创新与率先突破方面，主要包括推动京津冀高质量协同发展的内在驱动力；构建京津冀创新共同体，推进京津冀协同发展；协同创新；加快构建京津冀协同创新网络；三地的产业转移与重新布局；产业协同发展的思路、重点与对策；京津产业对接协作的总体思路与着力点；津保高铁开通；北京新机场建设等内容。在协同发展的其他方面，主要包括京津冀教育协同发展、承接地如何吸引人口迁移、京津冀公共政策差异、京津功能疏解中的发力点、京津冀协同发展与京西商贸物流布局、京津冀区域文化一体化等内容。在天津方面，主要包括天津如何有效融入京津冀协同发展，天津发展面临的最大障碍（市场活力不足），天津创新发展，滨海新区于北京招才引智，滨海助力实现天津战略定位等内容。在河北方面，主要包括河北省切入京津冀一体化战略思考；河北积极拓展承接平台，着力优化承接环境；首都功能疏解；推动河北补齐协同发展"短板"；河北与京津冀协同发展；津冀协同发展与沿海港口战略，河北汽车制造承接京津产业转移；石家庄与京津的相互对接方略等内容。

第二篇是专题研究报告。本部分收录了19份专题报告，主要分为区域创新，区域产业，生态、交通与教育三大部分。报告基本上是在解密后首次公开发表，涉及行业众多，都是针对当时京津冀协同发展中的难点和热点展开的。6份报告是有关创新驱动与区域协同创新的，主要包括京津冀协同创新共同体、京津冀协同发展新情况、河北推进京津冀协同创新共同体的对策、加快推进京津雄创新三角区建设、加快发展天津智能科技产业、天津市构建创新创业生态。8份是有关区域产业一体化的，主要包括推动形成优势互补高质量发展的京津冀区域经济布局；京津冀协同发展背景下河北省产业发展；加快推进河北省形成沿海开放发展的新格局；天津自贸区对河北经济和社会的影响；京津冀产业协作中天津的发力点与对策；加快推进京津冀产业对接协作，拓展区域一体化新格局；关于天津市新能源汽车产业发展的建议；张家口绿色崛起与融入京津冀协同发展的战略思考。5份是有关生态环境、交通网络及教育协同发展的，主要包括碳交易与京津冀生态环境共建共享的市场机制、京津冀生态测度核算与共建共享的市场机制、河北省构建京津冀现代化交通网络系统的切入点与对策、切实发挥高校在京津冀协同发展和创新创业中的作用、京津冀教育协同发展背景下天津教育现代化的思考。

第三篇是京津冀协同发展概况。主要收录了2014~2019年京津冀协同发展的总体概况，贯彻落实习近平总书记重要讲话精神举措，各个行业领域协同发展情况，以及记录了该时期协同发展的重大事件和活动、存在的主要问题与展望。

附录是首席专家的研究成果与学术贡献。包括总体介绍、代表性成果及基本观点，主要围绕创新生态和京津冀协同发展的学术积累、学术贡献，以及同行评价和社会影响展开。

张　贵

2020 年春

目 录

第一篇 媒体访谈

第1章 京津冀缘起 ·· 003

1.1 京津冀何以"协同发展" ·· 003

1.2 京津冀协同发展的背景 ·· 006

1.3 如何跳出京津冀一体化的"怪圈" ···························· 007

1.4 京津冀三地优劣势及国内外对比 ······························ 012

1.5 河北省的京津冀一体化战略变迁 ······························ 013

第2章 京津冀顶层设计 ·· 017

2.1 京津冀协同发展迫切需要顶层设计 ···························· 017

2.2 京津冀协同发展最大的使命 ···································· 019

2.3 京津冀协同发展的使命与趋势 ································ 022

2.4 京津冀协同发展的难点和规划重点 ···························· 023

第3章 创新与率先突破 ·· 026

3.1 创新发展：推动京津冀高质量协同发展的内在驱动力 ········ 026

3.2 构建京津冀创新共同体，推进京津冀协同发展 ·············· 028

3.3 协同创新：京津冀经济转型突围的原动力 ···················· 030

3.4 加快构建京津冀协同创新网络 ································ 039

3.5 京津冀三地的产业转移与重新布局 ···························· 041

3.6 京津冀产业协同发展的思路、重点与对策 ···················· 043

3.7 加快京津产业对接协作的总体思路与着力点 ………………… 050

3.8 津保高铁开通，助力轨道上的京津冀 …………………………… 056

3.9 北京新机场应放眼全球和京津冀协同发展 …………………… 057

第4章 协同发展的其他方面 ……………………………………… 061

4.1 有关京津冀教育协同发展的几点看法 …………………………… 061

4.2 在京津冀一体化过程中，承接地如何吸引人口迁移 ………… 063

4.3 京津冀差距根源在于公共政策差异 …………………………… 065

4.4 京津功能疏解中的五个发力点 ………………………………… 066

4.5 京津冀协同发展与京西商贸物流布局 ………………………… 067

4.6 京津冀区域文化一体化 ………………………………………… 068

第5章 天津思考 ………………………………………………… 070

5.1 天津如何有效融入京津冀协同发展 …………………………… 070

5.2 天津发展面临的最大障碍是市场活力不足 …………………… 072

5.3 对于天津创新发展我们要拼什么 ……………………………… 076

5.4 滨海新区招才引智于北京，要做两手准备 …………………… 077

5.5 打好"滨海"牌，助力实现天津战略定位 …………………… 078

第6章 河北思考 ………………………………………………… 081

6.1 河北省切入京津冀一体化战略思考 …………………………… 081

6.2 河北积极拓展承接平台，着力优化承接环境 ………………… 086

6.3 首都功能疏解，河北如何接手 ………………………………… 091

6.4 思路换出路，推动河北补齐协同发展"短板" ……………… 092

6.5 河北与京津冀协同发展 ………………………………………… 093

6.6 津冀协同发展与沿海港口战略 ………………………………… 096

6.7 承接京津产业转移，河北汽车制造或迎新局 ………………… 101

6.8 石家庄与京津的相互对接方略 ………………………………… 102

第二篇　专题研究报告

第7章　创新驱动与区域协同创新 ……………………………………… 107

7.1　京津冀协同创新共同体建议 ………………………………………… 107

7.2　产业创新：京津冀协同发展的动力再造与能力提升 ……………… 117

7.3　打造京津冀协同创新共同体及河北对策 …………………………… 125

7.4　加快推进京津雄创新三角区建设的建议 …………………………… 131

7.5　推进"八链融合"，加快发展天津智能科技产业 ………………… 137

7.6　以构建创新创业生态为切入点，推动供给侧结构性改革 ………… 144

第8章　区域产业一体化 …………………………………………………… 151

8.1　推动形成优势互补高质量发展的京津冀区域经济布局 …………… 151

8.2　京津冀协同发展背景下河北省产业发展 …………………………… 155

8.3　加快推进河北省形成沿海开放发展的新格局 ……………………… 172

8.4　天津自贸区对河北经济和社会的影响 ……………………………… 177

8.5　京津冀产业协作中天津的发力点与对策 …………………………… 184

8.6　加快推进京津冀产业对接协作，拓展区域一体化新格局 ………… 189

8.7　关于天津市新能源汽车产业发展的建议 …………………………… 193

8.8　张家口绿色崛起与融入京津冀协同发展的战略思考 ……………… 198

第9章　生态环境、交通网络及教育协同发展 ………………………… 204

9.1　碳交易与京津冀生态环境共建共享的市场机制 …………………… 204

9.2　京津冀生态测度核算与共建共享的市场机制 ……………………… 210

9.3　河北省构建京津冀现代化交通网络系统的切入点与对策 ………… 227

9.4　切实发挥高校在京津冀协同发展和创新创业中的作用 …………… 230

9.5　京津冀教育协同发展背景下天津教育现代化的思考 ……………… 234

第三篇　京津冀协同发展概况

第 10 章　2014 年京津冀协同发展概况 ················ 239

10.1　京津冀协同发展总体情况 ················ 239

10.2　2014 年贯彻落实习近平总书记重要讲话精神举措 ·········· 241

10.3　2014 年按领域协同发展情况 ················ 245

10.4　结语：协同发展存在的主要问题与展望 ·········· 250

第 11 章　2015 年京津冀协同发展概况 ················ 255

11.1　京津冀协同发展总体情况 ················ 255

11.2　2015 年贯彻落实习近平总书记重要讲话精神举措 ·········· 259

11.3　2015 年按领域协同发展情况 ················ 262

11.4　结语：协同发展存在的主要问题与展望 ·········· 271

第 12 章　2016 年京津冀协同发展概况 ················ 276

12.1　京津冀协同发展总体情况 ················ 276

12.2　2016 年贯彻落实习近平总书记重要讲话精神举措 ·········· 279

12.3　2016 年按领域协同发展情况 ················ 282

12.4　结语：协同发展存在的主要问题与展望 ·········· 288

第 13 章　2017 年京津冀协同发展概况 ················ 293

13.1　京津冀协同发展总体情况 ················ 293

13.2　2017 年贯彻落实习近平总书记重要讲话精神举措 ·········· 296

13.3　2017 年按领域协同发展情况 ················ 299

13.4　结语：协同发展存在的主要问题与展望 ·········· 304

第 14 章　2018 年京津冀协同发展概况 ················ 307

14.1　京津冀协同发展总体情况 ················ 307

14.2 2018 年贯彻落实习近平总书记重要讲话精神举措 …………… 309

14.3 2018 年按领域协同发展情况 ……………………………… 311

14.4 结语：协同发展存在的主要问题与展望 …………………… 316

第 15 章 **2019 年京津冀协同发展概况** ……………………………… 319

15.1 京津冀协同发展总体情况 …………………………………… 319

15.2 2019 年贯彻落实习近平总书记重要讲话精神举措 …………… 322

15.3 2019 年按领域协同发展情况 ……………………………… 324

15.4 结语：协同发展存在的主要问题与展望 …………………… 329

附 录 首席专家的研究成果与学术贡献 ……………………………… 332

一、总体介绍 ……………………………………………………… 332

二、代表性成果及基本观点 ……………………………………… 334

三、主要学术积累和学术贡献 …………………………………… 337

后 记 ……………………………………………………………… 345

第一篇

【媒体访谈】

第 1 章
京津冀缘起

1.1 京津冀何以"协同发展"①

数十年来，京津两座城市一路狂奔，河北各城市发展却未"跟上节拍"，以致京津冀经济体量差异大，河北甚至无法顺利承接京津的产业转移与人口疏解。京津冀三地的经济格局呈现"两头大、中间小"的"哑铃形"，大量生产要素往京津集聚。现在，重提京津冀协同发展和一体化，京津"大城市病"突出，而河北作为京津产业的重要承接地，自身也面临节能减排压力，单纯承接京津产业外移的路子难以为继。京津冀究竟需要怎样的城市结构才较为合理？河北又该如何重新定位，平衡经济建设与生态保护？

1.1.1 城市群等级结构呈"金字塔形"，京津冀三地的城市结构却呈"哑铃形"

一般的城市结构是"金字塔形"，"塔尖"上是特大城市，人口最多、规模最大，产业层次也最高，这一点通常表现为以现代金融服务业为核心的产业。"金字塔塔尖"下面是一些大城市，再往下是中小城市，塔基是城镇和农村。长三角、珠三角区域乃至国外城市发展大致如此，但是京津冀区域不符合这个规律。京津

① 本节是《新金融》记者宁广靖、袁诚于 2014 年 4 月 14 日进行采访的完整稿。

冀地区是呈"哑铃形"的，上面有两个特大城市，下面次中心城市本应该有好几个，但是现在只有石家庄和唐山。这两个城市一个偏南，一个偏北，虽然石家庄是河北省的行政中心，但它相对于其他的省会城市距离首都很近，所以吸附能力就很弱，因为北京的吸附能力更强。

没有形成"金字塔形"的城市群结构，城市的功能和整体空间的分工布局就会遇到问题。两座特大城市优质资源和功能全部集中，小城市只能承担一些最基本的功能，它们之间形成了一个"悬崖"。这就导致北京所疏解的产业和资源，河北承接不了，因为它体量小，规模不够。

在京津冀协同发展中，河北城镇化是一个重要任务，"哑铃形"的城市结构是城镇化的"致命弱点"。截至 2013 年底，河北的城镇化率为 48%，北京是86.3%，天津是 83%，全国是 53.73%，显然河北与其他省份相比差距很大。快速城镇化需要人口集聚，但城镇化率要遵循社会的消化率，大致的合理区间是0.8%~1.2%，2013 年河北省实现了上限 1.2%，按照发展态势，很有可能超过这个速度。快速城镇化可能带来的问题是：人口难以消化，就业解决不了，居住、公共服务的配套都没有搭建好。

如今，一些中高端企业转移过来，河北承接不了。原因并不仅是城市人口规模，更深层次的原因是受到这里的产业结构和工业基础的影响，当地技术工人和专业基础配套都侧重于钢铁、机械、重化装备。现在电子、信息产业转移过来，一方面，现有的产业、投资大多要变成沉没成本，无法回收，产业工人也面临着原有的技术无法适应新岗位的需求；另一方面，新增的就业人口大多是本地农民，错过了最佳的学习时间，只能做一些简单工作，技术含量偏高的工作做不了，他们没有经过这方面的训练，这才是承接不了的最大难题。

1.1.2　在京津冀协同发展中，天津的定位与角色

京津冀协同发展最关键的是北京和天津这两座特大城市怎样合作。北京的定位已经明确了，就是四个功能：政治中心、文化中心、对外交流中心和科技创新中心；天津的功能是北方经济中心、航运中心、宜居城市。在京津冀一体化中，天津处于中枢的关键位置。它是一个经济中心，能够承接北京四个功能以外疏解出来的产业，其中一些高端的服务业和制造业是天津最主要的承接对象。最重要的是，京津之间有京津科技新干线，集中了京津两地最优质的科技资源，通过高

速公路、国道、城市轨道连接起来，串联了很多工业园区、城市、县镇。这条经济带能不能打造出世界级的科技产业带，是京津冀合作是否成功的关键所在。

事实上，在"双城记"提出之后，大量的企业已经转移到天津。阿里巴巴的华北电子商务物流中心在武清区，还有 58 同城、唯品会等其他电商和科研机构也陆续转移到天津。

未来天津发力的重点应该是借助首都资源，发展天津新的增长点。我们现在以八大优势支柱产业为主，这些产业现在也存在一个优化设计和调整的问题。比如天津未来科技城、武清北斗产业园都要寻找新的科技企业的任务。

北京疏解的不是高端的、高附加值的产业，它自愿转出来的企业多是"三高一低"的产业，即高投入、高耗能、高污染和低效益的产业，现在北京列出转移的 207 家企业恰恰就是这样。按照河北定位和发展规划，应该不会承接"三高一低"的企业。从三地的发展情况看，每个地方都有节能降耗的指标，这些企业转移过来还要占当地的指标，当地本身就在压缩这些企业，不太可能引进。

1.1.3　在一体化中，河北省各城市的定位

河北在起草"承接京津产业目录"时，应明确"要承接什么样的产业"，更应该采用非禁即行的"负面清单制度"，让市场决定企业的转移和生产要素在京津冀地区的配置。河北省几个环首都的周边设区市都有自己的定位。比如保定承接科技、医疗、教育和部分非首都职能的事业单位等部门和产业；廊坊承接电子信息、新能源、新材料等高校技术产业；石家庄主要是建设特色的科技园区，承接北京的科研机构、中试基地；张家口和承德是建设生态水源涵养区；秦皇岛则定位于高端旅游休闲。

在提出"京津冀一体化"之后，河北很多地区建设了工业园区，各地在承接一体化定位方面有同质化的情况。我们经历过园区开发过程中盲目引进、相互"砸价"的情况，造成恶性竞争和项目重复。这背离了园区本身的功能和发展方向。它们一开始饥不择食地希望项目落地，落地之后发现跟之前的规划不一致，造成了土地、资本等浪费，也没有形成良好的产业链上下游合作关系。企业之间没有必然的经济往来和合作。企业"一盘散沙"地放在一个园区里面，这是空间的浪费，所以我们首先要明白不发展什么样的企业。当地需要什么样的企业是市场决定的，但是不发展什么样的企业是政府能做到的。在北京产业转移过程中，

承接地要明晰自己的定位。

1.1.4 京津冀协同发展的最大阻力是体制机制问题

京津冀发展多年，成效不大，最主要的障碍是行政体制的问题。河北省所在的京津冀区域要想实现较快较好发展，就应该让参与区域一体化的这群主体能够"互利共赢"，而不能是牺牲一方去造福另一方，当前京津冀区域一体化的最主要症结恰恰在于此。

京津冀三地诉求不尽相同。北京的"大城市病"和雾霾等环境问题已成为最急迫解决的难题；天津更多的是思考如何借力北京资源发展自己；而河北相对欠发达，人均 GDP 不及京津的 1/3，处于追赶地位，重点在于如何从京津发展中"分一杯羹"。

要打破"自家一亩三分地"的思维，一是要有一个好的制度设计，二是要具备较强的执行力，三是要按照市场规律办事。对于这个问题有三套方案，初级的方案是维持现状；中级的方案是成立京津冀领导小组，作为高一级别的组织机构协调京津冀三地重大事项和规划；最高级的就是三地行政合署办公，成立一个独立的行政主体，这当然难度最大，涉及层面多、牵扯利益广，但成效最好。

1.2 京津冀协同发展的背景①

与过去的规划相比，此次最大不同点在于这是由国家直接推动的，并且把"京津冀协同发展"有史以来第一次提升到"国家重大战略"的地位。此次特别强调"顶层设计"与"自觉打破'一亩三分地'"。

京津冀协同发展的背景：从内部环境看，经过区域经济 30 余年的发展历程，不管是从产业层次还是城市功能对接、政府对这一问题的认知等问题，区域经济发展已经积蓄到从量变到质变的程度，已经到了必须动自己"奶酪"的时间点了。从外部环境看，首先，环境的恶化、水资源的短缺、空气污染等生态问题促

---

① 本节是《第一财经日报》记者秦夕雅于 2014 年 3 月 19 日的采访稿。

使三地不得不选择联动方式，这是三地联动最为直接的动因；其次，2008 年经济危机之后，原来的发展模式难以适应国外市场萎缩、新贸易保护主义抬头等外部环境的变化，难以找到新的经济突破点，京津冀从科技资源、产业基础、功能匹配方面，可以承担创新驱动的战略要求。

对于未来三地联动，河北承接的不再是"睡城"，天津承接的不仅是中关村转移来的研发中心。这次规划中央的决心大，地方愿意配合，不仅是简单的产业转移、企业搬迁、新型城镇化建设等方面，更加强调的是北京"去功能化"。疏解北京功能，然后由天津、河北承接，但是怎么承接是个大问题，也是现在顶层设计应该考虑的问题。

顶层设计是急需的，我们曾经设计过三套行政方案：首选方案成本最高，但成效最好的是成立"三地统一的行政机构"，由中央直管，向中央负责；中等方案是成立办公室，下设小组；保持现状、不改变行政关系去推行规划是第三方案。

以交通为代表的基础设施是最基础的，也是最容易做、最先行的部分。其他的制度建设等软环境建设则需要进一步梳理。

1.3　如何跳出京津冀一体化的"怪圈"①

1.3.1　京津冀一体化已开展很久，经济方面的主要瓶颈

一是长期以来三地的地方利益保护浓厚；二是京津两个直辖市的定位重叠、功能趋同，引发长期以来在项目、投资、设施等方面的竞争十分激烈；三是京津冀没有一个富有活力的统一的区域市场，经济要素中人、财物、信息不能自由流动和迅速集结。

1.3.2　最近被重新提出并上升到国家战略层面的原因

一是内部原因。区域经济经过 30 余年的发展历程，不管是从产业层次来看

---

① 本节是甘肃电视台《新财富夜谈》于 2014 年 4 月录制节目的脚本完整版。

还是从城市功能对接、政府对这一问题的认知来看，区域经济发展已经积蓄到从量变到质变的程度，已经到了必须动自己"奶酪"的时间点了。

二是外部环境。环境的恶化、水资源的短缺、空气污染等生态问题促使三地不得不选择联动方式，这是三地联动最为直接的动因。

三是国际因素。2008年经济危机之后，原来的发展模式难以适应国外市场萎缩、新贸易保护主义抬头等外部环境的变化，难以找到新的经济突破点，京津冀从科技资源、产业基础、功能匹配等方面，可以承担创新驱动的战略要求。

四是在全球化的背景下，国际和国内的区域经济合作方兴未艾。发达国家的大都市圈（带）崛起也成为区域经济发展中的一个重要现象，大都市经济区域是经济社会综合体的一种表现形式，它以较为发达的大都市为核心，以经济网络为纽带，联结周边中小城市，构成一个经济区域。在国内区域经济合作特别突出的是"长三角"和"珠三角"两大都市圈合作机制日趋成熟，经济总量在全国有着举足轻重的位置。京津冀地区各种优势资源云集，但是一直没有发挥出其优势，国家战略的推动可以促进京津冀协同发展，它的突破和成功可以使该地区成为未来中国经济增长的引擎，长期领先于全国。

1.3.3　推动京津冀一体化最需要解决的四个问题

一是应该做好顶层设计，核心是京津冀三地如何进行利益分配与共享。涉及财税，中央对地方政府、上级政府对下级政府的考核、官员评价等体系，可以进行京津冀行政主体的体制机制创新示范。

二是北京的功能疏解、产业转移和区域新增长极的培育。既要缓解北京"大城市病"，又要优化配置京津冀区域的创新资源，培育该区域的新增长极。既包括产业层面，也包括空间地域层面，如与北京的第二机场、亦庄经济技术开发区，天津的滨海新区、武清区，河北省的曹妃甸新区、正定新区、北戴河新区、黄骅新城等的建设相统一，使其成为辐射带动区域经济增长的新增长极。

三是加快构建互联互通综合交通网络，实现零换乘、无缝对接。

四是构建一个统一的区域市场体系，既要充分发挥市场资源配置的决定性作用，又要更好地发挥政府作用，让政府这只"有形的手"和市场这只"无形的手"很好地结合。

1.3.4 河北可以承接的京津功能和产业

河北可以承接部分事业单位和职能部门，承接教育、医疗、养老等功能，在产业方面可以承接现代制造业、现代服务业。

在现实中，北京、天津向河北首先转移的是服装加工、食品加工、木材加工、印刷包装、冶金、机械制造、小化工等传统制造业，这些都是劳动密集型、资源消耗型、环境污染型产业，而且，这种转移主要集中在唐山、廊坊、保定、沧州和秦皇岛等京津周边地区和有特殊地理优势或特殊资源的地区。其实，这是由产业转移的梯度性、规律性决定的，也是由河北省地处京津腹地的地理区位、比较优势决定的。

但是，并不是说河北省就被动接受这些"三高一低"的企业，我们还是可以有很多作为来改变这种不利现状。

一是由被动承接转变为主动对接，明确自己有哪些优势产业，缺少哪些产业环节，有的放矢地承接技术含量高、附加值高的产业；二是建立负面清单制度，明确河北省不接受哪些产业，切实落实环保审批实现"一票否定权"，严格实行地方领导离任审计；三是提升自身承接能力，京津的一些新材料、现代医药和医疗器械、新一代信息产业不得不转移到南方，针对这种产业转移的"梯度差"，河北省应该从技术、人才、产业集群，以及公共服务等方面提升承接能力；四是产业转入地必须提前做好承接、对接规划，突出本地区与城市功能和定位、优势和特色，避免各个地区各行其是，造成无序和生态破坏。

经过这种合理的产业转移和对接，京津冀区域产业结构就会向合理化、高度化方向转变。京津冀三地之间就会形成优势互补、良性互动、共赢发展的局面。当然，这种区域产业结构要以京津冀城市群建设为载体，以生态环境保护为保障，形成人口、产业与城市相结合，促进生产、生活、生态"三生共生"的良性发展，最终发展成为生产空间集约高效、生活空间宜居适度、生态空间山清水秀，天蓝、地绿、水净的美好家园。

二是应该做好功能再造，核心是"以空间换发展"。北京保留哪些定位和功能，天津承载哪些功能和产业？是否也存在产业转移问题？以及河北省的保定、廊坊、唐山、石家庄以何种角色进入京津冀一体化，怎么扮演好角色？还应与各地的综合承载力相匹配，与京津周边的卫星城、城市群对接；努力让创新示范区、综合改革试验区、自由贸易区等国家级功能区在三地之间均有所参与、有所作为。

三是应该做好能力提升，核心是寻找新增长极。既然京津冀协同发展上升至国家战略，那么其总体规划应该不只是为了疏解北京的压力，而应该在更高的层面实现三地的协同效应，最终达到"多赢"的局面。按照产业转移的"雁行理论"，在一个发达成熟经济体发展到一定阶段之后，会带来向周边经济的溢出效应，发达经济体专注于高端产业，相对低端的产业向欠发达地区形成转移，由此形成发达经济体和欠发达经济体共同发展的格局。而这种产业转移的"雁阵模式"大多是市场自然选择形成，从 20 世纪 80 年代的东南亚地区到我国的长三角地区和珠三角地区等，基本上都还是市场主导下的产业转移。

1.3.5 河北省在承接北京功能疏解和产业转移中的困难

在具体工作落实中存在的困难很多，主要涉及是"存量"搬迁，还是"增量"新建？这些疏解的功能，在承接地是否能很好地承接得住、发展得好，谁为承接"买单"？这不是一两个企业的搬迁，这是一个系统工程，涉及经济、社会的方方面面。鉴于京津间在科技和金融等现代服务业方面存在一定落差，而优质资源和高端产业转移和功能延伸的要求相对较高，河北需在优化投资环境、提升自身承接能力和服务方面下功夫。一方面，转移、延伸北京优质的公共服务资源，实现京津冀公共服务均等化、普惠化；另一方面，在吸引外部资金和项目时，应注重创新内部机制和提升公共服务水平：一是完善园区软件硬件环境，做到与北京无差异化，甚至提升对接层次；二是细微化、人性化的服务，以及各种高品位的商业娱乐；三是以独有的、特色的比较优势来营造创新创业所需要的生态环境。在发挥自身区位优势、资源特色等优势的同时，要在服务效率和服务环境方面练内功，增强软实力。

1.3.6 保定和廊坊各自的优势和劣势

从这个层面上讲，保定和廊坊都具有优势，并且与北京和天津形成地理空间上的"金三角"。保定综合条件更好一些，具有历史文化、人口规模和空间距离的比较优势。保定在历史上曾是河北省的"首府"，也是直隶总督署所在地，历史文化上具有承载行政功能的积淀。而廊坊只是中华人民共和国成立之后新建的城市，没有如保定一样深厚的文化底蕴。此外，保定市区有大约 200 万人口，这让保定对于来自北京的功能有"吸附能力"。保定距离北京大约有 100 千米，主城区和新城区应该有一定的距离，这一片称为"生态缓冲区"。以前新城和主城都挨着，像通州那样，现在这种布局被认为是失败的。将新城和主城隔开，人口和产业就可以布局在新城，而不至于是"摊大饼"式的发展。

廊坊市地处北京和天津之间，是京津"双城记"的重要节点，在京津科技新干线和京津创新共同体建设中，具有区位和产业优势，将大力发展现代服务业和战略性新兴产业以及与北京关联度高的产业，着力建设创新型城市。

1.3.7 为什么国内区域之间的合作和协调难

相对而言，珠三角和长三角要好一点，京津冀难一点。主要有四个原因：体制和机制的原因是最根本的，特别是过去京津两地竞争，内耗影响了一体化进程；国企占比偏大、民企占比偏小；特大型、大型企业多，中小微型企业少；缺少统一的区域性市场规则。

韩国采用的方式是在周边地区选取了一块地方新建新政中心地，部分行政机构转移，核心机构仍旧保留在首尔。优势方面，从经济层面上讲，把商业、医疗、教育等功能外迁，缓解了首尔的"大城市病"；劣势方面，行政办公成本上升，以交通为例，两地办公时间、交通成本高。可供参考的意义不大。

日本所采用的方式是在内部建设"七大副都心"，在外部建设"三大新都心"以及建设新城和筑波科学城等措施来实现。优势方面，日本大东京规划经历了单中心向多中心、圈层结构向网络结构的转变，形成了环状节点城市群。有效疏解"大城市病"，形成较为合理的区域分工和城市布局以及城市群绵延带。劣势方面，城市群与偏远地区的二元结构依然存在。

有可供我们参考的地方：一是城市功能疏解要循序渐进，不能一哄而上。要有重点、有选择、有步骤地展开。二是要做到"三换"：以速度换距离、以空间换发展、以功能换未来。用快速交通（时速 300 千米）换空间距离的相对缩短（100 千米距离只用半小时），实现交通同城，否则京津冀仅是地理上的区域，没有实质联系；产业承接地的空间换取北京部分非首都功能转移，优化当地经济结构，同时北京也腾出更多的空间，寻找更好的发展项目；北京优质功能，特别是优质服务功能的延伸、河北自身功能的再造和市场力量的介入，实现两地优质功能的均等化、同城化，三方合力使产业留得住、发展好、有未来。

1.4 京津冀三地优劣势及国内外对比①

1.4.1 京津冀三地各有优势及应扮演何种角色

北京的最大优势是首都，围绕这个优势，附加了诸多的科技、教育、文化和社会福利等；天津的最大优势是"国际港口"和先进制造业的研发与转化基地；而河北的最大优势则是更多的人口和土地的优势。京津冀三地要实现共赢，一方面，要探索借助和共享对方资源的空间，形成互补融合和错位发展的战略；另一方面，要保持合作的可持续性，需构建和创新能够协调各方利益的补偿共享新机制。

1.4.2 京津冀与世界都市圈比较及发展瓶颈

京津冀区域要想实现较好较快发展，就应该让参与区域一体化的这群主体都得到"好处"，也就是常说的"互利共赢"，不是牺牲一方去造福另一方，而当前京津冀区域一体化的最主要症结恰恰在于此。另外，京津冀地区城市群结构不合理，没有形成珠三角和长三角，或者国外的"金字塔形"结构，而是呈"哑铃形"，也就是说，存在两个特大城市和一群100万人口以下的中小城市群，缺少300万~500万人口的大城市。还有就是存在我们熟知的地方保护、没有形成统一的市场等问题。

京津冀要实现良性发展，在新的规划中有所作为，一是要从全区域角度做好顶层设计，改革当前的财税分配体制，以及地方领导的考核、评定和擢升的机制，突破地方利益和保护主义，使地方政府和官员不再盲目地争项目、搞投资，政府投入更多的精力放在改善民生、增加全社会福利上；二是在全区域内配置资源和要素，让市场机制充分发挥作用，实现资源要素的自由流动和快速集结；三

---

① 本节是《中国经济报告》于2014年4月的采访稿。

是按照各地的比较优势，要从全局利益、长远利益出发，确定地方产业发展；四是做好产业承接对接的配套和保障，如人才的自由流动、交通电信基础设施的互联互通和同城化、医疗社保的异地结算等。

1.4.3　如何协调京津冀在功能和产业转移中难免会趋利避害的矛盾

在现实中，北京、天津向河北首先转移的是服装加工、食品加工、木材加工、印刷包装、冶金、机械制造、小化工等传统制造业，这些产业都是劳动密集型、资源消耗型、环境污染型产业，河北省成了"污染避难所"。而且，这种转移主要集中在唐山、廊坊、保定、沧州和秦皇岛等京津周边地区和有特殊地理优势或资源的地区。其实，这是由产业转移的梯度性、规律性决定的，也是由河北省地处京津腹地的地理区位、比较优势决定的。

经过这种合理的产业转移和对接，京津冀区域产业结构就会向合理化、高度化方向转变。京津冀三地之间就会形成优势互补、良性互动、共赢发展的局面。当然，这种区域产业结构要以京津冀城市群建设为载体，与生态环境保护为保障，形成人口、产业和城市的相结合，促进生产、生活、生态"三生共生"的良性发展，最终发展成为生产空间集约高效、生活空间宜居适度、生态空间山清水秀，天蓝、地绿、水净的美好家园。

1.5　河北省的京津冀一体化战略变迁①

1.5.1　河北沿海经济带的历史演变

改革开放以来，河北省提出了多个促进经济增长的区域发展战略，从"山海坝"战略到 2011 年的"河北沿海地区发展规划"上升为国家战略，实现了从均衡发展向非均衡发展的转变，大致可以分为以下四个阶段：

---

① 本节是全国政协于 2014 年 5 月 4 日举办有关京津冀协同发展会议的发言稿。

（1）区域经济萌芽发展（20世纪80年代中后期）。1985年，河北省提出了改革开放后第一个区域发展思路——"山海坝"，该战略把河北省的重点发展区域定位在太行山、渤海和坝上草原。通过"山海坝"地区的经济基础可以看出，河北省提出该战略是想要实现区域内经济均衡发展。1986年，河北省提出了"环京津"战略，试图依托环京津的区位优势，带动全省发展。1988年调整为"以城带乡、铁路与沿海两线展开"。1992年又进一步明确为"一线（沿海）、两片（石、廊开发区）、带多点（各高新技术开发区、高新技术产业园区、旅游开发区和保税区）"。这个战略调整和演变，表明区域发展从全面开花转向集中重点地区，更加关注沿海。

（2）依托京津徘徊发展（20世纪90年代初至20世纪末）。1993年，河北省又重新整理了"环京津、环渤海"的发展战略，于1995年正式提出"两环（环京津、环渤海）开放带动战略"（以下简称"两环战略"）。2001年，为了疏解大城市的功能、调整产业布局、发展中等城市、增加城市密度，国务院再次提出京津冀区域一体化发展的思路，但对于河北来说，这依旧是一个借力京津的方案。而这一方案依然未能有所突破。2003年，河北省提出将全省划为冀中南、保廊、张承、沿海四个功能区。2004年河北省委、省政府结合该省实际，进一步提出了"一线两厢"区域经济发展战略构想，以唐山、廊坊、保定、石家庄为线，将河北划分为南北两厢。

（3）自主协同快速发展（21世纪初）。2006年以来，国务院陆续批复一系列涉海经济区规划。在此影响下，2006年11月，河北省第七次党代会提出了"建设沿海经济社会发展强省"的奋斗目标，报告鲜明地提出了"打造沿海经济隆起带，构筑区域发展的新格局"的重要举措，并以之作为建设沿海经济社会发展强省的突破口和战略重点，用15年时间把河北建成沿海经济社会发展强省。2009年11月，河北省在深入调研、广泛听取各方意见的基础上，组织编制了《河北省秦唐沧地区发展规划》，并上报国务院请示将河北沿海地区发展纳入国家战略。同时河北省政府在构建沿海经济带战略方面做出了巨大的努力，大力投资沿海经济区域的基础建设。2010年10月，河北省政府常务会议研究通过《关于加快沿海经济发展促进工业向沿海转移的实施意见》，确立了以秦皇岛、唐山、沧州为重点的沿海经济发展思路，为实现河北由沿海大省向沿海强省跨越提供强大支撑。2011年3月，"重点推进河北沿海地区……区域发展"的表述，出现在正式颁布的国家"十二五"规划纲要中。2010 年 11 月，河北省在"十二五"规划中进一步提出了要"加快打造沿海经济隆起带"，推进沿海"11 县（市、区）8 区 1 路"建设，形成环渤海地区具有重大影响力的临港产业带、各具特色的滨海风光旅游带、海蓝地绿的海洋生态带和滨海城市带。2011 年 10 月，国务院批复了《河北沿海地区发展规划》，标志着河北沿海地区发展正式上升为国家战略。促进河北沿海地区的发展，不仅关系到河北全省发展，能够形成一个带动全省发展的增长区域，而且关系到京津冀的协调发展，是国家沿海布局的进一步完善，将进一步增强环渤海地区辐射带动能力。

（4）全面融入京津冀一体化（2014 年 2 月以来）。2014 年 2 月 26 日，习近平总书记主持召开京津冀协同发展座谈会并发表重要讲话，河北全面调整原有战略，转向围绕京津、切入京津、服务京津。2014 年 3 月初，围绕北京功能疏解做工作，"大树底下也长草"。3 月 27 日，河北提出四个支撑战略：生态、产业、城乡、交通。

1.5.2　河北沿海发展战略的基本判断

从"山海坝"战略到"沿海经济隆起带"，再到"沿海地区发展规划"，河北省沿海战略的提出和完善，再到现在的京津冀协同发展，表明区域发展思路上正在实现四个重大转变。

从依从于京津，转变为自主发展。在河北省的区域发展战略中，河北省经历了长久的借力京津发展战略的探索，其中包括环京津和环渤海两种取向的选择。2006 年沿海经济带的提出，使河北省发展战略转变为依靠自身的沿海地区进行自主发展阶段，正式走出"自主发展还是借力京津、环渤海还是环京津"的战略困扰，更加旗帜鲜明地在"自主发展"和"环渤海"的战略方向上寻求突破。

从服务于京津，转变为协作共赢。在"环京津"战略、"两环开放带动"战略和京津冀一体化战略中，河北的首要任务是为两个地区服务，如保障京津供水、空气质量、环境等，而不是经济发展。在河北沿海发展战略中指出河北沿海的战略定位是"环渤海地区新兴增长区域，京津城市功能拓展和产业转移的重要承接地，全国重要的新型工业化基地，我国开放合作的新高地和我国北方沿海生态良好的宜居区"，其体现了河北省利用环京津这一特有的区位优势并根据自己的特点和优势，通过主动对接、错位发展，与京津形成体制梯度差、政策梯度差、服务梯度差和综合环境梯度差的新优势，其中既有协作又有自主发展，使双方实现共赢。

从立足于京津，转变为面向世界。"沿海经济隆起带"的提出，特别是《河北沿海地区发展规划》的获批，使河北沿海开发开放站在一个新的起点上。河北沿海开发目标已不再是京津，承接产业转移的对象从京津企业变成瞄准央企、外企和国内其他地方的企业；曹妃甸的中日生态工业园和中韩合作工业园，为唐山留下拓展东北亚合作的舞台；沿海的港口也逐渐开展国际业务，拓展与国外合作。沿海经济带的建设使河北沿海地区立足于渤海湾、面向东北亚、对接京津冀、服务蒙晋陕，形成带动河北实现跨越式大发展的战略要地。

从省内全面发展，转变为沿海率先。在河北省发展战略的历史演变过程中，"山海坝""以城带乡、铁路与沿海两线展开""一线、两片、带多点"，以及"一线两厢"战略都体现了河北省想要通过中心带动周边而实现省内全面发展的思想。河北沿海发展战略的提出指定了沿海的 11 个县市作为率先发展的地区，使河北省发展战略从省内全面发展转变为沿海率先发展。

第2章
京津冀顶层设计

2.1 京津冀协同发展迫切需要顶层设计①

2.1.1 当前京津冀协同发展已经上升到国家战略层面

一定要站在世界前沿高度审视京津冀协同发展问题，不能只做 5 年、10 年的规划，应该放在 30 年或更长时间去看。这个区域集聚了中国最富有的科技、人才资源，完全可能打造成世界级的城市创新中心。目前我国经济正处于增长速度换挡期、结构调整阵痛期和前期刺激政策消化期的"三期叠加"阶段，形势要求我们必须要走创新之路，而真正具有创新资源和创新禀赋的，比长三角、珠三角地区更具优势的是京津冀区域，只是我们还没有把这种比较优势转化成竞争优势、进而转化为现实竞争力，要实现转化的关键是激活创新资源。如何激活？就要用一体化、协同发展这个重大国家战略。一定要站在这样的高度来看：京津冀不仅是这个区域的事情，它代表着我国新的经济增长方式和方向，也必然带来原有体制、机制的重大创新和改革。

---

① 本节是《证券时报》于 2014 年 5 月 27 日采访的完整版。

2.1.2 京津冀协同发展这一难题的关键

京津冀协同发展最大的制约瓶颈，是没有构建成一个富有活力、统一性、区域性市场。具体表现为生产要素只能为地方服务，不能为区域服务，不能自由流动和迅速集结，生产活动不能对接协作，更不能互补互助。造成这种现象的原因主要有四个：体制机制束缚经济发展，地方保护严重；国有企业占比较大，民营资本占比较小；特大企业比较多，中小微企业比较少；没有建立一个统一的区域性的市场游戏规则。但最根本的原因还是现有体制和机制束缚。

因此，京津冀协同发展中要加快体制改革。一是改革财政税收体制，在分税制下，地方只为一方谋福利，为此，加大投资，争项目、增税收，这是无可厚非的。至于改革的方向，我们不妨大胆做一些尝试和突破，尝试建立一个京津冀三地统一的首都财税体制。在这种体制下，各地不必为哪个企业到哪里注册、在哪里设分公司争论不下，而要尊重企业根据自身的需求做选择。政府的任务是要提供好的公共服务、搭建好的平台、营造好的环境，进而尊重市场的选择。当然，为了保证首都财政的实施，还要进行第二方面的改革，即行政考核体制改革。这涉及官员的考核、评价、擢升等，涉及组织部等多个部门。在对官员的考核中要增加对经济转型、教育的关注，贫困人口、福利等方面的指标，这样地方官员就会真正考虑到当地的民生、社会的良性发展，而不只是单纯地引项目、拉企业。

京津冀是中国最具特色的行政区域，为了更好地协调发展，应该尽快出台"三规合一"的整体规划，包括国家发展改革委负责的宏观发展规划、国土资源部的国土规划以及住房城乡建设部的城镇规划。此外，还需要成立相应的组织机构作为保障。

2.1.3 在具体进行顶层设计时应注意的问题

希望尽快做出顶层设计。因为北方地区的市场力量很弱，短时间内要让市场力量起决定作用，比如，"哪些企业到哪里去落地"等该由市场说了算。那么，当由政府代替市场来做选择时，就需要做出整体规划。整体规划中有关项目规划至少要明确涉及京津冀一省两市，包括河北的11个设区市层面，要明确各个地方的功能、产业定位。

当国家层面的整体规划还没有出台时，一些地方的城市就迫不及待地出台了自己的规划，这是不合适的。因为，在顶层设计没有制定出台之前，地方擅自出台自己的规划，容易形成市场的不确定性导向，带来不确定性信息。地方政府现在可以做自己能做的事情，一定要冷静思考自己到底能做什么，自己有什么，自己缺什么，自己的优势、劣势在哪里？北京愿意转出什么？自己愿意承接什么？

有一点需要强调的是，各地信息应该公开透明，如北京可以建立信息平台，进行信息公开披露，明确自己要转出什么？河北也可以信息公开，明确自己要承接什么？不承接什么？一定要有一个清单，特别是不承接什么，这是地方政府可以做的。另外，要把自己的承接能力提高上去，加快园区配套设施建设，提高公共服务水平，这是地方政府现在可以做的，是利地、利民的事情。

京津冀协同发展这盘棋不是在几个月、几年就能够下完的。世界大城市都市圈的发展历程表明，一般要经历 30 年的调整才能到位，甚至长达 50 年。如果我们急于在两三年或五年内发展起来，因为太快，没有充分思考、没有充分论证，最终的结果可能事与愿违。因此一定要慎重、要冷静。

2.2　京津冀协同发展最大的使命[①]

京津冀协同发展最大的使命有两个：一是功能疏解；二是新增长点的培育。

功能疏解也有两个层面，现在我们主要关注的是北京的城市功能疏解。在一体化过程当中，一定要把这个问题解决好，北京的城市功能疏解主要是四个方面的内容：传统制造业、劳动密集型产业、环境污染能耗高的产业，以及非首都功能的部门和事业单位，还有总部经济。其实在天津也类似于这样，这些产业其中有一部分已经进入低端了。随着天津市功能的提升，结构的优化升级、现在看是中高端的在未来几年也会面临这样的疏解问题。

新兴市场的培育最核心的是京津双城培育。京津"双城记"的抓手就是京津科技新干线，主要是中关村—京津唐高速公路，沿着这条主要的交通干线串联起

---

① 本节是《半月谈》于 2014 年 4 月 22 日举办有关京津冀协同发展座谈会的发言稿。

来的工业园区、科技园区，以及城镇园区是它的空间载体。它预示着我们双城能不能承载未来国际大都市，以及我们在这个地方寻找到新的经济增长方式。所以叫它科技新干线，现在叫它创新共同体，这是最核心的。

另外，在这个过程当中，制约京津冀一体化和协同发展的是河北省。河北在培育新增长极的过程中涉及两个层面：一是11个设区市，最重要的就是廊坊、保定、唐山和石家庄，它们如何进行转型，如何提升和发展。二是在河北省整体规划当中，有一些新的增长地方，如曹妃甸、渤海新区、第二机场河北部分、邯郸新区。

关于京津冀协同发展和一体化主要是做什么，可以归纳为六个方面，分别是相关规划、产业对接转移和协同发展、新型城镇化、交通基础设施、公共资源功能换位和统一的区域市场。

一是相关规划，包括两个层面，第一层面是三大规划：政府层面上战略性规划、国土资源利用规划、城市总体规划。这三大规划没有对接，更不能统一，各自为政。第二层面就是这三大规划下面的专项规划，比如教育规划、科技发展规划、人才培育规划，以及其他的专项和重点规划。

在规划层面上，没有协同、没有对接、各自为政，这是影响京津冀一体化的主要症结，也恰恰是下一步的重要抓手。这三个规划和专项规划应该进行对接。最迫切的就是河北省的规划，当然规划何时出台就是三地博弈。规划不切实际的出台或者是时机的选择不恰当，就会带来一些负面的影响。实际上，这为下一轮产业转移和人口迁移提高了成本，无论是对于地区功能定位还是未来规划的实施，都增加了不少难度。

二是产业对接转移和协同发展。要通过"以空间换发展"，主要思路就是北京和天津把当前"三高一低"的产业疏解出去，置换了新的投资和发展空间。河北借首都资源也承接一部分北京优质的资源和企业项目。

当然在这个过程中，要更多关注增量，因为存量很难调整。如果不改变现有的体制，很多存量很难调整。比如北京大学不可能搬迁，但是下面设一个研究机构和研究院所的话，可以在天津的一些地方建，也可以在保定的一些地方建，联合发展一些职业培训学院，服务当地产业。

另外，关注北京的三次产业。其实制造业在北京整个GDP统计当中只有3500亿元的工业增加值（2013年），这个体量无法完全满足河北的需求。反过来说第三产业，以及由第三产业带来的无形增值业务，是当前容易推动的。

2013 年天津武清区建了几个园区来承接项目。北京和天津、河北之间可以共建园区，对这些模式进行探讨。还有就是在县区之间进行对接，如武清区和中关村。

天津也面临着优势支柱产业的升级改造和转移的问题。河北承接是最关键的环节，由于河北的产业结构是以重化工和重装备为主的，占到了整个工业比重的 81.8%（2013 年），这样让它去承接，其实面临着很大的困难。

河北面临着转型提升，转型提升是为了更好地承接产业转移。京津冀一体化是河北发展的最大契机，但是它不能完全靠这个契机，必须找到自己的主导产业和自己的未来。

三是城镇问题，也就是新型城镇化。北京和天津城镇化分别是 86.2% 和 82%，河北增长很快，但它只有 48.13%（2013 年），远远低于国家的平均水平。京津冀区域中缺少一些 300 万人以上的特大城市，现在大一点的只有石家庄和唐山，但却远离北京和天津。因此要和新型城镇化结合在一起，寻找新的增长极。

四是交通基础设施，涉及四个方面，即海、陆、空、地：海是港口方面，陆包括交通，也包括铁路、公路和轨道，空就是空港，地就是地铁和轨道。

五是公共资源功能换位，在疏解过程当中必须把优质的资源向河北落差比较大的地区进行疏解，并且进行辐射和转移，同时，河北也借助这次千载难逢的历史机遇，与京津相向发展，实现功能再造。

六是统一的区域市场，要统一市场进入的门槛，现在三地之间是不一样的，很多政策完全是各自为政。比如说水泥和钢材，从外地进入河北要检验，进入天津也要检验，所以要统一门槛。

2.3 京津冀协同发展的使命与趋势①

2.3.1 京津冀协同发展的五大使命

一是让市场充分发挥资源配置的决定性作用，让资源要素相互对接和自由流动，形成区域间产业合理分布和上下游联动，优势互补、良性互动、共赢发展的格局，构建区域现代产业体系的先行区。二是重塑经济增长的动力源泉，形成有利于企业赖以生存、发展和创新的区域生态系统，建成世界级的技术和产业创新中心，打造新经济增长方式的引领区。三是促进和带动环首都欠发达地区、张承坝上地区、燕山太行山片区、黑龙港流域等地区加快发展，通过产业分工协作的带动辐射作用和产业转移的经济再造，打造社会和谐和区域协调发展的首善区。四是以京津冀城市群建设为载体，优化区域分工和产业布局，调整优化城市布局和空间结构，形成世界级城市群，统筹转化生态环境建设，打造人口、产业、城镇和生态四者卓有成效融合的示范区。五是推动行政体制改革与创新，加快破解区域产业联动和要素流动发展存在的体制机制障碍，建设京津冀区域产业发展长效体制机制的探索区。其中，核心是京津冀的要素重组、功能再造和创新引领，即是重塑经济增长的动力源泉，建成世界级创新创业中心。

2.3.2 京津冀必须推动科技创新，应把握创新的两大特点和产业发展的四大趋势

在科技创新方面，一是由"企业创新"演变成为"产业创新"，进而升级为各个企业赖以生存的"创新生态系统"。二是创新使企业获得竞争优势，从组织外部到组织内部、从竞争到竞合、从静态到动态、从单一的竞争优势到系统整合的竞争优势，表现为从行业结构→战略资源→核心能力→组织间关系→成本、价值、能力和资源"四维度"的系统整合，是一个从注重企业内外环境静态匹配到

① 本节是 2014 年 7 月 18 日石家庄科技创新会议的发言稿。

注重企业外部环境、注重企业内部资源或能力，再到注重企业内外环境动态匹配的历程。

在产业发展方面，一是科技革命正在酝酿新产业出现。信息产业已经进入成熟期，开始大规模向其他产业渗透、融合，对世界各国的经济结构将产生更加深刻的影响，也将引起一场新材料、新能源及新能源汽车、物联网、云计算、大数据等新产业革命。生物产业也可能成为继信息产业之后又一个新的主导产业。二是市场竞争正在预示新规则出笼。发达国家纷纷从技术战略转向标准战略，从技术立国转向知识产权立国。三是产业转移正在形成新全球布局。发达国家进一步将生产环节和非核心研发向发展中国家转移，从制造环节延伸到研发、采购、营销环节，在全球范围内进行要素整合和布局，强化其全球垄断地位；将污染环节、临床试验和生产制造转移到发展中国家，通过许可、审批、关税和市场准入等手段，加强对发展中国家制造环节的影响，实现对整个产业链条的控制。四是产业创新正在培育新市场势力。按照产业模块和产品工序进行的产业创新继续得到加强，逐渐从技术创新、资本运作转变为对现实资源和潜在资源整合和利用的能力。以舵手企业为核心的集团创新行为成为重点，由产业创新引发的产业新布局和分工新体系正在形成。

2.3.3 正确认识和处理协同发展与政府主要职能的关系

一定要充分发挥市场力量，要尊重要素按照自身本性自由流动的规律。政府要做的是人才培养、引导创新、拉动需求、搭建平台、设计制度、营造环境。

2.4 京津冀协同发展的难点和规划重点[①]

2.4.1 京津冀协同发展的难点

最主要的难点是如何实现京津冀三地的互利共赢局面。一是三地都要实现本

---

① 本节是《南华日报》记者张宏于 2014 年 4 月的采访稿。

地区利益最大化，所以，必然在区域一体化中"按需所取"，对自己有利的多做，对自己不利的采取"地方保护"，在这方面，京津处于强势，河北处于弱势。二是共同的合作点在哪里？产业对接？交通基础设施？城市功能疏解？中心城区与卫星城市的布局？等等。可以罗列出几十个，其实这些问题都有，近年京津冀三地不同程度地进行了一些协作和合作，但这种互利共赢局面没有一个有效的体制机制作为保障，就无法有效地开展起来。三是三地之间按照之前的发展模式，还有一定的发展空间，但是随着近年来雾霾等环境问题加剧，一体化发展成为"同呼吸共命运"的事情，所以京津冀协同发展成为当前必须要解决的难题。

2.4.2 京津冀协同发展规划的重点

一是应该做好顶层设计，核心是京津冀三地如何进行利益分配。涉及财税、中央对地方政府、上级政府对下级政府的考核、官员评价等体系，可以进行京津冀行政主体的体制机制创新示范。最终既要让市场在京津冀区域一体化进程当中发挥资源配置的决定性作用，又要更好发挥政府作用，让政府这只"有形的手"和市场这只"无形的手"很好地结合。

二是应该做好功能再造，核心是"以空间换发展"。北京保留哪些定位和功能？天津承载哪些功能和产业？是否也存在产业转移问题？以及河北省的保定、廊坊、唐山、石家庄以何种角色进入京津冀一体化当地，怎么扮演好角色，还应与各地的综合承载力相匹配，与京津周边的卫星城、城市群对接；如何让创新示范区、综合改革试验区、自由贸易区等国家级功能区在三地之间均有所参与、有所作为。

三是应该做好能力提升，核心是寻找新增长极。既包括产业层面，也包括空间地域层面，如与北京第二机场、亦庄经济技术开发区，天津的滨海新区、武清区，河北省的曹妃甸新区、正定新区、北戴河新区、黄骅新城等的建设相统一，使其成为辐射带动区域经济增长的新增长极。

2.4.3 《人民日报》四问京津冀协同发展①

2014 年是全面深化改革元年，京津冀协同发展成为重大的国家战略。近年

---

① 本部分是《人民日报》于 2014 年 8 月的采访稿。

来，京津冀备受关切。《人民日报》头版头条开辟了"京津冀协同发展"专栏。自8月开始，专栏中有四次采访。

8月12日，《人民日报》在《京津冀　谋篇起笔"大交通"（京津冀协同发展·交通篇）》的报道中"问诊""大动脉"，张贵教授提出，"补空白不仅要看地上，还要看天上，要通过发展高铁、高速路、机场等构建起一个便捷、大运量的区域交通体系，为降低经济成本和人口疏解提供前提条件"。

8月13日，《人民日报》在《京津冀　市场一体三地一家（京津冀协同发展·市场篇）》的报道中就"生产要素只为地方服务，不为区域服务，常常不能自由流动和迅速集结，生产活动不能对接协作，更不能互补互助"这一问题采访，张贵教授分析了原因："体制机制束缚，地方保护严重；国有企业占比较大，非公经济发展不够活跃；特大企业较多，中小微企业活力不足；尚未建立统一的区域性市场规则。"

8月14日，《人民日报》在《产业大挪移　纵横京津冀（京津冀协同发展·产业篇）》的报道中，提出热招商背后，也有冷思考；其实北京的工业总量去年也就是3500多亿元，即使全部给河北，带动作用也十分有限。张贵教授认为承接转移，盯存量不如盯增量。

8月25日，《人民日报》在《九问京津冀　梦圆当可期（京津冀协同发展·深度观察）》的报道中就"顶层设计要破壁垒"这一问题再次采访，张贵教授认为："顶层设计的核心是三地如何协调利益，涉及财税制度，涉及中央对地方、上级对下级政府的考核，涉及官员评价体系等。"

第 3 章
创新与率先突破

3.1 创新发展：推动京津冀高质量协同发展的内在驱动力[①]

2019 年伊始，中共中央总书记习近平在京津冀考察时强调，京津冀协同发展是一个系统工程，不可能一蹴而就，要做好长期作战的思想准备；京津冀要向改革创新要动力，发挥引领高质量发展的重要动力源作用。所以，实现创新驱动发展是有序疏解北京非首都功能、推动京津冀协同发展的战略选择和根本动力。

京津冀协同发展的创新驱动是一个长期的系统工程。全球正处于经济低迷寻求复兴的阶段，京津冀协同发展，不再是简单地依靠投资、项目的发展老路，区域发展必须要有新的思路，要依靠内涵发展、创新驱动。创新发展是一个多层次全方位宽领域的长期的系统工程，要集聚京津冀乃至全国以及国际创新要素和资源，从空间载体、政策制度、运营环境、体制机制等多个方面入手，将京津冀地区建成世界级的技术和产业创新中心，要肩负着探索中国经济发展新模式的使命，这已成为京津冀协同发展的共识和必经之路。

首先，从区域空间来讲，要进一步调整优化京津冀城市布局和空间结构。京津冀正在建设两个"新的两翼"，即以雄安新区与通州新区共同形成北京"新的

---

① 本节是《天津日报》于 2019 年 3 月 4 日的采访稿。

两翼",以雄安新区与张北地区共同形成河北"新的两翼"。今后的重点是在此基础上进一步拓展区域发展新空间,加快构建京津冀世界级城市群:一是要使大量经济发展与科技创新的要素来此集聚,组织企业家、行业、机构等多层次、多领域、多范畴的彼此相互链接的创新"空间"。二是在北京中关村、河北雄安新区、天津滨海新区等几个地点建设与创新目标相适应的多种类型的平台。三是要使各种平台与"空间"成为彼此互动与交流的网络空间,重中之重是加快科技资源、创新要素和高端产业集聚的京津雄创新三角区建设,以"一核、三城、三带"为基本架构,着眼于解决京津雄城市空间布局和创新分工中的实际问题,为京津冀城市群的建设发展提供充足新动能。

其次,从战略转型来讲,从综合集成和引领原创的两大路径,打造全国创新驱动增长新引擎。京津冀创新发展必须从自主研发到自主创新,从自主创新到自主可控,这是今后一段时间创新发展的最核心战略:一是利用政策红利和举国体制能够集成科技与创新资源,尽快建立区域协同创新机制,形成具备国际竞争力的战略性新兴产业,带动行业创新基地发展和全社会科技创新。二是能够发现、提出和承担国家战略性的重大科技创新任务,逐步形成引领世界的科技创新能力,就事关京津冀区域经济未来走向的先导性技术、产业关键技术、共性技术等重大基础性技术进行联合攻关,力求取得突破,发展高端高新产业,培育建设现代化经济体系的新引擎。三是重点支持中关村、雄安新区和滨海新区打造各具特色的具有国际影响力的创新高地,特别是雄安新区现有开发程度较低,发展空间比较充裕,具备高起点、高标准开发高端创新高地的基本条件。

再次,从制度创新来讲,要形成一个激励多元主体参与、多重利益共赢、多层治理的跨区域创新合作协调机制。京津冀应作为中国新时代科技体制改革的试验区,今后重点应转向关注社会发展和科技创新的制度创新:一是产权与人才制度的创新,显著地降低创新创业成本,集聚全国优秀人才,吸纳国际人才,又要关注人才共享的制度试验,积极吸纳和集聚创新要素资源;二是深化科技体制的重大改革,要改变目前科研体制的弊端,逐步加大科技项目的公益性、社会性导向,开展更多的"公共创新",成为新时代高质量发展的全国样板。

又次,打造一个富有活力的区域创新生态系统。"创新生态系统"成为 21 世纪各国竞相培育发展的方向,是创新范式的最新趋势。同样,京津冀应围绕"创新源—创新个体—创新组织—创新种群—创新群落—创新网络"这一过程,不断完善优化创新生态：一是大力发展多种类型的平台式公共科研机构，突破传统产学研合作的瓶颈，实现产业共性技术有效联结，形成不竭创新的源头"活水"。二是从企业角度切入，核心问题是培育和发展具有竞争优势转型能力的核心企业、行业领军企业和创新型"独角兽"企业，加快推进企业创新生态系统构建。三是从产业角度切入，核心问题是沿着产业链、创新链、金融链、服务链和价值链等构建产业创新生态系统，形成现代化产业体系，做大做强实体经济，提升在全球价值链上的话语权。四是还要实现实体经济、现代金融、科技创新、人力资源的"四个协同"，既要在实体经济内形成产业网络，更要有生产性服务业、教育培训等公共服务、政策支撑体系，推动京津冀的高质量协同发展。

最后，形成多元化主体参与的开放式创新格局，推进京津冀创新共同体建设。三省市的区域整体创新能力不强是该地区发展的"阿喀琉斯之踵"。通过协同创新，贯通产业链条、重组区域资源，建立健全区域创新生态体系，形成京津冀协同创新共同体。近年来，京津冀正在形成由研究、开发、应用三大群落构成的"研发—转化—生产"良性循环的区域产业创新生态。下一步的重点：一是建立以企业为核心的多元化创新成果转化体系；二是建立以政府为核心的创新活动服务体系；三是建立以研究机构为核心的创新知识流动体系和创新人才培训体系。其目的在于打破京津冀各自的小体系，引导不同类型的创新主体跨区域跨产业联合，形成具有一定结构、功能、层次，并能够协同演化的创新共同体，通过更为自觉主动地进行协同创新，开拓京津冀协同发展新局面。

总之，创新决定着京津冀的前途和命运，京津冀协同发展根本是要靠创新驱动，才能打造全国创新驱动增长新引擎，探索在人口经济密集地区优化发展模式，为全国提供京津冀模式，为世界提供中国方案，成为高质量发展的全国样板。

3.2　构建京津冀创新共同体，推进京津冀协同发展[①]

一是加快推进京津冀产业对接协作拓展思路。按照优势产业集群发展、战略

---

① 本节是《天津日报》记者刘平于 2018 年 12 月的采访稿。

性新兴产业规模发展、传统产业提升发展的要求，以链式发展为思路，形成自研发设计至终端产品完整产业链的整体优势，最终形成"企业拉动、项目带动、集群驱动、区域联动"格局，全面增强天津市和整个京津冀区域产业综合实力、创新能力和竞争能力。

二是着力打造若干条产业带，优化区域产业空间布局。在产业对接协作方面，着力打造七大产业带和数十条产业链，由易到难分层次推进：环京津商务休闲旅游产业带、环渤海石油海洋化工产业带、京津冀北电子信息与新一代信息技术产业带、京津冀现代物流产业带、渤海湾船舶修造产业带、京津冀新能源产业带以及中国北方高端装备制造产业带。推进和优化调整五条产业带：首都第二机场—天津北部三个区县—廊坊—京东片区—京南片区的环首都战略性新兴产业区和临空经济区；北京—天津—廊坊现代服务业和现代制造业产业带；邯郸—邢台—天津—唐山钢铁和纺织专业化产业带；石家庄—保定—衡水传统服务业和传统制造业产业带；张家口—承德—秦皇岛供水、空气、旅游等资源型产业带。部分金融、教育、医疗、研发机构和中心也要纳入产业对接、互补互促的重点范围。

三是加快北京城市功能疏解与天津市产业对接相结合。天津市在产业对接和承接过程中，应由单纯的梯度转移为主转向城市功能为主。针对北京可以疏解的四类产业和部门，即劳动密集型的产业链上游产业、非市场因素决定的公共部门、部分央企总部、"三高"企业，提前做好承接规划，突出本地区和城市的功能和定位、优势和特色，避免各个地区各行其是，造成无序和生态破坏。

四是构建区域一体化新机制，增创区域发展新优势。创新中央对地方政府、上级政府对下级政府的考核、官员评价等体系；改革地方财政、税收等区域利益的分配和补偿机制，建立生态补偿基金；衔接、协调、统一三地的法规、政策，实现发改、国土和城市规划"三规合一"，从制度上保障区域协同发展和一体化进程。政府层面，建立京津冀协同发展领导小组、联络员、专题工作小组；企业商业层面，共同培育有区域特色的产业集群，开展科技成果孵化转化和市场化，发挥行业协会作用；民间团体层面，加强民间交流和合作、重视非政府组织作用、培育和营造区域文化的认同感和自豪感。

3.3 协同创新：京津冀经济转型突围的原动力[①]

3.3.1 京津冀地区高校、科研机构密集，是我国创新资源最雄厚的区域之一。强调协同创新，对于京津冀打造世界级城市群、促进高质量发展有何重要意义

"协同创新"的概念最早由著名经济学家克里斯托夫·弗里曼（Christopher Freeman）于 1991 年提出，他强调协同创新是系统创新的一种制度安排，是以企业为主体的创新协同关系。其目的在于打破京津冀各自的小体系，引导不同类型的创新主体跨区域跨产业联合，形成具有一定结构、功能、层次，并能够协同演化的区域创新共同体，通过更为自觉主动地进行协同创新，开拓京津冀协同发展新局面。

综观全球，协同创新已成为提高区域核心竞争力的全新组织模式。世界上发达国家，都强调突破行业、区域、国别界限，构建区域性的甚至是全球性的产业协同创新生态网络，实现创新要素最大限度的整合。如美国的硅谷、波士顿的128 号公路成功的关键就在于区域内的企业、大学、研究机构、行业协会等形成了协同创新。其他地区如韩国的大德科技园区、日本的筑波科学城、法国的竞争极计划、印度的班加罗尔以及中国台湾的新竹科技园等，都把构建产业协同创新生态网络作为今后获得持续创新能力的根基所在。

聚焦京津冀，协同发展的根本动力在于创新驱动，协同创新特别是产业协同创新是创新驱动的核心所在，是提高区域核心竞争力、转变经济发展方式的新型创新模式，是建设具有国际影响力的创新中心的必然选择。

一是协同创新有助于破解区域发展瓶颈。京津冀协同发展开局良好。按照京津冀协同发展"三步走"的战略目标，经过五年来的建设，在交通一体化、生态环境保护、产业升级转移等重点领域率先取得了突破。然而，在新时代背景下与

[①] 本节是《光明日报》记者刘茜于 2019 年 2 月 27 日的采访稿。

较为成熟的大城市群相比，京津冀协同发展还面临着一系列诸如空间布局二元化、城乡差别化、区际断崖化、公共服务鸿沟化等深层次的不平衡不充分难题亟待破解，但囿于空间阻碍、思维定式和行政壁垒等，"协同创新"成为多年改革实践的共识。

二是协同创新有助于区域经济转型升级。目前，京津冀的多数企业规模小、人财物资源短缺、研发能力有限，特别是津冀地区缺乏具有国际竞争力的创新领军企业，因而只有通过区域联动，建立起协同创新的产业生态网络，资源互补、能力互补，才能突破个体创新瓶颈，提高创新效率和发展质量，才能提升我国产业价值链分工的国际地位。

三是协同创新有助于培育发展新动能。京津冀应该通过协同创新，引导创新主体跨区域贯通产业链条、整合重组区域资源，再构区域发展新优势，最终打造全国创新驱动增长新引擎，这理应成为京津冀协同发展的必经之路。

四是协同创新有助于探索人口经济密集区优化发展新模式。世界经济正在深度区域化的背景下，京津冀地区间的"双重三元结构"（"双重"是指发达的中心城市、落后的周边及乡村革命老区，包括"环京津贫困带"；"三元"是指城市居民、乡村农民和外来移民）还存在继续拉大趋势，这就要求京津冀三地必须形成三"力"促进协同发展，即要"形成合力"、保持"历史耐心和战略定力"、"向改革创新要动力"；寻求京津冀利益的最大公约数，找到北京、天津、河北利益的交汇点，探索出一条人口经济密集地区优化开发新模式，形成全国高质量发展样板。

3.3.2　京津冀协同发展上升为国家战略已经五年，"协同"和"创新"始终是推动发展的关键词。过去的五年，打破了哪些阻碍协同创新的体制机制壁垒，有哪些创新性的举措，协同创新取得了怎样的成效

推进京津冀协同创新的重点是打造集协同内容、协同载体、协同机制"三位一体"的协同创新模式。有效匹配的协同创新模式是提升区域整体创新水平的重要途径，可以从根源上化解、减少创新中的阻碍。推动协同创新必须打破京津冀各自为政的行政壁垒，摒弃维护既有利益、各自为战的思想观念，消除各种体制机制障碍，强化协同创新意识，"以协同发展引领协同创新、以协同创新推动协同发展"，引导京津冀创新主体形成重协同、讲创新的思想意识，为区域一体化

可持续发展提供重要的精神支撑。围绕创新，过去的五年，取得了以下几点成效：

从协同创新顶层设计来看，协同发展规划体系"四梁八柱"基本建立，完成了《京津冀协同发展规划纲要》《"十三五"时期京津冀国民经济和社会发展规划》，正研究制定的《京津冀空间规划》，出台实施了京津冀产业、交通、科技、生态环保等12个专项规划等工作方案。

从协同发展重点领域来看，近五年的京津冀协同发展，三地之间在政府强有力的推动下，成效显著。按照京津冀协同发展"三步走"的战略目标，有序疏解北京非首都功能取得明显进展，产业、生态、交通一体化方面率先取得突破，基本形成了"河北积极承接京津产业转移、天津着力推动京冀产业联动、三地互投互融"的产业协同发展格局，"生态环保联防联控、生态补偿逐步健全、生态修复稳步实施"的生态协同发展格局，以及"网络化布局、智能化管理、一体化服务"的交通协同发展格局。以北京为中心、"半小时通勤圈"逐步扩大，京津保一小时交通圈构建完成，京津冀地区近800千米"断头路""瓶颈路段"基本打通或扩容，交通一卡通全面覆盖京津冀13个地级以上城市。

从协同创新试点来看，京津冀系统推进全面创新改革试验取得实质性成效。北京加强全国科技创新中心建设16项任务积极推进。北京向周边辐射带动能力稳步提升，助力打造协同创新共同体。作为协同创新的"领头羊"——中关村不辱使命，在津冀设立分支机构累计达7300多家，这些分支机构主要集中在电子信息领域（300多家），占津冀分支机构总数的42.1%。中关村的企业已经到天津和保定、唐山、秦皇岛、张家口、承德等开展协同创新园区共建，成立了天津滨海—中关村科技园、中关村海淀园秦皇岛分园、雄安新区中关村科技园区，加快构建跨区域协同创新园区链。类似的京津冀合作共建各类园区超过50家。

从政府治理角度来看，推进"放管服"进一步理顺了政府和市场的关系，优化了营商环境和创新生态，使区域创新要素更趋于合理有序流动。如设立京津冀协同发展基金、中关村协同创新母基金、京津冀钢铁行业节能减排创新基金，主要用于交通、生态、产业、科技创新、承接地基础设施建设等；推进京津石海关实行区域通关一体化改革；京津冀手机长途及漫游费自2015年8月1日起全面取消；成立了京津冀人才一体化发展部际协调小组，联合发布了《京津冀人才一体化发展规划纲要》；京津冀三地工商等部门加快推进建立高效便捷企业转移服务机制、三地信用监管联动机制；推广"创新券"政策，推动京津冀三地建立相互衔接的"创新券"制度；京津冀三地签署了《关于专利质押登记业务办理工作合作意向书》，开展专利质押登记；京津冀三地共同签订《中国知识产权执法华北调动中心协作协议》，已建立起三地顺畅的专利执法合作机制；探索了多方利益分享新模式，国家税务总局专门成立了京津冀协同发展税收工作领导小组，建立了三地统一的执行口径和管理标准，统筹税收政策，探索三地非行政审批类涉税事项"同城通办"，京津冀三地分别开展"双边合作"创新财税协调机制，如中关村海淀园秦皇岛分园的"四四二"利益分配机制、北京亦庄·永清高新技术产业开发区的按出资比例分享。

从产学研合作机制来看，正在推进京津冀三地创新链、产业链、资金链、政策链深度融合。开展跨区域联合攻关和成果转化项目，北京设立京津冀协同创新推动专项；组建了京津冀城际铁路投资有限公司、渤海津冀港口投资发展有限公司等一批跨京津冀的合作组织，成立了石墨烯产业发展、钢铁行业节能减排、农业科技创新等多种形式的产业技术联盟，以及共建中国国际技术转移中心河北分中心、京津冀产权市场发展联盟、京津冀协同发展科技成果转化促进平台等机构，跨区域开展联合技术攻关与示范应用与科技成果转化服务。

从区域创新合作平台来看，形成一批有特色有亮点的载体。工业和信息化部协同京津冀三地提出要构建"一个中心、五区五带五链、若干特色基地"（以下简称"1555N"）的产业发展格局，旨在全面推进京津冀产业协同发展，充分发挥三地比较优势，引导产业有序转移和承接，形成空间布局合理、产业链有机衔接、各类生产要素优化配置的发展格局。京津冀三省市也正在构建"2+4+N"产业合作格局，聚焦打造若干优势突出、特色鲜明、配套完善、承载能力强、发展潜力大的承接平台载体，引导创新资源和转移产业向平台集中。

从公共服务来看，京津冀共建共享取得新突破，不断提升公共服务均等化、普惠化、便捷化、同城化水平。京津部分高校联合开展研究生培养，河北省与京津基础教育教师互派交流项目超过 500 个、培训河北省教师超 11 万人次。京津冀 132 家医疗对 27 个临床项目检验结果实行互认，京冀重点医疗合作项目累计派出北京医师 1000 余人、接诊约 7 万人次。跨行政区的"京东休闲旅游示范区""京北生态旅游圈"正着力打造。北京市、天津市部分区与河北省张家口、承德、保定有关县（区）建立了对口帮扶关系。

五年来，北京市加快"瘦身提质"，天津市推动"强身聚核"。河北省实现

"健身增效"，正朝着协同发展的目标有力迈进。

3.3.3 产业协同是京津冀协同发展的重要内容和关键环节。京津冀加强协同创新，对于促进产业协同向创新驱动转变有何显著作用，今后应怎样更好地提升产业协同创新水平

实体产业是京津冀协同发展的支撑和基石。京津冀协同创新的关键成败在于整合区域乃至全国及国际创新资源要素，以弥合发展差距、贯通实体产业链条、重组区域资源，形成自研发设计至终端产品完整产业链的整体优势，从空间载体、政策制度、运营环境、体制机制等多个方面入手，将京津冀地区建成具有国际影响力的创新中心。

推进产业协同创新的核心是建设京津冀良性发展的产业创新生态系统。京津冀三地应分工协作、优势互补，形成一个"研发—转化—生产"良性循环的区域产业生态系统，最终将京津冀建设为"创新中心+研发转化+高端制造+高端服务+高品位宜居生活"分工合作的世界级城市群和创新中心。也就是说，北京是整个区域产业生态系统中的研究群落，是重要的知识、技术创新源，是区域生态系统循环往复，螺旋向上发展的"领头羊"；天津是产业创新和有效承接北京研究成果的转化基地，承担着高端制造业发展的任务，是主要的创新开发群落，是把创新概念推入市场、让技术应用得以广泛接受的基础；河北作为新型工业化、产业升级和优化及先进制造的战略支撑区，处于创新应用群落，它是产业创新的最前线，是技术扩散与创新升级的助推器和协调者，推动整个区域创新生态系统运行。

依据京津冀三地产业发展需求，由关键点引领线，由关键线带动面，由关键面交织成网络（域面），今后一段时间内的工作重心应按照"强点、成群、组链、结网"成系统的思路实现京津冀产业协同创新。

（1）强点。强化创新节点建设最主要的就是要培育、壮大行业领军企业，发展创新型的、具有成长力的中小科技型企业。各区域应进一步强化和识别创新主体要素建设，即发展、壮大本地或引进外部的创新骨干企业，通过创新政策和创新孵化器、创新基金等培育中小微企业，以提高本区域的创新要素质量和数量，实现科技企业"铺天盖地"和"顶天立地"局面。

（2）成群。在核心企业的引领和政府力量的推动下，技术上或业务上相关或

相似的企业在空间上集聚，形成创新群落。创新群落的形成会同时吸引大学、研究机构等创新源，金融、科技中介等服务机构的逐渐加入，创新群落逐步壮大。产业园区、产业集群、产业基地、科技园等都是创新群落存在的主要形式，是产业发展、产业创新的重要载体。在现有创新群落的基础上，要进一步创造条件、优化环境，降低创新要素的流动成本和交易成本，促进本地创新要素的联合互动，促进产学研合作，推动产业集群向创新集群转变。同时要总体上做好京津冀三地的产业分布、产业园区、产业基地、科技园区的空间规划。

（3）组链。以产业转移为契机，加强京津冀区域整体的产业链条规划和建设。根据三地的产业情况，梳理出现代高端服务、智能制造、航空航天、新能源、新材料、新一代电子信息、文化创意、现代农业等产业链，并在其内部进一步梳理出若干子产业链。以"缺链补链、短链拉链、弱链强链、同链错链"为思路，将三地产业子模块统一起来，"黏合"形成一个多主体的聚集体，形成产业链的相互融合与无缝对接。

（4）结网。随着创新节点间的不断融合，围绕企业之间及企业与高校、科研院所、金融机构、中介机构、政府之间形成相对稳定的创新网络，进而不同产业间创新节点、创新链相互交织、相互作用，实现技术、产品、市场融合，最终实现产业层面的融合，实现产业升级或创造出新的产业。

随着创新网络、创新环境的不断完善，创新网络与其所处的生态环境相互作用，通过协同创新，贯通产业链条、重组区域资源，建立健全区域创新体系，形成京津冀协同创新共同体。最终形成多元主体参与的开放式创新格局。

3.3.4　习近平总书记强调，京津冀要通过改革创新，打造我国自主创新的重要源头和原始创新的主要策源地。这对高端人才、项目平台、资源集聚等有很高的要求。京津冀三地地方经济水平和财力差异不小，如何切实高效地向这一目标迈进

提升京津冀产业发展水平，破解区域产业发展瓶颈，需要京津冀产业要素有效整合，利用北京的科技创新优势、天津的产业研发转化能力、河北的制造业基础，建立产业协同创新网络。

一是进一步完善京津冀产业和科技发展专项规划和配套政策。根据区域产业结构、产业布局、产业特色及环境承载能力、能源结构、土地资源储备等，从总

体上编制三地中长期科技发展战略规划。规划重要突破区域壁垒和利益界限，以京津冀产业协调发展和建成具有国际影响力的创新中心为总目标，结合三地的发展定位，要制定出重点发展的产业领域及具体的各市、各地区的主要发展任务，要从空间上布局出各地重点发展的产业园区、产业集群、产业带、高科技园区等，要从总体上实现三地产业发展的融合和对接，形成产业在产业链上梯度有序分布，不同产业集群在空间价值链上错位发展，逐步改变产业分布雷同、产业梯度过大的现状。

二是编制产业协同创新路线图及重点行动计划（方案）。在产业总体发展规划的基础上，编制产业协同创新路线图及行动计划。由政府牵头，三地工业和信息化部门、科技管理部门、产业园区组织部门，连同相关行业专家、软科学研究机构要不断接洽，不断深入调研商讨，根据三地创新要素分布情况、重要创新节点的对外辐射情况、不同产业和区域创新需求情况、区域之间产业之间创新协同情况，制定出产业协同创新的前期行动方案和后续推进计划。从区域层面，要谋划建立协同创新的示范体，如雄安新区创新型城市、中关村对外协同创新、京津创新共同体、京津科技新干线、河北·京南国家科技成果转移转化示范区等共建一批创新园区，以示范体为引领，带动辐射周边。从产业层面，绘制出重点产业及重点技术协同的创新路线图，在此基础上凝练出重点协同的创新产业链、重点攻关项目等。产业协同创新计划要具有可实施性，从时间上逐步有序推进，从空间上由点到线、到面再到网络逐步展开。

三是搭建跨区域的产业协同创新平台。借鉴中关村协同创新平台模式，由三地政府组织，汇集企业、高校、科研机构、金融、服务中介等搭建京津冀产业协同创新平台。平台是三地科技研发与产业转化的一站式服务平台，其组织结构可包括创新政策先行先试工作组、产业规划建设工作组，新技术新产品政府采购和应用推广工作组，重大科技项目及重大科技成果产业化项目审批组。建立协同创新服务网站，线上汇聚科技资源、科技服务、科技政策、科技成果、对接需求、技术交流等信息，具有重大项目申报与审批、信息资讯发布、创新资源与服务机构搜索、专家咨询等功能。平台组织要在重大行业资源整合、金融资源聚集、创新服务资源聚合等方面发挥重大作用，同时要根据若干重大产业组建相应的专家团队和服务团队，推动创新。平台要具有实际的推动力量，而不能流于形式，因此创新平台组织机构要有三地省级或市级领导牵头，由具有较强推动能力的机构共同构建。

四是设立和整合产业创新引导基金。一方面，三地共同出资，联合设立产业创新引导基金，并成立创新基金管理委员会；另一方面，整合现有的零散的名目繁多的创新基金和创新引导基金，形成合力。创新基金主要用于支持符合三地产业规划，有较高创新水平和较强市场竞争力的产业技术项目，或在主导产业、新兴产业领域面临的重大共性、关键性技术方面有重大突破的原始性创新项目，或是有望形成新兴产业的高新技术成果转化项目。创新基金主要投于高端制造、新材料新能源、航空航天、新一代信息技术等战略性新兴产业领域，资助对象包括京津冀三地的大学、科研机构、科技型企业等。创新基金要创新管理方式，突破传统的项目管理办法，要切实对区域产业创新起到推动和助力作用。

五是构建完善产业创新生态环境。推进三地协同创新，要形成完善、和谐的创新生态环境。首先，政策协调是三地协同创新的保障机制，而当前由行政分割导致的政策分割是三地协同创新的主要障碍。因此，必须研究、建立跨区域和跨机构的协同创新政策，破解产业发展和示范建设中存在的体制机制性障碍，形成有利于区域创新要素流动的政策协调环境。其次，构建协同创新的文化氛围。良好的创新文化和合作氛围是协同创新的重要源泉和动力，因此要通过政策引领、内外宣传、制度建设营造创新的文化、合作的氛围、京津冀协同发展的意识。最后，政府政策本身也要不断创新，要实现产业、科技、市场、人才、金融等管理模式的创新，要根据产业发展变化、具体区域要求实行不同的创新政策引导和支持。

最终，三地以科技创新为核心，发挥创新驱动战略对经济增长的强大动力作用，形成自研发设计至终端产品的完整的资源共享、优势互补的平台，建设成为具有国际影响力的创新中心。

3.3.5　作为区域经济主体，京津冀地区与长三角和珠三角地区相比仍存在差距。这对以协同创新促进发展提出了更高要求。未来建设中，三地协同创新还有哪些问题要解决，对京津冀协同创新有何建议与期待

当前，世界经济区域化加剧，区域发展内在逻辑正在从投资驱动转向创新驱动。创新要素特别是作为第一要素的人才流动决定一个地方的未来发展。这也是

当前全球"人才大战"的根源。而人才等创新要素是由当地不可以移植的异质性生态决定的。这个生态不仅是自然生态，更重要的是社会生态、经济生态、政治生态，具体到创新领域就是企业创新生态、产业技术创新生态、区域创新生态等内容。可见，良好的创新生态决定着京津冀创新发展、协同创新共同体建设。在未来建设中，京津冀三地协同创新应该分别建立并完善以企业、政府、研究机构和空间结构为维度的京津冀区域协同创新生态系统：一是建立以企业为核心的多元化创新成果研发转化体系，这类企业直接体现为平台型企业、创新型企业和核心企业，它的创新能力及其对整个产业起到决定性带动作用，要树立"开放式创新"和"分享式创新"的发展理念和战略目标，发挥这类企业作为协同创新网络核心主体的作用，形成知识、人才等生产要素相互交融的创新空间和趋同空间。二是建立以政府为核心的创新活动服务体系，探索产业园区等技术平台建设方面的合作共建，通过对科技基础条件资源进行战略重组以及优化，建立成果孵化器、科技园区等技术合作平台和技术创新联盟，实现协同创新网络中各个创新主体之间的互通互融，使资源、技术与管理等咨询服务逐步融为一体。三是建立以研究机构为核心的创新知识流动体系和创新人才培训体系，引导大学、研究机构等成立技术研究所、大学园、科学园、孵化器等研发平台、创新平台和创业平台的集聚地，对三地的研究结构进行功能重组和整合，推动应用型大学等研究机构与企业开展互惠合作，加速科技成果的产业化。四是加快推进"一核、三城、三带"（"一核"是指北京，尤其指"三城一区"；"三城"是指北京、天津、雄安新区；"三带"是指优化提升京津高新产业带，加强京雄创新发展带，启动规划津雄生态拓展带）的京津雄创新三角区建设。当前，湾区和三角区经济成为世界级城市群发展新趋势。京津雄创新三角区建设将是京津冀协同发展纵深推进的核心布局和关键支撑。应以"突破瓶颈、政策引致、优化分工、协同发展、高地集聚"为发展思路，围绕北京建设具有国际影响力的科技创新中心、天津建设具有国际影响力的产业创新中心、雄安新区建设创新发展新增长极的战略目标，着眼于解决京津雄城市空间布局和创新分工中的实际问题，强化协同支撑，破除制约创新三角区建设的行政壁垒和制度藩篱，搭平台、建机制、促保障，打造"一核、三城、三带"的京津雄三角区基本骨架，推动有序疏解北京非首都功能，构建以核心城市为支点，以交通干线为纽带，以人才流动为载体，以制度创新为重心的区域发展空间新格局。

此外，营造京津冀协同创新创业文化。关于京津冀亚文化区主要特征及异同有数据表明，在全球范围内，只有 30% 的经济合作是由于技术、资金或者战略方面出现的问题而搁浅，而有 70% 是由于跨文化沟通方面的问题而造成的。异质性创新创业文化是影响区域协同发展的重要因素，甚至是最关键的因素。需要经历文化冲突—文化整合—文化认同—文化自信—文化自觉，最终形成新时代的京津冀"双创"文化。

3.4 加快构建京津冀协同创新网络①

创新是区域协同发展的根本动力，协同创新是必然出路；协同创新就是在京津冀整合创新资源和创新要素。在创新分工方面，要根据各地的自然禀赋、产业特征和比较优势，明确创新群落的分工，形成特色鲜明、运行良好、主体活跃的创新生态；在创新网络关系方面，要高度关注协同创新网络关系，特别是企业作为国家创新系统、区域创新系统的微观基础，构建以企业为主体的协同创新网络。

近年来，国家制定了一系列区域发展战略，打破行政区划局限，促进生产要素有序流动和引导产业合理布局，提高区域经济发展协调性。2015 年 4 月中共中央政治局审议通过的《京津冀协同发展规划纲要》中指出，实现创新驱动发展是有序疏解北京非首都功能、推动京津冀协同发展的战略选择和根本动力。强化协同创新支撑、完善区域创新体系、整合区域创新资源，更为关键的是要打造京津冀协同创新共同体。

3.4.1 京津冀协同创新现状与特点

企业对研究机构的科研投入呈现递增趋势。北京地区高等学校 R&D 内部经费中企业资金的支持力度最强、天津较次，并都呈逐年递增趋势，但在绝对量上天津地区无法与北京地区相比，河北地区则呈现出一种先增后减的态势。北京地区和天津地区的高等学校等研究机构与企业之间的协同创新关系越来越紧密，天

---

① 本节是《滨海时报》记者刘平于 2016 年 11 月 1 日的采访稿。

津地区的校企合作情况不如北京地区。与京津地区相比，河北地区的校企合作关系呈现出下降趋势，高等学校等研究机构与企业之间缺乏密切的联系和交流，企业与高等学校的资源共享程度不足。究其原因，主要是京津冀地区研究机构输送到企业中的知识成果和技术成果的转化过程出现了问题：一方面表现为研究机构创新成果的操作性差，成果转化能力不强；另一方面说明缺乏在现实转化和商业化过程中必要的能力、人才和设备。

政府与研究机构的协同创新紧密程度较高。尽管高等学校等研究机构在创新活动中具有更广泛的智力支持等优势，但知识创新成果需要不断转化和商业化才能实现其社会价值，这种转化过程需要高额的交易成本，而企业自身技术创新活动更易于直接产生社会价值，政府在条件具备的情况下应加大对企业创新活动的支持力度。河北在校企协同创新活动方面的投入依然与京津地区具有较大的差距，协同创新活动也呈现出下降趋势：一方面表明河北高校科研创新能力不足，无法满足企业对科研成果的需求；另一方面由于创新活动投入大与产出周期长，企业无法在短时间内获得创新成果带来的收益，并且多数企业具有短期盈利行为。

企业间缺乏有效的创新合作。京津冀地区企业在创新成果转化中能力不足，表现为企业既缺乏创新成果转化能力，又不愿与其他企业进行合作共同开发创新成果，"亲股权而疏股债"的情况十分普遍。这就需要企业在与研究机构建立合作关系的同时，加强与其在资源上具有互补性、发展上具有相同需求的企业合作，并共同在研究成果转化中发挥作用，提高成果转化率。

3.4.2　京津冀协同创新网络构建经验总结

京津冀在我国的定位是世界级城市群，在基于各自的比较优势下展开以北京为研究群落、天津为开发群落、河北为应用群落的创新分工，按照系统和生态的脉络进行协同创新。

企业是提升创新能力的动力和源泉，决定着创新活动发展的方向。构建京津冀以企业为主体的协同创新网络，要处理好三组网络关系：

"企业—政府"的网络关系。不仅要健全有关科技创新制度和政策，使政策有法可依，具有可操作性；而且要发挥企业创新主体的作用，鼓励和引导北京企业设立在津研发中心。

"企业—企业"的网络关系。一是要共建一批国家联合实验室（联合研究中心），围绕重点领域联合推进高水平科学研究，促进适用技术转移和成果转化，构建长期稳定的合作关系；二是要共建一批技术转移中心，鼓励构建技术转移联盟，共同作用推进先进适用技术转移，深化产学研合作。

"企业—研究机构"的网络关系。要发挥研究机构在协同创新网络中进行知识创新的主体核心地位，重点是共建一批先进适用技术示范与推广基地，鼓励推广重点领域先进适用技术。

3.5　京津冀三地的产业转移与重新布局[①]

3.5.1　京津冀产业转移中应注意的问题

京津冀协同发展再次启动，就不能重复原来的开发模式。但如今有些地方还重复着 30 多年前改革开放初期的场景，园区饥不择食地找项目，项目落地后发现与园区定位并不吻合，造成土地、资本、人才资源的浪费和破坏。

具体来说，产业转移，即北京非首都功能的疏解。我认为天津五年后也会像北京一样，遇到城市功能疏解的问题，因此需要通盘一并考虑。北京非首都功能的疏解，主要涉及五类产业的转移：一是"三高一低"产业，主要是二产，2013年它在北京整个 GDP 占比不到 1/5，产业转移不能仅盯着这里，毕竟其体量太小，即使全部给河北其带动作用也十分有限；二是具有一定附加值和无形资产的产业，如高校、医院、养老等；三是附加值不高，但能够引来大量人口流动和集聚的产业，如动物园批发市场、大红门等区域性批发市场；四是一部分央企、外资的总部；五是一部分行政事业单位，主是是非首都功能性的，这部分很少。产业转移主要集中在前四类，这些产业中哪些是真正适合区域发展的？并非当前看到的将大红门迁到河北白沟、将凌云迁到河北邯郸这般简单。以后者为例，我认为这并不是一个最优的选择。因为凌云属于"三高一低"的企业，搬到河北邯郸只是解决了"雾霾晚几个小时到北京"的问题，从根本上并不解决问题。这样的

---

① 本节是《证券时报》于 2014 年 5 月 27 日的采访稿。

企业既不利于北京，也不利于河北，其出路是"关停并转"，这里的"转"包括转型与转移两种含义。

京津冀区域内产业转移、功能疏解、承接，要在大层面上做通盘长久的考虑。各地要跳出当前各自的利益，从区域内角度通盘考虑。一定要和新型城镇化建设结合在一起，北京的人口疏解出来后，北京优质资源就要相应延伸过来，如教育、医疗、养老和公共服务，同时产业也要跟过来，否则就又成了"睡城"。这里面强调"三换"：一是空间换发展。北京转移五类产业，不能只是工业制造业转移，有部分高端产业也要转移出来，这主要涉及增量，毕竟存量很难转移，在增量转移过程中，基本实现公共服务的同城化、均等化，至少差异不会太大的情况下，北京的相关产业、人口就愿意过来，这方面天津比河北更有优势，通过这种转移、承担，暂时缓解北京交通、人口、环境压力。同时，天津、河北通过交换，产业得到提升，特别是河北受益最大。二是速度换距离。我们要建250千米/时、300千米/时的高铁，压缩空间距离，实现零换乘，无缝对接。高铁是我们的优势，目前在世界上只有中国才能实现，我们要建设"轨道上的城市群"，实现同城化。现在北京"大饼"摊得很大，生态自然破坏严重，无法修复，必须找到一个生态修复建设区，而与北京有一百多千米距离的保定、武清最为合适。要压缩空间距离，我们就要另走高铁，不能依托现在的交通体系。这种速度换来的是经济大格局的变化。三是功能换未来。北京及天津的部分优质资源和功能在产业转移过程中，要一并转移出来、延伸出来。改变单个企业转移一事一议的现状，要做成区域性普惠制度，要素就会自由选择和流动，这种功能延伸换来的是同城的均等、普惠，带来的是整个区域协同发展的明天和未来。

3.5.2 京津冀三地的功能定位应该注意的问题

目前，京津冀三地中北京、天津功能定位相对清晰，河北功能定位不太清晰。三地在协同发展过程中，我认为，不能一哄而上、全面开花。应该有选择、有重点、分步式地推进。这方面国外有成功经验，也有失败的教训。如北京想建11个新城却受制于财力等因素，应找到主要矛盾的主要方面，分批逐步突破。不妨先选择亦庄、通州、顺义、大兴等先发展，然后再逐步推进。当时日本东京湾一开始只发展了三个城市，后来才逐步增加，从1958年到20世纪90年代历时近40年的时间。河北可以先选保定、廊坊、唐山重点抓，第二批可选石家庄、邯郸等地分步推进。天津可先打造武清、宝坻和滨海新区，其他区可以跟着走。总之，要重点打造，不要急于全面开花。这也是政府学习经验积累的过程，有重点分步推进的好处在于，不至于走过多弯路，能集中精力办大事。

3.5.3　如何解决京津冀协同发展过程中的巨大资金需求

京津冀协同发展涉及城市功能的疏解与承接，产业主要承接地面临资金缺口，需要大量资金来提升其功能服务，应该建立三地统一的产业转移和共建基金。资金主要有五个来源：京津冀"三主体"、中央和市场。如河北承接北京转移过来的产业，应该两地共建产业转移基金，由于京津冀区域关系到整个国家的发展，应该由财政转移支付一部分，做基本的公共产品，还有就是公共服务向社会购买，即借助市场的力量，引导大量的社会民间资本进入，它们最知道市场需求在哪里？也是最富有效率的。

要建立产业创新基金。京津双城联动是京津冀协同发展的关键，而京津最核心的是科技新干线，要将京津打造成创新共同体。这里涉及的是 28 个省级以上园区，23 个城镇，面积达 8000 多平方千米，这是个核心区，优质资源都集中在里面，能否将之打造成世界级的科技产业带，是京津冀协同发展成功与否的重要因素。而要打造世界级的科技产业，就要建立产业创新基金，通过基金的运作来激活资源，引领创新。基金的发起人可以是政府，也可以是引进战略投资者，采用市场化运作，基金主要投向新能源、新材料、机器人、航空航天、新一代信息技术、智能装备等产业，这决定着中国的未来。

3.6　京津冀产业协同发展的思路、重点与对策①

从 20 世纪 80 年代中后期至今，京津冀一体化经历了 30 多年发展，特别是近日京津冀三地政府分别签署了 18 个合作协议和备忘录，京津冀协同发展进一步走向实质性阶段；2014 年 9 月 4 日，京津冀协同发展领导小组第三次会议提

---

① 本节是新华社京津冀三地分社于 2014 年 10 月的采访稿。

出"要加快实施交通、生态、产业三个重点领域率先突破"。在产业领域，京津冀应着力实施创新驱动发展战略，促进产业有序转移承接，推动产业结构调整优化升级。为顺利实现这一战略部署，应着重思考以下几个方面的问题：

3.6.1　京津冀产业协同发展的目标指向

京津冀协同发展的本质不仅在于能否协同发展、能否一体化发展，更在于如何协同发展、如何一体化发展。京津冀协同发展的关键在于能否成功启动技术产业前沿突破，把政府行为转变成开放环境下具有自生能力的新增长源泉。最根本的不在于短期的政府行为和刺激政策，而在于中国要能够直面深层次的体制改革和调整，建设京津冀区域产业发展长效体制机制，达到以下几点目标：一是通过京津冀产业要素的有效整合，重塑经济增长的动力源泉，推行自主创新，建成世界级的技术和产业创新中心；二是让市场充分发挥资源配置的决定性作用，让资源要素相互对接、自由流动和迅速集结，形成区域间产业合理分布、上下游联动的现代产业体系先行区；三是以京津冀城市群建设为载体，形成世界级城市群，打造人、产、城和生态四者卓有成效的融合的示范区；四是激发京津冀协同发展的内在动力，通过产业分工协作的带动和产业转移的经济再造，发展高新技术产业、战略性新兴产业，打造新经济增长方式的引领区。

3.6.2　京津冀产业协同发展的战略思路

3.6.2.1　核心构架

在京津冀协同发展的过程中，京津冀三地须明确自身定位。突出强调北京的知识、技术创新源的地位，天津的产业创新和研发转化基地，河北的新型工业化、产业优化升级和先进制造的战略支撑区，形成自研发设计至终端产品的完整的资源共享、优势互补的平台。

核心构架是"系统架构、创新驱动、优势再造"，以科技创新为核心，实施科技创新战略发挥创新对经济增长的强大动力作用，实现"创新中心＋研发转化＋高端制造＋高端服务＋高品位宜居生活"的分工合作新型城市带，打造世界级的创新中心，最终建成一个"研发—转化—生产"良性循环的区域产业生态系统。

在这个区域中，北京拥有全国 1/4 的高校，1/3 的实验室，1/2 的"两院"院士,有绝大多数的央企总部和大量的国内外金融机构、跨国企业集团总部,各级各类机构和单位 40 多万家。北京应该利用好这些资源优势,作为生产技术的创新源,具有完备的产业创新生态系统,推动产业技术的不断创新。北京是整个区域产业生态系统中最为重要的一环,是区域生态系统循环往复,螺旋向上发展的"领头羊"。

天津主要作为创新成果的转化基地,促进资源要素自由流动,创新转化的核心依托力量是京津科技新干线。京津科技新干线指的是京津高新技术产业带,串联了 20 多个国家级省级工业园区、城市、县镇,集中了中国最优质的科技资源,通过高速公路、国道、城市轨道连接起来,能够有效承接北京的研发转化制造,高端的服务业和制造业是天津最主要的承接对象。要打造出世界级的科技产业带,天津需依托众多的产业园区,利用环渤海的区位优势,推动产业的集聚,加快信息的流转,发挥产业集聚效应。

河北作为新兴工业化、产业升级和优化及先进制造的战略支撑区,围绕 12 条产业带:环京津商务休闲旅游产业带、环渤海石油海洋化工产业带、渤海湾船舶修造产业带、中国北方高端装备制造产业带、京津冀北电子信息与新一代信息技术产业带、京津冀新能源产业带、京津冀区域的现代物流产业带、首都第二机场—天津北部三个区县—廊坊—京东片区—京南片区的环首都战略性新兴产业区和临空经济区、北京—天津—廊坊现代服务业和现代制造业的综合性产业带、邯郸—邢台—天津—唐山钢铁和纺织专业化产业带、石家庄—保定—衡水传统服务业和传统制造业的综合性产业带、张家口—承德—秦皇岛旅游等资源型产业带,从人才、项目、企业、园区、县区和城镇布局六个方面切入,积极纳入对接协作、互补互促的重点范围,这是河北自身发展的着力点和发力点。

产业创新、产业分工和产业转移并行。随着经济转型步伐的加快以及所面临的资源、能源和环境压力的与日俱增,京津正在逐步改变彼此的经济发展模式,而产业创新是京津产业转型的根本途径。通过产业创新,可以提升产业结构转化和升级能力,可以把现存和潜在的生产要素优势转化为较高的市场占有率。缺乏产业创新,会无法形成替代传统产业的高新技术产业,造成产业链短缺和产业空洞。产业创新过程是突破既定已结构化的产业约束,培育核心竞争力和构建新产业的过程。产业创新具有不可复制性和不可替代性,如果其他地区想代替某地区成为新的经济中心,就必须创新出高一级主导产业。同时,产业创新是历史赋予京津冀的重大使命。在京津产业转出过程中，两地的产业创新和新高一级主导产业也在孕育和成长，作为主要产业转入地的河北在承接产业转移过程中也实现了产业升级。这种双向互动扩大了区域分工的深度与广度，推进了区域经济一体化。需要强调的是，当前地域分工体系也呈现出新特点，随着国际分工程度的深化，传统的部门间分工逐渐向产品间分工和产业链分工过渡，逐步形成了以工序、区段、环节为对象的产业链分工体系。于是出现了京津主要发展研发、整机（整车）组装、现代服务等，河北部分地区主要发展配套和零部件生产的分工趋势。上述产业创新、产业分工和产业转移的并行，必然萌生一种新型的产业分工格局。

3.6.2.2 政府和市场有机结合

从市场层面上来说，积极构建成一个富有活力的统一的区域性市场。生产要素不仅为地方服务，更为区域服务，可以做到自由流动和迅速集结，生产活动对接协作，互补互助。发挥市场对资源配置的导向作用，根据市场规律来进行资源的有效配置，包括对劳动力、资本、技术等要素的区域合理分配。产业结构在区域合理配置，各地产业与各地的要素禀赋和市场需求相匹配，京津冀作为一个市场，整体实现产业布局的优化升级。

构建一个统一的区域市场体系，充分发挥市场资源配置的决定性作用，也必须重视政府作用，让政府这只"有形的手"和市场这只"无形的手"很好地结合。

从政府层面上来看，做出三规合一的整体规划，包括发改委负责的宏观发展规划，国土资源部的国土规划及城建部的城镇规划，即顶层设计，核心是京津冀三地如何利益分配。根据顶层设计，各地政府打破长期以来三地的"诸侯经济"，在财税、政府考核、官员评价体系等方面，实现京津冀行政主体的体制机制创新范式。

通过市场设计和市场匹配，合理推进三地产业对接、转移和承接，提升产业要素的配置效率，构建富有活力的统一的区域市场体系。河北具有劳动力要素的比较优势，而北京、天津具有较明显的资金和技术的优势，只有实现了这些生产要素的自由流动，产业转移才可以健康持续地发展下去，京津冀区域内才能形成一个完善的区域市场体系。因此，京津冀三地彼此开放和发展要素市场，破解要素在京津冀区域内流动的瓶颈和障碍，京津特别是北京要向河北省延伸、辐射优质的公共资源，河北也要立足自身在优化投资环境、提升自身承接能力和服务等方面下功夫。

3.6.2.3 搭建平台、营造环境

必须搭建多层次平台，营造良好的经济环境，实现布局合理、产业升级、上下游互动等，形成良好的京津冀区域产业生态。科研院所与高校形成知识流与人才流，为创新的不断前进提供源源不断的动力；金融机构给予产业生态所必须的资金流，建立产业创新基金，通过基金的运作来激活资源，引领创新。产业创新基金采用市场化运作，基金主要投向新能源、新材料、机器人、航空航天、新一代信息技术、智能装备等产业。

由于京津冀地理上接壤，经济上联系紧密，需要共同建立对环境保护和修复的联动机制，共同治理环境问题。在京津冀产业分工协作与产业转移实现合理布局后，京津冀发展的环境、资源、人口、土地等可制约因素也会随着区域产业生态系统的建立而消除，环境所遭到的破坏随着生态系统的建立而逐渐得到修复，困扰京津冀的雾霾问题得到合理解决，环境优美，人与自然和谐相处；自然资源可以受到保护，不会出现资源浪费的现象，物尽其用；人口压力减弱，地域歧视和偏见大大减少，人口整体素质大大提升，自身价值得以实现；土地实现集约化、规模化利用，城镇化建设取得长足发展。

3.6.3 京津冀产业协同发展的重点抓手

在产业协同发展过程中，由于各地区存在利益冲突，所以京津冀区域内各地区要服从国家发展的大局，在政府引导、市场主导下，构建区域产业协同发展机制。

3.6.3.1 明确产业发展定位、思路与方向

明确未来京津冀产业协同发展的战略目标定位、总体思路及产业空间布局优化方向：一是重点研究京津冀三地各自的产业定位，以城市功能再造为产业协同发展的重心，明确京津冀三地的主导产业、产业重点、产业发展、产业结构升级。二是从产业链上下游联动、产业集群化发展、产业创新协作等视角，提出"缺链补链、短链拉链、弱链强链、同链错链"的总体战略思路，形成自研发设计至终端产品相对完整产业链的整体优势，最终建成一个"研发—转化—生产"良性循环的区域产业生态系统。三是明确京津保三角、京津唐三角、京津廊、京张承三角、唐山—滨海—沧州增长带等空间结构组团与产业布局的未来方向，围

绕发展潜力大、成长性强、带动作用显著的优势产业链，以一批新的园区、合作区为支撑点，以区域的主要交通干线等为轴线，形成"人才牵动、企业拉动、项目带动、集群驱动、区域联动"格局，全面增强整个区域产业的综合实力、创新能力和竞争能力。

3.6.3.2 打造京津"双城记"与京津冀的新增长极

京津冀协同发展的成功与否关键是北京、天津两大直辖市的合作和分工，这也是长期困扰京津冀一体化的最大障碍。京津双城联动的核心是打造京津科技新干线和京津创新共同体。第一，打造从中关村到滨海新区的战略性新兴产业和高技术产业的聚集区，有效整合连接北京—廊坊—天津—天津港的高速公路、铁路等沿线的 20 多个国家级、省级高新区和工业园区。第二，加快亦庄、廊坊、武清、北辰、宝坻等 23 个地级城市 8000 多平方千米的规划建设相互对接。第三，加快保定、廊坊、唐山、石家庄在自身发展的同时切入京津冀一体化过程的进程。加快京东片区、京南片区、曹妃甸新区、渤海新区、正定新区、邯郸新区等新增长极的发展。第四，通过京津冀、中央和市场"三地五方"力量，共同完善市政基础设施等硬环境，提高商业、医疗、社保等公共服务软环境。第五，开展金融、教育、研发中心、电子商务、生产型服务业和高新技术产业深度合作。最终建成"创新中心＋研发转化＋高端制造＋高端服务＋高品位宜居生活"的分工合作新型城市带，打造世界级的创新中心、新经济增长方式的引领区、体制机制创新的探索区、区域协同发展的首善区、产业—人口—城镇—生态四者融合的先行区。

3.6.3.3 构建京津冀产业协同发展的政策体系

第一，为加快产业分工和转移承接顺利进行，尽快完成顶层设计，抓紧出台发改委、国土、城乡规划的"三规合一"，抓紧制定相关的产业政策、财税政策、土地政策和金融政策等。第二，提出北京和天津疏解转移的产业种类、重点项目，特别是北京功能疏解和产业向周边区域转移扩散，以及天津和河北承接哪些产业或不承接产业的负面清单。第三，为更好地优化京津冀产业体系、提升产业竞争力，尽快出台相关的技术创新政策、人才政策、政府采购等。第四，探索设立区域产业合作基金。主要用于跨省市基础设施建设、产业转型升级、科技研发、创新能力建设、共建园区以及跨省市专项合作等。围绕重点领域开展跨区域项目合作，共建集教育、科技、技术转移转化与孵化等功能为一体的产业基地，为合作提供有力的资金支持。

3.6.3.4　构建富有活力的统一的区域市场体系

让市场发挥资源配置的决定性作用是京津冀一体化的最终目标之一。首先，理顺京津冀产业对接协作的市场新机制，通过市场设计和匹配市场，合理推进三地产业对接、转移和承接，构建富有活力的统一的区域市场体系。其次，鼓励支持社会资本进入煤水电气等公共产品领域，减少各种限制，实施民企与国企的同等"国民待遇"。再次，大力支持中小微企业发展，特别是科技型企业，实施"铺天盖地"和"顶天立地"的企业成长路线图。最后，建立统一的区域性市场准入和退出"门槛"，统一三地的市场检疫、检查和认证等，完善各项制度环境，共同推进京津冀三地的协同发展。最终形成开放型统一的区域资金市场、劳动力市场、技术市场和企业产权市场，促进人流、物流、资源流和信息流等在区域内互联互通，以推动整个区域的配置效率和整体效益。

3.6.3.5　完善京津冀产业协同发展的企业合作新机制

企业是市场的主体，产业转移是通过一定的企业转移实现的。企业需要利用产业转移的机遇，促进企业经营和管理体制的改革，以适应变化的市场。政府要在企业转移过程中，引导企业选择具有本产业相关优势的地区，加快产业集群的形成，整体联动，结合上下游产业，注重相关产业发展，遵循市场规律，构建良好的产业生态系统。首先，围绕区域重点领域、优势产业，引导区域内大中企业实行强强联合，组建产业协作联盟、技术联合，寻找合作的"聚焦点"和"引爆点"。其次，探索产业园区跨区域共建模式，共同组建企业化运营管理主体，税收和运营收益按出资比例分享。探索京津冀共同发展"飞地经济"，建立基数不变、增量分成的利益分配机制。再次，推进科技成果孵化转化，建立各级各类孵化器和生产力促进中心，完善多层次融投资渠道和市场，健全北京和天津的产权交易中心，在北京环境交易所、天津排放权交易所、河北省能源环境交易所基础上，建立联动统一的碳交易市场，加快科技成果的市场化和产业化进程。最后，发挥行业协会和中介组织作用，推进各方协会的交流与合作，充分发挥其在行业标准制订和修订、人才教育和培训、技术交流与推广、信息搜集与服务、统计体系建立、规则咨询服务、行业对外交流与合作等方面的重要作用。

3.6.3.6　加快建立京津冀产业协同发展的民间团体合作新机制

要重视民间力量，启动民间组织促进对京津冀协同发展。首先，加强各种社会团体的民间交流和合作，促进对京津冀区域的文化认同、归宿和自豪感，形成互利共赢的民间基础；其次，重视非政府组织作用，引导它们在环境保护、扶贫解困、解决就业、促进社会融合等方面，在弘扬精神文明方面发挥积极作用；最后，通过民间团体积极培育和营造亲商文化、创业文化、创新文化等，形成风清气正、积极向上的主流文化和环境。

3.6.3.7 京津冀产业协同发展的保障措施

推进体制机制改革和创新。改革地方财税收体制，尝试建立首都财政，用统一财税制度管理京津冀三地政府为税收、财政、GDP 等出现的各种"乱象"。探索改革官员考核与政府绩效评估体系，增加注重质量效益、社会民生、生态环保、群众意见，不再"唯 GDP"，减少在企业投资、项目建设、园区规划上的盲目和冲动。

创新公共服务保障机制。高等教育、社会保障、医疗卫生、文化交流、户籍制度改革的均等化和同城化等。京津冀等方面的一体化发展统一部署，共同研究探索环境保护、基础设施建设、城乡社区建设、食品安全监管、流动人口管理、治安综合治理、维护社会稳定、推进平安创建等方面的新理念、新思路、新举措。

健全开放合作机制。推动建立常态化的沟通协调机制，建立研发成果产业化联盟与合作机制，鼓励科技研发、工程实验、孵化转化等各类科技服务机构建立京津冀战略联盟，对于符合国家政策的研发成果，加大用地、贴息、补助等政策支持力度，加速科技成果转化。积极协调海关、商检部门，促进贸易便利化。建立工商执法协作机制，完善消费者权益异地保护救济制度，实现工商执法服务一体化。

3.7 加快京津产业对接协作的总体思路与着力点[①]

在产业对接协作方面，京津主要有 12 条产业带和数十条产业链亟待推进和

---

① 本节是《滨海时报》记者哈迪于 2016 年 11 月 1 日的采访稿。

优化调整；产业对接协作、互补互促，以"四进"为主线，以"四链"为思路，与京津城市功能疏解相结合；既要有一个卓有成效的区域协作机制，形成区域间产业合理分布和上下游联动机制；又要有一个强有力保障机制，改革不合理的区域利益分配和补偿、政府考核、官员评价体系。从而调动政府、企业和民间三方力量，增创区域发展新优势，构筑区域一体化新格局。

3.7.1 加快推进京津产业对接协作的总体思路

京津产业对接协作应以技术"进链"、企业"进群"、产业"进带"、园区"进圈"为主线，以"缺链补链、短链拉链、弱链强链、同链错链"为思路，形成"项目带动、企业拉动、集群驱动、产城互动、区域联动"的新格局。

3.7.1.1 以项目建设为抓手，打造京津产业对接协作新亮点

加强与驻京部委、央企和公司总部对接，积极谋划和实施一批新项目、好项目。如与中国通信工业协会、工业和信息化部软件与集成电路促进中心合作，共建"中国云"物联网/云计算国家产业园项目、"京津云城"智慧城市项目、宝坻京津中关村科技新城项目，以及与北京首创集团共建京津合作示范区（未来科技城），与北京大学共建（滨海）新一代信息技术研究院，建设中国科学院天津育成中心等，打造京津合作的重要支点和纽带。

3.7.1.2 以企业合作为重点，夯实京津产业对接协作新根基

进一步拓展新能源新材料、节能环保、高端装备制造、软件与集成电路、电子商务等多个前沿领域，行政部门要签署战略合作框架协议，行业协会要成立商会和联盟，在天房集团、百利机电集团、农垦集团、二商集团、市政集团、城建集团等前期合作项目落实的基础上，如组建全国高性能计算机应用技术创新联盟、全国抗体药物质量联盟和工业生物技术创新联盟，形成自研发设计至终端产品相对完整产业链的整体优势；最终建成一个区域间产业合理分布，上下游联动的良性循环的区域生态系统。

3.7.1.3 以园区共建为主线，拓展京津产业对接协作新空间

在金融创新、科技研发转化、航运物流、文化创意、高端制造、高新技术等领域，京津两地加快共建产业园区，推进京滨工业园、京津科技谷、京津电子商务产业园、京津科技创新园和北斗新兴战略产业园等一批新建和谋划的园区、合作区，以政府合作共建、政府与企业合建、政府与高校合建、园区跨省市间共建

等模式，引导企业向产业园区聚集；以采取股份合作模式，共建园区管委会、投资开发公司等作为管理机构，带动区域间企业交流、要素流动、技术溢出、人才培养等，形成以园区共建的"点—线—网络"合作，打造区域间产业发展的利益共享格局。

3.7.1.4 以县区合作为平台，拓展京津产业对接协作的范围

天津市各区县找准定位，积极与北京各区县进行对接，以宁河县与滨海高新区的未来科技城、于家堡和响螺湾—北京国贸、天津滨海—中关村科技园、天津南站和西站—北京南站、宝坻—中关村、京津金融一体化改革试验区等为先导，通过资源优势互补，产业错位发展，发挥各自优势，设施共享和市场共建等，建设多层次、全方位、宽领域的对接协作平台和纽带，加快北京的高新技术转化，承接高质高端服务化项目入驻，促进天津市由货物贸易向服务贸易转变。

3.7.1.5 以城镇建设为载体，拓展京津产业对接协作新格局

在京津之间建设高水平的城市群，实现人、产、城融合，生产、生活和生态"三生共生"的良性互动。沿京津科技新干线，打造从北京中关村示范区到滨海新区的战略性新兴产业和高技术产业的聚集区，加快武清、宝坻等地城市规划建设，完善市政基础设施等硬环境，提高商业、医疗、社保等公共服务软环境，开展金融、教育、研发中心、电子商务、生产型服务业和高新技术产业深度合作，形成区域内新的增长空间，探索"高端制造＋高端服务＋高品位宜居生活"的分工合作新模式。

3.7.2 着力打造若干条产业带，优化区域空间布局

在产业对接协作方面，由易到难分层次推进，着力打造七大产业带和数十条产业链。

（1）环京津商务休闲旅游产业带。实现旅游由观光向休闲的转变，打造以滨海新区、秦皇岛市和唐山市为中心城市的滨海休闲度假区，秦皇岛—乐亭—天津东疆港滨海度假带，以及张家口市桑洋河谷—秦皇岛市昌黎—滨海新区茶淀葡萄酒文化休闲聚集区，打造环渤海地区首位的滨海度假带、国家级旅游度假区、国际知名的滨海度假地。

（2）环渤海石油海洋化工产业带。天津市依托集中在南港石化产业聚集区、大港石化产业园区、南港轻纺工业园，与河北省滦南县的盐化工、海兴县的盐化

工、沧州市渤海新区的精细化工,共同打造石油化工、海洋化工、精细化工和综合利用四大产业链;延伸 30 多条产品链。

(3)渤海湾船舶修造产业带。一是天津市与秦皇岛、唐山、沧州共同构建沿环渤海湾岸线的科研、生产、配套、维修在内较为完整的船舶工业体系;二是内陆的保定、邢台、邯郸,共同打造船舶配套产业集群。

(4)中国北方高端装备制造产业带。一是天津市与秦皇岛、唐山共同打造沿着渤海西岸的重型装备制造产业带;二是打造沿张家口、北京、保定、廊坊和天津形成的汽车装备制造产业带。

(5)京津冀北电子信息与新一代信息技术产业带。以北京为龙头,大连为龙尾,串连廊坊、天津、唐山、秦皇岛、沈阳等城市,打造一条环渤海电子产业隆起带,首先启动京津创新共同体,着力打造京津科技新干线;以宝坻、武清和滨海新区为产业聚集区,与北京中关村和亦庄经济技术开发区、秦皇岛数据产业基地、廊坊润泽国际信息港、唐山市软件产业及动漫游戏产业等,建成较为完善的标准、检测、认证等产业服务体系。

(6)京津冀新能源产业带。天津市以太阳能光伏、风能和绿色电池三条产业链,与保定新能源高新技术产业、邢台光伏高新技术产业、唐山和秦皇岛的新能源装备制造等形成产业聚集区,增强新能源产业整体竞争力。

(7)京津冀区域的现代物流产业带。一是打造环首都经济圈物流产业带;二是建立以产业聚集为目的的物流产业带;三是畅通京津—冀东物流通道、京津—冀中物流通道、京津—冀中南物流通道。

另外,还有两条相互连接的产业带亟待推进,三条产业带亟待优化调整,分别是:首都第二机场—天津北部三个区县—廊坊—京东片区—京南片区的环首都战略性新兴产业区和临空经济区;北京—天津—廊坊现代服务业和现代制造业的综合性产业带;邯郸—邢台—天津—唐山钢铁和纺织专业化产业带;石家庄—保定—衡水传统服务业和传统制造业的综合性产业带;张家口—承德—秦皇岛供水、空气、旅游等资源型产业带。

此外,部分金融、教育、医疗、研发机构和研发中心等高质高端服务化产业也要纳入对接协作、互补互促的重点范围。对京津双城联动来讲,这是未来的着力点和发力点。

3.7.3　加快京津城市功能疏解与津冀产业对接相结合

以空间换发展。北京加大疏解四类产业和部门：一是大红门批发市场、动物园批发市场等劳动密集型的产业链上游产业；二是中央和北京市的医院、高校等非市场因素决定的公共部门；三是金融、贸易总部和分支等部分央企总部；四是中石化燕山分公司等"三高"企业退出。同时，天津也面临梯度性产业的功能疏解，"腾笼换鸟"，把一些低端制造、附加值低的产业环节进行关停、重组和转移，甚至一部分产业集群和部门功能转移到河北省。

在产业对接和承接过程中，河北省应由单纯的由梯度转移为主转向城市功能为主，一定要提前做好承接规划，突出本地区和城市的功能和定位、优势和特色，避免各个地区各行其是，造成无序和生态破坏。

京津冀产业对接协作还应与卫星城、城市群、新增长极和综合承载力相联系。京津冀协同发展是全方位、多层次和宽领域的对接，不是经济，而且是社会管理、文化环境、体制机制等系统性的一体化。

3.7.4　构建区域一体化新机制，增创区域发展新优势

推进区域一体化体制机制改革，建立良性循环的京津冀区域生态系统。

3.7.4.1　创新区域利益分配和补偿、考核、评价新体系

创新中央对地方政府、上级政府对下级政府的考核、官员评价等体系；改革地方财政、税收等区域利益的分配和补偿机制，为三地产业对接创造制度优势；联合开展区域水资源保护与合理利用、重大生态建设和环境保护项目，建立生态补偿基金，增创生态新优势；衔接、协调、统一三地的法规、政策，实现发改、国土和城乡规划"三规合一"，尽快完成京津冀区域发展总体规划和重点专项规划的编制工作，增创区域布局新优势。从制度上保障区域协同发展和一体化进程，避免各自为政、重复建设、恶性竞争等。

3.7.4.2　建立负面清单制度，理顺区域产业对接协作机制

培育和发展生产要素市场，促进生产要素在京津冀经济区的流动。加强商品市场的建设，取消地方保护，采用负面清单制度，建立全区域的市场准入标准，或互认安全管理与监督、检验、检疫等，促进资源要素自由的对接对流；重点加强生产要素市场建设，特别是资金市场、劳动力市场、技术市场和企业产权市

场，以完善、健全的市场体系推动整个区域的配置效率。

提高和增强区域产业转移、承接和对接主体的市场运作能力加强企业经营体制改革，培育适应市场经济要求的企业主体。鼓励企业通过市场加强联系，争取创建一批有竞争力的企业集团，充分发挥其整合区域内生产要素、提高专业化水平、优化产业结构的作用；同时，鼓励中小企业集群发展、整体联动、突出特色、增强合力。

3.7.4.3 积极构建政府、企业商业、民间团体合作新机制

在政府层面：建立京津冀协同发展制度，一是成立领导小组，由国务院主要领导和京津冀三地政府部门负责人组成；二是下设工作办公室，负责规划编制、实施和监督；建立联络员制度，由京津冀三地和中央、国务院各相关部委成员组成，负责联络、沟通和协调工作；建立专题工作小组，根据每年领导小组的联席会议确定的合作项目，开展具体的专项合作工作。

在企业商业层面：共同培育有区域特色的产业集群，围绕区域重点领域、优势产业，引导区域内大中企业实行强强联合，组建产业协作联盟，寻找合作的"引爆点"；推进科技成果孵化转化，建立各级各类孵化器和生产力促进中心，完善多层次投融资渠道和市场，健全北京和天津的产权交易中心，在北京环境交易所、天津排放权交易所、河北省能源环境交易所基础上，建立联动统一的碳交易市场，加快科技成果的市场化和产业化进程；发挥行业协会作用，推进各方协会的交流与合作，充分发挥其在行业标准制订和修订、人才教育和培训、技术交流与推广、信息收集与服务、统计体系建立、规则咨询服务、行业对外交流与合作等方面的重要作用。

在民间团体层面：加强各种社会团体的民间交流和合作，促进对京津冀区域的文化认同和归宿，形成互利共赢的民间基础；重视非政府组织作用，引导它们在环境保护、解决就业、促进社会融合等方面，在弘扬精神文明方面发挥积极作用；通过民间团体积极培育和营造亲商文化、创业文化、创新文化等，形成风清气正、积极向上的主流文化和环境。

3.8 津保高铁开通，助力轨道上的京津冀①

3.8.1 津保铁路开通的意义

首先，津保铁路的开通改善了区域出行条件。极大地改善了天津与保定、石家庄以及河北南部的出行条件，解决了多年来困扰河北省与天津市交通出行"瓶颈"。同时，使河北省的南部和北部有了一条便捷通道。这极大方便了京津冀三地间的通勤、出差、旅游和商务。

其次，津保铁路开通的意义还在于有效缓解首都交通枢纽压力。原来，东北南下，华中、华南和西南北上，都需要途经北京转换，津保铁路开通后，开辟了第二个通道。

再次，在于助力京津冀协同发展，打造"轨道上的京津冀"，形成"半小时生活圈""一小时交通圈"。京津冀协同发展提出了"四横四纵一环"的现代综合交通网络体系，津保铁路是"四横"当中的一条，津保铁路串联了天津市与保定市，这样，北京、天津、保定之间都是150千米左右，两两都有铁路链条，通达时间都在30~40分钟，这就使"京津廊（坊）保（定）"形成了世界上少有的"黄金三角"，为京津冀协同发展的中部核心功能区崛起打下良好交通基础。

最后，从更大的范围来说，联通了大半个中国，完善快速铁路网。津保铁路开通运营后，与京沪高铁、津秦高铁、京广高铁和京津城际四大高速铁路网将实现无缝连接，京广、京九、京沪三大既有铁路干线也将连成一体（一共是七条）。同时，东北与华北、华南与西南和京津冀交通一体化的互联互通成效会得到进一步凸显。

当然，还有就是津保铁路的开通，使京津冀更好地融入"一带一路"的发展大格局中。

---

① 本节是河北电视台记者于2015年12月28日的采访稿。

3.8.2   如何更好地利用好这条铁路

首先，要围绕津保铁路这样的一批干线铁路，尽快完善现代综合交通网络体系。这当中，重点形成干线铁路、城市间的城际交通线路、市区与郊区的市郊交通线路、城市内部的交通线路四个层间的无缝对接、零换乘。极大改善出行条件，促进人口、产业、投资等经济要素的自由、快速流动。

其次，要改善和提升沿线交通的管理、服务、物流等投资环境，更好地支撑北京非首都功能疏解。这样能很好地促进区域产业升级和调整，壮大区域经济一体化发展，更好地发挥区域经济的辐射作用，带动周边地区快速发展，实现区域经济快速增长。

再次，围绕津保铁路的中小城市和地区，像霸州、白沟新城、白洋淀科技城，精准发展定位、精准搭建平台、精准承接产业，打造若干个京津冀微中心。

最后，围绕津保铁路，以及与其互联互通的七条铁路干线和高铁，从石家庄、保定至天津，再至唐山、秦皇岛，以及其他交通枢纽和中小城市，要积极打造特色产业发展带和城市群，推进新型城镇化建设；要促进生产要素在空间重新组合，要优化生产力空间布局，推进以首都为核心的京津冀城市群建设。促进东北、华北、华中乃至华南区域间协同发展、优势互补。

3.9   北京新机场应放眼全球和京津冀协同发展①

北京新机场（北京第二机场）的服务定位、机场选址、投资建设和运营管理四大基本问题如下：

第一，北京新机场的服务定位不仅是整个京津冀区域，而且是国际航空枢纽港。一般机场服务覆盖范围要么按照空间距离为半径 100 千米左右的圆圈，欧美发达国家缩短为 50~60 千米；要么按照应急响应时间需求，如江苏省提出 30 分

---

① 本节是《中国交通报》于 2014 年 7 月的采访稿。

钟响应时间覆盖全省 80% 以上区域，45 分钟响应时间覆盖全省 90% 以上的区域。前者主要适用于经济发达国家，相对于我国而言，后者更具实用价值和操作性。据有关统计，北京地区已经拥有 6 个通用机场和 3 个临时起降点，天津也拥有不同所有权的 5 个通用机场，河北省"十二五"期间民用机场数量达到 7 个以上，2015 年底计划新增 5~9 个民用机场布点，除廊坊外各设区市均有运输机场。所以，在这种情况下，在京津冀这样一个高密度的机场布局中，应该按照国际航空枢纽港、区域性航空中心和国内支线机场三个层次去布局和规划该区域的民用通用航空机场。北京新机场的定位就非常必要和重要了，理所当然地处于国际航空枢纽港的地位，不仅服务北京、服务京津冀，而且还要参与国际其他航空枢纽港的竞争，特别是韩国首尔、仁川，日本东京成田、大阪、关西，中国香港，新加坡，泰国曼谷等航空枢纽港。因为 21 世纪的航空业将是以枢纽机场为基础，枢纽航线为重心的行业，枢纽港的发展将成为围绕航空延伸的产业参与国际竞争的重要基础支撑。

第二，在国际航空枢纽港的战略定位基础上，跳出地方思维考虑北京第二机场选址，最佳选址恰恰不是在北京辖区的大兴，而是河北的固安县、永清县和天津的武清区所在弧线上，前两个地方距离北京和天津均为 60 千米左右，武清区距离北京天安门 70 千米左右，而且上述三地距离保定均在 100 千米以内。这种选址主要依据四个原因：一是受制于北京空域资源紧张，北京常年是南北风向，飞机起降均为正南正北，同样的问题出现在第二机场的大兴选址上，这将对航班的飞行造成极大的挑战，所以要跳出现在的北京辖区选址，既要有足够大的机场净空区，又可以与北京机场错开空域。二是新机场要与现有的北京机场、天津机场、石家庄机场以及区域内的其他机场结网，形成合理的航空运输网络体系，进而纳入国家综合交通体系之中，既充分发挥通用航空本身所具有的通达性和快速性的优势，又要从京津冀区域整体出发，与区域的公路、铁路及水路等地面集疏运枢纽和系统融为一体，不同交通方式之间形成无缝对接、便捷衔接、有机配套，特别是在海陆空的枢纽之间用中国特有优势的高铁（300 千米/小时）和快捷轨道连接，用快速交通方式（半小时通达）换物理空间距离（100 千米距离），有效压缩进出港时间和提高集疏效率。三是机场建设要有效衔接于通航制造产业，截至 2013 年，我国已经设立了 40 多个以通航飞机制造业为支柱的临空（航空）产业园。京津冀区域就有中航工业集团石家庄通用航空基地、中航直升机公司旗下有天津和保定直升机研发生产基地，实际上这些园区多以简单的总装为主，没有形成相对完整的通航飞机制造产业链，这也与我国没有核心技术紧密相关，无法形成相关产业的国际竞争力。要改变这种商业寻租和圈地行为，就要在依托新机场建设的航空产业园切实贯彻创新驱动、内生增长模式，鼓励科技型中小企业入驻和发展，必然要求园区用地成本低、厂房租赁价格低，而北京土地资源稀缺，地价极高，只有在廊坊、武清才会有成本相对较低的机场地址。四是新机场要打造核心通用机场群，服务于京津冀城市群，要结合航空制造产业链、航空租赁产业链、飞行培训产业链、航空旅游产业链和航空消费娱乐产业链等航空产业链的布局，改变航空产业园区布局上"散、杂、虚"的现象，构筑产业特色鲜明的城市群、城市绵延带。

第三，新机场的投资来源应多元化，采取市场化融资模式。近日，环境保护部披露首都第二机场的总投资高达 860 多亿元，比于 2012 年 7 月的 790 亿元预计多了不少。相关信息透露，民航局、北京市、河北省分摊机场本身建设费用和配套项目建设资金。人们更多关注的是第二机场将带来巨大的飞行资源能力释放和经济拉动能力，即北京机场每天大约有 300 个飞行架次无法安排，国内尚有60 多个机场、11 家航空公司未取得首都机场航权和航班时刻，潜在需求超过1000 万人次。其实，新机场是一个"首都"项目，也就是说新机场建设与首都功能的存在具有较大关系，按照市场规则，产品使用者要为产品制造者"买单"，中央政府的出资有其必要性和合理性。同时，我们也应注意到机场建设和运行的风险。投资来源多元化、风险分散化，是当前政府必须要考虑的问题，要摆脱政府惯性思维和权力行为，让利于民，让社会资本进入，让航空公司和社会资本成为机场投资者，它们最能敏感捕捉有市场价值信号，最能知道市场有效需求。

第四，新机场的运营管理上应采取委托经营模式。美国除大型机场由州政府拥有外，其他机场建设资金主要由地方财政负责，政府设立准政府机构"管理局"负责运营。巴西机场运营的商业化色彩较强。日本采用分类管理，大型国际机场和国内干线机场为中央政府投资建设、拥有和管理，小型民用机场由地方政府投资建设、拥有和管理，军民共用机场由军方拥有和管理。而北京新机场是大型综合国际航空枢纽港，机场硬件设施建设、航空公司运营中心建设、空管系统建设和供油系统建设四大部分，以及高速公路修建、水电设施和排污设施等，应采取独立部门负责投资建设，也可以将其中的部分工程委托外部单位，机场建成后委托企业运营。

第4章
协同发展的其他方面

4.1　有关京津冀教育协同发展的几点看法[①]

4.1.1　教育协同发展包括的维度

评价京津冀教育协同发展有很多维度，一是要看治理机制设计是否得当，一定要在保证三地"权责明晰、合作高效"的基础上，以集合政府、学校、社会机构和公民共同参与教育治理作为着力点；二是要看能否解决伴随产业转移带来的人口跨区迁移问题，基础教育资源的布局一定要随之进行相应调整；三是要看高等教育资源的发展路径是否有助于提升京津冀协同发展中产学研协同创新的能力；四是要看职业教育资源的布局是否有助于校企合作、产教融合。

4.1.2　教育协同发展的进展

总体来看，现阶段京津冀教育协同发展的实践与区域战略选择的契合程度还有待提高。三地教育协同发展还处于初级阶段，用现有的政策实践行动来衡量区域教育发展的协同程度可能为时尚早。不过，现有教育协同发展实践中存在的不足，也能够及时提醒三地教育相关主体积极思考与主动作为；同时，这些"短

---

① 本节是《天津日报》记者刘平于 2018 年 12 月的采访稿。

板"也为京津冀教育协同发展指明了方向。从京津冀教育协同发展实践成果来看，相关主体寻求协同发展的意识是有的，但从国家战略层面考虑协同发展的意识还不够强。

4.1.3 教育协同发展"短板"问题

教育协同发展不仅是资源在规模或范围上的跨地区拓展，也并非三地发展要素的简单累加，更应该注重通过结构性的资源调整，构建共享共赢的整体统筹发展模式，实现"1+1+1>3"的效果。综观京津冀三地教育，京津两地基本上呈现各有所长、柔性竞争的态势，而河北则显得基础较弱。

究其原因，河北的"短板"短在省内缺少优质的教育资源。从京津冀区域教育发展的基本情况来看，三地存在明显的"断崖式"差距。京津教育发展水平在全国位居前列，河北省则处于中下游水平，部分指数仅有北京市的1/4甚至1/5。以基础教育为例，京津已先于全国大多数省份基本实现教育现代化，涌现出一大批全国知名的优质幼儿园、小学与中学，但河北省却鲜有能够在全国"叫得响"的优质特色学校。在高等教育领域，京津可谓名校云集，河北省则是以地方高等教育为主的高等教育规模大省，而非高等教育质量强省。

未来几年，将河北作为京津冀教育协同发展的战略重心十分必要，建议从四个方面入手补齐"短板"：一是建立京津对口支援河北基础教育发展的有效模式，积极借鉴对口援助和各地促进义务教育均衡化的经验，通过名校办分校、优质课程资源共同开发、师资管理干部培训、联合教研、教育质量监测评估一体化、实验实训基地共建、校际"手拉手"、名师工作站建设、高校和科研机构举办附中附小等方式，加快提高河北基本公共教育服务水平；二是构建利用信息化手段扩大优质教育资源覆盖面的有效机制，充分发挥京津地区优质教育资源的辐射作用，将服务范围覆盖到河北省；三是持续加强河北高等教育和职业教育能力建设，开展地方高校招生协作，建议增加京津地方高校面向河北省尤其是农村贫困地区的定向招生计划，扩大本科、研究生招生规模，推动包括中央在内的"三地四方"合作，重点支持河北省建设一批有特色、高水平的高校和职业院校。

4.1.4 教育协同发展迫切需要解决的问题

京津冀协同发展进展迅速，但在教育方面除了合作办校、开分校外鲜有实质性发展。造成这种现象最根本的原因在于体制机制的缺位。一是从历史发展来看，河北行政区划变迁和省会多次搬迁，缺乏一个可持续集聚和沉淀优质教育文化的中心；二是地方经济独立核算使河北的教育投入大大落后于北京和天津，直辖市的优势长期"虹吸"了河北的优质教育资源；三是缺乏与教育相配套的社会资本。在京津冀教育协同发展的要求下，三地政府不能只顾教育而忽略在土地、财政、人事等方面配套政策的引导与支撑。

如今，最迫切需要解决的应该是人才问题，如果河北不能对京津的教育人才产生吸引力，抑或是不能留住人才，那么三地其实很难真正形成教育协同发展模式。能不能让好的教育项目和优秀的人才真正落地，其关键还是在于三地政府能否提供足够的制度保障和资本支持。

4.1.5　教育协同发展需要哪些配套政策支持

这个问题要对应之前提到的四个评价维度。一是要梳理京津冀教育协同发展中各方的特点、优势、需求及可能存在的功能重叠和冲突之处，厘清中央和区域各层面、各类部门在京津冀区域教育协同发展中的责任结构与协同合作方式，从而构建京津冀教育协同发展的治理机制。二是结合区域功能调整和产业迁移的基础教育配套建设和优质基础教育资源创生问题，有必要创新一体化发展的办学模式和办学体制。三是有必要促进教育与各相关行业组织的协同，提升京津冀协同发展中的产学研协同创新能力。四是结合区域产业发展规划和用工需求，有必要对职业教育的整体布局进行优化调整，构建突破办学地域、有利于产业互补的模块教学方式及教学实习贯通培养方式，提升职业人才培养质量。

4.2　在京津冀一体化过程中，承接地如何吸引人口迁移①

在这一过程中，需要承接城市在教育、医疗、服务、金融、保险、文化等层

---

① 本节是《新金融》记者宁广靖、袁诚于 2014 年 4 月 14 日采访的完整稿。

面和原来的主城区均等化。三地要从人口、产业、城市和生态四个维度去合作，形成生产、生活、生态共生的机制。我们一定要遵守的是：人口和产业是在一起的，如果把人口与产业隔离，就是现在的燕郊。旧有产业的人不会轻易跟着产业转移而迁徙。我们的转移要有新思路，迁移不是企业院校的整体搬迁，一旦搬迁优质资源就会散。我们侧重于新增的业务分支，比如北京大学不搬，其和某个院校合作开办研究院，去几个人就可以。产业在一个地方落脚，这就是增量。

承接地要承接北京疏解出来的产业，需要各种资源与原来的主城区均等化，那么政府就要在城市规划和基础设施建设方面投入大量资金，这对政府的财政压力是一个考验。根据模型测算，河北省按照目前的城镇化速度发展下去，2020年资金的缺口是1.1万亿元，主要就是基础设施投资建设。推动一体化发展，中间"哑铃形"城市要壮大，城镇化率就要提高，河北发展资金有巨大的缺口，城市化率就不能过度地加快，北京和天津一定要和河北的城镇化项目合作，一方面，河北的农民进入城市；另一方面，北京、天津的人向外迁徙，新的人口聚集区就会出现。

河北需要投资，但不能靠河北一方。现在讲京津冀一体化，河北资金有限，河北城镇化制约着一体化发展。河北规模小，如果北京优质资源不往外输出，河北就不可能迅速地扩张，所以，北京的财政也应该为目前的"功能疏解"埋单，由此产生的收益可以协商分享。北京不能只转"三高一低"，这会造成严重的污染问题，现在是一体化，同呼吸共命运。

如果让京津两地政府为河北提供财政支持，难度很大。虽然各省市之间有合作的意愿，但实际上在制定规划和空间布局方面仍然是以自我发展为主，如今一体化提出以后政府有合作愿望，现实中也有一体化需求，需要从产业对接互补的角度重新定位。

三地统一财税体制，就建立一个产业转移基金。此外，资金还有第三个来源，就是借助市场的力量，引导大量的民间资本进入，向社会购买公共服务。民资比政府投资更富有效率，它们对市场信息最敏感。

4.3　京津冀差距根源在于公共政策差异[①]

京津冀协同发展对于北京、天津、河北三地来说，都意味着新的机遇。三地之间的差距究竟该如何协调？生活水平、公共服务设施以及居民财富收入的巨大差异，是否会随着最终规划的落定而慢慢缩小？

4.3.1　京津冀三地之间差距的根本原因

依然是体制问题，在现有的机制下，公共基础设施的投入不是来自市场和企业，投入的主体依然是政府。而现在的局面则是分灶吃饭，各花各的钱，有多大的能力就干多大的事。对于北京和河北、天津，相对来说，北京的财政投入更多，能力更大。在三地投入上，河北的财政和差距相比北京、天津非常大。因此在现有的财税体制下，这样的差距可以理解。

4.3.2　如何缓解河北与其他两地之间存在的差距

三地合作要形成共赢。北京应该与河北、天津成立引导基金，一方面做基础投入建设，差距就能得到缓解；另一方面便是借助社会资本的力量，现在三地之间的再投资，很多时候还是各自下一盘棋，有自己的地方预算，单纯的政府投入远远不够，还需要更多社会力量的进入。

4.3.3　如何改变"环京津贫困带"的发展现状

这些现象在当年被称为"灯下黑"，京津冀三地正在全力推进合作，实施交通一体化。河北、北京正在共同推进建设北京新机场临空经济区。河北、天津各投资 10 亿元，组建了渤海津冀港口投资发展有限公司。特别是 2014 年以来，北京的很多产业正在进行疏解，从大红门到动物园批发市场的产业转移，将在一定程度上反哺和辐射当地。按照国家的发展周期，从短期到中长期，贫困带的现象

---

① 本节是《每日经济新闻》于 2015 年 5 月 10 日的采访稿。

将逐渐减弱。

4.4　京津功能疏解中的五个发力点①

北京疏解主要是四类功能，天津也存在功能疏解，天津和北京城市功能疏解结合起来才有空间换发展的问题。北京面临的城市病问题能否通过疏解得以解决，关键是看疏解推进的速度和质量。而决定这个的是顶层设计和执行力。

疏解要在承接地有相对优质公共服务资源或者基础。河北要由原来单纯被动到现在主动选择承接，承接什么？要坚持以市场为原则。政府要做的是平台问题。

疏解主要有五个发力点：项目、企业、集群、区域、产业。一是项目，主要是针对新增的央企总部之类，比如京津云城、未来科技城都是新增出来的。二是企业，企业是协作重要根基，对应新能源、新材料，节能环保的高端和现代产业体系，这样形成行业的联盟和一些平台，在区域之间形成相对合理布局和上下联动。三是集群，主要是园区，园区之间跨区域之间共建是京津冀之间产业对接重要的新空间，如北京和天津电子商务园，河北和天津有一些关于新型城镇平台，像现在和秦皇岛一些平台，这样未来发展新的空间当然是现有的，后续过程当中会有更多平台出现，如点、线、网络就出现了。四是更大范围的一片区或者县区合作平台，天津滨海新区对应的是中关村，保定也是对应中关村，其实里面还有很多河北的县区也对应北京的县区，包括对应天津的县区，进行这样专项的合作。五是以城市建设为载体，不仅是产业，要有效结合。

河北省整体会影响京津冀一体化发展，涉及转型、提升、优化、创新问题，河北省不能依靠京津城市功能疏解提升自己发展，一定要有自己的主打，要通过创新。

京津冀协同发展应该强调"三换"：以速度换距离、以空间换发展、以功能换未来。首先，应该破局的地方，实现交通同城，用快速交通换距离，否则"三角区"仅是地理上的三角区，没有实质联系；其次，保定离北京只有100多千

---

① 本节是《经济日报》于2014年4月3日的采访稿和中新社于2015年12月12日的采访稿。

米，有足够的生态隔离带和发展腹地，保定的空间换取北京部分非首都功能，同时北京也腾出更多空间；最后，北京优质功能，特别是优质服务功能的延伸，河北自身功能的再造和市场力量的介入，多方合力使产业留得住、发展好、有未来。

4.5　京津冀协同发展与京西商贸物流布局[①]

京西正在面临千载难逢的历史机遇。从京津冀合作 30 多年的历史来看，协同发展是最主要的一次机遇。如果我们失去这次机会，可能要落后几十年，甚至落后更多。

第二个机遇是冬奥会。冬奥会的申办不在于能不能成功，关键是申办的过程中，可以很好地规划、建设、提升张家口地区，使其更好地融入京津冀一体化过程当中。

第三个机遇就是新型城镇化。这是国家未来 10~15 年的发展实力，这个过程中会有无限的商机。农村人口向城市转移过程中，为张家口商贸活动带来无限的商机和商业的价值。特别是北京市提出了关于"新北京人"的理念，它的购物、置业原来是向东南方向发展，现在和未来的 10 年应该在西北方向，也就是在张家口，所以这是新型城镇化带来的新的发展商机。

当然，京西商贸一定要和实体经济相结合，张家口在融入京津冀一体化过程中提出了几个主导产业，也搭建了几个园区；从实际上来看，必须有实力才能有能力，才有机会承接北京转移出来的产业和功能，这是在一体化过程中首先要明确的。当然，在这一过程中，更多关注增量而不是总量，北京很多的产业是"三高一低"的往外转移，张家口地区是北京"上风上水"的地方，希望发展高端高质产业，如商贸、物流、旅游、教育、科研，这是未来关注的着眼点。当然还有第三产业的无形资产。在园区共建中，开拓更多的商业模式，如 BOT 模式、BOO 模式、BOS 模式，这些都是未来合作的切入点，也是盈利点。

另外，在京西商贸合作过程中，一定要与产业链相结合，与产业链的每个环

[①] 本节是 2014 年 5 月 29 日举办的 "2014 中国京西商贸物流发展峰会" 的发言稿。

节相结合。从万悦广场打造葡萄酒产业来看，怀来县 2013 年的产值是 40 亿元，涿鹿县是 10 亿元，这个产业带来的附加值是 1：9~11，有无限的价值存在于这个产业链里，商贸一定要和实业结合，与产业链的各个环节结合。

第四个机遇是京西商贸一定要与电商、与现在商业新兴业态相结合，由传统商业向新兴业态转变。中国是全球最大的零售市场，正在形成以电商为核心的新的经济生态系统。这个系统最主要表现在平台化、开放化、嵌入化。义乌小商品市场就是一个典型例子，它是一个传统电商向电子商务发展的过程。在这一过程中，应该推进传统商贸升级，带来更大的平台建设。

第五个机遇是京西商贸一定要跳出京西来谈商贸。更多的要和京津冀协同发展的产业链、产业带相结合。同时，要跳出商贸谈商贸，要考察消费群体的消费观念是如何从可获得性向商品价值上升的，产品升级换代也是在服务大众过程中会有更大的、更广阔的空间。

4.6 京津冀区域文化一体化①

京津冀协同发展是全方位、多层次和宽领域的。文化一体化是协同发展最为艰难的内容。文化既包括物质层面的各种文化事业和文化产业，又包括制度层面的文化准则、规章制度等，还包括精神价值观。由于历史种种原因和现实经济社会发展的巨大差异，导致京津冀三地文化也存在较大差别，在我们关注和推进京津冀一体化的器物、制度层面的同时，一定要提升价值层面对新文明创新的能力，加强各种社会团体的民间交流与合作，努力营造促进对京津冀区域的文化认同、归属感和自豪感，逐渐形成互利共赢的民间基础。重视非政府组织作用，引导它们在环境保护、扶贫解困、解决就业、促进社会融合等方面，在弘扬精神文明方面发挥积极作用；通过民间团体积极培育和营造亲商文化、创业文化、创新文化等，形成风清气正、积极向上的主流文化和环境。建立在"文化认同"基础

---

① 本节是中新社于 2015 年 12 月 12 日的采访稿。

上的区域才具有一体化发展凝聚力、向心力和生命力。在此基础上，才能进一步实现文化自觉，形成京津冀命运共同体。这对京津冀一体化来说，可能是一个巨大的挑战。

第 5 章
天津思考

5.1 天津如何有效融入京津冀协同发展①

深度融入京津冀协同发展，推动天津实体经济高质量发展。为更加有效地推进京津冀区域协调发展新机制，天津市应以疏解北京非首都功能为"牛鼻子"推动京津冀协同发展，构筑"京津双城，津冀崛起，滨（滨海新区）雄（雄安新区）齐飞、强强联合"的世界级城市群发展新格局。为此，提出以下三点建议：

5.1.1 启动京津雄创新三角区建设，打造创新发展的共同体

京津雄创新三角区建设将是京津冀协同发展纵深推进的核心布局和关键支撑。形成津雄联动的创新资源的"汇集区"和创新成果的"扩散源"；催生"联合研发—合作转化—竞合生产"的创新价值链条，培育科技创新增长点。

打造"一核、三城、三带"（"一核"是指北京，尤其指"三城一区"；"三城"是指北京、天津、雄安新区；"三带"是指京津高新产业带、京雄创新发展带、津雄生态拓展带）的京津雄三角区基本骨架。相对天津而言，一是重塑京津高新产业带，建立京津科技创新与转化的快速通道，释放落地效应或放大承接科技资源的应用功能；二是应及早启动津雄生态拓展带规划建设，主要包括静海、津南

---

① 本节是《天津日报》记者刘平于 2018 年 12 月的采访稿。

和滨海新区，重点发展生态型、节能环保型、健康养老型等产业。

5.1.2 着眼高质量发展，对接优势产业跨域发展

实施高端产业高位嫁接。一是利用好北京多种类型的高端资源优势，补齐天津市短板；二是要加强与北京城市副中心、雄安新区的对接，围绕天津产业发展重点和方向，聚焦重点领域推进实施一批如人工智能、大数据、区块链、生命科学等有共识、看得准、能见效的合作项目，形成优势互补、竞争有序的产业发展格局。

推进高新产业高质延伸。一是鼓励支持市属国企与京冀两地企业开展合作，加强与雄安新区及河北其他地区的产业转移与承接的协同联动；二是围绕建设天津建设有世界影响力的产业创新中心的目标，完善提升重点实验室、工程技术研究中心、企业技术中心、科技企业孵化器、高新技术产业开发区和经济技术开发区等协同发展的平台与载体，推动产业创新从"科研点"到"创新链"再到"创新面"的延伸。

完善高端载体高效聚集。一是增强高端载体的针对性，根据吸纳的要素特点来提升平台和载体的功能和水平，加快破解京津冀协同发展中的矛盾与障碍；二是提高配套能力和服务水平，为生产要素充分发挥作用提供有效保障。突出重点、突破难点，推进京津冀协同发展向深度广度拓展。

5.1.3 绿色发展，构建跨区域产业生态体系

高质量发展的内生要求是绿色发展，要在京津冀三地间形成跨区域产业生态体系。对于天津市而言，一是要构建跨区域生态产业系统分工体系，加快三地生态产业系统中的信息平台、金融等基础设施建设，有效促进河北对京津生态产品的供应，从而促进区域生态产业系统发展的一体化；二是建立以制度为导向的长效协调合作机制，建立促进生态经济发展的法规制度；三是建构三级联动的保障体系，强化区域经济生态系统的保障机制建设。积极营造"政府—系统管理者—系统主体要素"三级联动的保障体系，实现保障体系的层次化。

5.2 天津发展面临的最大障碍是市场活力不足①

5.2.1 天津可能要增加一些新的定位

随着产业结构的调整，由原来单纯的加工业向制造业、设计、现代服务业这样一个层次提升的过程中，必然对金融业提出要求。天津不一定要成为金融中心，但要求有和它高端制造业相匹配的应用性金融。

滨海新区要建于家堡这样一个金融比较集中的区域，高楼硬件措施已经齐备了，但是招商引资、服务配套，还需要一个很长的周期去建设。

天津主要是以国企和外资为主，民营企业和中小科技型企业相对较弱，所以市场活力不足是最大的障碍。科技要素与民营经济能形成经济活力，市场活跃起来天津发展的持续动力也就能获得，天津的产业升级和转化就能完成。

政府管得多，行政审批手续烦琐。所以这时候更多的是鼓励前面两个，一个是科技型中小企业，一个是民营资本，政府要简政放权，改变原来的行政管理方式，更多的是为企业提供服务、搭建平台、营造环境，减少对企业经济活动的干预。

2014年6月，备受瞩目的北京第二机场终于尘埃落定。机场位于北京大兴与河北廊坊之间，距离天安门广场直线距离约46千米，预计2018年进行试运营，至2040年形成1.2亿元吞吐量，承担京津冀地区经济发展的重任。

与此同时，河北省出台了《关于加大重点领域投资力度的意见》，特别指出在机场建设方面将加快北京新机场征地拆迁进度，力促尽早开工；确保石家庄正定国际机场改扩建竣工、北戴河机场建成投运，推进承德机场建设和邢台机场前期工作。张家口市也编制完成了《张家口市承办2022年冬奥会综合交通规划》，将建设张家口运输机场和新建崇礼通用机场。再算上邯郸、唐山等此前已经拥有机场的城市，河北省未来几乎是每个市都有一个机场。

---

① 本节是凤凰网于2014年8月的采访稿。

当然，我们也不会忘记四个直辖市中规模最小的天津滨海国际机场，以及承载能力几乎达到极限的首都国际机场。

在京津冀一体化的大背景下，在这 12 万平方千米的土地上，如此密集的扎堆工程让我们得以窥视当下京津冀三地的特殊竞争关系。不管是"真金白银的利益争夺"，抑或"好大喜功的面子工程"，各地机场如火如荼的开工建设犹如滚滚车轮在时代的推动下不可逆转。但有专家指出，借此京津冀一体化契机，各地如能明确城市发展定位、谋划产业布局，也会令竞争变为协作，让无序变为有效。

5.2.2　城市定位是"顶层设计"中最核心的部分

天津自改革开放以来都有着比较明确的城市定位：北方的经济发展中心、国际航运中心、宜居的城市等。在这一次的京津冀一体化过程当中，这种定位也会有变化，因为定位是属于"顶层设计"里最核心的一部分。国内有这样的城市，经济建设到现在仍然徘徊不前，因为它不知道自己的方向在哪里。当然本次天津也可能要增加一些新的定位。比如随着产业结构的调整，由原来单纯的加工业向制造业、设计、现代服务业这样一个层次提升的过程中，必然对金融业提出要求。天津不一定要成为金融中心，但要求有和它高端制造业相匹配的应用性金融。这是在当前经济发展过程当中对天津提出的极其紧迫的客观要求。

5.2.3　滨海新区跟中心城区之间的关系

滨海新区和中心城区的关系早在 2006 年滨海新区没有上升为国家级综合改革配套试验区之前就一直在探讨。

一个是要以哪个地方的经济建设为中心，即经济投入以谁为主的问题。滨海新区的优势一个是土地，另一个就是产业工业基础，那么中心城区主要发展的就是商贸、金融及行政服务，而且从天津本身来看，这个地方的金融中心应该是在市区内，就是和平区，我们知道解放北路的金融街在 20 世纪二三十年代北洋政府时期就已经是全国的金融中心，现在虽然历史变革了，但它仍然是天津市的金融中心。很多国家的分支机构、信托公司都设在这里。

那现在滨海新区也要建设这样的商贸中心，这两个地方，在一个很小的直辖市范围内的发展支点该以谁为主？谁应该退出来？当时就存在争议。

在滨海新区发展过程当中，行政单位的服务对象是不是要以滨海新区为主，也曾有过相关探讨，现在已经逐渐清晰了，核心区没有搬迁过去。

但金融这方面直到现在仍然没有一个实际性的发展。

不过这次有一个很好的契机，滨海新区在经济协同发展里面能得到充分发挥。原来我们仅局限在天津的范围内，现在可以借助首都资源去谋划一些项目，比如说中关村、未来科技城，这是在滨海新区以后要做的一个大项目。

科技资源不仅是在创新要素上的配置，它实实在在能看到在产业层次上的一种提升，我们原来在北京、天津之间有一个高新技术产业带，打造科技新干线，打造创新共同体。

现在有一个产业已经在天津发展起来了，而这个产业主要是从北京转移过来的，就是机器人。机器人是未来装备业、高端装备业和智能装备里面一个重要的发展方向，对天津市的产业层次的提升具有举足轻重的作用。

5.2.4 京津冀一体化当中天津面临的最大障碍

从经济的角度来说，涉及体制机制的问题，天津主要是以国企和外资为主，民营企业和中小科技型企业相对较弱，所以市场活力不足是最大的障碍。科技要素与民营经济能形成经济活力，市场活起来，天津发展的持续动力也就能获得，天津的产业升级和转化就能完成。

比如在天津的八大优势支柱产业中，或者从现在发展的十大产业链来看，仍然是局限于原来的经济基础，对于一些战略性的新兴产业发展，这个动力不是很强劲。当前天津经济增长速度减缓，跟产业结构和市场活力不足是有关系的。

5.2.5 政府需简政放权，减少对企业经济活动的干预，有什么解决办法

现在天津有一个非常好的做法就是发展科技经营企业成长路线图，这个路线图概括成两句话就是"小企业铺天盖地，科技小巨人顶天立地"。一个是让科技型企业发展，另一个是让民营资本进入一些国际资本或者是国有资本垄断的行业，以及一些公共服务领域。

这个不在于文件，而在于具体的落实和操作。实际上这些文件都有，就是鼓励民营资本进入能源、交通等领域，但是我们缺乏对应的操作设施细则。我们只是在宏观层面上说可以进入这个领域，但企业在运作过程当中遇到了限制，约束太多。

这时更多的是鼓励前面两个，一个是科技型中小企业，另一个是民营资本，我们要简政放权，改变原来的管理形象，更多为企业提供服务、提供平台、营造环境，减少对企业经济活动的干预。

5.2.6　在一体化过程中，北京涉及一些产业外迁，天津最可能承接的是哪些产业？天津又有哪些产业需要向外转移

产业的升级过程是呈"金字塔式"地往上走，往上走的同时把产业层次低的往外转，形成一个开放式循环。比如刚才说高端服务业，有的公司在北京就租了一个房间，其他都转移到天津了。再比如还有些高端设计业，以及一些成果的研发转化，现在清华控股在天津市也有这样的孵化器。另外，如公共服务业，也就是教育医疗，这将来同样是可以向天津市转移的。

同样，天津的一些产业也需要外迁。比如造船业，天津一些小型特种船和一些工程船在秦皇岛生产，前后投资了 5 亿元。还有一些劳动密集型、科技含量低的产业，开始向河北或者是其他地区转移。

5.2.7　京津冀间利益分配问题突出

有专家称京津冀之间的同质化竞争严重，甚至有些人对于京津冀一体化的前景持悲观态度。我们希望的竞争是适度竞争、有效竞争。以港口为例，天津一个港口，黄骅一个港口，唐山有两个港口——一个是京唐港和曹妃甸港，还有一个是秦皇岛港。这个竞争应该以资本来进行产权重组，就是说按照这个竞争的态势、国外的经验及发展的趋势上，应该这样重组。但是最后由于涉及港口和海关这两个问题，海关现在是一体化的，问题算是破解了。

港口运营仍然是一个大问题，因为它所属的产权不一样，两个不同的地方，都是国有控股的，那这个时候就涉及在重组过程当中怎么分成、GDP 怎么去统计？所以到更深层面上要会有效整合港口的资源。有些港口的业务很繁忙，有些港口却很冷清，这是国有资本的一种浪费。以资本为纽带进行调整，表现出港口的功能特色，这样才能有差异化。

我们举一个最简单的一个例子，如黄骅港的港口吃水线比较低，装煤不能达到 20 万吨，但它必须要装 20 万吨以上甚至到 30 万吨才能降低成本，那它的船就必须到天津港来装煤。

如果是我们没有资本整合，那就是按照市场价格核算卸煤的费用。如果重组后，假设只改变产权，那么港口之间的货物联运就不是市场行为，而是按照内部成本核算，当然费用就会低很多。

再比如北京的首都机场、天津的滨海国际机场、河北省规模比较大的石家庄机场，这三个机场之间也有非常大的重叠，而且都已经形成了运输能力。北京机场的线路高端、低端、中端都做，但是像石家庄和天津机场，还是以中短线为主，这样一来，首都机场也做中长线、中短途，实际上就"抢"了很多天津和石家庄的业务量，最后导致的就是机场业务量不够，尤其是石家庄机场。

另外，要加大一些机场之间的基础设施联系，像快速通道的建设，使业务量可以方便地转到石家庄和天津。当然机场运用产权重组也是比较好的方式。

5.3 对于天津创新发展我们要拼什么[①]

天津的创新前景要从"天津如何去对待创新"，或者从"怎么去理解当前的创新范式"入手，这两个因素决定了天津的世界级创新产业能不能建成，"现在我们拼的不是要素，不是简单的物理堆积，而是创新的环境或者创新的生态"。有了这样的创新生态，我们能不能集聚一批具有世界级行业的技术核心领军人才？创新发展的竞争力如何提高？

第一就是要拼人才。我们现在制定的"海河英才"计划，实际上也是指这个方向，这是核心和要旨。人才都在国家级的或者世界级的实验室、高校、科研院所，包括一些顶级公司的研究室和内部的研究机构。这样的研究平台上往往集聚这样的人才，如果从生态的角度来说，他们都是一些掌握尖端技术的领军人才。天津能不能集聚一批具有战略眼光的领军企业家，他们能敏锐地把握市场的动态和引领行业以及技术的发展趋势。这是天津创新必备的条件。

第二，要看有没有"票子"来体现多元、多层次、多领域、宽口径的金融生态。从金融生态切入技术的最早萌芽，一直到技术的产业化、市场化以及技术的

---

① 本节是《津云关注》于 2018 年 12 月 9 日的采访稿。

工程化这个过程。

"票子"，不是我们传统意义上的银行，也不是传统意义上的政府投资，当然我们不排除政府最早的风险投资，以及由多元投入的风险投资，还有私募基金、社会的资本。它们的介入推动了新技术、新产业、新模式的出现。

第三就是"台子"。"台子"相当于现代领军型企业或者是新兴的一种平台型企业。比如阿里巴巴、京东，当然也包括国外的 IBM 和苹果公司，这就是平台型企业，现在是"平台型企业赢天下"的时代。我们不能再固守在原来的那种靠规模的"大石化""大炼油""大化工"等传统的经济模式。京津冀的中心企业拼的不是规模，拼的是创新资源、产业要素集聚和沟通的场景。而这个场景一般以平台形式出现，这就使企业的一种生态模式出现了。

第四就是"园子"，是园区的"园"。原来我们的"园子"是开发区、高新区、知识创新产业园区等，这是从类型划分的。然而，现在要从等级上来划分，从智慧的角度来看，现在是智慧园区，甚至可以说是生态园区。从物理空间上来看，这就是所谓的与现代化产业体系联系在一起。

这些"园子"的质量高低，实际上就是前面所讲的人才结合，会有一些产业化的成果出现。风投，也就是"票子"的出现，是进一步介入市场的阶段，企业也介入，最后一定要实实在在地落在一个园区。园区是不是也能达到一个生态化的层次，将决定它是否可持续发展。

这些因素能不能匹配起来，它们的高度、浓度，以及活跃度和响应度，决定了天津的未来创新。我们现在关注的人工智能，或是智能科技产业、生物医药，通过上述因素的匹配一点一滴地积累，产业才能够落地生根地发展起来。这就像一片森林，原来是几棵树，然后长成了参天大树，最后变成了森林。

5.4　滨海新区招才引智于北京，要做两手准备①

与天津相比，北京是人才高地。但在引进人才的同时，还要建设好软环境和

---

① 本节是《渤海早报》记者王英于 2014 年 8 月的采访稿。

硬环境，两手都要抓，才能帮助新区留下人才，"以智生金"。滨海新区要吸引人才，还得靠自己的实力，而不仅是借助政策引来吸附效应。我们所说的招才引智，不是简单地把北京乃至全国的人才吸引到滨海新区。"打铁还需自身硬"，新区首先应该做的，是建设人才流动所需要的软环境和硬环境，硬环境包括住房、工资、工作的场所等，要有对应的科研项目和科研团队；软环境包括福利待遇、社会保障、医疗，还包括家属，比如孩子需要念书，老人需要养老。软环境还包括文化娱乐和生态环境，这也是高端人才能否异地就业的一个重要因素，如当前滨海新区计划投资 113 亿元，建设教育、卫生、民政、文化、市政配套和环境改善 60 个项目，就是补齐社会民生短板。

京津冀协同发展重大国家战略的出台，为天津、滨海新区揽才提供了一个很好的机遇。因为京津冀一体化过程中，首先要解决的就是交通一体化。京津城铁的修建让北京和天津正在形成同城化效应。交通的大容量、低成本、便捷性让北京来的人才在新区就业的同时也兼顾了家庭生活、休闲娱乐。同时，京津地区也可以借助协同发展和其他国家战略叠加的机遇，最终要打造一个高端人才公共服务平台，涉及人才招聘的问题通过一个网站就可以解决。

5.5 打好"滨海"牌，助力实现天津战略定位①

京津冀协同发展、自贸区建设、自创区建设、滨海新区开发开放、"一带一路"建设……五大国家战略同时叠加在一个地区，中国只有一个，就是天津。2015 年 9 月，《天津市贯彻落实〈京津冀协同发展规划纲要〉实施方案（2015—2020 年）》正式发布，这意味着前期规划方案有了实质性推进，京津冀协同发展进入新的发展阶段。在此背景下，天津要如何利用自身优势对接战略机遇，助力自身发展？如何更好地服务京津冀协同发展？

做好"1+3"功能定位，打造"1+11"平台。《京津冀协同发展规划纲要》中明确提出，天津在京津冀协同发展中的功能定位为"一基地三区"——全国先进

① 本节是前沿新闻于 2015 年 9 月的采访稿。

制造研发基地、北方国际航运核心区、金融创新运营示范区、改革开放先行区。其中，打造全国先进制造研发基地的任务，主要由滨海新区来完成。而航运、金融创新与改革开放，也都与滨海新区密切相关。滨海新区是京津冀协同发展过程中极为重要的战略支点，滨海新区建设发展得好与坏、快与慢，直接关系到天津"一基地三区"定位的实现程度。

2015 年以来，天津各区县都加快了京津冀协同发展的步伐，积极建设园区、楼宇、孵化器等平台承接京冀两地的产业转移。这些平台是一个"1 + 11"的组成结构，"1"就是天津滨海新区，"11"为各个区县的功能承接平台。这也体现了滨海新区在京津冀协同发展战略中具有的重要地位。

承接什么？发展什么？作为重大国家战略，京津冀协同发展的核心是有序疏解北京非首都功能，调整经济结构和空间结构，走出一条内涵集约发展的新路，促进区域协调发展，形成新的经济增长极。三地协同发展中，天津处于中枢的关键位置。它能够承接北京四个功能以外疏解出来的产业，其中一些高端的服务业和制造业是天津最主要的承接对象。

我们说的产业转移，其实是北京非首都功能的疏解。以 2013 年的数据为例，北京市规模以上工业增加值仅 3500 亿元。如果天津仅仅将承接产业转移的目光盯在这个方面，这么小的体量难以给天津发展带来更好的帮助。

那么，在三地协同发展过程中，天津该重点承接什么？一是重点发展商贸物流；二是重点承接高端与先进制造业的转移；三是推进电子信息、移动智能终端、下一代信息技术等科技类成果的孵化、转化和产业化；四是重视科技创新产业转化、孵化平台的搭建；五是重视教育类平台的承接，包括新建、新设部分科研院所的分支与研究平台；六是推进园区合作，加快建设产业合作平台。

协同规划，眼光要放得更长远。京津冀协同发展战略的整体定位是打造以首都为核心的世界级城市群、区域整体协同发展改革引领区、全国创新驱动经济增长新引擎、生态修复环境改善示范区。推动京津冀协同发展，必须依靠创新驱动，创新是落实其战略定位的根本动力。如果没有创新，所谓的产业转型升级、打造经济新增长极、实现生态修复与改善等目标都无法实现。

那么，要如何进行创新？我们尝试了很多方式，现在看来有一个非常有效的途径，就是通过自主创新示范区这个平台去落实创新驱动。自创区强调的是用一个特殊的园区、地域，去集聚高端的科技资源和创新要素，去培育发展未来的经济增长点，形成可以引领未来的产业，形成一系列可复制和可推广的政策。

天津自创区获批后，作为国家创新驱动发展的试验区，成为天津全面推进创新驱动发展的新起点。"天津自创区一直在探索如何建立一个富有活力的创新创业生态系统。"张贵认为，建设自创区可以强化创新引领作用，不仅能实现天津经济的提质增效，更能为京津冀地区的创新发展提供经验，促进三地更好实现产业转型升级。

京津冀协同发展不能只做 5 年、10 年的短期规划，而是应该把眼光放在 30 年或更长时间去看。现在，京津冀协同发展的顶层设计已经完成；"交通、产业、生态"这三个领域的"率先突破"会在 2017 年取得实际进展，2020 年京津冀协同发展将形成轮廓，2030 年基本建成，到了 2050 年，京津冀协同发展将进入高级阶段。

第6章
河北思考

6.1 河北省切入京津冀一体化战略思考①

6.1.1 河北的京津冀产业协同发展路径

6.1.1.1 "2·26"前

2014年2月26日，习近平总书记视察北京，听取京津冀工作汇报并发表重要讲话，把三地协同发展提升到重大国家战略的位置。在转出的经济结构调整过程中，一些缺乏比较优势的产业，特别是一些成熟的传统重工业，如钢铁业和传统制造业，从20世纪90年代起已经开始进行梯度转移。北京首都钢铁公司炼钢厂、北京焦化厂、第一机床厂铸造车间等一些大型企业已经或整体或将部分生产环节迁移到了河北省的周边地区，服装加工、电子信息等劳动密集型产业也逐步开始往河北迁移，其主要转移情况如表6-1所示。

---

① 本节是在全国政协于2014年5月4日举办有关京津冀协同发展会议上的发言稿。

表 6-1 京津冀地区部分产业转移情况

转移项目	转出地	转入地
首都钢铁	北京	河北迁安
北京内燃机总厂铸造车间	北京	河北泊头
丰台服装加工基地	北京	河北固安
北京白菊公司洗衣机生产基地	北京	河北霸州
北京第一机床厂铸造车间	北京	河北高碑店
东方信联	北京	河北固安
奔驰配套企业	北京	河北廊坊
大红门服装批发市场	北京	河北
福田重工集团生产基地	北京	河北
华胜天成、掌阔移动、华瑞世纪控股集团	北京	天津滨海新区
阿里巴巴、当当网、凡客、亚马逊、京东、唯品会等电商	北京	天津武清
书生科技、央视未来电视、中启创	北京	天津保税区
搜狐视频、58同城、华图教育、华胜天成、天融信、双竞科技、唯捷创芯	北京	天津开发区
天津丰田汽车零部件配套	天津	河北唐山
国际（保税）物流仓储产业园项目	天津	河北保定
装机总容量200兆瓦的曲阳县风光互补项目	天津	河北曲阳
天津老美华鞋业服饰有限责任公司高档布鞋生产线项目	天津	河北顺平

6.1.1.2 "2·26"后

河北现在已有三大高端装备制造业基地、三大新能源汽车基地、四大电子信息产业基地、六大新材料基地、九大新能源基地和九大生物工程基地来对接北京天津的产业转移，为全面的京津冀产业布局做好准备。

河北作为京津水源地的张（家口）承（德）地区侧重于对接绿色产业、高新技术产业；秦（皇岛）唐（山）沧（州）沿海地区特别是曹妃甸和渤海新区，侧重于承接重化工业、装备制造业；廊（坊）保（定）地区侧重于承接新能源、装备制造以及电子信息产业，冀中南地区侧重于承接战略性新兴产业、高端产业制造环节和一般制造业的整体转移。

"2·26"后，河北筛选了多个平台进行重点打造，对接京津冀。2014年上半年，河北省工信厅与北京市经信委就已经组织北京的27个园区与河北的57个园区分批进行了四次产业对接，同时还穿插了家具、锻铸造行业、电子信息、新材料、节能环保等领域的专业对接。

河北省工信厅与北京市经信委正在对北京拟转移产业项目进行分类，摸清每个拟转移项目的情况，特别是拟转移地区。在此基础上绘制北京产业转移地图，在地图上标明园区所在地、功能定位以及将要承接的产业。

与此同时，2014 年上半年河北省重新规范和整合开发区布局，形成 196 个省级开发区平台，用于承接北京的产业转移。

2014 年北京集中清退的行业就是锻铸造、家具、建材等。其中，锻铸造企业有 282 家，规模以上家具企业有 83 家。由于治霾压力，河北很多地方不愿意接收这些污染项目，经过双方协商，这些企业将集中迁往冀中南地区。其中，锻铸造企业将集中迁往邯郸市成安县、鸡泽县，家具企业将集中迁往石家庄行唐县。

6.1.1.3　污染项目集中迁往冀中南地区

北京凌云公司建厂于丰台区，前身是北京首钢建材化工厂；2012 年被并入央企新兴际华集团旗下的新兴重工公司，迁往邯郸武安市以后，将改名为新兴凌云医药化工有限公司。

北京凌云公司出台工资翻倍、轮休等鼓励原厂职工跟随项目搬迁的政策，其中有 100 多名北京户籍职工将随着项目搬到河北；公司原址腾退出来的数百亩工业用地，将由新兴际华集团用于建设生态型应急救援产业示范园区。新兴际华集团企业总部仍在北京财富中心，只是将生产功能外迁。

北京正在制定产业"负面清单"，总体思路是除了一些高新技术产业、金融业、文化创意产业以及其他必要的生产性、生活性服务业之外，将要调整、转移大批产业项目，对于不符合首都功能定位的产业和企业，将提出关停或转移的路线图和时间表。

6.1.1.4　重点项目迁往沿海地区

河北各地争夺的焦点还是重大项目，北京现代第四工厂便是其中之一。目前，北京现代三个工厂产能为 100 万辆，随着 2013 年销量突破百万辆，扩张产能的需求日益紧迫。北汽集团当前关于北京现代第四工厂的设置问题，实际上关系到在京津冀地区的发展问题。"北京现代新建工厂或者零部件厂，肯定会在京津冀地区。"河北省正在"对接北京市有关部门和韩国现代汽车公司，全力争取北京现代汽车第四工厂落户沧州"。更确切的说法就是沧州黄骅，鉴于北汽集团已经将北京汽车制造厂由顺义区整体搬迁至沧州黄骅，北京现代第四工厂如果也能放在黄骅，对于北汽集团的整体发展来说将更加有利。

早在三年前，北京汽车制造厂开始准备外迁；后来北汽集团决定将北京汽车制造厂迁到沧州黄骅，一期项目投资 50 亿元、产能可达 20 万辆，2013 年 12 月投入生产，2014 年计划完成 10 万~12 万辆销量，其中 2 万辆出口海外。

北汽集团在北京将重点发展整车、动力总成、核心零部件、新能源汽车的产品开发和技术研发，把北京总部建设成为北汽集团的技术创新、销售服务以及高端汽车产品制造中心，同时将老的北京汽车制造厂生产线全部搬到沧州黄骅。

另一个重点项目就是首钢。2014 年 4 月 17~18 日，时任北京市市长王安顺前往位于唐山市曹妃甸的首钢京唐公司调研，强调"要发挥首钢在京津冀协同发展中的示范带头作用"。首钢上马产能为 1000 万吨的二期项目；除了二期项目之外，曹妃甸计划联合首钢集团共同建设北京产业园，用于吸引其他生产功能外迁的北京企业。

据了解，河北各地都在加强与北京科研院所、高等院校，特别是中关村的对接，希望北京的专利、知识产权能够在河北转化为产能。在北京周边县市，建立若干个以承接北京转移项目为主的特色产业园区，主要承接北京的高科技转移项目，形成"北京技术研发——河北成果转化"模式。

6.1.2　京津冀产业协同发展，对河北的几点建议

首先，明确自身定位，知道有什么，自己缺什么？京津冀有什么，京津需要什么？突出强调北京的知识、技术创新源，天津的产业创新和研发转化基地，河北的先进生产、制造的战略支撑区。以"缺链补链、短链拉链、弱链强链、同链错链"为总体思路，形成自研发设计至终端产品相对完整产业链的整体优势；最终建成一个"研发—转化—生产"良性循环的区域产业生态系统。

其次，要将产业对接转移、人口迁徙、城镇建设和生态保护四者结合起来。明确京津保三角、京津唐三角、京津廊、京张承三角、唐山—滨海—沧州增长带等空间结构组团与产业布局的未来方向；围绕发展潜力大、成长性强、带动作用显著的优势产业链，以技术"进链"、企业"进群"、产业"进带"、园区"进圈"为主线，以一批新的园区、合作区为支撑点，以区域的主要交通干线等为轴线，形成"企业拉动、项目带动、集群驱动、区域联动"格局，全面增强整个区域产

业的综合实力、创新能力和竞争能力。

再次，河北的发力点在哪里？一是交通基础先行，海陆空地全面对接，不仅硬件方面打通短途路，更要软件服务、环境上得去。二是产业方面以企业合作、项目建设、园区共建、区县对接、城镇建设为发力点，打造新载体新格局。三是与京津共同构建一个富有活力的统一的区域市场，促进经济要素的自由流动和迅速集结，特别是激活民营企业、中小型企业的活力，降低民资进入市场的门槛，提供投资便利化服务。形成开放型统一的资金市场、劳动力市场、技术市场和企业产权市场，促进人流、物流、资源流和信息流等的互联互通，以推动整个区域的配置效率和整体效益。四是河北省需要提供自身承接能力，从人才、技术、园区配套、政府服务到政策环境等都要提高。通过京津冀、中央和市场"三地五方"力量，共同完善市政基础设施等硬环境，提高商业、医疗、社保等公共服务软环境。

又次，打造河北经济新的增长点。一是探讨保定、廊坊、唐山、石家庄如何利用"黄金三角"的空间布局，切入京津冀一体化中。二是加快京东片区、京南片区、曹妃甸新区、渤海新区、正定新区、邯郸新区等新增长极的对接与发展。三是开展金融、教育、研发中心、电子商务、生产型服务业和高新技术产业深度合作。最终建成"创新中心+研发转化+高端制造+高端服务+高品位宜居生活"的分工合作新型城市带。

最后，需要采取的政策措施。①构建京津冀产业协同发展的政策体系：一是提出北京和天津产业对接协作、转移承接的重点，特别是北京功能疏解和产业向周边区域转移扩散，以及天津和河北承接哪些产业或不承接产业的负面清单。二是为保障产业协同发展顺利进行，而采取哪些产业政策、财政政策、税收政策和金融政策等，以及更好地优化京津冀产业体系、提升产业竞争力，而采取哪些技术创新政策、人才政策、政府采购等。三是提出相应的保障措施，如尽快建立京津冀协调组织结构、官员考核体系改革、三地户籍制度改革、加快医疗社保对接、尽快实现公共服务的均等化和同城化等。②完善京津冀产业协同发展的企业合作新机制。一是围绕区域重点领域、优势产业，引导区域内大中企业实行强强联合，组建产业协作联盟、技术联合，寻找合作的"聚焦点"和"引爆点"。二是推进科技成果孵化转化，建立各级各类孵化器和生产力促进中心，完善多层次融投资渠道和市场，健全北京和天津的产权交易中心，在北京环境交易所、天津排放权交易所、河北省能源环境交易所基础上，建立联动统一的碳交易市场，加快科技成果的市场化和产业化进程。三是发挥行业协会作用，推进各方协会的交流与合作，充分发挥其在行业标准制定和修订、人才教育和培训、技术交流与推广、信息收集与服务、统计体系建立、规则咨询服务、行业对外交流与合作等方面的重要作用。③加快建立京津冀产业协同发展的民间团体的合作新机制。一是加强各种社会团体的民间交流与合作，促进对京津冀区域的文化认同、归宿和自豪，形成互利共赢的民间基础。二是重视非政府组织作用，引导它们在环境保护、扶贫解困、解决就业、促进社会融合等方面，在弘扬精神文明方面发挥积极作用；通过民间团体积极培育和营造亲商文化、创业文化、创新文化等，形成风清气正、积极向上的主流文化和环境。

6.2　河北积极拓展承接平台，着力优化承接环境①

6.2.1　河北承接北京非首都功能疏解的现状与特点

河北省坚持服从服务大局，以承接北京非首都功能疏解为"牛鼻子"，全力推动京津冀协同发展向广度深度拓展。五年来，河北累计引进京津项目1.5万多个，吸引资金1.4万多亿元，与京津合作共建各类科技园区55个、创新基地65个，承接1400多家京津高科技企业落户河北。河北承接北京非首都功能疏解成效显著，在承接对象、承接载体、承接机制和承接方式四个方面初现轮廓。

一是承接对象瞄准补齐河北省的重点产业发展短板。河北承接的一大批重点产业项目逐步展开实施，如北京沧州渤海新区生物医药产业园已有100余家生物医药企业签约入驻，北京现代汽车四工厂项目已于2016年10月正式投产，首钢京唐二期开工建设，中石化曹妃甸千万吨级炼油项目已获国家发改委核准，张北云联数据中心、承德大数据产业园区等京津冀大数据走廊项目投产运营。

二是承接载体在不断聚焦和完善。京津冀三地初步明确了"2+4+N"个产

---

① 本节是《河北日报》于2019年3月27日的采访稿。

业承接平台，其中涉及河北的有河北雄安新区、曹妃甸协同发展示范区、张承生态功能区及 35 个专业化、特色化承接平台。将沿京津、京保石、京唐秦、京九三个方向，共建现代制造业承接平台、环首都承接地批发市场、冀中南承接地批发市场聚焦带、环首都 1 小时鲜活农产品流通圈等。工信部协同京津冀三地提出要构建"一个中心、五区五带五链、若干特色基地"的产业协同发展格局。

三是承接机制基本上形成"四梁八柱"。从承接的顶层设计来看，制定了《京津冀协同发展规划纲要》，出台实施了京津冀产业、交通、科技、生态环保等 12 个专项规划等工作方案，推进"放管服"进一步理顺了政府和市场关系，优化了营商环境和创新生态。比如设立京津冀协同发展基金、中关村协同创新母基金、京津冀钢铁行业节能减排创新基金，主要用于交通、生态、产业、科技创新、承接地基础设施建设等；推进京津石海关实行区域通关一体化改革；京津冀三地工商等部门加快推进建立高效便捷企业转移服务机制、三地信用监管联动机制；探索了多方利益分享新模式，建立了三地统一的执行口径和管理标准，统筹税收政策。

四是承接方式上多元主体探索多种途径。五年来，积极探索"京津研发、河北转化"的协同创新发展模式。除了高碑店北京新发地农产品批发市场、沧州渤海新区生物医药产业园等的集中承接和白沟镇、永清县等的分散承接两种模式外，北京中关村作为科技创新的"领头羊"开始尝试"带土移植"，已经到保定、唐山、秦皇岛、张家口、承德等开展协同创新园区共建，在津冀设立分支机构累计达 7500 多家。其中，依靠整体托管模式的有保定·中关村创新中心，吸引入驻企业 227 家；采用北京市延伸监管模式的有北京·沧州渤海新区生物医药产业园，已经吸引入驻北京医药企业超过百家。

通过近五年的协同发展，河北承接北京非首都功能取得了较大成果。但仍然有体制机制、协作共赢、发展动力三大根本性"难题"没有效破解，表现为现阶段京津冀协同发展中的"集体行动""囚徒博弈""公地悲剧"的三大"困境"，亟待在下一阶段给出新思路、新举措和新方案。

6.2.2　下一阶段河北承接北京非首都功能疏解的思路与重点

非首都功能是集科技、经济、社会、政治等多种功能为一体的集合。疏解的重心是产业功能，同样，实体产业是京津冀协同发展的支撑和基石。京津冀协同发展的关键成败在于整合区域乃至全国及国际产业要素和创新资源，以弥合发展差距、贯通实体产业链条、重组区域资源，形成自研发设计至终端产品完整产业链的整体优势。因此，下一步进入实施阶段，对河北而言，要逐步从偏重单一转移疏解向更加注重区域产业链上下游协作、全区域优化产业结构、空间布局转变，即立足现代产业分工要求，理顺京津冀产业发展链条，形成上下游联动的对接与互补，以技术"进链"、企业"进群"、产业"进带"、园区"进圈"为主线，由关键点引领线带，由关键线带动域面，由关键域面交织成网络系统，协同京津相向发展；特别强调"强点、成群、组链、结网成系统"，最终将京津冀建设为"创新中心+研发转化+高端制造+高端服务+高品位宜居生活"分工协作的世界级城市群和创新中心。

6.2.3　拓展承接平台，优化承接环境的六大抓手

理顺功能对接机制，重新布局和提升河北的承接力、承载力，在优化投资环境、提升自身服务水平方面下功夫。

一是以项目建设为抓手，打造承接北京非首都功能疏解的新支点。驻京各类总部、高校及驻津研发转化基地正在根据新的形势谋划和拓展新项目、新业务，其新业务拓展和深化亟待寻求新的载体和空间。河北省应抓住其结构调整和增量扩展的机遇，积极承接和对接其延伸功能和拓展项目，打造重点承接平台，加快其在河北省的落地或放大功能。比如以雄安新区中关村科技园，保定·中关村创新中心，中关村海淀园秦皇岛分园，廊坊环首都战略性新兴产业区和临空经济、服务首都的物流业和现代服务业，唐山市软件产业及动漫游戏产业等为依托，积极打造若干个京津冀合作的关键支点和创新纽带，形成浓厚的活跃的高端的创智氛围；进而发现、提出和承担国家战略性的重大科技创新任务，就事关京津冀区域经济未来走向的先导性技术、产业关键技术、共性技术等重大基础性技术，进行联合攻关，力求取得突破，加快承接北京高质高端服务化项目入驻，促进河北省由传统制造向高端制造转变。

二是以产业联盟为重点，夯实承接北京非首都功能疏解的新根基。依托重点发展的高新技术产业和战略性新兴产业，激活企业主动对接协作的积极性。紧紧抓住京津冀协同发展、雄安新区规划建设、筹办2022年冬奥会等千载难逢的历史机遇，在大智移云、新能源新材料、节能环保、高端装备制造、软件与集成电

路等行业成立和组建商会和联盟,用企业互利和协同发展为纽带,积极争取国家重大创新资源布局河北,建设"国家大学(虚拟)科技园",在于国际一流高校、研究机构的合作基础上,寻找合作的"聚焦点"和"引爆点",形成一批大项目、大集群,与京津协同形成相对完整产业链,形成区域间产业合理布局、上下游联动并良性循环的区域产业生态体系。

三是以园区共建为支点,营造承接北京非首都功能疏解的新空间。在高端制造、生产性服务、金融创新、科技研发转化、航运物流、文化创意等现代产业领域,应以共建产业园区、未来科学城、创意园区为载体承接和对接京津的产业功能疏解拓展。以现有的三大高端装备制造业基地、三大新能源汽车基地、四大电子信息产业基地、六大新材料基地、九大新能源基地和九大生物工程基地等为依托,以河北—北京产业转移园区、河北—天津产业转移园区、天津—北戴河城乡统筹发展示范区、北京—河北文化产业制作、发行和衍生品生产制造基地等为京津冀产业承接的新载体,推进河北省与京津合作园区的谋划和建设。应以政府合作共建、企业合建、政校企合建、跨省市共建等方式,引导优质要素向园区聚集,以股份合作模式,共建管委会、共组投资开发公司等方式助推和带动区域间企业合作、要素流动、技术溢出,形成区域现代产业体系的分工整合、利益共享新格局。

四是以市县合作为平台,形成承接北京非首都功能疏解的新格局。河北省各市县应借助北京结构和功能的空间布局调整,发挥地缘、人缘、经脉的比较优势,找准承接和对接协作的切入点和抓手,并将其作为调整结构、高质量发展的突破点。如雄安新区通过承接符合新区定位的北京非首都功能疏解,积极吸纳和集聚创新要素资源,高起点布局高端高新产业,同时要打造一流硬件设施环境,有序推进基础设施建设,完善配套条件,推动疏解对象顺利落地;保定建设高等教育和职业教育、智能制造、康养服务功能承接区;廊坊积极吸引京津人才资源,推进北京优质医疗资源、重要会展设施、专业批发市场、研发孵化机构落地;承德围绕服务首都特色功能城市的新型城市定位,建设文化教育、科研医疗等公共服务设施承接和疏解基地;张家口强化与北京总部、科研院所、医院学校的全面对接,促进与央企京企的战略合作,以此来对接北京高新技术在河北的孵化转化和产业化。

五是以城镇建设为载体,建设承接北京非首都功能疏解的新布局。将新城镇建设与新型城镇化统一起来，培育和发展区域的新增长极，破解城乡二元结构难题。应以河北"新两翼"的雄安新区为重中之重，开展金融、教育、研发中心、电子商务、生产型服务业和高新技术产业深度合作，形成区域内新的增长空间和增长极。依托北京新机场的交通优势、口岸优势以及区位优势，促使河北廊坊市、永清县、固安县形成新的城镇格局，规划建设空港新区，发展临空产业、高端制造业、航空服务业等临空经济，实现廊坊和保定北部与北京同城化发展。毗邻港口的曹妃甸区与渤海新区作为渤海经济区和京津冀城市群的重要节点，要着力发展以低碳、绿色经济为主导的产业体系，即以装备制造、电力能源、现代物流为重点的主导产业，以新能源、新材料、生物医药为重点的战略性新兴产业，以海洋生物、海洋新材料、海洋工程装备等为主的海洋产业，促进唐山和沧州形成以滨海新城为中心的沿海城市群，加速城市生产力布局向沿海转移。以京唐秦、京廊津、京保石和秦唐滨沧四条轴线为经济走廊，以高速交通干线为连接线，与京津城市群对接，借助综合运输交通网络发展的邯郸市冀南新区要继续实施循环经济示范区项目建设。

六是以资源要素为突破，提升承接北京非首都功能疏解的新动能。以优质资源和创新要素的"共享、共育、共引、共用"为思路，进一步开放和发展要素市场，破解要素在京津冀区间有序合理流动的瓶颈和障碍：①理顺三地政策法规，实现对接协作，清理相互抵触、互不对接的、不合理的条文条例，以及内部通知、决定等；②实实在在地打破商品市场的地方保护，切实落实非禁即行的"负面清单制度"，建立全区域的市场准入标准，统一或互认安全管理与监督、检验、检疫标准等；③促进资源要素合理的对接对流，特别是北京的金融、技术、人才以及天津的各类要素交易平台（基金）要立足于区域经济的发展，开放创新机制，增强其流转、扩散、服务功能。鉴于河北与京津在科技、金融和公共服务等方面存在一定落差，而优质资源、高端产业转移和功能延伸的要求相对较高，河北省应亟须在发挥自身区位、资源等优势的同时要在服务效率和服务环境方面练内功，增强软实力：一方面，转移、延伸北京优质的公共服务资源，实现京津冀公共服务均等化、普惠化；另一方面，在吸引外部资金和项目的同时，更应注重创新内部机制和提升公共服务水平，完善园区软件硬件环境，做到与京津无差异，提升对接层次；细微化、人性化的服务，培育各种高品位的工作环境和生活环境；以独有的、特色的比较优势来营造创新创业所需要的生态环境。此外，也要培育和强化民间商（协）会在市场一体化中的纽带和主体作用，培育和营造开放文化、亲商文化、创业创新文化。

6.3　首都功能疏解，河北如何接手[①]

保定距离北京大约有 100 千米，主城区和新城区应该有一定的距离间隔，这一片称为"生态缓冲区"。以前新城和主城都挨着，像通州那样，其实仍然是城市"摊大饼"，现在这种布局被认为是失败的。将新城和主城隔开，人口和产业就可以布局在新城，而不至于是"摊大饼"式的发展。

6.3.1　功能转移政府不该"拉郎配"

1999 年，廊坊经济技术开发区内的东方大学城奠基开工，如今，这座愿景远大的大学城的境遇并不好。在高等院校和科研院所的转移上，政府不应该"拉郎配"，违背市场规律。比如清华要建一个研究所，新建一个学院，得看落地的地方需不需要，不能为了转移而转移。之前大学大规模合并扩招，高校因为市区土地不够用而在市郊兴建分校的时代已经过去了。因此，现在进行高校和科研院所的转移，一定要使大学能够融入当地。

6.3.2　保定不应单独规划开发区

按照规划，保定将承接行政事业单位、高等院校、科研院所、医疗养老等行业。在承接北京疏解的功能时，新增的功能应该与现有的城市规划相结合，不应单独建一个"开发区"。

要想让北京的优质资源愿意转移出来，保定得加大投入，减少两地的差距。这就需要交通十分便捷，用速度换距离。虽然高铁和高速公路这些"硬件"已经有了一定基础，但在多种交通方式的换乘上便捷程度仍然不够。还需要提供更加便捷、更人性化的设计和服务。

---

① 本节是《北京青年报》于 2014 年 3 月 28 日的采访稿。

6.4 思路换出路，推动河北补齐协同发展"短板"①

京津冀正在成为我国经济板块中最具创新活力地之一，正在重塑经济增长的动力源泉，而制约协同发展"短板"之一就是河北与京津的"梯度差"，这种"差"表现在人才、科技、产业、教育、民生和政策等多个方面，河北省既要主动承接对接京津，又要靠自身努力来补齐短板，"打铁还得自身硬"。就产业而言，要向创新、开放和改革要红利，通过"双生"战略思路换得发展出路，既要传统产业"有中生新"，做精做优；又要新兴产业"无中生有"，做大做强，以增量带动经济结构调整。当然，"生"什么？怎么"生"？谁来"生"？"生"得怎么样？这是一个提升政府治理能力和充分发挥市场在资源配置中的决定性作用过程。

要通过创新驱动，激起经济主体活力。经济新常态下，采用税收、劳动力、土地和政策红利等引入或鼓励企业发展的传统模式受到巨大影响，必须通过类似促进科技成果转化的"河北十条"那样的制度设计，释放"束缚"经济主体的现实活力，才能促进"大众创新、万众创业"；才能成功启动技术产业前沿突破，改变高消耗、高污染、低效益的传统产业结构。

要通过开放驱动，激出市场有效需求。对内开放与搞活经济相结合，河北推出40个重点平台和谋划5条产业带对接京津，借助京津的优势资源和高端要素，实现一种新的生产组合、一种新的产业发展模式；同时，对外开放与优势企业、过剩产能"走出去"战略相结合，积极参与中韩自由贸易区、"一带一路"倡议、亚太经合组织等，拓展市场宽度和广度。面向京津、面向全国、面向世界，双向吸引和双向输出，既使传统产业"老树生出新芽"，又使新兴产业"新芽长成大树"。

要通过改革驱动，激发企业发展动力。要直面深层次的体制机制改革和调整，继续深化简政放权，做服务型有限政府，把工作重心转移到做基础、搭平台、搞服务、建机制、造环境上，努力把政府行为转变成开放环境下具有内生增

———————
① 本节是《光明日报》于2015年5月26日的采访稿。

长能力的助推器；依据自身比较优势，实施与京津差异化政策，着力把北京功能疏解转变为河北的发展优势，京津科技资源要素转变为河北的发展基础，把京津服务需求转变为河北的发展动力，走出一条优化开发、内涵集约发展之路。

6.5　河北与京津冀协同发展①

河北省所在的京津冀区域要想实现较快较好发展，就应该让参与区域一体化的这群主体都得到"好处"，就是我们常说的"互利共赢"，不是牺牲一方去造福另一方，而当前京津冀区域一体化的最主要症结恰恰在于此。

6.5.1　京津冀三地产业同构的矛盾如何破解

首先，要有这样一个认识，相同的资源禀赋会产生出相同或者类似的经济行为。京津冀之所以被称为一个区域，就是源于经济发展所需求的初始禀赋相同性，拥有相同的自然条件和资源、地理区位和风土人情等，虽然三地之间有一些这样或那样的差别，在市场机制的选择下必然产生相同的钢铁、石化、机械、电子信息、生物制药等产业，所以，京津冀之间产业同构化、同质化有其合理性的一面，也便于形成产业集群，促进适度的竞争。可是随着政府力量的驱使，这种同构、同质达到前所未有的严重程度，超过合理的限度，问题也就随之浮出水面，出现了重复建设、严重浪费、过度竞争，这既不是政府决策的初衷，也不是市场选择的均衡。

其次，我们平常所说的京津冀三地产业同构化、同质化只是停留在三次产业大门类的概念上。事实上，具体到产品层面上，这种现象没有那么严重，或者说同构、同质只是存在于局部领域和部分地区。比如石化工业，天津主要做的是聚烯烃、聚酯化纤等化工产业，沧州市渤海新区主要发展盐化工、精细化工，乐亭县发展煤化工，滦南县发展盐化工。从各地发展的重点来看，并不是我们所说的产业严重同构化、同质化。

---

① 本节是《燕赵都市报》记者郭春虹于 2014 年 4 月 13 日的采访稿。

最后，京津冀要实现产业良性发展，在新的规划中有所作为，一是要从全区域角度做好顶层设计，改革当前的财税分配体制，以及地方领导的考核、评定和擢升的机制，突破地方利益和保护主义，使地方政府和官员不再盲目地争项目、搞投资，政府更多的精力投入改善民生、增加全社会福利上；二是在全区域内配置资源和要素，让市场机制充分发挥作用，实现资源要素的自由流动和快速集结；三是按照各地的比较优势，要从全局利益、长远利益出发，确定地方产业发展；四是做好产业承接对接的配套和保障，如人才的自由流动、交通电信基础设施的互联互通和同城化、医疗社保的异地结算等。

6.5.2 河北要明确列出"不接受产业"清单

在现实中，北京、天津向河北首先转移的是服装加工、食品加工、木材加工、印刷包装、冶金、机械制造、小化工等传统制造业，这些产业都是劳动密集型、资源消耗型、环境污染型产业，河北省成了"污染避难所"。而且，这种转移主要集中在唐山、廊坊、保定、沧州和秦皇岛等京津周边地区和有特殊地理优势或特殊资源的地区。其实，这是由产业转移的梯度性、规律性决定的，也是由河北省地处京津腹地的地理区位、比较优势决定的。

但并不是说河北省就被动地接受这些"三高一低"的企业，我们还是有很多作为来改变这种不利现状的。一是由被动承接转变为主动对接，以技术"进链"、企业"进群"、产业"进带"、园区"进圈"为主线，以"缺链补链、短链拉链、弱链强链、同链错链"为思路，明确自己有哪些优势产业，缺少哪些产业环节，有的放矢地承接技术含量高、附加值高的产业。二是建立负面清单制度，明确河北省不接受哪些产业，切实落实环保审批实现一票否定权，严格实行地方领导离任审计。三是提升自身承接能力，京津的一些新材料、现代医药和医疗器械、新一代信息产业不得不转移到南方，针对这种产业转移的"梯度差"，河北省应该从技术、人才、产业集群，以及公共服务等方面提升承接能力。四是产业转入地必须提前做好承接、对接规划，突出本地区和城市功能和定位、优势和特色，避免各个地区各行其是，造成无序和生态破坏。

经过这种合理的产业转移和对接，京津冀区域产业结构就会向合理化、高度化方向转变。京津冀三地之间就会形成优势互补、良性互动、共赢发展的局面。当然，这种区域产业结构要与京津冀城市群建设为载体，与生态环境保护为保障，形成人口、产业和城市的相结合，促进生产、生活、生态"三生共生"的良性发展，最终发展成为生产空间集约高效、生活空间宜居适度、生态空间山清水秀，天蓝、地绿、水净的美好家园。

6.5.3　这次中央提出的新思路与以往相比，主要有两个不同点

这次中央提出的新思路与以往相比，主要有两点不同：一是提出顶层设计，要编制首都经济圈一体化发展的相关规划；二是明确提出要自觉打破自家"一亩三分地"的思维定势。而且，这次是党中央和国家最高领导人的明确指示，并将京津冀协同发展上升为一项重大国家战略的高度。这样的新思路是经过 30 多年发展才提出来的，当前京津冀区域一体化进入一个关键时期，很多矛盾和问题积累到非用这种方式解决不可了。所以，这种思路的提出恰逢其时，水到渠成；同时，也是我们对京津冀区域问题的认知也深入到一定程度的结果。

6.5.4　河北哪个城市是承接功能转移的第一城市

哪个城市是承接功能转移的第一城市，是市场和政府规划的双向作用的结果。按照经济学的一般原理，距离北京最近的、承接能力最强的城市将获得的好处最多，在这里应该首推廊坊和保定；同时又受政府的总体规划影响，一些大的投资和项目会随着这些规划搬迁到哪里，哪里就可能受益最多，这就要看国家对京津冀三地的城市功能定位了。

但是，承接什么？怎么承接？这些城市也要做好调整准备，承接的未必都是"香饽饽"，也有污染和能耗的问题。保定和唐山都要面临三个问题：一是调整自身发展，适应北京产业转移；二是发展转型，原来的传统产业和重化需要转型；三是创新，产业承接地一定要在自己的定位基础上，提升自己的创新能力，寻找新的经济增长点。

6.5.5　石家庄的"机会"不大

相比其他京津周边的地级市来看，石家庄的机会较少，加之环境污染、地理区位、交通和基础设施、用地成本，以及现有的产业"腾笼换鸟"等原因，石家庄付出的成本和周期远高于周边地市和小城镇。但是，这不妨碍石家庄参与京津冀一体化进程，只是角色的调整，应以自己为副中心，集中发展冀中南。

6.5.6 怎么看"如果行政区划上不打破壁垒，京津冀经济圈不好规划"？

这句话从区域一体化发展的最佳角度来说是对的，因为京津冀发展了近30年，成效不大，最主要的障碍是行政体制的问题，诸侯经济、各自为政，地方利益和保护主义作怪。

对于这个问题，我们做资政服务的也提出了三套方案，初级的维持现状；中级的成立京津冀领导小组，作为高一级别的组织机构协调京津冀三地重大事项和规划；最高级的就是三地行政合署办公，成立一个独立的行政主体，当然难度最大，但成效最好。

6.6 津冀协同发展与沿海港口战略①

6.6.1 环渤海圈内不至津冀的港口存在竞争大于合作

这里有三大子港口群，在空间分布上呈现"三足鼎立"的形式，由于缺乏明确的分工和定位，三个子港口群既有相互合作又有激烈的竞争，其竞争主要体现在大连港、天津港和青岛港三个中心枢纽港之间。由于三个中心枢纽港同为环渤海地区的大港，无论是深水航道泊位、港口货物吞吐量、集装箱吞吐量，都在伯仲之间，实力接近，所以长久以来一直处于竞争之中。但由于三大子港口群又各有优势和劣势，所以都存在合作的基础。环渤海港口间的竞争与合作可以通过环渤海地区港口群的布局规划重点来体现，如表6-2所示。

环渤海港口群的三大中心枢纽港间的竞争集中表现在争相建设北方国际航运中心上，而且都把集装箱作为重点发展项目。所以在箱源的空间市场和经济腹地上展开了激烈的争夺。此外，各支线港间也存在着激烈的竞争，河北省内的黄骅和曹妃甸都瞄准了港口物流、精品钢铁、石油化工、装备制造，而大连、葫芦

---

① 本节是《渤海早报》于2014年8月9日的采访稿。

表 6-2　环渤海地区港口群布局规划重点

环渤海港口群	服务区域	港口	运输系统
辽宁沿海港口群 以大连东北亚国际航运中心和营口港为主，包括丹东、锦州等港口	服务于我国东北三省和内蒙古东部地区，振兴东北老工业基地的重要基础设施之一	以大连、营口港为主，以及锦州等港口为支线港口	布局大型、专业化石油（特别是原油及其储备）、液化天然气、铁矿石和粮食等大宗散货的中转储运设施
		以大连港为主布局集装箱干线港，相应布局营口、锦州、丹东等支线或喂给港口	组成集装箱运输系统
		以大连港为主	布局陆岛滚装、旅客运输、商品汽车中转储运等设施
津冀沿海港口群 以天津北方国际航运中心和秦皇岛港为主，包括唐山（含曹妃甸港区）、沧州等港口	服务于京津、华北及其西后延伸的部分地区	以秦皇岛、天津、黄骅、唐山等港口为主	布局专业化煤炭装船港
		以秦皇岛、天津、唐山等港口为主	布局大型、专业化的石油（特别是原油及其储备）、天然气、铁矿石和粮食等大宗散货的中转储运设施
		以天津港为主布局集装箱干线港，相应布局秦皇岛、黄骅、唐山等支线或喂给港口	组成集装箱运输系统
		以天津港为主	布局旅客运输及商品汽车中转储运等设施
山东沿海港口群 以青岛、烟台、日照港为主，包括威海等港口	服务于山东半岛及其西向延伸的部分地区	以青岛港、日照港为主，以及烟台（龙口）等港口	布局专业化煤炭装船港
		以青岛、日照、烟台港为主，以及威海等港口	布局大型、专业化的石油（特别是原油及储备）、天然气、铁矿石和粮食等大宗散货的中转储运设施
		以青岛港为主，布局集装箱干线港，相应布局烟台、日照、威海等支线或喂给港口	组成集装箱运输系统
		以青岛、烟台、威海港为主	布局陆岛滚装、旅客运输设施

岛、天津、东营和日照也是相同的目标。

三大港口群间又各有优势和劣势，天津港优势是腹地广阔，拥有华北、西北和京津等地区的丰富货源，并且对外交通十分发达，已形成了颇具规模的立体交通集疏运体系。天津港的劣势在于其属于河口港，存在比较严重的航道淤积情况。青岛港的优势在于山东省是我国北方重要的制造业基地，可以为青岛港提供大量的货源。大连港的优势在于其货品分类中心和独特的石油储运基地。由于各子港口群经济腹地相对独立，受腹地经济和产业结构等方面的影响，三大子港口群间可以根据经济腹地的特点进行服务市场的差异化，由于在三个子港口群中的各个港口离经济腹地的距离有相重叠的部分，所以可以通过区域分工，实现协调发展。环渤海港口群的合作，当前重要的是联动发展。综观近年来的港口发展历程，虽然看似竞争在加剧，但各港口也一直没放弃合作共赢的机会。正因为相关省市在积极推进省内港口资源的整合，才形成了以京津冀为核心区，以辽东半岛、山东半岛为两翼的环渤海区域经济共同发展大格局。

津冀港口群包括天津港、秦皇岛港、唐山港和沧州港（见表 6-3）。后三个港口都集中在河北省沿海带上，尤其是唐山港的曹妃甸港区依托天然深水良港的优势，定位于我国北方沿海地区国际性能源、原材料集疏大港，无疑将使环渤海港口的竞争更加剧烈。

表 6-3　京津冀地区港口的基本情况

港口	发展定位	建设规模（规划）	腹地经济
天津港	中国北方国际航运中心和国际物流中心，要形成港口装卸业、国际物流业、港口地产业、港口综合服务业四大产业，提高港口综合实力	北方最大人工港。港区面积 200 平方千米，共 10 万~15 万吨级船舶停靠，140 个泊位，170 多条国际航线，与 160 个国家地区 300 多个港口通航	直接腹地以北京、天津和华北、西北以及广大内地省市为主，总面积 200 多万平方千米，2 亿多人口，拥有盐、煤、油和矿等丰富资源
秦皇岛港	秦皇岛港以能源、原材料等大宗散货运输为主，集装箱和其他散杂货运输为辅，大力发展海兴县工业和物流服务功能，发展成为现代化综合性大港	世界上最大的煤炭输出港之一。港区面积 8.56 平方千米，38 个泊位，4 条国家铁路干线直达港口，1 条地下输油管线。预计 2010 年煤炭运量为 1.8 亿吨	腹地包括东北、华北、西北各省市自治区。主要货种有煤炭、石油、粮食、化肥、矿石等
唐山港	我国北方国际性铁矿石、煤炭、原油、天然气等能源原材料主要集疏大港、世界级重化工业基地、国家商业性能源储备和调配中心、国家循环经济示范区	包括曹妃甸港和京唐港，两港距 32 海里。京唐港拥有泊位 17 个，年吞吐量 3000 万吨。曹妃甸总体规划泊位 264 个，其中 25 万~40 万吨级各类泊位 22 个	经济腹地包括北京、河北等华北、西北、东北和内蒙古西部等，主要运送铁矿石、石油天然气和煤炭，可以停靠 30 万吨级以上的大型货轮
沧州港	北方地区中枢综合港，以煤炭运输为主，综合散杂货运输，与曹妃甸港形成联合优势，共同打造北方物流中心	我国第三大能源输出港，西煤东输第二大通道出海口。拥有 1 个 10 万吨级、4 个 5 万吨级、1 个 3.5 万吨级码头	经济腹地包括冀中南及晋中、陕北、内蒙古西部、鲁西北等地区

资料来源：周立群：《创新、整合与协调》，经济科学出版社 2007 年版，第 198-200 页。

津冀港口竞争主要是正在重点建设的曹妃甸港、黄骅港与天津港之间的竞争，其竞争主要是因为三个港口在定位上有一定的重合，而且港口辐射的经济腹地的范围重叠。在港口定位方面，各个港口都不愿意放弃现有的港口业务高端港口业务和低端港口业务，并且为了增强港口的竞争力，在政府力量的支持下不断拓展新的港口业务，并造成了唐山的货物大部分选择唐山的港口，天津的货物由天津港所垄断；在中转货物和经济腹地方面，天津港和沧州港之间的竞争在于煤炭的运输，天津港和曹妃甸港之间的竞争在于铁矿石货源。由于津冀地区各港口的竞争仅是对现有资源的再分配，并不能增加港口群总体的货源总量，所以造成了各港口产能结构性过剩、港口资源使用率低下、港口竞争力偏低等问题。可见，津冀港口主要是形式上和名义上的港口群，尤其是曹妃甸港有首钢、冀东油田的资源优势，在不远的将来疏港铁路建成，远至甘肃和新疆的散杂货、集装箱就可以通过铁路运输直接运抵曹妃甸港；沧州港周围的铁路建成后冀南的货物将可以直接走沧州港，而不用绕行天津港，津冀港口之间的竞争将更加激烈。

6.6.2 津冀联合成立港口的新公司，开启两港合作的新篇章

加强港口之间的合作，尤其是港口集群内部的合作，是防止港口在发展方面和经营方面过度竞争，从而合理利用港口资源的有效手段和必然选择。所以，港口之间应该采取一种竞争合作的战略，港口竞争合作即在某一区域内，具有相同或公共腹地的港口之间采取一种既竞争又合作的双赢战略。竞争合作战略对港口的积极作用体现在五个方面：一是降低经营风险，港口建设项目投资大、建设期长，面临的风险也相对较大。港口经营者可以通过共同投资来降低经营风险。例如，在码头基础设施、经营设施、后方集疏运设施等领域的共同投资，这样做可以极大地降低单独投资带来的风险。二是市场渗透，从长期发展角度看，港口经营者不能只限于在本地区发展，一个成功的港口经营者也应该是一个成功的资本运营者，通过资本联合，可以使港口经营者渗透到其他地区的港口市场，拓展其业务范围，实现港口业务全球化。三是加强港口抵御外界的能力，通过与本地区其他港口的联合，使资源、能力和核心竞争力都能结合在一起共同使用，从而提高该地区港口的市场生存力和整体竞争力，如与船公司、货主谈判能力等。四是改善组织机构、提高服务水平，通过积极的竞争，促使港口经营者不断提高其管理水平、服务质量。同时，通过两港在信息、技术、机械、人员等方面的交流与共享，也有效地提高了双方的服务水平。五是降低成本、提高经济效益，由于该地区港口服务水平的改善，吸引了更多的船舶挂靠，港口通过能力和使用率提高，从而提高了经济效益，同时由于规模经济，通过扩大港口生产规模降低了装

卸成本。

津冀港口之间存在着巨大的合作潜力。河北省东部沿海地区拥有开展对外贸易得天独厚的区位优势。一方面，河北省为京津城市发展和产业转移提供了巨大空间；另一方面，河北省充分利用各种有利条件，结合自身优势，加快促进产业结构的均衡和协调发展，发展外向型经济。这些都为津冀港口之间合作提供了难得的历史机遇和发展潜力。同时，河北省围绕秦皇岛、曹妃甸、京唐、黄骅四大港口，其经济发展战略呈现出一种全方位的开放格局。河北在环渤海三省中具有最强的省际合作倾向（主要是针对京津），河北省正在注重依托自身资源和区位条件形成独立"港口+腹地"的经济发展格局。

在环渤海地区长达5800千米的海岸线上，大连、天津、青岛等60多个大小港口星罗棋布，形成中国乃至世界上最为密集的港口群。经济全球化和航运联盟的趋势，要求港口间建立竞争与合作的战略联盟，加强港口之间的合作，尤其是港口集群内部的合作，是防止港口过度竞争的有效手段和必然选择。为了缩小与长三角港口群、珠三角港口群之间的差距，满足经济全球化对港口提出了挑战和更高的要求，环渤海地区港口群应打破行政区域的束缚和各自为战的氛围，选择合作与多赢策略，这种战略的实施将有助于在环渤海港口群中形成一种多赢的竞争格局。

津冀港口合作应引入市场机制。在市场经济的背景下在港口市场上起着至关重要的作用，市场机制的最大作用就是鼓励竞争，有序竞争能够激励港口企业改进服务，降低成本，促使生产经营管理不断上台阶。同时，开放的市场有助于吸引大型港航企业前来投资建设港口。港口的基础产业和资源有限的特征决定了港口发展不能通过普遍意义上的市场竞争体制完成，而应该以统筹规划、功能协调为出发点，这与港口经营中的市场机制并不矛盾。政府应该完善国家港口发展建设的宏观调控机制，建立以合理分工、持续发展、有效利用港口资源机制。在大的规划方向确定后，应实行宽松高效的规划推进体制而不是层层审批致使贻误建设机遇。同时，应该充分发挥行业协会作用，成为港口间、港口经营人之间、政府与企业间的沟通纽带和桥梁，开展调研分析，推进政策实施的引导，强化行业监督，健全各方之间的反馈机制，发挥行业宏观决层的参谋作用。推进港口集群内部的联席会、联盟等体制和沟通机制的建立，逐步形成集群整体竞争力。推进港口经营人在公平市场环境下的资源、资本重组。以统一协调规划发展为基础的港际间的联盟、组合港、省级港口集团等形式是港口合作的有益尝试。

京津冀地区港口众多，优势明显，有利于港口物流业的发展。区域经济发展应以此为依托，整合和集聚区域资源，强化区域内港口物流业的组织协调功能，完善基础设施建设，建立高效畅通的物流体系，同时加快推进物流信息化建设，通过科技创新、标准化、信用制度建设，加快物流产业对外开放步伐，通过港口服务全面提升港口企业的附加值和竞争力，推动区域经济一体化。

6.7　承接京津产业转移，河北汽车制造或迎新局[①]

6.7.1　从整体入手，提高区域汽车业竞争力

京津冀制造业特别是汽车制造业价值增值、资源位分布是不均衡的。京津冀汽车制造业发展的主要战略思想应该是依据自身资源的独特性、专属性、模糊性，在逐一衡量自身资源基础上，选择合适的关系性伙伴，作出资源差距分析，以构建出连通性、速度和无形性的关系性资源位。北京应以新技术研发为重点，力求占据行业和产品的高端；天津应以滨海新区为依托，重点打造现代汽车制造业研发转化基地；河北应发挥产业规模优势，建设规模化生产及配套设施生产基地。三地共同打造、完善梯次结构产业链条。也就是说，京津冀应发挥协同效应，构建整体产品开发能力，提高区域内汽车制造业核心竞争力。

6.7.2　由市场主导，推动区域内企业合作

长三角的区域经济一体化发展程度较高，根本原因是企业基于产业价值链的空间分工所形成的合作。"在整个长三角发展过程中，很长一段时间是外资驱动的发展，大的企业尤其是加工制造企业，它的产业链比较长，同时在产业内部有一些功能性分布，比如总部、研发、生产制造、销售，不同的环节在空间上是由企业来主导和布局的。"

---

① 本节是《河北日报》于 2014 年 3 月 28 日的采访稿。

这就是政府"这只手"应该起到的作用。政府关注的是怎样进行引导。需要规划城市的功能定位，比如北京，应该制止新的制造业进到城里来，可以引导到北京周边地区去。由政府推动、以企业为主导的基于产业价值链的空间分工一旦完成，想让京津冀不一体化都困难。否则，一体化很难落实到企业层面。

6.7.3　借力治霾，协同发展新能源汽车产业

在京津冀地区，新能源汽车是一个新产业，又是一个老课题。三地在发展过程中应注重整合资源、分工协作，依托北京和天津的研发资源优势，搭建新能源汽车产业研发平台，推进汽车关键系统研发，同时依托区域内整车企业，积极推动电动汽车的研制及产业化，并加快新能源汽车关键系统及零部件企业建设，形成产业链。

6.8　石家庄与京津的相互对接方略①

2014 年 3 月 26 日，河北省委、省政府印发《关于推进新型城镇化的意见》，提出发挥保定和廊坊首都功能疏解及首都核心区生态建设的服务作用，进一步强化石家庄、唐山在京津冀区域中的两翼辐射带动功能，增强区域中心城市及新兴中心城市多点支撑作用。

6.8.1　石家庄的对接

京津冀主要对接七大方面：相关规划、产业发展、城市布局、生态环境、交通网络、市场进程和社会公共资源。

积极主动从思想上、规划上、基础设施上、产业上与京津进行对接。工业、科技、旅游、文化产业、教育，政治、经济、文化、科教、旅游、生态等各个方面的对接阐述。京津有哪些溢出产业可以与石家庄对接。

---

① 本节是《石家庄日报》于 2014 年 4 月的采访稿。

6.8.2　对接的时效性、必要性和可行性

这次规划，从内部原因看，经过区域经济 30 余年的发展历程，不管是从产业层次还是城市功能对接、政府对这一问题的认知等问题，区域经济发展已经积蓄到从量变到质变的程度，已经到了必须动自己"奶酪"的时间点了。从外部环境看，环境的恶化、水资源的短缺、空气污染等生态问题促使三地不得不选择联动方式，这是三地联动最为直接的动因；另外，2008 年经济危机之后，原来的发展模式难以适应国外市场萎缩、新贸易保护主义的抬头等外部环境的变化，难以找到新的经济突破点，京津冀从科技资源、产业基础、功能匹配，可以承担创新驱动的战略要求。

6.8.3　对接展望和期待

经过这种合理的产业转移和对接，京津冀区域产业结构就会向合理化、高度化方向转变。京津冀三地之间就会形成优势互补、良性互动、共赢发展的局面。当然，这种区域产业结构要与京津冀城市群建设为载体，与生态环境保护为保障，形成人口、产业、城市和生态的相结合，促进生产、生活、生态"三生共生"的良性发展，最终发展成为生产空间集约高效、生活空间宜居适度、生态空间山清水秀，天蓝、地绿、水净的美好家园。

第二篇

【专题研究报告】

第7章
创新驱动与区域协同创新

7.1 京津冀协同创新共同体建议[①]

7.1.1 京津冀协同发展与创新共同体建设中的问题

7.1.1.1 非政府力量不足

京津冀区域治理不是单靠政府的力量，而是多元化、多层次的主体治理，必须吸纳区域利益相关者的加入，实现共同治理。京津冀区域内民营经济缺乏活力、比重较低，不足以打破行政区划的限制，难以成为带动区域经济发展的重要力量，资本、技术、人才等生产要素难以在区域市场内合理流动和配置。京津冀区域内非政府组织数量较少，同时非政府组织能力有待提高，难以参与到区域合作事务中，无法承担推进区域协调发展的职能。

7.1.1.2 京津冀存在明显的产业和技术梯度

京津冀存在明显的产业和技术梯度，京津居于高梯度，河北居于低梯度。但从分行业比较，京津、京冀和津冀之间存在不同的梯度差异，但总体分析，京津的技术和资金密集型产业占优势，河北的劳动和资源密集型产业占优势，最终形成京津冀产业梯度转移的动力。

---

① 本节作者：张贵，完成于 2016 年 7 月。

北京作为全国科技资源最密集的地区，著名高校、知名科研院所云集，科技知识创新能力最强。但是，北京包括天津、河北的知识流动与协作能力、企业创新及知识应用能力、创新环境方面排名都落后于长三角、珠三角的省份，这也导致了京津冀地区整体的产业协同创新能力低于长三角、珠三角地区。北京虽然科技创新能力强，但总体的产业协同创新能力并不是最强的，而且有关数据显示，北京尤其中关村的相当一部分科技创新成果都流向了长三角、珠三角地区，支持了这两大经济区的产业创新，2013年北京中关村流向广东省技术成交额为131.8亿元，远远高于中关村流向其他省份的技术成交额。

这也从另一个角度说明北京作为全国最重要的技术、知识创新源，并没有与最具有地缘优势的天津、河北形成互补，没有与天津的创新转化能力、河北的产业基础协同起来，三个地区缺乏有效协作，协同创新能力较差。在京津冀内部，北京产业协同创新能力最强，北京与河北呈悬崖式分布，差距较大。其中表现最为明显的差距是知识创新能力方面，北京不仅创新资源丰富，知识创新投入也远远高于津冀，故创新产出也高。天津与河北相比，知识创新投入大体相当，但创新产出却高于河北，这应缘于天津的创新环境优于河北，天津的高校研究机构质量也都优于河北，知识创新效率较高。

其他差距表现在知识流动与协作能力、创新环境方面，北京的知识流动与协作能力强，主要是因为它的知识、技术创新源的地位及良好的创新环境，在外国直接投资额、技术市场交易金额等方面都高于津冀，但是天津的外资经济特征使在对外技术引进方面资金投入高于北京。创新环境方面，北京的金融环境、基础环境、劳动者素质、高新企业数量优于天津，而天津又优于河北。

天津总体协同创新能力排名虽然靠后，但其产业升级能力明显较强。北京的产业升级能力、企业创新及知识应用能力不如津冀，仍在于北京的科技创新的地位，北京主要将其创新成果通过技术交易等形式流向其他省份，提升了其他省份的产业升级和企业创新，而北京自身却主要是服务经济。近几年天津高新技术产业发展较快，无论是总产值占GDP的比重，还是从业人员方面增长都高于北京，这尤其体现在滨海新区的发展上。而且天津这几年大力改造传统产业，发展高端装备制造业，故其产业升级能力、企业创新及应用能力较强，这也与学者对天津产业创新和研发转化基地的定位相一致。河北这几年加大传统产业改造力度，不断引进新技术新知识，企业创新及知识应用能力逐渐增强。

7.1.1.3　"三螺旋"协同创新网络还没有形成,三地创新资源以及创新活动无法进行有效整合

京津冀三地学校与企业之间的协同创新不尽相同。北京地区高等学校 R&D 内部经费中企业资金的支持力度最强,天津较次,并都呈现逐年递增趋势,但在绝对量上天津地区无法与北京地区相比,河北地区则呈现出一种先增后减的倒"U"形态势。北京地区和天津地区的高等学校等研究机构与企业之间的协同创新关系不断紧密,天津地区的校企合作情况不如北京地区。与京津地区相比,河北地区的校企合作关系呈现出下降趋势,高等学校等研究机构与企业之间缺乏密切的联系和交流,企业与高等学校的资源共享程度不足。

京津冀三地学校政府之间的协同创新都在不断加强。与京津地区相比,河北地区高等院校等研究机构与政府之间的协同创新关系强度不断减弱,政府扶持高等学校等研究机构进行创新活动的力度明显不足。

京津冀三地中企业与政府之间的协同创新关系都呈现不断紧密的态势。其中,津冀地区与北京地区的差距不断加大,与北京地区相比,津冀地区中企业与政府的协同创新关系需要进一步加强。

与企业相比,京津冀地区政府与高等学校等研究机构的协同创新紧密程度更高。尽管高等学校等研究机构在创新活动中具有更广泛的智力支持等优势,但知识创新成果需要不断转化和商业化才能实现其社会价值,这种转化过程需要高额的交易成本,而企业自身技术创新活动更易于直接产生社会价值,政府在条件具备的情况下应加大对企业创新活动的支持力度。河北在校企协同创新活动方面的投入依然与京津地区具有较大差距,协同创新活动也呈现出下降趋势,一方面表明河北高校科研创新能力不足,无法满足企业对科研成果的需求;另一方面,由于创新活动投入大与产出周期长,企业无法在短期内获得创新成果带来的收益,且多数企业具有短期盈利行为。总体而言,京津冀区域层面的"三螺旋"协同创新网络还没有形成,三地创新资源以及创新活动无法进行有效整合。

7.1.2　对策建议

核心是打造京津冀"企业—研究机构—政府"紧密型的"三螺旋"创新模式。既要突出企业、政府和研究机构等创新主体各自的作用,也要促进彼此之间的互动关系,形成以企业为主的技术创新链、以政府为主的制度创新链、以研究

机构为主的知识创新链，发挥企业的创新成果转化功能、政府的创新活动服务功能、研究机构的创新知识流动和创新人才培育功能。根据京津冀协同创新网络中出现的问题，提出以下解决途径：

（1）建立以企业为核心的多元化创新成果转化体系。"企业－研究机构"关系网络对"创新效率"无显著影响说明了京津冀地区企业创新成果能力转化不足，结合企业成长理论、"三螺旋"创新理论中以及京津冀地区实际情况，从以下几个方面提升企业的创新成果转化能力：一是大力发展多种类型的平台式公共科研机构（如德国弗朗霍夫研究院型、中国台湾工业技术研究院型），促进企业形成持续发展的成果转化机制，突破传统产学研合作的瓶颈，实现产业共性技术在有效联结政府、研究机构以及企业间的功能，形成有效的创新链条。二是树立"开放式创新"和"分享式创新"的发展理念和战略目标，发挥企业作为协同创新网络核心主体的作用，在不断增强自身创新能力的同时，提高投入标准、力度和起点，不断增强与京津冀地区高水平研究机构的合作，形成知识、人才等生产要素相互交融的创新空间和趋同空间，坚持走产学研一体化的协同创新合作道路，使企业具有持续发展的内生动力。三是建立有利于协同创新的组织体系和技术创新联盟。通过建立技术创新联盟，可以培育有效的互惠规范，促进企业与研究机构之间的信息流动，保证了合作的延续性。四是针对促进成果高效转化的目标，企业可以与各合作主体之间设立与成果转化有关的衡量、监督以及评估机制，发展"合同科研"等合作模式，聘请有关人员就成果转化过程中出现的问题进行协商解决，形成有利于成果转化的奖励体系，降低成果转化风险。五是发挥区域"三螺旋"企业的产业技术水平高、管理水平先进、高素质人力资源丰富等优势，引导其他企业吸收竞争性企业的技术溢出、管理经验以及人力资本，充分挖掘本地区的研发资源，提高新技术研发成果的产业转化效率，形成以"三螺旋"企业技术创新和生产为主导的京津冀产学研合作体系。

（2）建立以政府为核心的创新活动服务体系。"企业－政府"之间关系网络对"创新效率"的低显著水平影响，说明京津冀地区企业与政府合作关系存在一定问题，这与京津冀地区各地政府每年对于企业的大量投入形成了较大反差，在一定程度上也说明政府向企业的投入效率低。针对这些问题，地方政府一定要改善其为创新活动服务职能，提高服务能力：一是继续加强政府对企业研发投入力度，尤其是河北省政府机构每年对企业研发活动的支持力度与京津地区相比差距过大，这不仅不利于河北当地创新成果的产生和京津冀三地之间协同发展，更不利于北京非首都功能有效承接对接。二是探索产业园区等技术平台建设方面的合作共建。企业科技成果的转化、创新人才的培养、企业与研究机构合作关系的建立，需要协同网络内各企业之间的有效合作，政府通过对科技基础条件资源进行战略重组以及优化，建立成果孵化器、科技园区等技术合作平台，实现协同创新网络中各个创新主体之间的互通互融，使资源、技术与管理等咨询服务逐步融为一体。三是不断完善现有的制度和政策，继续从"软环境"上支持协同创新网络中各主体之间的协同创新关系，如发展京津冀法院联动机制，探索建立跨行政区域案件管辖制度，促进司法统一；统一京津冀三地的财税等行政体制；推动《京津冀协同创新发展战略研究和基础研究合作框架协议》的贯彻实施，建立三地共同研究战略平台，共享创新资源。在不断发挥"高政府"自上而下作用的同时也要加强自下而上的协同创新。四是京津冀地区各地政府对本地区主要的研究机构进行功能的重组和整合，发挥学科间的关联效应和集聚效应，推动应用型大学等研究机构与企业开展互惠合作，加速科技成果的产业化，推动产学双螺旋合作。

（3）建立以研究机构为核心的创新知识流动体系和创新人才培训体系。研究机构是协同创新网络的知识生成中心，但仅靠知识生成不能完全发挥"企业-研究机构"关系网络的双螺旋作用，也不能直接带来社会边际效益增加。决定"企业-研究机构"关系网络是否能建立起来的主要因素在于知识与人力资本能否有效地输送到企业中。前文研究表明，京津冀地区的"企业-研究机构"网络关系效率并不高，应着重从以下几个方面改善：一是引导大学等研究机构成为技术研究所、大学园、科学园、孵化器等研发平台、创新平台和创业平台的集聚地，通过与政府和企业共同参与一系列技术合作、创业培训等项目，激发研究人员的创新和创业精神，发挥研究机构的产业功能，促进新知识的商业运用，形成有效的"三螺旋"互动。二是京津冀地区，尤其是河北的企业研发能力和成果转化能力较差，研究机构在与当地企业进行项目合作的过程中，要承担更多企业产品下游方面的研发工作，其中多涉及应用技术开放方面的知识，这类知识的缺点就是输送性和接收性不足，需要企业与研究机构建立严密的合作机制和反馈机制，这在一定程度上可以保证知识成果被企业有效地接收。三是要疏通知识流通的渠道。知识的流动会催生创新信息的流动，信息的流动除了要有高效的发送者和接收者之外，还要有无障碍的流通渠道，这既可以提高知识被有效接收的效率，又可以减少知识传输的交易成本。四是企业的创新发展需要自身知识的不断更新，知识更新的有效载体是企业的工作人员，加强与研究机构的合作，积极运用研究机构的智力优势，建立有研究机构支持的培训体系，这对于企业人员素质的提高、企业创新成果的转化以及企业自身创新能力的提升具有重要作用。

（4）恪守激发科技创新动力的政策、制度的权威性、严肃性，一旦颁行，落实到底。首先，要先行引导相应职能部门，财政、科技、教育、审计，以及省委市委组织部等，以新的发展理念，解放和统一思想，达成共识。其次，坚决贯彻和落实好 2015 年《国务院办公厅关于优化学术环境的指导意见》、2016 年国务院《政府工作报告》等文件精神，坚决砍掉科研管理中的繁文缛节，废除禁止政府职能部门、高校和科研院所以各种理由制定的与中共中央、国务院相抵触的规定，实现非禁即行的"负面清单制"科研管理新机制，切实优化学术民主环境，营造浓厚学术氛围。最后，以发达省、市的"先行先试"的做法和经验为参照系，借鉴和创新政策设计，出台政策文件，要加快以立法的形式保证制度的可持续性、权威性、严肃性。时不我待，不进即退，小进小退，应以最快的速度、最短的时间出台和实施科技创新政策，实现后来者居上，赢得改革红利、创新成果和效益新绩。

7.1.3　京津冀创新共同体的思路和路径

7.1.3.1　总体思路

按照"研究、开发、应用"三大群落构成，北京是整个区域产业生态系统中的研究群落，是重要的知识、技术创新源，是区域生态系统循环往复，螺旋向上发展的"领头羊"；天津是产业创新和有效承接北京研究成果的转化基地，承担着高端制造业发展的任务，是主要的创新开发群落；河北作为新型工业化、产业升级优化和先进制造的战略支撑区，处于创新应用群落，它是产业创新的最前线，推动整个区域创新生态系统运行。三地分工协作、优势互补，形成一个由研发到转化到生产的良性循环的区域产业生态系统，最终将京津冀建设为"创新中心＋研发转化＋高端制造＋高端服务＋高品位宜居生活"分工合作的世界级城市群和创新中心。

7.1.3.2　创新共同体的路径

京津冀产业协同创新的本质是要构建产业创新生态系统。产业创新生态系统的形成过程是由企业个体创新演化为链式创新，再形成创新网络，最终实现创新生态系统的过程。依据创新生态系统形成过程和三地产业发展需求，由关键点为引领线，由关键线带动面，由关键面交织成网络，按照"强点、成群、组链、结网"成系统的路径实现京津冀产业协同创新。

（1）强点。强化创新节点、创新要素建设最主要的就是要培育、壮大行业领军企业，发展创新型的、具有成长力的中小科技型企业。行业领军企业也可称为核心企业，该类企业创新实力强，拥有较高的创新能量，拥有搭建创新平台集聚其他创新要素的能力；中小科技型企业是与核心企业形成创新合作的主要力量，它们创新活力强，科技创新产出比重高，是加快培育和发展战略性新兴产业的重要载体。京津冀区域高新技术产业领域拥有不少行业领军企业和众多的科技小巨人，电子信息产业领域有联想、神州数码、搜狐、同方股份、百度、京东方、四方通信等，新能源与节能领域有龙源电力、力神电池公司、中聚新能源科技有限公司、中航惠腾、天威风电、保定国电、曹妃甸冀东水泥风电等，新材料行业有北新建材、蓝星新材等，航空航天产业领域有航天信息、中环飞朗（天津）科技有限公司、空客 A320 系列飞机总装线、中航工业直升机、欧洲直升机、西飞机翼等，先进制造领域有天地科技、唐山轨道客车公司、天威集团、秦皇岛哈电、中船重工、精诚机床等，生物医药有同仁堂、中国医药、金卫医疗、北京双鹭药业、天津瑞普生物、天士力、石药、华药等，现代农业有大北农、华奥物种等。

各区域应进一步强化和识别创新主体要素建设，即发展、壮大本地或引进外部的创新骨干企业，通过创新政策和创新孵化器、创新基金等培育中小微企业，以提高本区域的创新要素质量和数量，实现小企业"铺天盖地"和大企业"顶天立地"的创新节点分布图。

（2）成群。成群即在核心企业的引领和政府力量的推动下，在技术上或业务上相关或相似的企业在空间上集聚，形成创新群落。创新群落的形成会同时吸引大学、研究机构等创新源，金融、科技中介等服务机构的逐渐加入，创新群落逐步壮大。产业园区、产业集群、产业基地、科技园等是创新群落存在的主要形式，是产业发展、产业创新的重要载体。天津有滨海新区、武清、东丽、北辰、宝坻内的产业基地，有天津大学、海河、滨海、大港科技等产业园区；北京有中关村国家自主创新示范区、经济技术开发区、临空经济区等六大产业功能区，有通州、首钢、怀柔、丽泽四大高端产业新区，有 641 个产业基地①，有清华科技园、北京科技大学、北大科技园、丰台科技园等 50 多个科技园区；河北有石家庄电子信息产业、石家庄生物产业、冀东重大装备制造产业、冀南新材料等十大特色产业基地，有燕大科技园、唐山高新技术产业园区、白洋淀科技城、燕郊高新技术产业园区等。

在现有创新群落的基础上，要进一步创造条件、优化环境，降低创新要素的流动成本和交易成本，促进本地创新要素的联合互动，促进产学研合作，推动产业集群向创新集群转变。同时要总体上做好京津冀三地的产业分布、产业园区、产业基地、科技园区的空间规划，从总体上形成环渤海石油海洋化工产业带、渤海湾船舶修造产业带、高端装备制造产业带、京津冀北电子信息与新一代信息技术产业带、京津冀新能源产业带、京津冀区域的现代物流产业带等，以便于空间上、产业链条上创新要素的集聚和跨群落的创新协同。

（3）组链。以产业转移为契机，加强京津冀区域整体的产业链条规划和建设。根据三地的产业情况，梳理出生物制药、先进制造、航空航天、新能源、新材料、新一代电子信息、文化创意、现代农业八大产业链，在大的产业链内部进一步梳理出若干子产业链。以"缺链补链、短链拉链、弱链强链、同链错链"为思路，将三地产业子模块统一起来，"黏合"形成一个多主体的聚集体，形成产业链的相互融合与无缝对接。

同时，以产业链为轴线加强创新链、科技链建设。围绕产业链，通过催化与涌现、捕获与扩散等创新活动，通过京津冀跨群落、跨区域的联合研发、重大项目科技攻关、园区共建、产业联盟、产业项目合作等形式，将创新要素、创新知识、创新技术串联起来，形成创新链、知识链和技术链，实现产业链与创新链、科技链的真正融合。

为了促进三地产业链和以产业链为轴心的创新链、科技链建设，要进一步开放创新环境，创新资源突破区域壁垒，在更大范围内自由配置。要鼓励企业跨地区组建大型企业集团，提高企业规模和质量，增强跨区域的创新要素配置和集聚能力，联动其他创新节点形成产业带。以若干创新骨干企业为核心，组建跨区域产业联盟，以产业联盟为纽带，进行产业技术联合攻关和重大产业项目合作。加

---

① 支持移动互联网、节能环保、下一代互联网、生物、轨道交通、卫星及应用六大优势产业引领发展，推动新材料、高端装备制造、新能源、新能源汽车四大潜力产业跨越发展，促进现代服务业高端发展。

强中关村与天津尤其是滨海新区的创新、科技合作，加快京津创新共同体和京津科技新干线建设，形成京津协同创新示范带、实验区。同时或进一步辐射京津协同创新效应，以京津创新共同体为主带，顺着产业链流向，形成保定中关村科技产业创新带、京津廊唐秦电子信息产业创新带、津唐高端装备产业创新带、京唐高科技创新带、京张云计算与数据中心产业创新带等，沿着产业链条逐步扩展至石家庄、邢台、邯郸。

（4）结网。随着创新节点间的不断融合，产业链、创新链、科技链在空间上不断布局，围绕产业链、创新链、科技链企业之间及企业与高校、科研院所、金融机构、中介机构、政府之间形成了相对稳定的创新网络，形成了从北京知识、技术创新源到天津创新转化基地再到河北先进制造的协同创新网络架构。进而不同产业间创新节点、创新链相互交织、相互作用，实现技术、产品、市场融合，最终实现产业层面的融合，实现产业升级或创造出新的产业。

加快、促进跨区域创新网络的形成，要加强三地政府层面的利益、机制协调，形成协同创新的制度保障，完善协同创新的环境建设。进一步做好三地产业和科技发展规划，搭建协同创新平台，围绕创新平台实现创新资源多层次、多形式、多渠道的合作流动，形成高效、完善的创新网络。

随着创新网络、创新环境的不断完善，创新网络与其所处的生态环境相互作用，最终发展成为具有一定结构、层次、功能的，具有不断演化、升级特性的产业创新生态系统。

7.1.4　创新共同体的重点任务及建议

7.1.4.1　编制京津冀产业发展专项规划

根据区域产业结构、产业布局、产业特色，以及环境承载能力、能源结构、土地资源储备等，从总体上编制三地产业发展的中长期规划。规划要突破区域壁垒和利益界限，以京津冀产业协调发展和建成世界级的产业创新中心为总目标，结合三地的发展定位，制定三地产业发展的总体思路、发展战略、主要任务、重点工程及发展策略等。规划对三地的产业发展要有引领作用，同时还要具有可操作性。规划要制定出重点发展的产业领域及具体的各市、各地区的主要发展任务，要从空间上布局出各地重点发展的产业园区、产业集群、产业带、高科技园区等，要从总体上实现三地产业发展的融合和对接，形成产业在产业链上梯度有序分布，不同产业集群在空间价值链上错位发展，逐步改变产业分布雷同、产业梯度过大的现状。

7.1.4.2　编制协同创新路线图及重点行动计划

在产业总体发展规划的基础上，编制产业协同创新路线图及行动计划。由政府牵头，三地工信部门、科技管理部门、产业园区组织部门，连同相关行业专家、软科学研究机构要不断接洽，不断深入调研商讨，根据三地创新要素分布情况、重要创新节点的对外辐射情况、不同产业和区域创新需求情况、区域之间与产业之间创新协同情况，制定出产业协同创新的前期行动方案和后续推进计划。从区域层面，要谋划建立协同创新的示范体，如中关村对外协同创新、京津创新共同体、京津科技新干线、白洋淀科技城、京津与河北重点共建的一些创新园区等，以示范体为引领，带动辐射周边。从产业层面，绘制出重点产业及重点技术协同的创新路线图，在此基础上凝练出重点协同的创新产业链、重点攻关项目等。产业协同创新计划要具有可实施性，从时间上逐步有序推进，从空间上由点到线，再由面到网络逐步展开。

7.1.4.3　搭建跨区域的协同创新平台

借鉴中关村协同创新平台模式，由三地政府组织，汇集企业、高校、科研机构、金融、服务中介等搭建京津冀产业协同创新平台。平台是三地科技研发与产业转化的一站式服务平台，其组织结构可包括创新政策先行先试工作组、产业规划建设工作组、新技术新产品政府采购和应用推广工作组、重大科技项目及重大科技成果产业化项目审批组。建立协同创新服务网站，线上汇聚科技资源、科技服务、科技政策、科技成果、对接需求、技术交流等信息，具有重大项目申报与审批、信息资讯发布、创新资源与服务机构搜索、专家咨询等功能。平台组织要在重大行业资源整合、金融资源聚集、创新服务资源聚合等方面发挥重大作用，同时要根据若干重大产业组建相应的专家团队和服务团队，推动创新。平台要具有实际的推动力量，而不能流于形式，因此创新平台组织机构要由三地省级或市级领导牵头，由具有较强推动能力的机构共同构建。

7.1.4.4　设立协同创新引导基金

三地共同出资，联合设立产业创新引导基金。创新基金主要用于创新水平高、竞争力强的符合国家产业发展方向和京津冀产业规划的产业技术项目，或在主导产业、新兴产业领域面临的重大共性、关键性技术方面有重大突破的原始性创新项目，或是有望形成新兴产业的高新技术成果转化项目。创新基金主要投于新一代信息技术、新材料新能源、生物环保、高端装备制造、航空航天等战略性新兴产业，资助对象包括京津冀三地的大学、科研机构、科技型企业等。创新基金要创新管理方式，突破传统的项目管理办法，要切实对区域产业创新起到推动和助力作用。

7.1.4.5　构建完善创新创业生态环境

推进三地协同创新，要形成完善、和谐的创新生态环境。首先，政策协调是三地协同创新的保障机制，而当前由行政分割导致的政策分割是三地协同创新的主要障碍。因此必须研究、建立跨区域、跨机构的产业协同创新政策，打破三地利益分割，建立市场化的人才、资金等创新要素流动机制，形成开放、包容、协调的创新环境。其次，构建协同创新的文化氛围。良好的创新文化和合作氛围是协同创新的重要源泉和动力，因此要通过政策引领、内外宣传、制度建设营造创新的文化，合作的氛围，京津冀协同发展的意识。最后，政府政策本身也要不断创新，要实现产业、科技、市场、人才、金融等管理模式的创新，要根据产业发展变化、具体区域要求实行不同的创新政策引导和支持。

7.2　产业创新：京津冀协同发展的动力再造与能力提升①

随着当代世界经济竞争主体由企业转向产业，产业创新日益成为各国各地区关注和研究的焦点。同时，我国处在经济发展的关键时期，面临着经济结构转型和迫切需要提升国际竞争力的压力。京津冀都市圈崛起承担着"接南促北""带动中西"的重任，同时肩负探索新时期的"自主创新"道路和模式、探索生态文明建设有效路径，以及促进人口经济资源环境相协调发展的重任。京津冀都市圈经济发展既有很多战略机遇，又面临很多严峻挑战。特别是在 2014 年 2 月底，习近平总书记再次强调：京津冀要实现协同发展，着力加快推进产业对接协作、

---

① 本节作者：张贵，完成于 2014 年 8 月。

互补互促，理顺三地产业发展链条，形成区域间产业合理分布和上下游联动机制。所以，京津冀都市圈如何通过产业创新走一条新型工业化道路，破解政策性和资源性（劳动力、土地）的比较优势在逐渐减弱，内外资企业发展"两张皮"的现象和困难，是该区域在新时期的重大任务之一。

7.2.1　京津冀产业创新的必要性

产业创新是对我国传统产业演进和发展的反思和深化，它试图打破发达国家和新兴国家"先工业化后信息化"的固定模式（赵小凡，2005）[①]，这种转变很大程度上关系到社会经济的全面、协调和可持续发展，关系到我国经济发展目标的实现，是科学发展观的具体体现。因此，如何全面、科学理解与实践产业创新道路，是一个很值得重视的问题。

产业创新京津冀都市圈是必然选择。产业创新改变重工业化过程中涉及的技术、资本、需求、供给以及资源禀赋的约束，改变现代社会主要建立在不可再生的矿产资源基础上的生产方式。通过产业创新，开发、采用和创造出新的以可再生、可循环和持续利用、无污染和轻污染的洁净物质资源为主要能源和材料的生产方式。

京津冀产业创新是一个复杂的系统工程，不仅在技术创新、R&D等方面，而从更广泛意义上去探讨，即如何创新出高一级新产业，如何从产业链条上去掌控新产业，如何从单独的创新现象，通过制度安装"催化"出成千上万的创新活动，形成创新"涌现"，形成"制度引致'催化'创新—瓶颈突破（及重点突破）—整体推进'涌现'创新—产业跨越发展"的发展思路，并以此促进产业战略发展，突破带动经济增长。

从政府角度来看，京津冀的创新目标是引致"催化"，创新重点是突破瓶颈。政府参与创新的目标是突破临界条件，促使创新涌现出整体的、全新的创新活动现象，最终形成以产业链为核心的自组织、自适应、自驱动和开放式的创新行为。这就要求政府不要囿于短期的刺激政策，而在于要能够直面深层次的体制改革和调整，发展高新技术产业；必须用新思路、新体制和新机制，立即启动大转

[①] 杨谷. 不能走"先工业化，后信息化"的道路——访国务院信息化工作办公室推广应用组 赵小凡 [J]. 中国信息界，2005（1）：14-15.

型、大体量高新技术产业扩张建设。通过政府大笔投资来予以推动的方式（本质上是具有演化属性的历史进程），进行"知识上的冒险"，在以"产品内分工"为特点的当代经济全球化环境中，这是解脱我国经济困境的深层根源及其未来演变逻辑的关键。

京津冀产业创新的超前程度与不确定性的程度密切相关。创新是有路径依赖的，人们愿意选择那些已经存在的、成熟的，而不愿意选择那些不确定的、有风险的，如技术创新就有技术壁垒和技术"锁定"。人为的、偶然的、非规律因素增加，使创新的不确定性加大。这就是韩国学者金泳镐指出的英国是通过发明，德国和美国是通过革新，而当代日本和韩国则是通过引进技术和学习消化而实现工业化的，而顺序倒过来就不可能实现，原因就在于在经济演化过程中形成的历史和习惯的"锁定"。

7.2.1.1　自然条件与资源禀赋的约束

在中国科学院发布的《2013 中国可持续发展战略报告》中，可持续发展能力包括生存支持系统、发展支持系统、环境支持系统、社会支持系统和治理支持系统。从总排名上看上海位居第一，北京、天津虽然也排名靠前，但从环境支持系统来看，相对于长三角、珠三角地区京津冀的自然资源及生态环境条件较为落后。此外，依据中国社会科学院《中国城市竞争力报告 2013》数据，在全国 294个城市中，京津冀都市圈的生态指数总体落后，京津冀都市圈的工业化发展与资源短缺和环境保护的矛盾日益凸显。生态环境是目前制约京津冀都市圈经济发展的一个重要因素，必须利用好当地的智力资源，发展高新技术产业，改变落后的粗放的经济增长方式。

7.2.1.2　技术约束

随着外资企业对知识产权保护的强化，以及我国所面临的劳动力成本上升、自然条件约束、国际竞争加剧的新形势，技术约束是制约产业创新的关键因素。然而京津冀甚至我国的自主知识产权较少，就天津的软件开发和销售方面而言，天津市几乎是外商独资的一统天下，软件开发方面外商独资经济几乎已建立了垄断地位。为了促进地方经济发展，一段时期以来地方政府通过招商引资引进了大量的外资高新技术产业，然而外资的独资化倾向加大，为了防止技术外泄，外商更倾向于采取独资方式。此外，过高的外资依存度和外贸依存度也会给产业发展带来较大风险。为此，应该做出相应的调整。要调整招商引资重点，积极承接跨国公司高新技术产业高端制造业转移，特别是国际高技术服务业转移，更大规模、更深层次参与高技术产业国际分工与合作。

2012 年天津市的科技研发费用占 GDP 的比重为 2.80%，河北仅为 0.92%，较周边发达国家韩国的 3.7%，以及日本的 3.3% 还有一定的差距，作为全国科技创新中心，北京的科技实力遥遥领先于津冀，其该项指标较高为 5.95%，但京津冀整体而言在经费投入强度上较长三角、珠三角地区也有一定的差距，在投入数额上也存在明显差距，由于科研投入力度不足，使新产品开发缓慢，这已经成为制约京津冀高新技术产业发展的瓶颈。企业作为科技投入和创新的主体，长期以来一直处于落后的状态，严重影响了京津冀产业创新体系的构建，政府应加大鼓励和扶持力度。虽然北京与天津两地的科学研究与技术开发机构以及从事科技活动的人员为数不少，但大都游离于企业之外，以企业为主体的创新体系尚未建立起来。

7.2.1.3　资本约束

这主要体现为京津冀都市圈内的多重二元结构，这些二元结构已经成为该区域经济进一步发展的制约因素，只有通过创新才能打破这种"困境"。首先，京津冀都市圈内资与外资的二元结构，使外资对本地经济的拉动作用在减弱。外商直接投资在京津冀都市圈的经济发展中占据着重要地位，天津尤为突出。从改革开放以来，该区域基本上走的是一条"外资拉动型"道路，但是，近几年这种模式遇到了新问题。技术溢出是指跨国公司在东道国实施 FDI 引起当地技术或生产力进步的一种外部效应，主要通过示范与模仿、人员流动、前后向联系等途径来实现技术溢出。FDI 的技术溢出效应可以促使东道国或吸收 FDI 区域的技术水平、组织效率和管理技能不断提高，帮助区域经济走上内生化的增长道路。相关数据显示，2002~2013 年京津冀都市圈内各省市实际利用 FDI 的年度增长率分为两个阶段：第一阶段是 2002~2008 年，各地实际利用 FDI 基本保持正向增长并且增长十分明显，只有天津在 2003 年的增长率为负值；而 2008~2013 年这一阶段内，京津冀三地实际利用 FDI 的年增长率呈下降趋势，并且增长率较低。因此，在 2002~2008 年京津冀都市圈内存在显著的正的 FDI 技术溢出效应，而 2008 年以来，FDI 技术溢出效应十分不显著。

7.2.1.4　制度、文化的约束

京津冀属于京畿重地，长期受到政治因素、地缘文化、思想观念的影响，

"官本位"思想浓重，市场观念不强，缺乏商业文化，缺少敢于冒险、勇于创业的创新精神，制度和文化潜移默化地影响着该地区的发展进程。相反，南方人面对新的制度或者生活会主动打开自己固有的习惯及模式，敢于创新的观念较强。如硅谷文化是一种创业创新的文化，硅谷人的创新意识和创新活动构成了硅谷文化的核心内涵。又如莱茵河沿河工业带中的各经济区之间善于也乐意借助和利用其他周边城市的功能来弥补自身的不足，而不是求全，城市和经济区之间的合作面多于相互竞争，全国产业和城镇体系相对均衡。这是德国与法国和英国以大巴黎和大伦敦为特大中心城市的非均衡发展的最大不同之处。

7.2.1.5　要素的动态约束较强

首先，市场机制不能充分发挥其配置资源的决定性作用，要素和资源不能有效地对接对流。一是表现为三地的"诸侯经济"，各自为战，地方利益保护浓厚；二是产业规划、国土规划、城乡体系规划不统一，各自为政，各自追求本部门、本地区利益最大化；三是该地区国有资本比重比较高，政府参与市场竞争比较多，致使各行政区之间经济协调成本很高。

其次，京津两个直辖市的定位重叠、功能趋同，引发长期以来在项目、投资、设施等方面竞争十分激烈。这种无序的、重复性竞争严重地制约了整个地区发展。而河北省长期以来处于合作中的被动地位，长期支持北京和天津发展，做出了牺牲，影响到了当地产业投资和项目建设。

最后，在京津冀都市圈除北京和天津外，城市层级不够健全，经济区的中心与外围功能重叠或者缺失，造成京津和其他地区产业落差大，形成了产业"悬崖"。落后地区难以承接中心城市的产业转移。此外，河北在工人素质、技术人才、技术创新、产业配套和园区环境等方面处于劣势地位，很难吸引到像现代、三星、摩托罗拉等大型企业。

7.2.2　推行京津冀产业创新的可行性

目前，京津冀协同发展已经是恰逢其时、水到渠成。国家高度重视京津冀协同发展，2013 年就提出了京津冀要进行体制机制创新，京津之间要演好"双城记"。2014 年 2 月，中共中央总书记、国家主席、中央军委主席习近平于 26 日主持召开京津冀专题座谈会，明确提出京津冀协同发展是一个重大国家战略，要加快走出一条科学持续的协同发展路子，并提出了七点具体要求。可见，京津冀协同发展是中央审时度势、深谋远虑做出的重大部署。

在全球化的背景之下，国际和国内的区域经济合作方兴未艾。发达国家的大都市圈（带）崛起也成为区域经济发展中的一个重要现象，大都市经济区域是经济社会综合体的一种表现形式，它以较为发达的大都市为核心，以经济网络为纽带，联结周边中小城市，构成一个经济区域。在国内区域经济合作特别突出的是"长三角"和"珠三角"两大都市圈合作机制日趋成熟，经济总量在全国有着举足轻重的位置。此外，另一个被看好的京津冀都市圈也在积极推进区域合作，并且在区域规划中已经把京津冀放在重大战略位置上。2014 年 2 月，习近平总书记在听取京津冀协同发展专题汇报时强调：要坚持优势互补、互利共赢、扎实推进，努力实现京津冀一体化发展。由此可见京津冀都市圈的重要性。历经 20 余年的发展，京津冀都市圈已基本完成追赶发达国家的最初阶段，积累了一定经验和经济基础，推行产业创新模式的条件已经具备。

京津的高新技术产业近年来发展良好，北京市的高新技术产业增加值一直保持着 10% 以上的年增长率，有力地拉动了该地区经济的快速增长。天津市高新技术产业产值不断攀升，由 2010 年的 5100.84 亿元增长到 2012 年的 6951.65 亿元，增长率也一直保持在 10% 以上，占规模以上工业的比重也始终在 30% 左右。2012 年天津市高端装备制造、新一代信息技术、节能环保等战略性新兴产业快速发展，国家级新型工业化示范基地达到 6 个，产业聚集效应进一步显现。京津冀产业之间的相互融合也日渐紧密，京冀方面有北汽福田集团、首钢机电公司、首都供水高端产品制造基地、海水淡化等合作项目；津冀方面有天铁集团、河北长城汽车、英利集团、天士力集团等合作项目已经步入正轨，且前景广阔。据不完全统计，河北省仅环北京的 6 个城市引进的北京项目投资正在快速增长，2010 年为 628 亿元，2012 年已经达到了 1616 亿元，年均增速超过 50%，为推动双方的经济发展发挥了重要作用。

京津地区凝聚了一大批顶尖的信息科技企业，在信息产业上面具有资源优势，信息产业经济效益十分显著，具有信息产业和资源优势。三星、松下等一大批世界 500 强企业为该地区的信息产业注入了活力。

京津冀都市圈发展有着强大的人才科技优势作支撑，北京和天津是全国知识密集度最高的地区之一，远高于全国平均水平。北京有 503 个市级以上独立科研机构、62 所高校，天津有 40 所高校和国家级研究中心，为高新技术产业的发展壮大提供了有力的支持。

此外，随着京津冀都市圈经济实力的发展壮大及交通环境的改善，京津冀之间的同城概念进一步深化，三者之间交流进一步加强，进一步展开合作。同时京津城际、京广高铁的开通不仅为三地产业合作带来了契机，也加速了京津冀都市圈的形成发展。

7.2.3　京津冀产业创新的对策建议

7.2.3.1　政府要进行合理的制度安排

政府的制度安排，应既能充分释放企业的创新积极性，又能保持持久创新动力之源。一是政府制度安排应由目前的重点支持科技成果产业化，向支持营造产业环境建设和研究开发阶段转变，要由直接支持企业产业化向间接支持产业化转变。二是加快调整现有的一些与经济全球化趋势是矛盾的政策（主要是国家层面的），更好地适应经济的全球化和一体化的要求。三是加强基础教育和人才培养体系。在产业创新中，政府应提供通畅和完善的政策环境和市场环境，制定合理的激励性政策，完善收益分配机制，调动各类创新主体积极性；制定保障性政策，保证产业创新能得到所必须的条件；制定约束性政策，规范创新活动。

7.2.3.2　在产业和技术方面做出重大新选择

在创新型工业化的核心产业创新中，实现产业创新的关键是要在主导产业和主体生产技术两者之间做出选择；一是要把新能源和新材料作为推动工业化和现代化实现的物质技术基础，从而真正实现经济的可持续发展；二是要信息化和工业化并举，推动工业技术和信息技术的融合，产生新的技术以促进技术创新，进而改造和提升传统产业，彻底改变传统的经济增长模式；三是要依靠自主创新来推动产业技术升级，独立自主地进行技术创新活动，把立足点从过多依赖国外技术逐步转移到主要依靠自主创新上，改变在国际分工中的劣势地位，树立自己的产业链条及产业地位，增强国际竞争力。

7.2.3.3　率先实行产业创新的综合试验

基于以上分析，产业创新的综合试验是要给我国今后的工业化和现代化探索道路，可以断言，它的突破和成功必将使该地区成为未来中国经济增长的引擎，长期领先于全国。应当首先选择经济比较发达，自主创新能力比较强，能源和资源的瓶颈约束和环境压力比较大，因而对于工业化道路创新的必要性开始有了切实感受的地区进行综合试验。京津冀是最适宜作为综合试验区的地区，该地区都是我国东部经济发达和科技力量雄厚的地区，由于水资源的严重短缺和环境压力十分突出，需要在发展路径上做出新的选择，特别是"十一五"规划将天津滨海新区列入国家的地区发展战略提供了这样一个契机。从理论和实践两个方面已经具备推行产业创新的初始条件。为此，京津冀应该从产业创新做出战略选择。

7.2.3.4 推行技术扩散创新战略

创新技术只有通过技术扩散才能发挥其经济效益，促进技术的传播、学习和替代，推动技术创新扩散；完善上市公司的淘汰机制，促进企业进行产业创新。对不能适应市场竞争环境难以生存的上市公司进行必要的战略性重组，尤其要鼓励行业整合和产业创新型重组；继续加大对产业创新的鼓励，建立示范效应。

提升经济自由度，加快创新扩散和产业转移。积极参与和组织前沿的涉及国际整体竞争力的创新活动，保障资源流动通畅，市场信号传递真实、及时和富有效率，促进技术创新较快扩散。重视技术来源和技术的选择性，通过规划建设高新技术产业园促进国际和区域内产业转移。

7.2.3.5 实施产业创新分工战略

京津冀都市圈缺乏深层次的产业分工和协作，主要是以浅层次的垂直分工为主。在第一产业上京津地区由于耕地稀少，合作主要围绕着河北满足京津的"米袋子"和"菜篮子"，而由于土地、劳动力等要素的制约，北京、天津的农业开始向着都市现代农业方向发展。在第三产业方面的合作和分工近几年才开始活跃起来，因此，对河北影响较大的只有第二产业，区域之间的产业梯度转移正开始浮现，但由于河北较京津产业梯度落差大，对河北的拉动作用十分有限。因此要从垂直式（生产开发创新整合和供应链创新整合）、水平式和集成式三种方式实现对技术链、生产链和产业链的延长和拉伸，推进产业创新。在产业规模、产业层次、产业品质上实现重大提升，推动产业技术升级和产业结构调整。持续推动创新分工，使不同地区的技术在整个区域内得到重新分工和组合。三者之间应建立起互惠制度，对不同地区之间的资源进行组合，营造创新分工的制度环境。

7.2.3.6 构建产业"一体化"协作战略

以项目为突破口，促进学科链和产业链的对接与融合，鼓励产学研的交叉渗透，加强合作的深度。建立起京津冀都市圈共同支持的工程技术中心或者研发中心，以及以企业为主体的产学研合作研发组织。鼓励京津冀都市圈内的大学、研究院所相互建立分支机构，加快产业一体化协作。

制定京津冀都市圈产业创新战略，跳出单打独斗的局面，充分发挥地区比较优势，按照总部经济模式对京津冀都市圈内各城市进行差异定位，实现大城市与中小城市、发达地区与欠发达地区的优势互补、共赢发展。北京、天津土地资源十分紧缺，继续发展生产制造业已不合时宜，北京的科技信息资源十分丰富，具有吸纳高新技术企业总部入驻的优势。因此北京可以作为总部，进行空间结构调整，将生产环节转移扩散到适合制造的区域。天津可以利用其现有的产业优势，发展成为次一级的总部中心。河北省可积极承接京津的产业转移，通过消化吸收不断促进自身产业的进步及创新。通过合理明确的分工和定位，形成完整的"总部—基地"经济链条，进一步促进京津冀都市圈产业一体化的深入。

7.3　打造京津冀协同创新共同体及河北对策[①]

《京津冀创新驱动发展指导意见》《京津冀协同发展科技创新专项规划》的相继实施，为京津冀协同创新提供了体制机制保障。但三省市的协同创新和区域整体创新能力不强是该地区乃至我国发展的"阿喀琉斯之踵"，北京"一枝独秀"的不平衡格局尚未真正打破。习近平总书记多次强调指出，京津冀协同发展的根本要靠创新驱动。只有通过协同创新，贯通产业链条、重组区域资源，建立健全区域创新体系，形成京津冀协同创新共同体，打造全国创新驱动增长新引擎。

7.3.1　京津冀协同创新共同体建设的新进展

7.3.1.1　创新体制机制为创新共同体提供新动能

在国家层面开展体制机制与政策创新。财政部、国家税务总局联合印发了《京津冀协同发展产业转移对接企业税收收入分享办法》，该办法踏出了破除跨区域产业转移过程中政府间财政收入利益藩篱的第一步。国家税务总局印发《关于京津冀范围内纳税人办理跨省（市）迁移有关问题的通知》，允许简化京津冀范

---

① 本节作者：张贵、张东旭，完成于 2019 年 2 月。

围内纳税人跨省（市）迁移手续，打破京津冀区域间税收征管壁垒，为企业跨区域合理流动提供便利。

在省市层面也积极探索体制机制与政策创新。中关村海淀园与秦皇岛经济开发区共建海淀园秦皇岛分园，探索"4：4：2"利益分配机制，入驻秦皇岛分园的海淀园企业所实现财政收入的地方分成部分，由秦皇岛分园、海淀园各得40%，剩余20%用于建立产业扶持基金。北京与天津在滨海新区共建滨海—中关村科技园，科技园由北京中关村和天津滨海新区共同管理，设"双主任"，不定行政级别，不定单位性质，滨海新区将赋予园区管委会最大范围管理决策自主权。

7.3.1.2　以企业为主体的技术创新合作加速推进

技术成果交易更加活跃。三地的技术转移服务机构以共建、托管、设立分站等形式，推动京津冀技术市场互联互通。比如中国技术交易所成立"京津冀技术交易河北中心"，促进技术供需双方精准对接。京津冀区域间技术转移活动日趋活跃，2014~2017年，北京输出津冀技术合同成交额共计552.8亿元，年均增速达到30%以上。其中，2017年达到203.5亿元，同比增长31.5%。

京津冀产业对接协作模式日益成熟。主要形成了两种比较模式：一是以"总部–生产基地"模式推动产业升级转移。如威克多制衣中心由大兴迁至衡水，北京保留总部、服装设计中心及销售中心；二是跨区域布局重大科技成果产业化项目，如中国航天空气动力技术研究院在廊坊建设无人机产业化项目，将建成国内领先的无人机产业基地和空气动力科技创新基地。

7.3.1.3　多类型创新主体积极探索多元化合作模式

共建科技园区与创新基地。一是政府与政府合作共建科技园区（创新基地），主要包括京津共建的滨海—中关村科技园、京津中关村科技城等，京冀共建的京冀曹妃甸协同发展示范区、北京亦庄·永清高新区等。二是高校院所与地方政府共建科技园区（创新基地），清华大学与河北省共建了清华廊坊科技园、清华大学重大科技项目（固安）中试孵化基地。

共建联合实验室与产业技术创新研究院。京津冀三地的高校院所、企业等创新主体共建了京津冀农产品质量安全联合实验室、京津冀农业资源环境联合实验室等一批协同创新实验室。京津冀高校院所、创新联盟等主体跨区域组建了北京大学（天津滨海）新一代信息技术研究院、清华大学天津电子信息研究院等一批产业技术研究院，形成开展共性关键技术研发、科技成果转化的创新服务平台。

7.3.1.4 跨区域创新服务体系建设逐渐起步

北京科技孵化服务加速向周边拓展。京津冀共建了一批创新创业孵化载体和平台。如中关村企业在津冀设立了启迪之星（天津）孵化基地、中关村·保定创新中心等 93 个创新创业孵化平台，注册面积共计 11 万多平方米，孵化企业、项目数量 240 多个。

科技金融合作取得进展，共建基金模式。科技部与北京、天津、河北采取"1+3"模式，共同设立规模为 10 亿元的"京津冀协同创新科技成果转化创业投资基金"，支持三省市科技成果转移转化；京津冀开发区创新发展联盟与中国工商银行、北京亦庄国投共同设立 1000 亿元的"京津冀开发区产业发展基金"等。

7.3.2 京津冀创新共同体建设中存在的问题

7.3.2.1 京津冀三地科技创新源头分布不均、转化能力迥异

一是在科技创新源头分布上，京津冀各地区之间差距较大。北京作为首都，具有极大的教育和科研优势，以中关村为代表的众多开发区大力发展电子信息产业和生物制药产业，造就了北京一流的技术优势，使之具备良好的技术溢出条件。天津借力国家级新区和国家综合配套改革试验区——滨海新区，积极发展高新技术产业，提高科技创新水平，取得了较大成绩。与北京、天津相比，河北省仍处于第二产业主导的发展阶段，属于资源偏重型产业结构，虽有较大劳动力和原材料优势，但科技创新资源储备明显不足，高新技术产业发展比较滞后。

二是京津冀三地创新成果转化环境差异较大，河北省亟待提升。北京定位为全国科技创新中心，无论是从地缘优势还是从自身产业水平上看，天津与河北都理应成为北京科技成果转化的首选之地。但调查结果显示，只有 3% 的技术成果流向津冀两地，仅中关村每年流向"珠三角"的技术成果就超过津冀之和的 1.5 倍。究其原因，尽管河北省在邻近性等方面具有显著优势，缺乏国家级战略性标志性平台，难以对接国家资源和承接京津资源；同时在便利服务和产业配套上还有较大提升空间，很多良好的创新成果不能切实转化为经济效益，相比深圳运营管理重效率、重实效的营商环境，还有很大提升空间。

7.3.2.2 创新协作平台数量多但资源分散，不利于创新链与产业链构建

京津冀创新合作的园区载体数量虽多，但真正具有特色产业竞争优势和品牌优势的平台很少。一是大部分园区缺乏清晰的产业发展定位及科学合理的发展规

划，尚处于企业空间集中阶段，入园项目类型庞杂，相互之间缺乏关联，难以形成集群；二是创新合作平台布局分散，缺乏整合，短时期内难以同步配套基础设施、公共服务设施等，致使多数平台低水平运行，不具有吸引力。

7.3.2.3 京津冀创新人才合作机制运行主体层次不高，人力资源市场相对分割且流动动力不足

一是京津冀创新人才机制运行主体部门合作层次不高，统筹协调力度不够。京津冀人才合作主要是由三地省级人力资源管理部门主导，而在实际执行过程中，各地人才交流、服务中心等具体业务部门开展具体工作，这就造成创新人才合作难以在全局和宏观层面进行统筹协调。

二是在京津冀创新人才机制运行过程中，创新人才资源市场分割现象显著，人才流动动力严重不足。由于历史、文化、经济特别是体制上的原因，京津冀在诸多创新人才合作政策方面尚未进行有效衔接，三地创新人才评价标准不一致、创新人才异地落户政策尚未协调、职业资格与技术等级尚未实现互相认可、薪酬体系不平衡，包括医疗、养老及社会保险等社会保障制度也不能相容。京津地区凭借强大竞争优势，使北京、天津与河北创新人才资源市场之间存在巨大鸿沟，且人才流动动力严重不足，无法促进京津冀区域创新人才优势互补，京津冀协同创新难以有效推进。

7.3.3 河北省推进京津冀协同创新共同体的思路与重点

7.3.3.1 坚持"共享、共育、共引、共用"思路

以加强顶层设计为抓手，打造创新资源流动"洼地"与创新集聚高地。围绕将京津冀地区打造成全国创新驱动经济增长新引擎的战略目标，着眼于解决河北省经济社会发展面临的实际问题，强化协同创新支撑，搭平台、建机制、促保障，坚持"共享、共育、共引、共用"，加快吸引京津优质创新资源向河北省流动，如吸引北京中关村高校、研究机构及创新孵化服务组织来河北省建分部。

共享——通过积极培育与京津对接的京津冀创新资源市场，建立创新资源共享网络等，促进创新资源自由、充分流动，实现区域内创新资源共享。京津冀三地在市场机制、政策法规、信息网络和中介机构建设等方面还不完善、不配套，严重影响了创新资源在京津冀区域内自由流动。这就迫切需要河北省大力培育一个功能齐全、运作规范、竞争开放且利于京津创新资源向河北省流动的创新资源

市场，对创新资源的自由流动做到配置合理、评估科学、激励规范、服务优化。同时，与之相配套建设一个信息网络共享平台，促进从区域外的创新资源引进和区域内的创新协同合作。

共育——一方面是整合河北省科研院所、高校等各类优质创新资源；另一方面以合作联动的方式，促进科研院所和高等院校与京津优质科研院所和高校共同培育更多优质创新资源，包括技术、人才等。京津地区科研院所密集，河北省应充分利用与这些教育资源的地理邻近优势，在创新人才的培养、培训中加强合作。

共引——就是协调京津冀三地创新资源引进政策、规划和实施步骤，做大唱响京津冀创新引进品牌，实现创新资源引进的一体化、同城化。河北省应加强与京津两地协调并共同制定有关创新资源引进的政策、规划和实施步骤，加强各城市创新资源信息中心等市场中介组织的沟通和联合，加快培育和发展区域性的创新资源中介机构。尤其是利用北京这一全国科技创新中心，向国内外发布创新资源方面的信息，形成强引力场平台。

共用——就是改革各项制度规定，营造良好的创新资源利用环境，实现区域内创新资源共用。从创新资源配置和流动看，创新资源的协同化、一体化首先要求从区域内、国内、世界范围内寻找、使用所需的创新资源，这迫切需要京津冀各城市总结借鉴已有的经验，积极推进各项有关创新创业制度的改革，创造性地采取多种灵活措施，解决区域内长期存在的地区创新资源分布不平衡等问题，实现"集天下优质创新资源而共用之"的良好局面。

7.3.3.2　优化产业布局，打造区域协同创新产业集群

把协同创新作为通武廊协同发展、雄安新区建设的突破口，从区域创新资源优化配置、协同创新服务升级、区域创新创业生态培育、创新创业体制机制改革等方面入手，推动三地逐步实现协同创新常态化、创新资源配置市场化、创新产业适配化及区域创新效能最优化，以此开创区域协同创新发展新格局，打造区域协同创新合作示范区，集聚高级创新要素和高端科技产业，形成具有全球吸引力和辐射力的创新空间，为三地协同创新发展提供强大支撑和保障。

一是加快形成区域间产业合理分布和上下游联动机制。遵循创新生态系统"研究、开发、应用"三大群落思路，按照三地功能定位，理顺产业链条，形成"研发—转化—生产"良性循环的区域产业生态系统，将京津冀建设成为"科技创新＋研发转化＋高端制造＋高端服务"分工合作的世界级产业集群。同时，充

分发挥河北制造业成熟、技术承接潜力显著特点，充分承接北京技术研发创新策源地的技术创新溢出，以"用"为技术创新的出发点和落脚点，促进科技、教育与经济结合，提升河北省创新效率。

二是推进产业转移对接，加强三地规划衔接。加快北京产业转移和津冀承接平台建设。按照"强点、集群、组链、结网"的路径，实现京津冀产业协同创新。以"缺链补链、短链拉链、弱链强链、同链错链"为思路，将三地产业子模块统一起来，"黏合"形成一个多主体的聚集体，形成产业链的相互融合与无缝对接，形成从北京知识技术创新源到天津创新转化基地，再到河北先进制造的协同创新网络架构。

三是建立协同创新的新型组织模式。设立服务京津冀科技协同创新的常设性、功能性组织机构——专业大学和研究机构，专门承载区域协同创新促进者的功能。将三地范围内的至少一半的大学转型发展为应用型大学或创业型大学。

四是完善河北省科技金融产业体系。构建高效协同的"天使投资—风险投资—私募股权投资"股权投资链，为河北省实现与京津协同创新提供充足"血液"。北京中关村已形成国家自主创新的金融高地，汇聚各类金融机构及分支机构总数达3300余家，实现技术创新和金融创新双轮驱动。要建立健全三地股权交易市场合作机制，推动京津冀"天使投资—风险投资—私募股权投资"投资链发展壮大，尤其要扩大中关村股权投资在京津冀其他地区的投资范围，鼓励设立分支投资机构，发掘优质科技项目，助力高技术企业成长，实现资金链、产业链、创新链"三链融合"。要以中关村科技金融体系为模板，以高效协同的科技金融产业体系助推河北省在打造创新资源集聚高地的基础上实现创新能力飞跃。

7.3.3.3 以政策等衔接为保障，利益纽带为核心动力打造京津冀协同创新新局面

要实现河北省与京津两地协同创新相关的政策、平台、信息的衔接，为创新协同、创新共同体建设铺路。同时，区域协同创新不同于一般意义上的创新管理，强调创新主体的合作性，政府、企业、事业、社会、个人在协同创新发展上有独特作用，但不能各行其是，而是要相互合作协同，形成良性互动机制。一是政府要建立和完善多层次的跨省市权威性协调机构；二是强化企业在区域协同创新合作中的主体作用；三是加强高校和科研院所主体的参与，发挥各自优势，充分利用科技创新资源。

利益纽带是加速京津冀协同创新的核心动力。一是确立三地发展目标以及利益分配格局，并对三地在协同创新中的冲突进行整体协调建立利益共享机制，明确合作共建产业转移园区 GDP 和地方税收分解核算比例；二是建立相应的利益补偿机制，健全政绩考核机制，出台跨区域协同发展政绩考核办法，核减输出地政府经济考核目标要求，对技术输出和产业转移的贡献给予奖励；三是对三地在创新项目合作中投入的人才、技术、土地、资本等要素进行价值评估，根据要素贡献大小确定项目收益的分配比例，并通过税收分成的形式实现三地对成果的共享；四是对于区域协同创新共建项目和科研成果的异地转化项目，从其税收收入中提取一定比例作为区域协同创新基金，让这些基金在京津冀创新资源开发、创新成果转化和创新成果应用方面发挥作用。

7.4　加快推进京津雄创新三角区建设的建议[①]

当前，湾区和三角区成为世界级城市群发展新趋势。以此为理念，京津雄创新三角区建设将是京津冀协同发展纵深推进的核心布局和关键支撑。立足北京科技创新中心、天津产业创新中心、雄安创新发展增长极的功能定位，构建以"一核、三城、三带"为京津雄三角区的基本框架，卓有成效地推动北京非首都功能有序疏解，构建以核心城市为支点，以交通干线为纽带，以人才流动为载体，以制度创新为重心，加快促进交通互联、人才互备、政策互动的良性发展格局。

7.4.1　湾区（三角区）经济成为世界级城市群发展的新趋势

从国外实践来看，湾区（三角区）经济成为城市群建设主流。一是美国曾经著名的 128 号公路发展成为当今纽约湾区。"二战"前后至 20 世纪 70 年代，美国东海岸经济带沿着 128 号公路布局展开，之后东部地区经历四次重大产业结构和空间布局调整，最终形成了当今国际湾区之首的纽约湾区，包括纽约、波士顿、纽瓦克和新泽西等核心城市，形成了以金融保险、科技服务、军工制造为主导的

---

① 本节作者：张贵，完成于 2018 年 4 月。

产业，成为世界城市群建设的典范。二是美国西海岸由硅谷逐步拓展成为旧金山湾区。以享誉世界的硅谷为基点，沿着101高速公路和旧金山海湾，形成了由旧金山、圣克拉拉、奥克兰、森尼韦尔和圣何塞等数座城市组成的湾区，着重发展以科技服务、智能制造、金融保险、信息和医疗健康为主的高科技产业。三是著名的日本东京湾区，这也是该国快速发展的重要战略支撑，快速、便捷、大容量的无缝对接的交通基础设施加速了人口大聚集，促进了服务业和知识经济的兴起。

同样，国内城市群空间布局也进入湾区发展的喷涌期。一是粤港澳大湾区的规划设计。随着CEPA协议的深入实施和广东自贸试验区的成立，打造粤港澳大湾区国际都市圈的时机已成熟，并写入国家"十三五"规划纲要，以泛珠三角合作为重要基础的"2+9"粤港澳大湾区建设正式上升为战略，成为国家建设世界级城市群和参与全球竞争的重要空间载体，这里将建设成世界第四大湾区。二是沪浙联手打造沪杭大湾区建设。《上海市城市总体规划（2017–2035年)》中提出的同城化都市区，与浙江省正在谋划建设的杭州大湾区空间重叠，沪浙两地将依托沿海跨湾陆海多条重大交通通道，建设中国第二大湾区。

毋庸置疑，优越的地理构造、发达的港口城市、强大的核心城市、健全的创新体系、高效的交通设施、合理的分工协作、包容的文化氛围是湾区经济发展的共同特征，可见核心城市三角区建设是牵动世界级城市群经济发展的"牛鼻子"。新一轮全球经济格局的演化，其内在因素和最大变量取决于创新能力。置身于世界经济的深度调整期，京津冀要在未来的区域竞争中赢得先手，根本出路在创新，关键靠京津雄创新三角区提供充足发展动能。

7.4.2 京津雄创新三角区的发展思路

2018年是京津冀协同发展中期目标开启之年。四年来，京津冀协同发展大格局基本形成，规划体系"四梁八柱"基本建立。但是，随着京津冀协同发展进入"深水区"，受制于区域发展不平衡，三地产业落差大、平台重复建设、对接机制不健全等问题逐渐显现。

7.4.2.1 启动京津雄创新三角区建设，打破"双重三元结构"经济社会格局

京津冀区域差距还在逐渐拉大，在经济社会上表现为"双重三元结构"经济社会格局（"双重"是指发达的中心城市、落后的周边及乡村革命老区，包括"环京津贫困带"；"三元"是指城市居民、乡村农民和外来移民），尤其是河北与

京津的经济发展差距依然悬殊，京津冀区域经济总量在全国占比不升反降。这种现象将影响雄安新区建设成为未来之城和宜居之城，必须尽快找到"杠杆的支点"，撬动整个区域全面协同发展。因此，问题的解决必须依靠重视城市区域的出现，这也是中央政府为了应对经济分权的危机与城市间恶性竞争而推动的结果，而且连接城市区域的城市群发展是当前世界级城市群发展的新趋势。由京津雄三地构成的城市区域就是必然选择，以创新发展为根本动力，打破区域协同发展"困境"，推动京津冀三地进入良性循环发展的轨道。

7.4.2.2　以"一核、三城、三带"为京津雄三角区的基本架构，卓有成效地推动北京非首都功能有序疏解

从空间布局来看，京津冀协同发展应侧重于中部核心功能区的京津廊保建设，重中之重是加快京津雄创新三角区建设，这是一个科技资源、创新要素和高端产业的"黄金三角区"。

以"突破瓶颈、政策引致、优化分工、协同发展、高地集聚"为京津雄创新三角区发展思路，围绕北京建设具有国际影响力的科技创新中心、围绕天津建设具有国际影响力的产业创新中心、围绕雄安建设创新发展新增长极的战略目标，着眼于解决京津雄城市空间布局和创新分工中的实际问题，强化协同支撑，破除制约创新三角区建设的行政壁垒和制度藩篱，搭平台、建机制、促保障，打造"一核、三城、三带"的京津雄三角区基本骨架，推动有序疏解北京非首都功能，构建以核心城市为支点，以交通干线为纽带，以人才流动为载体，以制度创新为重心的区域发展空间新格局。

"一核"是指北京，把有序疏解非首都功能、优化提升首都核心功能、解决北京"大城市病"问题作为京津冀协同发展的首要任务。同时，以中关村科学城、怀柔科学城、未来科学城和北京亦庄经济技术开发区的"三城一区"为重要支撑，推进北京新时期的"科技创新中心"城市功能定位。

"三城"是指北京、天津、雄安新区，是京津雄协同创新的主要引擎，要进一步强化京津雄三角区联动，全方位拓展创新分工合作的广度与深度，加快实现同城化发展和创新共同体建设，共同发挥高端引领和辐射带动作用。

"三带"是指京津、京雄、津雄产业带，是京津雄协同创新的主体框架，进行整体谋划、深化合作、取长补短、错位发展，明确空间范围和发展重点。一是在京津高新产业带（也称京津科技新干线）相对进入快车道基础上，空间上包括京津廊（坊）地区，重点发展先进制造、新能源和新一代信息技术等产业；二是加强京雄创新发展带建设，空间上由 G3、G45、G4 三条高速在京冀范围内围成的扇形区域，包括河北·京南国家科技成果转移转化示范区，涉及北京的海淀、丰台、大兴与河北的固安、涿州、高碑店、永清、霸州、雄安新区等，重点发展新一代信息技术、生命科学和生物医药、人工智能、新能源新材料、高端服务、军民融合等产业；三是启动津雄生态拓展带规划建设，包括沿线雄安、文安、大城、静海、津南和滨海新区，重点发展生态型、节能环保型、健康养老型等产业。

7.4.3　推进京津雄创新三角区发展的切入点

7.4.3.1　以雄安新区作为世界级城市群的重要支点，优化城市群空间布局，提高城市承载能力

一是重构城市群空间布局。依据《河北雄安新区规划纲要》（以下简称《纲要》）精神，应将雄安新区建设成为科技创新新城，这就要建设集企业孵化、创业培育、创新研发、成果转化、生活服务、人才集聚、融资服务等多功能为一体的良好的"双创"生态系统，以此来吸纳和集聚京津及国内外创新要素资源。二是前瞻性规划。在《纲要》中提出的"一主、五辅、多节点"新区城乡空间布局基础上，构建功能分散化、多中心且有机联系的区域空间格局，要按照（北京主城区）中心区—（通州、雄安）副中心—周边新城—临县中心的城市群组团结构，实现"大分散、小集中"——在大城市和小城市之间形成一种功能分工、空间分散、有机联动的空间格局；既有机分散，又有机联系。三是创新城市管理体制。可持续的城市区域需要建设几十年、上百年，既要有前瞻性的城市空间规划、轨道交通规划等，又要有创新规划落实的机制保障，包括规划体检、监督机制、追责机制等，避免任期制带来的短期化行为。

7.4.3.2　增强京津雄创新三角区交通可通达性和便捷性

在落实《纲要》提出新区要构建快捷高效交通网的基础上，建议着力细化以下三点：一是将区域轨道交通建设放到更加突出的位置。要创新轨道交通建设理念，构建"高铁＋动车＋市郊铁路＋轻轨＋地铁"的综合性区域轨道交通网络系统，暂时没有条件修建的要预留路由接口，积极探索"轨道交通＋沿线土地"捆绑式开发模式；市郊铁路建设和运营要与国铁体系分开，自成体系地进行规划建

设。二是完善交通硬件建设，便捷创新网络的互联互通。在推进京津、京雄两条产业带沿线的轨道和高速、国道的交通"大动脉"的同时，完善"快线 + 干线 + 支线"三级城区公交网络，加强与市郊铁路和公路的无缝连接，疏通省道及次级公路的"毛细血管"；通过交通网络建设有效衔接于各级各类产业园区、科技城等，辐射带动经济发展；围绕新的增长极、新经济区和新城镇展开建设现代化交通网络系统，破解城乡二元结构难题。三是提升交通软件服务和管理能力，疏通创新扩散的环节渠道。积极实施区域交通服务信息化，实现路网信息互通，提供一体化、智能化的区域交通信息服务；加快推行交通信息服务一站通、ETC 一路通、长途客运联网售票一网通和公共交通一卡通；着力搞好京津雄信息服务的"五平台"建设，即公众出行信息资源共享和服务平台、客货运协同监管信息平台、道路货运交易平台、电子口岸信息平台、航空联运信息平台；着力推行区域交通技术标准化；大力支持区域交通运营市场化。

7.4.3.3　重塑京津雄创新三角区人才分工协作新格局

人才与资本结合，成立京津雄创新人才发展合作基金。一是由中央或三地政府成立"京津雄区域人才发展合作基金"；二是鼓励各个区域根据自身需求建立某一专业性人才发展基金；三是促进人才创新创业的金融支持，不仅要制定系统多元、针对性强的金融支持政策，通过有目的投资引导和政府间的协作安排，使金融资本能够从北京向天津和雄安流动，从而带动人才向天津、雄安的有序流动。

人才与项目结合，搭建京津雄人才发展平台。积极探索项目建设与人才培养、引进、使用有机结合的新机制，建立发改、科技、人社等部门协调沟通机制，吸引更多国内外高端人才向企业、向项目一线聚集；搭建项目与人才互动平台，通过在新区创立高端人才创业园、重点实验室、重点产业研究院等项目载体来吸引、集聚创新创业人才，形成人才工作与项目建设的"同频共振"；建立三地间的项目协调机制，尤其让北京市更多的项目增量疏解到雄安，以项目的转移建设带动人才的转移和互动。

人才与产业结合，营造京津雄人才发展空间。营造京津雄创新发展新空间。沿 G3、G45、G4 三条高速，以技术"进链"、企业"进群"、产业"进带"、园区"进圈"为主线，着力建设先进制造业产业带、新一代信息技术产业带；以"缺位补链、短链拉长、弱链增强、同构错链"为思路，引导理顺形成物联网、大数据、生命科学和生物医药、高端服务的若干条高端高新产业链，形成实体经济、科技创新、现代金融、人力资源协同发展的现代化产业体系。

加快搭建创新链，形成要素集聚的"双创"生态高地。依托初步形成的跨京津冀的科技创新园区链，以"创新源—创新组织—创新种群—创新群落—创新网络—创新生态系统"为主线，串联起《纲要》中提出的国际一流的科技创新平台、国际一流的科技教育基础设施、国际一流的创新服务体系；以"双创特区"的构想为契机，激发各类创新主体的积极性。

努力提升创业链，再造追逐梦想的"双创"生态乐园。按照高校院所提供的创业新生力量，高端人才引领和推动创新创业，领军企业提供市场，创业金融提供资本，创业服务解决办公场地，创业文化不断激发创新灵感的总体思路，推进创业生态链建设；优化阿里巴巴、百度、腾讯等在冀的"预孵化—孵化器—加速器"等多种创新创业平台，加强原始创新、集成创新、引进消化吸收再创新，组织力量联合攻关，力争获取一批重大原创性科技成果，抢占技术前沿制高点；协同构筑"产业创新创业集群"，组建区域产业技术联盟，形成区域特色产业集群，为提升自主创新示范作用提供科技支撑；携手打造"产业创新生态环境"，以"无成本创业、无障碍准入、无差别服务"为发展理念，创建"育成中心—孵化器—加速器—生产基地"等多种众创空间，建设创新研发、孵化转化和产业化"三位一体"的高水平创新型载体，形成"零成本零门槛创业＋全链条全过程孵化"与"聚集服务资源＋完善生态系统"的特色优势，创建具有区域竞争力的"双创"生态乐园。

7.4.3.4 构建京津雄创新三角区的创新网络体系

完善创新机制，打造互动、共享、开放的创新生态格局。一是探索"负面清单""权力清单"等行政管理体制改革模式的综合政策，研究多区政策叠加对协同创新的激励方式；二是重点完善"保姆式"的人才服务机制，主动到位服务吸聚人才，从而形成良好的创新创业人才"栖息地"；三是建立统一的京津雄创新三角区技术交易市场，建立服务全国的新技术新产品（服务）采购消费市场，促进创新三角区内投融资市场融合；四是建立和完善合作机制，推动创新项目成果资源在创新三角区落地；五是多方面创新社会制度，确立京津雄的社会管理新体系，构建一个真正有活力的劳动力市场，进而提升创业创新活力；六是突破人才发展的体制机制障碍，最终形成企业自主多元的人才评价机制。

地方政府竞争秩序，促进政府职能转变，一是通过制度创新来吸引资源、创

新技术、促进增长，破解区域经济发展的政策瓶颈；二是改革中央与地方之间的
财权关系，深化财税体制改革，进一步合理界定政府事权；三是建立跨行政区的
制度性的组织协调机构，突破经济地域和行政区划的壁垒跨区域，充分释放彼此
间"人才、资本、信息、技术"等创新要素的活力，打造全国创新驱动经济增长
新引擎和世界创新创业的策源地；四是通过搭建平台、创新机制、整合资源，构
建互动衔接运作机制，在政府、企业和社会公众之间建立嵌入式沟通、服务和互
动机制，探究新型的合作长效机制与制度化机制，构建互信、互惠、互利、互动
的合作机制，推进政府、市场和社会的资源与能力相互整合，构建政府、市场、
社会三元协同发展的区域治理结构，形成政府、企业和社会公众之间的合作伙伴
关系，充分调动各方力量，推进京津冀区域治理体系和治理能力现代化。

7.5　推进"八链融合"，加快发展天津智能科技产业①

　　近年来，天津市人工智能产业在国内崭露头角，呈现创新平台集聚、产业规
模初具、应用日益广泛等特征。未来，天津市要以筹建智能科技生态园为突破
口，以"八链融合"为抓手，增强智能科技资源和要素的"浓度"，提高多元主
体和平台的"高度"，不断激活企业"活跃度"和利益相关者"响应度"，培植智
能科技产业生态系统，增强智能科技企业内生发展动力；以"天津智港"为载
体，以开放"AI＋应用场景"为支点，"放水养鱼"培育和引导市场需求，巩固
优势，突破瓶颈，建设具有世界影响力的产业创新中心，打造智能科技应用示范
基地和世界高端高新产业集聚地。

7.5.1　天津市培植智能产业发展的优势基础

7.5.1.1　产业链条初步形成

　　经过多年持续发展，天津市已经初步形成较为完整的自主可控信息系统、智
能安防、工业机器人和智能终端等七条产业链。在基础资源层方面，国家超级计

---

　　① 本节作者：张贵，完成于 2019 年 11 月。

算天津中心、中科曙光、飞腾公司、麒麟公司、中环电子等企业提供了芯片、大数据存储及处理、云计算、传感器等方面的技术支持，为智能科技产业发展引领护航。在技术架构层方面，数据挖掘、神经工效测试系统、视觉显著性计算、人脸识别等重大科技成果不断涌现。在应用层方面，形成了金融安全系统、电子政务等云平台，以及工业机器人、服务机器人、特种机器人的产业集群和应用示范基地，智能科技在不同行业或不同应用场景落地。

7.5.1.2 高端平台不断搭建

天津市拥有国家级工程（技术）研究中心 36 个，国家部委级重点实验室 49 个，国家重点实验室 12 个，国家级企业技术中心 45 个，市级工程技术中心、重点实验室 20 余家。聚集了中科智能识别研究院、京津冀智能网联汽车产业研究院、清华大学电子信息研究院等一批新型研发机构。中国工程院与天津市政府共建中国新一代人工智能发展战略研究院。国家超级计算天津中心服务重大创新和产业研发用户数已超过 1600 家，遍布全国 30 个省份，打破了我国在油气能源领域、气候气象领域依赖国外超级计算能力的局面，成为"国之重器"。滨海新区 TjAb 众创空间成为全国首批国家专业化众创空间。

7.5.1.3 产业发展空间巨大

天津作为传统工业基地，在汽车、装备制造、生物医药等行业实力雄厚，形成了产业集群。根据中国人工智能学会与罗兰·贝格国际管理咨询公司的联合测算，至 2030 年，人工智能将在中国产生 10 万亿元的产业带动效益，其中汽车、零售、医疗和金融行业是人工智能影响最明显的传统产业，这些都为智能科技产业在天津落地应用提供了广阔的市场空间；反过来，智能科技与传统产业的结合也为天津在增速换挡提供了新动能，实现"腾笼换鸟""凤凰涅槃"。

7.5.2 天津市智能科技产业发展的困境与难题

7.5.2.1 原始创新能力基础薄弱

在人工智能领域，尚缺少重大原创成果，基础理论、核心算法受困于发达国家；高端芯片、重要产品与系统等还被跨国巨头"卡脖子"。这不仅是天津发展人工智能的短板，更是国家需要重点攻克的难关。

7.5.2.2 企业的质和量水平不高

天津市聚集形成了较为完整的七条智能科技产业链，但是与北京、上海、深圳等智能科技产业领先城市相比，企业数量还不够多，质量还不够高，行业领军企业和独角兽企业屈指可数，企业"浓度"不高。一方面，迫切需要增加初创企业数量，提高"浓度"来激发创新活力；另一方面，需要成熟企业带动整个行业发展。

7.5.2.3　人才储备相对比较单薄

天津依托南开大学、天津大学等一流高校，培养了大量专业人才，但全国一半以上的人工智能团队集中在北上广深一线城市和杭州等新一线城市；在核心芯片、关键算法领域缺乏技术领军人才，世界级人才和科研团队更是偏少，人力资源的"高度"不够。在"产业跟人才走"的高新技术产业，人才的数量、层次和结构对科技产业能否实现生态化发展起着关键性作用。

7.5.2.4　投资融资氛围不够活跃

2010~2017 年，中国人工智能领域共发生 2000 余起投资事件，涉及投资金额近 700 亿元。北京以 937 起投资案例领跑全国，占全国总数的 42.2%，此外，深圳和江浙沪地区也占据了近半壁江山。而天津的投资案例仅为 36 起，占全国市场的 1.6%。投融资氛围不活跃造成的资金短缺对于中小企业和初创企业的打击是毁灭性的，而它们恰恰是创新思维和创新活动最为活跃的主体。

此外，还存在着深度服务能力不强、服务水平普遍不高、服务模式创新不足等问题。相关的行业标准、法律法规、知识产权保护等方面还存在缺失，这对智能科技研究成果的大规模市场化推广造成了阻碍，同时也抑制了民众对智能产品的需求。

7.5.3　积极筹建智能科技生态园，搭建智能科技产业平台

智能科技生态园是自主创新、新兴科技和产业生态融合的最佳样本。科技园区区别于中国大部分园区，依托天津与华为共办的鲲鹏生态创新中心，整合华为生态平台为代表的科技创新战略平台，以互联、共享、共生、共融为智能科技产业变革的方向，推动从应用技术创新向基础技术、核心技术、前沿技术创新转变，以打造重点产业系统为核心，着力在产业链上下游构建完善优良的产业生态环境，以专业服务、公共服务、商务服务为配套的产业创新生态体系作为园区平台建设的核心根本。对标深圳湾科技园区，努力实现"产业生态、经营生态和环境生态的深度融合"，实现生态、经济和人居的和谐发展，建设中国北方最为核

心的产业资源集聚平台与价值创造平台之一。

注重智能科技生态园的"四度"建设。增强智能科技资源和要素的"浓度"，提高多元主体和平台的"高度"，不断激活企业"活跃度"和利益相关者"响应度"，培植智能科技产业生态系统，增加智能科技产业发展内生驱动力，力争三年内，创建北方首个工业互联网国家新型工业化产业示范基地，形成全国领先的工业互联网技术策源地、产业应用引领区。

7.5.4 推进"八链融合"发展，加快建设应用示范基地

7.5.4.1 延伸智能科技产业链，培育引进科技型龙头企业

加速推动 5G、工业互联网、人工智能等新技术、新模式与实体经济深度融合。应从底层的集成电路设计到装备制造，从操作系统到应用软件再到市场开发，以链式发展思路，通过"缺位补链、短链拉长"等措施，夯实智能科技基础产业，理顺形成智能机器人、智能驾驶、智慧城市等若干条高端高新产业链。采取"育小引大"的策略，培育本地高成长性企业、引进国内外集聚龙头企业。一方面，培育扶持本地科技型高成长性企业，引导其承担关键技术、共性技术的重大研发项目，增强自主创新能力。另一方面，引进吸收国内外科技型龙头企业，提振整个行业的创新能力、制造能力和国内外影响力，并与中小企业深度合作，形成创新网络，构建以龙头企业为主导，中小企业为重要组成部分的产业链。

7.5.4.2 打造智能创新链，围绕产业链建设创新组织

第一，确保"有人做"。围绕天津集成电路、高端装备制造、创新药物等优势产业链，继续加速建设"四不像"（不完全像大学、不完全像科研院所、不完全像企业、不完全像事业单位）的产业技术研究院，整合创新链资源，促进原始创新。以促进科技成果研发、转化、产业化为目标，把创新前端的基础研究、前沿研究，中端的关键技术和共性技术的研发，后端的应用研究、规模化生产整合成一个有机整体。

第二，敲定"谁来做"。智能科技研究领域较广、合作维度丰富，在产学研联合进行产业关键共性技术研发时，要注重精准合作。因此有必要建设以龙头企业为引领、产学研紧密合作、利益分配机制完善、上中下游配套协调的产业技术创新战略联盟。把一些重大科技项目委托联盟组织实施，精准制定合作研发计划，形成以项目为纽带、以科技成果产业化为目标的优势互补、利益共享、风险

共担的联盟合作机制。

7.5.4.3 完善智能科技人才链，培养吸收高水平创新人才

智能科技产业发展，人才是第一资源。坚持"促内引外，恰当运用"的战略是完善人工智能人才链的重点。

第一，实施"促内引外"策略，形成完整的智能科技人才体系。首先，对海内外高端科技人才要做到积极引进，进一步优化城市功能配套，在生态建设、教育文化、医疗卫生、交通设施、人才公寓等城市功能配套上，进一步提升服务能力，完善人才综合服务，在继续积极落实"海河英才"行动计划的基础上，对智能科技领域的人才给予特别政策，如放宽准入条件、根据个体需求"一人一策"定制优惠政策等。其次，构建多层次、全方位的智能科技人才教育体系。最后，抓好基础教育，在小学阶段引入智能科技教育感知课程，改革计算机教育模式，铺垫关于数据、编程等基础性知识；在中学阶段引入智能科技技能课程，选拔在智能科技行业提高数据处理能力；在高校中开设专门的智能科技专业，细分与现实需求相符的研究方向，鼓励师生深入企业实践，定期开展大学生智能科技创新竞赛，将高校打造成智能科技创新发源地与人才储备池；在职业技术院校开展智能科技职业技能培训，提供高质量的一线技术人才。

第二，践行"恰当运用"准则，制定灵活宽松的人才互聘制度。鼓励人才在企业与学校或研究机构之间自由流动，以人才流动带动知识流动，带动产学研深度融合。将一线经验融入基础研究，把前沿成果带到生产前线，培养兼具智能科技专业技能和商业模式创新能力的复合型人才。在人才流动过程中，应注重知识产权的界定与保护问题。

7.5.4.4 搞活智能科技资金链，活跃智能产业投融资氛围

第一，拓宽智能科技企业直接融资渠道。一方面，鼓励和引导企业通过企业债、公司债、融资租赁等债务融资工具进行直接融资。支持发展潜力较大的企业通过上市、"新三板"挂牌等方式融资。另一方面，完善高技术企业信用体系建设，引导金融机构对信用等级高的智能科技初创企业给予无抵押、无担保的信贷支持。

第二，重点把握风险投资重要支撑作用。一方面，完善风险投资体系，解决当前风险投资退出机制不畅等问题，为智能科技产业领域创新创业提供孵化服务。另一方面，提高风险投资机构金融创新能力，根据处于不同发展阶段智能科技企业的融资需求差异，相应推出多元化的金融产品和服务。除必要的资金需求

外，对于初创期的企业，还需要其他的创业服务，包括市场咨询、信息、财务、专业经理人等服务，尤其需要行业和技术领域的权威专家指导；对于成长期的企业，还需要上市融资或者股权融资。

第三，着力降低商业银行风险贷款风险。商业银行发放贷款主要依据流动性、安全性和效益性的"三性"原则，银行资本不愿过多介入智能科技产业，是因为效益性与安全性不对等，风险高而收益固定。一方面，建立风险贷款的政府担保机制，降低商业银行发放风险贷款的风险，有利于吸引银行资本介入人工智能领域。借鉴发达国家经验，应由政府设立专项资金为风险贷款提供担保，在银行发生投资亏损时政府出资止损，降低银行风险，提高银行放贷积极性。另一方面，开展知识产权质押贷款等适应早期阶段人工智能中小企业的信贷业务。

7.5.4.5 优化智能科技服务链，打造科技服务产业生态

第一，积极引进科技服务品牌，推动科技服务联盟建设。推动在天津大学、南开大学等周边区域集聚一批国内外优质的专业化科技服务机构，积极发挥天津市知识产权服务中心、天津滨海国际知识产权交易所等本土机构的作用，打造特色鲜明、功能完善、布局合理的科技服务业集聚区、示范区，形成具有国际竞争力的科技服务业集群。鼓励各类科技服务机构为智能科技产业提供孵化器、知识产权、技术评价、资产评估、法律咨询、财务策划等专业服务，形成覆盖人工智能全产业链的服务联盟。

第二，培育集聚科技服务人才，健全科技服务人才队伍。培养引进和一批懂技术、懂市场、懂管理的复合型科技服务高端人才。依托科协组织、行业协会，开展科技服务人才专业技术培训，提高从业人员的专业素质和能力水平。一是完善科技服务业人才评价体系，健全职业资格制度；二是建设工程技术研究院，培养一批熟悉国际国内技术转移业务规则、专业化复合型、高度活跃的技术转移人才队伍。

7.5.4.6 部署智能科技政策链，保证智能产业规范化发展

第一，加强智能科技知识产权管理。政府要从组织保障、产权界限、立法执法等几个方面加强对智能科技产业知识产权的管理。在组织保障方面，建议成立天津市智能科技产业知识产权专门小组，定期开展人工智能新技术培训教育，统筹协调知识产权工作，积极调研、解决产业发展中的知识产权问题。在产权界限方面，必须建立完善、明晰的知识产权管理特别是专项鼓励制度、目标责任制

度、分配制度，例如对于共同研发的知识产权成果如何分享、收益如何分配都必须要有明确的规定，确保广泛地调动起合作单位的积极性。在立法执法方面，政府要进一步完善立法并严格执法，加大对违法行为的惩处力度。发挥已有的天津知识产权法庭对知识产权保护方面的重要作用。

第二，完善智能科技产业容错机制。智能科技产业投入大、风险高，培育创新型企业家也需要政府在制度、资金、技术、人才等方面给予扶持，营造尊重企业家价值、鼓励企业家创新、发挥企业家作用的舆论氛围，为企业家的容错、试错提供有力保障，为有重大价值的技术攻关保驾护航。

7.5.4.7　提升智能科技价值链，形成世界级智能产业集群

通过对产业链、创新链、人才链、资金链、服务链和政策链的提升和完善，天津智能科技产业拥有了培植产业生态系统所需的土壤和养料。在各方面协同作用下，将智能科技产业发展成从技术研发到设备制造，再到产品销售的覆盖全产业链的自主产业，这对于提升天津智能科技产业在全国乃至全球价值链的地位至关重要。天津要将发展智能科技产业作为经济转型升级的重大机遇，坚持提升技术层次、加强创新研发、开展全球运营，重点进行能力升级、产品升级、服务升级，努力提升自身在全球价值链中的地位，打造世界级智能科技产业集群。

7.5.4.8　拓展智能科技应用链，提升智能产业市场需求

智能科技技术发展走在了市场应用的前面。智能科技产业发展最终要被市场检验并接受，由此，必须引导和拓展应用场景，"放水养鱼"培育和引导市场需求，巩固优势，突破瓶颈，打造具有世界影响力的产业创新中心，深度嵌入京津冀协同发展战略，成为世界高新技术产业集聚地。

第一，在城区范围、行业领域、部门管辖内，提供足够的应用场景测试。以"天津智港"为载体，以开放"AI＋应用场景"为支点，在中新天津生态城的基础上，在城区进一步放宽无人驾驶应用场景测试，并拓展到智能交通和智能快递。在智能交通和智能安防的基础上，拓展到城市治理和智慧城市。在智慧金融领域，扩大移动互联网、区块链、云计算、大数据等新技术应用场景，主要集中在智能支付、智能理赔、智能投顾、智能客服、智能投研、智能风控等，这些场景又以银行最具有代表性。推动工业企业"上云上平台"行动计划的基础上，培育在国内外有影响力的跨行业跨领域工业互联网平台，形成工业互联网的服务体系和产业链条，拓展工业互联网应用新领域和新模式。

第二，开放应用领域和形成应用链。围绕"基础研发—应用开发—智能制造—应用场景测试—用户体验—方案解决"，有目的有步骤地引导和支持智能物流系统、智能交通系统、智能快递系统、智能安防系统、智能教育、智能医疗、智能视觉、智能营销、智能穿戴、仿真机器人等，以及社会交流领域的识别系统、人机互动、智能创作，服务系统领域的家庭服务、公共服务和智能家居，工业机器人领域的智能检测、自动化机器人、步态识别等在天津市的应用场景开放，规范智能科技企业在应用领域的知识产权、政策法律和道德伦理支撑，让政府、企业、消费者和其他利益相关者的利益得到最大程度保护。

7.6 以构建创新创业生态为切入点，推动供给侧结构性改革①

世界主要经济体和京津沪深都把创新创业生态系统作为未来制胜战略。报告认为京津冀推进"双创"（创新创业）的核心也应该构建一个富有活力的生态系统。为此，报告指出：一方面，要积极实施"三链"战略，加快搭建创新链，形成要素集聚的"双创"生态高地；努力提升创业链，再造追逐梦想的"双创"生态乐园；多方完善产业链，打造多点支撑的"双创"生态格局。另一方面，要以五个"抓手"为重点，着力聚集科技资源创新要素，着力打造创新型人才队伍，着力完善科技服务体系化，着力推进科技金融便利化，积极落实各项试点政策，继续深化体制机制改革，激发创新创业活力。

7.6.1 科技创新是驱动供给侧结构性改革的根本动力

在推进供给侧结构性改革中增强活力创新发展，构建创新创业生态系统是未来制胜战略的紧迫要求。21 世纪初，美国提出要在企业、政府、教育家和工人之间建立一种新的关系，形成一个 21 世纪的创新生态系统，这就是著名的"国家创新倡议"（National Innovation Initiative，NII）。日本明确要实施重大的政策转

---

① 本节作者：张贵，完成于 2016 年 7 月。

向，从技术政策转向基于生态概念的创新政策。欧盟也公布了关于欧盟国家（区域）构建创新生态系统的理论和实践构想。为顺应发展趋势，经过"十二五"时期建设，我国创新创业生态系统建设的基础相对完整，特别是近年，北京提出加快全国科技创新中心，上海加快向具有全球影响力的科技创新中心进军，深圳提出到 2020 年将建成世界一流影响力科技创新中心，但在创新资源优势利用、创新平台建设、创新产出、创新实力等方面还存在一些瓶颈。

这就迫切需要我们通过供给侧结构性改革，提供一个适宜创新的、自由的和宽松的环境，激励创新的有效机制，享受创新创业成功的氛围，精心编制一个创新生态系统，这个生态系统的本质是追求卓越，主要由科技人才、富有成效的研发中心、风险资本产业、政治经济社会环境、基础研究项目等构成。要推动"大众创业、万众创新"，建设创新型国家。

7.6.2　构建创新创业生态系统的三个战略重点

按照积极打造优势产业链，围绕产业链加快搭建创新链，围绕创新链努力提升创业链的"三链"战略部署，强化优势，补足劣势，消除缺失，最终形成"双创"的新格局。

7.6.2.1　加快搭建创新链，形成要素集聚的"双创"生态高地

以"创新源—创新组织—创新种群—创新群落—创新网络—创新生态系统"为主线，着力围绕以下六大科技难题，部署创新链：地球深层勘探开采、先进高端材料研发和生产、创新药物研发和先进医疗设备研制、脑连接图谱研究、深海探测与开发、空间科学技术及应用。从创新源头抓起，必须坚持走中国特色自主创新道路，面向世界科技前沿、面向经济主战场、面向国家重大需求，突破关键核心技术，加大科技成果转化力度，鼓励和支持"万众创新"，加快各领域科技创新，形成分工明确、特色突出、富有活力的创新生态系统，掌握全球科技竞争先机。

以"双创特区"的构想为契机，积极发挥政府引导作用，提升各类创新主体的研发强度，建设一批国家重点实验室、国家工程实验室、国家工程（技术）研发中心和国家级企业技术中心等创新平台。要适当注入一些依靠政府构建的"人工生态"。强化科技引领和产业渗透，以科技创新为主导的群落与其他领域的群落形成有机互动。在已有的文化、金融、民生、产业等经济社会各个领域进行自

觉性渗透，创造出新型业态和新的商业模式。在未来发展中，要把握好"自然生态"与"人工生态"两者的区间尺度，有效形成支撑各领域协同发展的"双创"生态系统。

7.6.2.2 努力提升创业链，再造追逐梦想的"双创"生态乐园

（1）共同创建"创新创业孵化基地"。选择对我国经济社会发展具有重要战略意义的信息技术、生物技术、制造技术、新材料技术、新能源技术，这些领域的重大颠覆性技术创新正在创造新产业新业态，应集聚科技资源和科技人才，创建"预孵化—孵化器—加速器"等多种创新创业平台，加强原始创新、集成创新、引进消化吸收再创新，组织力量联合攻关，力争获取一批重大原创性科技成果，抢占前沿制高点，创建具有竞争力的创新型创业平台、园区。

（2）协同构筑"产业创新创业集群"。要面向经济主战场，推动科技和经济社会发展的深度融合，围绕国家重大战略需求，着力攻破关键核心技术，抢占事关长远和全局的科技战略制高点。引导推动强强联合、优势互补，组建区域产业技术联盟，形成区域特色产业集群，为提升自主创新示范作用提供科技支撑。着力构建以市场为导向、企业为主体的产业创新网络，改变经济发展方式。

（3）携手打造"产业创新生态环境"。将高校、企业、政府与学生紧密联结，科学研究与创业活动齐头并进，使高校创业教育和社会经济之间产生良性循环，特别是要把握互联网环境下创新创业特点和需求，通过市场化机制、专业化服务和资本化途径构建的低成本、便利化、全要素、开放式的新型创业服务平台，以"无成本创业、无障碍准入、无差别服务"为发展理念，创建"育成中心—孵化器—加速器—生产基地"等多种众创空间，建设创新研发、孵化转化和产业化"三位一体"的高水平创新型载体，形成"零成本零门槛创业＋全链条全过程孵化"与"聚集服务资源＋完善生态系统"的特色优势，加快鼓励和支持大众创业，创建具有区域竞争力的"双创"生态乐园。

7.6.2.3 积极打造产业链，打造多点支撑的"双创"生态格局

以国家级高新区、众创空间等为合作平台和共建园区，以"缺链补链、短链拉链、弱链强链、同链错链"为发展思路，形成一个"研发—孵化—转化—生产—服务"良性循环的产业生态体系，全面增强我国产业的综合实力、创新能力和竞争能力。探索以创业链为纽带，鼓励龙头企业打造开放平台。发挥企业在整合创新资源、带动产业链整体创新方面的作用，搭建以企业特别是大型骨干企业为核心的开放式创新平台，吸引、整合上下游的产业资源、创新资源，实现市场化的集成。发挥大企业在各自领域的龙头作用和技术创新优势，参与制定共性技术和重要技术标准。鼓励龙头企业开放企业平台，把企业的接口和平台面向其他企业开放，形成上下游紧密结合的产业链，形成大企业引领中小微企业，与中小微企业协同合作的格局。

立足未来发展需求，构建面向在航空发动机、量子通信、智能制造和机器人、深空深海探测、重点新材料、脑科学、健康保障等重点领域的生产服务平台，营造可持续的"双创"生态。以"互联网+"为支撑构建多方信息、多方需求、多方交易、多方服务聚集的平台，咬合制造业和服务业的两条创业链，以第三产业创新带动第二产业转型，促进二三产业深度融合发展。支持企业联合设立融合型新业态领域的专业性平台，如技术研发设计、行业信息服务、现代物流服务等生产服务平台，为创新创业提供完善的配套设施与发展环境。

7.6.3 构建创新创业生态系统的五个抓手

以五个"抓手"为重点，积极落实试点政策，深化体制机制改革，激发创新创业活力，扎实推进创新创业。

7.6.3.1 着力聚集科技资源创新要素

一是在园区健全科技支撑架构。发挥高校、科研院所、企业、投资机构、众创空间等载体的作用，促进形成人才、技术、资本等创新要素融合机制，支持人才开展技术创新、商业模式创新和管理创新，培育新兴业态，支持高层次人才开展跨界融合创新。二是与周围区域协同发展。应借鉴新加坡经验，实施"科技企业总部基地"和"科技园区扩散"互动策略，总结推广中关村人才管理改革试验区创业孵化模式，发展市场化、专业化、集成化、网络化的众创空间。依托国家、市级人才管理改革试验区，因地制宜地优化人才发展生态环境，打造一批创新创业与宜居宜业功能相结合的创业社区。三是开展跨行业跨区域合作。鼓励有实力的科技型企业开展品牌延伸、资本渗透、跨国经营、海外合作等，推动跨行业、跨区域合资合作，积极抢占市场竞争制高点。四是建立全价值链服务平台。坚持先进制造业与现代服务业共促共进，优先发展生产性服务业，积极发展生活性服务业，设立科技综合信息、大学生创新创业、科技成果转化、知识产权、科技投融资五大服务平台，有效整合各类服务资源，为企业提供从创业到发展再到上市的全价值链服务。

7.6.3.2　着力打造创新型人才队伍

以"人才特区"的构想为契机，打造"高端领军人才"和"高端技能人才"的"双高"人才高地。一是实施"全员素质提升工程"。建设一批高级蓝领技工、职业技能培训基地和大学生自主创业实训基地，加快发展现代职业教育，扩大高技能人才规模，加快高技能员工培养，提高企业的综合竞争力。二是实施"适用人才聚集工程"。充分借助京津冀协同发展、"一带一路"、长江经济带等国家战略叠加的机遇期，加强培养科技研发和高级管理人才，积极引进先进管理和运行模式，建成一批创新创业示范基地。构建引智优质服务体系，做好职称、就业、社保、退休、人事档案等政策衔接工作。三是实施"重点人才培养工程"。按照主导产业要求，重点培养一批科技领军人物、技术骨干和创新团队，扩充人才储备。增加院士工作站、博士后流动站数量，争取国家级人才和引智项目，创新聘请兼职教授、客座专家、星期天工程师、科技特派员等方式，实现高端人才柔性引进。四是实施"高水平人才创业工程"。支持"两院"院士、"973"和"863"首席专家、"长江学者"等高层次人才及其创新团队的科技成果转化或创新创业，支持高校院所科技人员创新创业，支持大学生创新创业。设立科研人员创业特区（创客基地）。

7.6.3.3　着力完善科技服务体系化

一是加快完善高端人才服务体系。完善人才在企业、高等院校、科研院所之间的双向流动机制，搞有形和无形的"人才特区"，探索"一张绿卡"管人才制度，包括引进人才及家属落户、居住登记、办理社保卡、人才公寓、子女入学、医疗保健卡、出入境证件申请、科研及教学服务器免税进境和引才专项资金申请等，凝聚特区内创新创业文化特质。二是重点完善创新服务体系。围绕主导产业和战略性新兴产业，重点建设若干"研发中心""工程技术中心""企业重点实验室"等技术创新平台，完善科技情报信息、资产评估、会计事务、信用评价等各类科技中介服务，支持产业技术创新战略联盟、各类服务创新创业的协会建设。支持重点企业和高校院所，搭建科技成果转化中心和招商展示平台，作为洽谈、展示、合作、交流的重要载体。三是加快完善创业服务体系。扶持创业投资、入股经营、风险投资等创业方式，大力促进优秀的青年创业项目发展，推动大学生创业基地、预孵化基地、企业创新创业基地的建设发展，建立创新人才、创业辅导、融资服务一体化的创新创业社区。四是健全发展科技服务体系。搭建一批数字化、智慧化生活服务运营平台，积极开展园区智能楼宇、产业生态地理信息系统以及特色云服务建设，推进管理、监控、节能、安防等智能化技术和系统的开发应用，推动科技与文化融合发展。

7.6.3.4　着力推进科技金融便利化

一是强化政策支撑。整合现有财政科技专项资金，建立政府引导、社会参与的产业投资引导基金和产业扶持基金，用于产业建设和扶持产业化项目，鼓励敢于冒险投资处于种子期和起步期的创业企业。对企业、机构获得的国家省重大科技专项，给予一定比例资金配套支持，建立企业研发准备金制度，开展创新券补助政策试点，试行创新产品与服务远期约定政府购买制度。二是拓展融资服务。依托科技金融服务中心等融资服务平台，设立硅谷式科技银行，引导银行、担保等金融机构与企业开展金融对接，共同参与开展银政合作模式，健全创新引导基金和天使投资、创业投资、众筹基金、创业风险援助资金等一系列引导支持资金，推进非上市股权交易平台运作，为科技型企业成果转化提供融资服务。三是完善融资担保。探索建立适合市场需要、符合我国特点的多层次的融资担保机构，积极尝试以房产抵押、设备抵押、主营产品库存抵押和股权质押等一系列反担保方式，逐步形成以解决企业融资问题为导向的、多元化注资结构的融资担保体系。加强与各类资本市场的分工协作，开展金融及金融服务机构的业务合作与资源共享，推进异地存储、支付清算、信用担保、融资租赁等业务同城化。四是推进金融创新。探索适合经济发展实际需要的金融产品和服务创新，鼓励组建省金融资产管理公司，发展消费金融公司、金融租赁公司、金融理保公司，发展信用保证保险业务，探索发展互联网金融产业集聚区、互联网金融超市。五是建立统一的资本市场。推动产权交易市场合作，支持银行等金融机构跨地区经营，加快各类金融机构总部产品研发、客户服务和数据备份中心等后台机构配套建设。

7.6.3.5　继续深化科技体制改革

积极推广北京中关村、深圳、上海张江和湖北东湖国家自主创新示范区的经验和实践，积极落实试点政策，深化科技体制改革，激发创新活力。一是改革事业单位科技成果处置和收益权，促进科技成果转化和市场化。二是改革税收管理体制，提高职工教育经费税前扣除比例；对以股份或出资比例等股权形式给予本企业相关技术人员的奖励。三是改革股权激励体制。简化对国有事业单位全资与控股企业股权和分红激励方案的审批主体及程序，简化审批收费体制，激发企业创新活力。四是改革科研经费分配管理体制。按照"抓两头、放中间"新思路，把严课题立项和结项，放开科研过程管理，大力推进科技体制改革的攻坚破冰。合理评估和承认科技创新人员的脑力劳动价值，切实落实中共中央、国务院文件规定，实现非禁即行的"负面清单制"科研管理新机制，切实优化学术民主环境，营造浓厚学术氛围。五是改革高新技术企业认定体制。扶持园区相关高新技术企业，确立园区高新技术企业认定管理工作方向，简化对园区内高新技术企业的认定、公示与备案程序，对园区内部分重点扶持企业给予税收上的优惠。六是改革场外交易市场体制。完善针对科技型中小企业的场外交易市场，创造有利于科技型中小企业的发展环境，培育和孵化有潜质的科技型中小企业，在实践中加以创新和发展。

第 8 章
区域产业一体化

8.1 推动形成优势互补高质量发展的京津冀区域经济布局①

"不忘初心、牢记使命"是在全党范围内开展的主题教育活动，是推动全党更加自觉地为实现新时代党的历史使命不懈奋斗的重要内容。2019 年 12 月 28 日，南开大学京津冀协同发展研究院主办了"高质量推进京津冀协同发展高峰论坛"，邀请国内知名专家学者近百人，共同学习研讨习近平总书记刊发于《求是》杂志的《推动形成优势互补高质量发展的区域经济布局》重要文章，论坛达成以下几点共识，供决策参考。

8.1.1 正确认识当前京津冀区域发展新形势，积极谋划协同发展新思路

京津冀协同发展五年多，取得了显著成效，同时也出现了一些新情况和新问题。区域内部经济发展分化态势明显，疏解北京非首都功能需要新方案，治理体系和治理能力现代化成为协同发展新课题，区域发展动力极化现象日益突出，城市群分工体系与空间关系亟待调整等。要用历史大尺度度量京津冀协同发展进

---

① 本节作者：张贵，完成于 2019 年 12 月。

程，要用发展思维去考察和解决区域协调发展过程的新情况。这也就是习近平总书记再三强调的"我们必须适应新形势，谋划区域协调发展的新思路"。

8.1.2 从空间治理角度，以"都市圈+可持续城市"理念推动京津冀世界级城市群建设

我国经济发展的空间结构正在发生深刻变化，中心城市和城市群正在成为承载发展要素的主要空间形式。当前存在从单核城市或中心城市直接跨越到城市群建设的误区，忽视都市圈这一重要环节。因此，完善京津冀城市群的空间治理，一是要紧紧抓住单核城市、中心城市、都市圈和城市群的数量、规模和顺序，特别是需要加快雄安新区的建设与联系，提高核心城市的发展质量，提升资源配置能力。二是要紧紧抓住空间结构、交通结构、生态环境、产业发展、历史文脉五个城市群关键要素，要在城市功能、城际距离、城际通道、城市规模、建设顺序等方面做足文章。三是以可持续城市破解"大城市病"，重视"紧凑城市""新城市主义""精明增长"等重要思潮和重要内容。四是建设分散化、组团式、多中心的都市圈结构，抓紧北京、津—沧、石—邢—邯、雄—保—廊、唐—秦都市圈建设，提升京津冀区域整体承载力。五是充分认识市郊铁路等大运量轨道交通的重要性和紧迫性，抓紧围绕北京和天津建设一批市郊铁路，提高京津冀都市圈交通运行效率，缓解市郊地区存在严重的交通供需失衡现象，进而疏解"大城市病"。六是实现基本公共服务均等化，按照人口密度配置，减轻北京中心城区的负担，加大北京、天津与河北城市在公共服务方面的合作。七是建立适宜都市圈空间战略落地的体制机制，充分发挥各地比较优势，建成高质量发展的动力系统，以及提高中心城市和城市群等经济发展优势区域的经济和人口承载能力。

8.1.3 从创新治理角度，以制造业高端化+科技创新"双轮"驱动京津冀高质量发展

从创新治理的角度，实施创新驱动发展战略，发挥创新第一动力的作用。创新治理的本质是协同创新，模式是构建创新生态系统，目标是建设创新共同体。一是充分释放区域间"人才、资本、信息、技术"等创新要素的活力，推动从政府创新管理机制向市场机制、社会机制相结合转变，促进实现各类要素合理有序流动、高效集聚和优化配置。二是创新治理的核心是协调、服务，它强调从政府

机制向市场机制、社会机制相结合转变，统筹创新资源，构建创新生态系统和创新共同体。三是协同创新的模式主要有共建园区基地、合作平台、创新引导与成果转化基金等；建议设立京津雄协同创新示范区，实行人才、资金、技术的特殊监管政策，打造发展京津雄三足鼎立态势，做优京津科技新干线，做强京雄高新技术产业带，做实津雄生态产业带。四是推动协同创新机制的顶层设计，关键是在中央层面上对区域协同创新进行新的体制设计，成立协同创新的高层管理机构，探索成立全国性区域协同创新委员会。五是健全协同创新的激励机制。建立利益共享机制，明确合作共建和产业转移园区 GDP 和地方税收分解核算比例。六是健全政绩考核机制，出台跨区域协同发展政绩考核办法，核减输出地政府经济考核目标要求，对技术输出和产业转移的贡献给予奖励。

8.1.4　从产业治理角度，以承接北京非首都功能疏解为"牛鼻子"，推动京津冀高质量发展

非首都功能是集科技、经济、社会、政治等多种功能为一体的集合。疏解的重心是产业功能。京津冀协同发展的关键成败在于整合区域乃至全国及国际产业要素和创新资源，以弥合发展差距、贯通实体产业链条、重组区域资源，形成自研发设计至终端产品完整产业链的整体优势。积极稳妥有序疏解北京非首都功能是京津冀协同发展战略首要的、最核心的任务。一是要制定京津冀重点产业的产业链专项规划。逐步从偏重单一转移疏解向更加注重区域产业链上下游协作、全区域优化产业结构、空间布局转变，即立足现代产业分工要求，理顺京津冀产业发展链条，形成上下游联动的对接与互补，以技术"进链"、企业"进群"、产业"进带"、园区"进圈"为主线，由关键点引领线带，由关键线带动域面，由关键域面交织成网络系统，协同京津相向发展；特别强调"强点、成群、组链、结网成系统"，最终将京津冀建设为"创新中心＋研发转化＋高端制造＋高端服务＋高品位宜居生活"分工协作的世界级城市群和创新中心。二是要完善政府间产业协作联动机制。以项目建设为抓手，打造承接北京非首都功能疏解的新支点；以产业联盟为重点，夯实承接北京非首都功能疏解的新根基；以园区共建为支点，营造承接北京非首都功能疏解的新空间；以市县合作为平台，形成承接北京非首都功能疏解的新格局；以城镇建设为载体，建设承接北京非首都功能疏解的新布局；以资源要素为突破，提升承接北京非首都功能疏解的新动能。三是理顺产业

和城市功能对接机制，改善全产业链区域布局的基础环境和服务配套，着重提升天津河北的承接力、承载力，在优化投资环境、提升自身服务水平方面下功夫。

8.1.5　从公共治理角度，硬件和软件两个方面推动京津冀高质量发展

在京津冀协同发展过程中，生态环境、公共交通和公共危机等"行政边界内部"的社会公共问题表现出"外溢化"和"无界化"特征，三地间区域公共治理的"高度渗透性"和"不可分割性"日益明显。这就决定了公共治理应该建立在都市圈、城市群的基础上，有必要建立政府之间的合作机制。一是要实现环境共治、生态共保，首先应优化空间开发格局、制定京津冀地区空间管制规划，构建污染协同治理机制、环保基础设施共建机制、资源能源环境产权交易体系以及生态补偿机制。二是应按照"谁保护、谁受益""谁污染、谁治理"的原则建立京津冀北流域生态多种补偿机制及生态项目合作，通过财政转移支付来进行生态补偿。三是实施"以水量城"的城镇化政策和"以水定产"的产业政策，实现水资源约束下的各城市间经济社会与生态环境的协同发展。四是建立以快速轨道交通为支撑的京津冀区域交通"一张图"的基础上，围绕中心城市打造综合交通枢纽；围绕经济带形成综合交通网络体系；围绕新增长极带动城乡统筹发展。积极实施区域交通服务信息化，做到"四通"：交通信息服务一站通、ETC 一路通、长途客运联网售票一网通、公共交通一卡通。着力搞好京津冀信息服务的"五平台"建设：公众出行信息资源共享和服务平台、客货运协同监管信息平台、道路货运交易平台、电子口岸信息平台、航空联运信息平台。五是针对安全生产、交通事故、社会治安、食品安全、环境污染、公共卫生、重大疫情、自然灾害、大规模群体事件等区域公共危机事件，设计京津冀公共危机治理中的地方政府合作机制，提炼跨区域公共危机治理在防范阶段、响应阶段和善后阶段的内在逻辑。

8.2 京津冀协同发展背景下河北省产业发展①

8.2.1 京津冀产业协同发展的现状与问题

自 2014 年 2 月 26 日习近平总书记主持召开京津冀三地协同发展座谈会以来，河北省积极推动和落实发展战略。河北省推进京津冀协调发展专家咨询委员会产业组专家（以下简称专家组）分别于当年 10 月、11 月和 12 月调研了河北省 11 个设区市。

从专家组调研情况来看，京津冀协同发展即将进入实质性操作阶段，河北省在推进京津冀协同发展方面具有以下几个特点：一是"一把手"亲自抓，从项目招商、规划制定和落实，调研的地市都将京津冀协同发展作为当前工作的重中之重；二是各地市热情高涨，纷纷出台各种政策和措施，有的地市成立了 30 多个平台对接北京产业转移；三是河北省在对接北京非首都功能疏解中取得初效，大红门、动物园批发市场等中心城商品交易市场、化工产业、汽车制造等有序转移和承接；四是各地及时调整发展规划和产业布局，张承地区在强调生态环保的前提下，寻找绿色低碳发展方向，廊坊、保定和唐山在传统产业转型中觅得新机，发展高新技术产业和战略性新兴产业，石家庄更加强调打造冀中南区域中心，邯郸寻找钢铁产业的转型升级和先进制造基地建设，沧州、邢台、衡水都在寻找新的定位和新的发展机遇。

但是，从发展现实看，京津冀协同发展面临着一些"盲目"和"冲动"的现象：一是争抢北京（包括天津）疏解的项目，相互压低"出价"，既伤害当地整体福利和长远发展，又不利于企业"落地"后发展；承接不该承接的产业，偏离当初的正确"定位"，形成新一轮的产业不合理空间布局，与区域原有的定位和未来发展形成冲突。二是协同发展被简单地理解为北京单向功能和产业转移，而没有想到自己能为北京做什么？既不知自己的"三有"：自己有什么优势，有什

---

① 本节作者：张贵，完成于 2015 年 2 月。本节中所涉及地区名称以写作时间为准。

么劣势？有需要承接什么样的产业和功能？又不知对方的"三有"：对方有什么产业？对方有哪些要转移？对方对自己有何需求？三是没有调动社会力量，没有尊重市场规律，"政府挂帅，领导出面"，不可否认当前存在的必要性和重要性，但是不能忽视最终的决定力量是市场，要调动企业的积极性，主动参与到协同发展中，要充分发展社会民间潜在能动性，这些才是协同发展的社会基础和经济基石。四是跳不出"自己的一亩三分地"，包括在新一轮的功能定位中，很多地市都想作为北京功能疏解的承接地，造成这些现象和问题的深层原因是，仍然有一些部门在固守本部利益，缺乏全局部署和规划。五是急于求成、全面出击，没有重点和战略步骤，而京津冀一体化从时间上看应该在 30 年左右才能实现，需要从区域实际发展做长远考虑，要有长远布局。

8.2.2 河北省产业定位与总体思路

8.2.2.1 河北省的产业分工与发展目标

河北省的产业分工是京津冀协同发展这个重大国家战略目标下的合理分工，未来京津冀产业协同发展主要有三大核心目标，即打造世界级城市群、推进经济创新发展和承接首都功能疏解。在此前提下，河北省的功能定位也必须服务于以上三大目标，专家组认为河北省总体定位是京津冀地区打造全球影响力城市群的战略支撑区，应在先进制造、产业转型升级和京津冀生态安全屏障方面发挥独有作用。这样极大地促进了京津冀地区未来要实现建设世界级城市群、推进经济创新转型发展及承接首都功能疏解的发展目标。

8.2.2.2 产业总体思路

京津冀协同发展不仅是河北充分发挥环绕京津独特区位优势，加速经济发展的需要，也是解决河北省突出矛盾和问题的迫切需要，更是未来形成新的经济增长极的战略选择。京津冀协同发展环境和条件将明显地不同于过往，河北要加速融入京津冀产业协同发展进程，需要进行根本性战略转变，而这个转变的核心在清晰界定政府、企业、社会行为边界及内容基础上，理顺"企业、政府、社会"三者之间的关系。从这一理念出发，京津冀产业协同发展中河北战略思路也可大致从政府、企业、社会这三个维度展开。

从政府维度看，应着力构建京津冀产业协同发展的政策体系。一是产业承接应以河北各地区产业发展规划为依据，以河北省重大产业基地和特色产业园区为平台，明确河北不同地区产业对接协作或承接产业转移的目标行业门类，同时制定不应承接产业的"负面清单"，并以此为指导力促形成产业分工合理、地区错位互补的产业发展格局。其中河北沿海地区应依托曹妃甸新区和渤海新区，重点承接重化工和装备制造产业转移，相应的河北内陆如张承地区和保定—石家庄—邯郸一线则不应过多承担重工业职能；依托北京新机场、高铁铁路节点、重要港口，应重点承接现代物流产业入驻；河北内陆京保石沿线应重点依托人口集聚优势和交通优势，重点承接商贸物流产业入驻；北京周边地区及京广高铁沿线节点中小城市则可重点承接都市型现代农业转移。由于整个京津冀生态涵养功能要求，张承地区则应重点吸引农牧产品加工、科技研发产业转移，而一批高污染、高排放、高消耗的产业则应被列入"负面清单"。二是综合运用财税和金融政策，保障产业协同发展顺利开展。从财税政策看，应针对性地通过税收优惠、财政贴息及建立风险投资等形式对特定地区新能源、新材料、生物医药等战略性新兴产业进行扶持。探索建立产业转移的跨区利益共享机制。对政府主导的转移企业或项目，在一定期限内实行经济总量与税收分享政策，特别是高新技术成果转化项目和知名院校、科研院所、医疗机构及其他居民生活服务业项目，在取得第一笔营业收入当年起，转出地（京津两市）按设定比例分享转出企业在转入地（河北）上缴的地方税收。从金融政策看，积极打造各类区域合作金融平台，鼓励开展科技金融、文化金融和生态金融创新试点，在临空经济区、滨海产业区开展离岸金融试点，推进相关目标产业顺畅转移。三是完善各类有助于产业协同发展的保障措施。加快推进建立专门负责京津冀产业协同发展的领导小组，落实工作责任，制定规划工作方案，明确工作分工，抓三地组织协调工作。着力改革官员考核体系，逐步推动考核体制由原有 GDP 导向向社会民生、生态环境导向转变。加快京津冀三地户籍制度改革、医疗社保对接和基本公共服务均等化和同城化等。

　　从企业维度看，应着力完善京津冀产业协同发展的企业合作新机制。一是以打造区域产业集群为目标，以搭建"两大平台"为抓手，推进京津冀企业间基于协作联盟的合作。地方政府应着力搭建京津冀规模以上企业数据化平台，引导相关企业基于自身发展需求、优势等发现合作企业。此外应积极搭建企业战略联盟平台，引导相关企业通过联盟平台寻找合作的"聚焦点"和"引爆点"，并积极参与企业合作。二是加快推进各类生产要素交易中心和科技创新平台建设，推进企业间基于产业链及关键投入要素的合作。推进科技成果孵化转化，建立各级各类孵化器和生产力促进中心，完善多层次融投资渠道和市场，在北京环境交易所、天津排放权交易所、河北省能源环境交易所基础上，建立联动统一的碳交易市场，加快科技成果的市场化和产业化进程。三是发挥行业协会和中介组织作用。推进各方协会的交流与合作，充分发挥其在行业标准制订和修订、人才教育和培训、技术交流与推广、信息收集与服务、统计体系建立、规则咨询服务、行业对外交流与合作等方面的重要作用。

从社会维度看，应着力建立京津冀产业协同发展的民间团体合作新机制。一是加强民间团体在产业协同发展中的作用。积极拓展社会组织推动产业协同合作的渠道，增加公共事务的公开性和透明度。大力扶持和发展服务类、管理类和慈善类公益性社会组织。推动政府部分针对产业协同的管理职责向社会组织转移，鼓励发展社会服务管理新型载体。二是加强各种社会团体的民间交流和合作。促进对京津冀区域的文化认同、归宿和自豪，形成互利共赢的民间基础。三是重视非政府组织作用。引导它们在环境保护、扶贫解困、解决就业、促进社会融合等方面，在弘扬精神文明方面发挥积极作用；通过民间团体积极培育和营造亲商文化、创业文化、创新文化等，形成风清气正、积极向上的主流文化和环境。

8.2.2.3　11个设区市的产业定位与发展思路

石家庄市应充分发挥省会驻地和冀中南区位优势，建议将石家庄市也作为首都功能疏解重点区域，支持石家庄市建设成为冀中南经济中心，积极与北京中关村、天津滨海新区开展区域合作，建设科技成果孵化和高新技术产业化基地，建立清华大学、北京大学科技园，支持京津医疗机构在石家庄市建立跨区域医疗产业集团。

唐山市应充分释放内陆和沿海的优势和潜能，打造京津冀城市群东北部副中心，有效承接京津产业转移和非核心功能疏解；依托曹妃甸协同发展示范区建设，加快推进沿海经济带发展，实现率先崛起；促进钢铁、水泥、陶瓷等产业优化升级，支持化解过剩产能，积极发展装备制造和战略性新兴产业，建设京津冀地区新型工业化基地；积极探索与天津港合作共赢，打造京津冀东北部航运中心；围绕推进港产城融合发展，努力建成京津冀东北部服务业中心。

保定市应建设成为"京津保核心区"的战略支撑支点，重点打造新能源、装备制造、智能电网等先进制造业产业基地，集中打造承接首都非核心功能的主要承载地，着力搭建科技创新和成果转移的平台，打造京津科技成果转化和产业化基地。

廊坊市全市域位于京津冀协同发展核心区，应建设成首都城市功能拓展区、京津产业转移提升承载地、全国科技创新成果孵化转化基地、"京津走廊"的战略节点；按照北、中、南三大板块布局，北部打造区域示范性的总部经济，中部与北京共同建设北京新机场临空经济区，重点发展现代服务业和高新技术产业南部与天津滨海和河北沧州、保定连片打造新型制造业基地。

沧州市应发挥区位交通、产业、土地、港口、资源、生态环境等综合优势，积极建设国家重要化工、能源保障及高端装备制造业基地，应与唐山港、秦皇岛港（乃至天津港）深度合作，联手打造中国北方重要出海口和国际化区域物流中心。

秦皇岛市应充分发挥滨海、生态、港口、旅游等比较优势，建设国民休闲度假目的地、国家医疗旅游融合发展创新区和京津冀区域购物旅游目的地，打造国际滨海休闲度假之都，着眼构建与"国际名片"相适应的现代产业体系，着力推动国际会议会展基地、国家级煤炭交易中心、国家级成品油交易中心和首都文化教育体育资源转移基地建设。

张家口市应立足于京张联合申奥、京津冀协同发展及建立张家口可再生能源应用综合创新示范特区三大历史性机遇，努力在融入京津冀协同发展中实现绿色崛起、科学发展，高标准建设京津冀水源涵养功能区，建立承接京津的绿色产业集聚区。

承德市应全力推进与京津的生态环境共建共享，充分发挥市场机制和第三方环境污染治理，努力打造首都地区水源保护区、京津冀生态环境支撑区、国家清洁能源产业基地；建成京津重要的农产品供应基地；借助京津冀旅游资源，拓展旅游产业链，增加附加值，打造高端休闲、养老医疗为综合体的旅游城市。

衡水市应依托区位交通优势，加快重大基础设施建设，大力发展现代物流业，打造京津冀区域交通物流枢纽；依托现代农业优势，打造绿色农产品供应基地；依托衡水湖湿地资源优势，打造京津生态屏障保护基地。

邢台市作为冀中南地区中心城市，应在京津冀协同发展中，建设京津农副产品供应基地；发挥在太阳能光伏光热制造及应用领域的产业优势，进一步做大做强新能源产业；大力转移化解钢铁、水泥、玻璃等过剩产能，借助京津技术、人才优势，推进与行业龙头企业对接合作，全面改造提升传统产业。

邯郸市应发挥其地处在晋冀鲁豫接壤的区位优势，建设成为中原经济区与环渤海等经济区域合作交流的北部门户，促进老工业基地振兴和产业结构升级，发展形成循环经济和促进绿色低碳转型。

8.2.3　河北省产业发展布局与重点

借鉴多中心网络型世界级城市群空间结构发展的经验，充分考虑京津冀城市群发展的现状和未来趋势，统筹人口资源环境发展之间的关系、统筹海陆发展，专家组认为京津冀地区产业空间格局可概括为："两核两心四带多节点"为合作载体的空间布局。

"两核"是京津冀区域的中心，即北京和天津。北京市的定位少有争议，集中在"四个中心"。天津的定位也较为清晰，围绕港口、滨海新区和先进制造业、金融创新做文章。

"两心"是京津冀区域副中心（次中心），即石家庄和唐山。立足石家庄和唐山人口集聚和交通区位优势，充分发挥两地区域次中心职能，进一步提升城市综合承载力和服务能力，加快产业和人口集聚，带动周边区域协调发展。积极推进石家庄商贸物流产业发展，将石家庄打造成为冀中南区域中心，辐射华北的区域商贸物流中心城市。强化唐山在冀北区域中心职能，推进唐山现代临港制造业基地建设，辐射秦皇岛和承德等地。

"四带"是京津冀区域的产业带、城市带，即京津高新技术产业带、滨海发展带、京保石发展带和京唐产业带。

其中，京津高新技术产业带包括河北省的廊坊市市辖区。应重点依托京津发展带上丰富的智力、人才、科教创新资源，利用中关村国家自主创新示范区、天津滨海新区高新技术产业开发区等产学研基地，重点引导科教创新资源进一步向该地区集聚，加快发展以科教研发、高新技术、商务休闲为主体功能的京津高新技术产业、战略性新兴产业。

滨海发展带包括河北省的唐山市丰南区、曹妃甸区、滦南县、乐亭县；秦皇岛市市辖区、抚宁县、昌黎县；沧州市黄骅市、海兴县等地。河北省应积极推进曹妃甸工业区、沧州渤海新区等环渤海区域开发建设，加快形成装备制造、石化等重工业与航空航天、海洋经济、港口物流等新兴产业相结合的滨海新兴产业集聚带。

京保石发展带包括河北省的石家庄市市辖区、鹿泉市、新乐市、藁城市、无极县、正定县、高邑县、赞皇县、栾城县、赵县、元氏县；廊坊市固安县；保定市市辖区、定州市、高碑店市、涿州市、徐水县、容城县、满城县、望都县、定兴县、清苑县；邢台市市辖区、沙河市、内丘县、临城县、隆尧县、任县、柏乡县、邢台县、南和县；邯郸市市辖区、峰峰矿区、武安市、成安县、临漳县、永年县、邯郸县、磁县等地。这一地区地处京津冀内陆地区，同时也是人口高度密集地区，应积极承接首都非核心功能疏解，重点发展商贸物流等现代服务业和生物、新能源等战略性新兴产业，注重科技成果转化，形成京津冀重要的产业转型升级发展带。

京唐秦产业带包括河北省的唐、秦交通沿线的重要城市，唐山市市辖区、迁安市、滦县、玉田县；秦皇岛市市辖区、卢龙县、抚宁县；廊坊市三河市、香河县、大厂回族自治县等地。该地区未来应逐步壮大装备制造、电子信息等先进制造业，未来形成京津冀先进制造产业带。

"多节点"是指沧州、保定、廊坊、张家口、承德、秦皇岛、邢台、衡水、邯郸九个对京津冀具有重要支撑作用的地级市。其中，依托沧州亚欧大陆桥新起点的战略区位优势、黄骅优良港口条件以及沿海丰富的土地、水资源等条件，将沧州打造成京津冀高新技术产业基地和港口物流枢纽。保定市应充分利用其邻近京津、交通便利的区位优势，重点提升涿州、白沟、高碑店等重点城镇产业承载能力，做大城市规模，做优城市环境，逐步推进国家低碳经济综合实验区、中国电谷和新能源等先进制造业基地和国家历史文化名城建设。廊坊应地处"京津高新技术"，区位优势明显，未来应抓住京冀共建北京第二机场和临空经济区的重大战略机遇，加快推进距北京50~100千米的固安、大厂、三河、永清、霸州等地区承接首都非核心功能疏解，将廊坊建设成为京津发展带上的高新技术产业基地和现代服务业基地。张家口和承德总体处于京津冀生态涵养区，生态涵养、休闲旅游及农副产品供应是两地应承担的主体功能。两地应以加强生态功能区保护与建设，以有效恢复和提升生态功能为主，有序推进人口向城镇和沿海区域有序转移。产业方面应积极发展生态旅游、休闲、保健康复、特色农业等优势产业，以及对环境要求高、污染小的高科技服务业和科教服务业。在此前提下，张家口应抓住与北京联合申办冬奥会的机遇，逐步建成京津冀农牧产品加工基地、科教研发新区和养老医疗基地。而承德则应重点推进生态文明示范区建设和新能源基地建设。秦皇岛则应立足于滨海旅游资源优势，抓住北戴河新区开发建设机遇，打造全国著名的滨海休闲城市。地处河北南部的邢台、衡水和邯郸三市则应重点突出其对京津冀的产业支撑和保障作用，邢台应依托太行新区建设，推进科技成果转化和产业转型升级，加快新能源产业基地建设；衡水则应重点突出京津冀地区农业生产保障的核心功能，推进国家粮食生产与绿色农副产品产业化基地和新农村建设；邯郸则应重点推进装备制造和现代物流等产业发展，打造京津冀重要的先进制造业基地和商贸物流基地。

除此之外，还应明确京津保三角、京津唐三角、京津廊、京张承三角、唐山—滨海—沧州增长带等空间结构组团与产业布局的未来方向，以及唐山曹妃甸区、沧州渤海新区、正定新区等战略性功能区，同时还涉及诸如涿州、固安、大厂、黄骅、白沟新城、定州、任丘、迁安、武安等区位优势突出、要素禀赋明显、成长性好的中小城市和京津冀区域的新增长点。

未来京津冀协同发展应将加快培育和推进新增长极为经济空间布局和城镇空间优化的重点，以"两核两心四带多节点"为空间载体，着力形成京津双城联动、"两心"优化提升、"四带"协同的发展格局，加快推进重要节点城市发展，实现产业布局及城镇空间优化由单中心向多中心，圈层结构向网络结构转变。

在"两核两心四带多节点"的空间格局基础上，基于京津冀地区空间承载力、发展基础、功能导向及未来开发潜力，将京津冀区域划分为分工合理、功能互补的三大功能区，即西北部生态限制开发区、中部核心优化开发区和南部重点拓展区，以推进京津冀核心功能在区域内优化布局。

其中，西北部生态限制开发区包含张家口、承德和秦皇岛三地，该区域生态系统脆弱，区域承载力较低，主要承担生态涵养、休闲旅游、农副产品供应等功能。中部核心优化开发区大致包含北京、天津、廊坊、唐山和沧州等市，主要承担科教研发、金融服务、电商物流等高端生产性服务功能和高端制造功能，该区域应成为整个京津冀优化提升首都城市功能，提高经济影响力和控制力实现"世界级城市群"发展目标的核心支撑区域。南部重点拓展区则主要包含保定、石家庄、邢台、衡水和邯郸等市，主要承担科技成果产业转化、现代制造业及粮食生产供应等功能。

8.2.4　政策措施

京津冀区域协同发展是一项巨大的系统工程，应将该区域作为一个由多种要素组成的动态演化的复杂系统。不能急于求成，"毕其功于一役"；不应过度强调重大项目、重点工程、重点企业、重大政策等"散点"在经济发展中的引爆作用，而应强调各种要素、各种资源、各种产业、各种政策自身的系统性和完整性，也要强调彼此的匹配性、协调性，进而共同构成一个大的区域系统。

所以，京津冀协同发展的本质不在于能否协同发展、能否一体化发展，而在于如何协同发展、如何一体化发展。京津冀协同发展的最根本之处不在于短期的政府行为和刺激政策，而在于要能够直面深层次的体制改革和调整，关键在于能否成功启动技术产业前沿突破，把政府行为转变成开放环境下具有自生能力的新增长源泉，实施创新驱动战略。

8.2.4.1　促进传统优势产业升级转型

钢铁和化工产业仍然是重中之重。钢铁产业的首要任务是按市场需求压减过剩产能，提高产业集中度。津冀钢铁产业集中度仍然偏低，河北省有冶炼能力企业 148 家，单体规模 500 万吨以上的仅 15 家，不足 100 万吨的 52 家。河北省钢铁企业总数达 165 家之多，2013 年生产粗钢 1.89 亿吨，占全国粗钢产量的 24.1%。有色金属冶炼及压延加工业能耗占全省能耗总量的 1/3 强，占规模以上工业能耗总量的近 1/2。从欧美日钢铁工业调整的实践来看，基本上都是通过合并重组提高产业集中度，技术改造、结构优化和降低成本来提升企业竞争力的。建议在政府引导、市场主导的前提下，在石钢退城搬迁、国丰钢铁搬迁、武安围城钢铁搬迁的同时，鼓励和引导一批缺乏竞争力的钢铁企业退出市场，尽快形成"2310"（2020 年底形成河北钢铁、首钢 2 家特大型钢铁企业，形成 3 家大型钢铁联合企业和 10 家区域性钢铁企业）钢铁产业格局。建议将天津钢铁企业与河北省钢铁企业实现跨省市整合，将北京钢铁企业搬迁到河北曹妃甸工业区。应充分发挥曹妃甸在京津冀钢铁产业布局中的引领作用，使曹妃甸工业区成为京津冀钢铁及其产业链发展的重要集聚区。

调整产业布局转移升级，着力推进石化产业基地建设，向大型化、集群化、系列化发展。要大力推进石化产业向沿海转移，以石家庄、任丘、曹妃甸、渤海新区石化基地为发展重点，建设大炼油项目，使全省炼油能力达到 5000 万吨以上。大力发展炼化一体化，形成规模合理、技术先进、上下游产品关联配套的石化产业体系，构筑河北省环渤海国际级石化产业带。大力发展煤化工，建设大型煤焦化工装置，逐步淘汰落后产能和企业。稳步发展盐化工，重点建设唐山、张家口、沧州、衡水和宁晋盐化工园区建设。同时加快和石油化工、煤化工的联合发展。壮大生态海洋化工产业。加快发展精细化工，拓宽应用领域与国民经济各部门相关产业也密切合作，并提供配套服务。要积极利用河北省产业基础和沿海、港口，以及土地优势发展高科技产业，吸引北京、天津、全国和世界先进企业把高新技术，新产品落户河北。也可采取合资合作等多种方式进口产品资源或转移内地石化产品，就地加工高附加值，新材料和精细化工产品，建设现代石化生产、物流基地。

8.2.4.2　加大发展先进制造业，积极培育经济新力量

按照"有所为有所不为"，顺应第三次工业革命和工业4.0浪潮，围绕新能源、新材料、新一代信息通信技术、生物医药与健康、节能环保等为主，发展潜力大、成长性强、带动作用显著的优势产业链，与京津共同打造从研发设计至终端产品完整产业链的整体优势；建成具有国际竞争力的产业集群化、企业规模化、产品系列化、市场外向化、技术高新化的先进制造业产业体系。

积极培育新兴产业发展。发展新兴产业，特别是新能源（如太阳能热电）、新能源汽车、机器人、大数据、云计算、物联网、生产性服务业、平台型企业等。另外，积极发展中小型科技企业，主要是大力引导和积极推动企业创新创业，启动产业创新引导基金。

落实民营资本进入领域实施细则。首先，理顺京津冀产业对接协作的市场新机制，通过市场配置，合理推进三地产业对接、转移和承接，构建富有活力的统一的区域市场体系。其次，鼓励支持社会资本进入煤水电气等公共产品领域，减少各种限制，实施民企与国企的同等"国民待遇"。最后，建立统一的区域性市场准入和退出"门槛"，统一三地的市场检疫、检查和认证等，完善各项制度环境，共同推进京津冀三地的协同发展。最终形成开放型统一的区域资金市场、劳动力市场、技术市场和企业产权市场，促进人流、物流、资源流和信息流等在区域内互联互通，以推动整个区域的配置效率和整体效益。

8.2.4.3　着力优化投资环境，提升自身承载能力和服务

京津冀三地在政务环境、公共服务、基础设施以及人力资源等方面差距较

大，这严重制约了京津地区优质产业或资源转移，为规避这一弊端，使河北能够更好地承接非首都功能疏解，河北应着力通过京津冀、中央和市场"三地五方"力量，共同完善市政基础设施等硬环境，提高商业、医疗、社保等公共服务软环境。一是从园区入手，完善国家级或省级开发区软硬件环境，做到京津冀园区环境均等化，从而提升与京津产业资源对接层次。二是针对产业转移的"梯度差"，河北省应该从技术、人才、产业集群，以及公共服务等方面提升承接能力，应由单纯的由梯度转移为主转向城市功能为主，一定要提前做好承接规划，突出本地区和城市的功能和定位、优势和特色，避免各个地区各行其是，造成无序和生态破坏。京津冀产业对接协作还应与卫星城包括城市圈、城市带、城市群、新增长极和城市综合承载力相联系。三是着力推进河北地方品质建设，实行细微化、人性化的服务，培育各种高品位的工作环境和生活环境，在发挥自身区位优、资源特等优势的同时要在服务效率和服务环境方面练内功，增强软实力，从而提升与京津人才对接层次。四是依托和深入挖掘地方垄断性优势资源，以独有的、特色化的地方优势营造创新创业所需要的生态环境，积极培育吸引创新创业人才进入的服务环境，以更好地承接京津高端产业和人才聚集。五是建立产业转移、产业承接的信息发布平台和接洽谈判渠道，减少承接地区"跑步进京""一哄而上"的乱局，避免当初开发区工业园建设的项目和投资冲动。要发挥政府有效行政职能，明确政府在这一产业对接、转移和承接中应该做什么、能够做什么、能做好什么，抓紧制定相关的产业政策、财税政策、土地政策和金融政策等；为更好优化京津冀产业体系、提升产业竞争力，尽快出台相关的技术创新政策、人才政策、政府采购等。

8.2.4.4　加速区域产业对接合作形成"人才流动、项目带动、企业拉动、集群驱动、产城互动和区域联动"的产业发展新载体、新格局

（1）以人才流动为发力点，聚焦新科技新产业。首先，清理限制人才自由流动的各种规章制度。其次，拓展人才引进和培养的方式、渠道，建立企业博士后科研工作站、技术创新基地和生物发酵中试基地、留学生创业园，带动、培养出一批研制、开发方面的优秀人才。再次，推行领导干部职务聘用制，实行领导干部罢免制、辞职降职制。接着，建立完善人才激励竞争机制，建立"能者上、平者让、庸者下"的用人机制。最后，企事业单位要多渠道培养人才，大中型企业、高新技术企业要加强与高等院校、科研机构和同类先进企业协作，开展项目合作、人才交流培训、挂钩培训或创办培训基地。

（2）以项目建设为发力点，瞄准新项目新业务。驻京各类总部、高校及驻津研发转化基地正在根据新的形势谋划和拓展新项目、新业务，其新业务拓展和深化亟待寻求新的载体和空间。河北省应抓住其结构调整和增量扩展的机遇，积极承接和对接其延伸功能和拓展项目，加快其在河北省的落地或放大功能。如以保定科技未来城、廊坊环首都战略性新兴产业区和临空经济、服务首都的物流业和现代服务业、秦皇岛数据产业基地、廊坊润泽国际信息港、唐山市软件产业及动漫游戏产业依托，积极打造若干个京津冀合作的新支点和新纽带。

（3）以企业合作为发力点，组建新联盟新平台。依托重点发展的高新技术产业和战略性新兴产业，激活企业主动对接协作的积极性。以京津冀共建自由贸易区、综合改革配套实验区、体制机制创新示范区等为契机，在新能源新材料、节能环保、高端装备制造、软件与集成电路、电子商务等行业成立和组建商会和联盟，用企业互利和协同发展为纽带，形成一批大项目、大集群，形成京津冀自研发设计至终端产品相对完整产业链，形成区域间产业合理布局、上下游联动并良性循环的区域产业生态体系。

（4）以园区合作为发力点，组建新联盟新平台。在高端制造、生产性服务、金融创新、科技研发转化、航运物流、文化创意等现代产业领域，应以共建产业园区、未来科学城、创意园区为载体承接和对接京津的产业功能疏解拓展。以现有的三大高端装备制造业基地、三大新能源汽车基地、四大电子信息产业基地、六大新材料基地、九大新能源基地和九大生物工程基地为依托，以河北—北京产业转移园区、河北—天津产业转移园区、天津—北戴河城乡统筹发展示范区、北京—河北文化产业制作、发行和衍生品生产制造基地等为京津冀产业对接协作载体，推进河北省与京津合作园区的谋划和建设。应以政府合作共建、企业合建、政校企合建、跨省市共建等方式，引导优质要素向园区聚集，以股份合作模式、共建管委会、共组投资开发公司等方式助推和带动区域间企业合作、要素流动、技术溢出，形成区域现代产业体系的分工整合、利益共享新格局。

（5）以区县合作为平台，形成区域片区新格局。河北省各区县应借助北京结构和功能的空间布局调整，发挥地缘、人缘、经脉的优势，找准对接和合作的切入点和抓手，并将其作为调整结构、提升质量的突破点。如保定建设高等教育、医疗卫生、养老服务功能承接区；廊坊积极吸引京津人才资源，推进北京优质医疗资源、重要会展设施、专业批发市场、研发孵化机构落地；承德围绕服务首都特色功能城市的新型城市定位，建设文化教育、科研医疗等公共服务设施承接和疏解基地；张家口强化与北京总部、科研院所、医院学校的全面对接，促进与央企京企的战略合作。同时应加快北京高新技术转化，承接高质高端服务化项目入驻，促进河北省由传统制造向高端制造转变。

8.2.4.5　将产业对接转移、人口迁徙、城镇建设和生态保护四者结合起来

京津冀一体化应是重点在北京和天津的"两核"、石家庄和唐山的"两心"，京津高新技术产业带、滨海发展带、京保石发展带和京唐产业带的"四带"，以及京津保三角、京津唐三角、京津廊、京张承三角、唐山—滨海—沧州增长带等空间结构组团，与京津城市群对接，与首都第二机场—廊坊—京东片区—京南片区、曹妃甸新区、正定新区、北戴河新区、黄骅新城的建设相统一；围绕发展潜力大、成长性强、带动作用显著的优势产业链，开展金融、教育、研发中心、电子商务、生产型服务业和高新技术产业深度合作，形成区域内新的增长空间和增长极，探索与京津之间的"创新中心＋研发转化＋高端制造＋高端服务＋高品位宜居生活"的分工合作新模式，全面增强整个区域产业的综合实力、创新能力和竞争能力。

8.2.4.6　着力构建富有活力的统一区域市场，促进经济要素自由流动和迅速集结

一是实现京津冀三地政策法规相互对接，建立公平开放透明的市场规则，着力推进京津冀统一的制度环境建设。二是破除京津冀三地以及河北省内部各地区间各种形式的地方保护主义，大力推进非禁即行的"负面清单制度"，严格约束地方政府干预市场行为，逐步建立京津冀整体区域的市场准入标准，激活民营企业、中小型企业的活力，降低民资进入市场的门槛，提供投资便利化服务。三是依托金融、产权交易、技术及专利服务、碳排放等交易平台，逐步推进开放统一的资金市场、劳动力市场、技术市场和企业产权市场建设，促进人流、物流、资源流和信息流等的互联互通，从而更有利于跨地区产业分工合作和规模效益的实现。四是以京津冀协同发展为契机，推进户籍制度改革，推进京津冀三地基本公共服务均等化和社会保障一体化，逐步实现社会政策跨区域衔接，使一体化发展成果更公平惠及广大人民群众。

8.2.5 在国家层面的政策建议

8.2.5.1 建立三个有关区域产业合作和转移的基金

建立区域产业合作基金，成立京津冀协同发展专项资金做支撑。成立后的区域产业合作基金应该主要用于跨省市基础设施建设、产业转型升级、科技研发、创新能力建设、跨省市专项合作，共建园区及科技成果转化、产业基地等，为高新技术产业的发展融资；围绕优势产业和重点领域开展跨区域项目，合作共建集教育、科技、技术转移转化与孵化等功能为一体的产业基地；启动区域内重大合作项目的前期论证与推进，支持跨区域重大问题的研究，构建跨地区的大型基金项目，在各地搭建分支机构，实现基金募集和使用的网络平台共享。

建立创新创业引导基金。通过基金的运作来激活资源，引领创新产业活动。基金的发起人可以是政府，也可以是引进战略投资者，采用市场化运作，基金主要投向新能源、新材料、机器人、航空航天、新一代信息技术、智能装备等产业，这决定着中国的未来。

探索建立京津冀生态共建共享基金。以产业发展、人员培训、项目合作、服务功能延伸等形式加大反哺力度，为三地产业对接创造制度优势。

三个资金主要有五个来源：京津冀三主体、中央和社会资本。特别是引导大量的社会民间资本进入，它们比政府投资更富有效率，对市场信息更敏感。在京津冀协同发展的过程中需要大量的资金，但仅仅依靠政府的财政拨款是远远不够的，效果也不理想，更合理的方法应该是引进民间资本来承担京津冀协同发展过程中大量的城市基础设施和产业园区的建设，可以通过招投标的方式引进民间资本，也可以采用政府财政拨款和民间资本共建，或者采用 PPP、BOT 等模式使民间资本介入。鼓励和引导民间资本进入京津冀基础产业和基础设施领域，鼓励和引导民间资本进入京津冀市政公用事业和政策性住房建设领域，鼓励和引导民间资本进入京津冀社会事业领域。在我国的市场经济日渐成熟的时期，民间资本总是能够向利润更高、效率更好的行业流动，京津冀市场上有巨额的民间资本，可以在京津冀协同发展过程中发挥更为重要的作用，也是市场趋向成熟的必经之路，关键在于如何使京津冀市场上巨额的民间资本健康运作，如何更好地发挥民间资本的作用。

8.2.5.2　开展一批重大科技联合攻关项目

支持企业、科研机构针对制约京津冀地区科技经济发展的共性技术、关键技术和重大科技问题，合作开展科技攻关，推进重大科技成果转化和高新技术产业化。设立"京津冀地区科技合作创新重大项目"，联合争取国家科技部的支持，将重大合作项目列入国家计划，当前最主要的重大项目为：

第一，区域雾霾治理。亟须建立区域空气质量预报预警及应急联动工作机制、区域重污染预警会商与应急响应机制，开展区域联合执法，建立协作小组共享信息平台等，加快编制区域空气质量达标规划，分阶段推进区域空气质量改善目标和措施。建立大气污染区域联防联控机制，形成区域环境管理的法规、标准和政策体系，编制重点区域污染联防联控规划，明确污染防治目标、措施及重点治理项目。加强区域环境联合执法监管，建立突发环境事件应急联动机制、突发环境事件预警通报机制。

第二，环保型汽车关键技术及产业化开发。联合区域内有优势的省区，共同实施环保型汽车关键技术攻关及产业化开发，重点攻关环保型汽车的混合动力转换技术及装置、动力电池、汽车材料及汽车零部件，形成我国北方环保型汽车研发和产业化基地。

第三，联合开展海河流域水体物理场、生物场变化、水环境蜕化变异、水生态系统生物多样性等研究和海河流域污染防治中长期规划研究，解决水资源保护、水资源合理利用及污染防治等问题，长远保障海河流域各城市水环境质量，实现京津冀地区社会经济的可持续发展。

第四，电子信息产业的综合研发。包括半导体、智能终端、家用电器、LED、新能源、云计算、移动互联等众多板块产品先进技术和先进产品的科研攻关，以及相对应的市场综合应用。

第五，新能源与节能技术及其产业化开发。大力开展新能源和节能技术研究，合作开展生物质能、太阳能等技术与产业化开发研究、推广综合利用技术，实现产业化。

第六，综合提升新材料的研发。依靠北京、天津、河北新材料的研发基础，三地的科研机构、高校、企业联合起来进行先进高分子材料、新型无机非金属材料、高性能复合材料等产品的研发与制造，推进新材料的产业应用。

第七，生物医药产业合作。通过中关村生物医药园、大兴生物医药产业基地、天津泰达生物医药产业园、河北省（石家庄）高端医药产业园等京津冀三地产业园的合作研发和关键产品与技术的突破。

第八，重大公共疾病防治研究。组织开展对人体健康有重大影响的疾病合作防治研究，如心脑血管疾病、肿瘤、艾滋病、禽流感、非典、鼠疫、热带病、性病的防治以及戒毒研究。

8.2.5.3 健全京津冀生态补偿机制

深化区际生态环境领域的合作。坚持"谁受益、谁补偿，谁污染、谁付费"的原则，建立区域横向生态补偿制度。开展水库水源保护跨省流域生态补偿试点。建立流域性水资源补偿机制，探索建立水权交易制度。建立海河流域、渤海湾近岸地区的跨界污染控制补偿机制。加强区域生态建设和环境保护合作，北京、天津安排专项资金在河北省生态地区开展生态水源保护林建设、森林防火、林木有害生物联防联治等生态合作项目。天津对引黄入冀补淀、滦河水源保护等工程项目，加大资金、技术、就业培训等方面的支持。

加大生态保护与环境治理力度，吸引社会资本投入生态环境保护，推行环境污染第三方治理。加强区域污染联防联治，实施污染物排放总量控制，逐步提升污染物排放标准，推进标准对接，同时研究制定区域统一环境准入标准，明确区域产业负面清单。

强化京津冀三地森林碳汇合作和交易机制，通过建立森林碳汇项目基金，发展森林碳汇项目，将碳汇交易引入碳交易机制，加强城乡之间的碳汇交易，使森林碳汇成为碳汇交易主力。制定企业碳排放指标，核准企业碳排放量和排放清单，引导企业间进行碳排放指标交易。

8.2.5.4 推进体制机制改革和创新

改革京津冀地方财政、税收等区域利益的分配和补偿机制，探索以事权范围为基础，以财权事权相统一为原则，建立一种适合京津冀区域发展模式的、符合该区域性质特别是首都特质的，并为首都发展提供长效资金支持的财政制度类型。该财政承担的事权分三类：一是京津冀三地作为一般省市功能，由地方财政承担；二是作为首都特殊城市与一般城市的交叉功能，由中央财政和地方财政合理分担；三是作为首都特殊城市的独有功能，大多由中央财政承担。该财政的范围应分两大块：一是由中央财政负担的部分；二是由地方财政负担的部分。这两种财政在一定程度上，解决了三地为财政税收争抢项目和投资的乱象，减少地方政府的 GDP 压力和投资冲动，合理发展地方经济。

改革京津冀官员考核体系，大幅减少 GDP 考核权重，将民生改善、社会进步、科技创新、教育文化、劳动就业、社会保障和人民健康状况等纳入考核，并加大资源消耗、环境保护、消化产能过剩以及地方债务等指标的权重。加大这种新的考核办法的执行力，监督执行情况。

建立利益共享机制，探索产业园区跨区域共建模式，共同组建企业化运营管理主体，税收和运营收益分享机制；探索京津冀共同发展"飞地经济"的利益分配机制，打破北京、天津与河北原有的行政限制，跨空间进行管理、规划、建设，实现经济上的互利共赢的局面。

实现人才合作培养与交流机制。互派中青年专家和科技管理人员到各方所属区域的相关部门学习、培训、挂职锻炼。联合开展科技合作、考察；合作实施人才培训、培养计划。研究制定有利于科技人才合作培养与交流的政策措施，逐步实现区域内人才自由流动，促进优势产业领域的研发人员的合理配置，共同建设区域科技人才队伍。

8.2.5.5　国家对河北的倾斜性政策

针对河北发展落后京津的现状，可采用振兴东北老工业基地政策。如使用国债资金改造老企业，建立高新技术产业发展专项资金，项目投资贴息，可采用分专项、分时段、分批次实施。

加快中关村、天津滨海新区的政策辐射到河北各地，鼓励京津高等院校和科研单位转移和攻坚的新技术、新产品、新企业转移到河北，在税收、贷款和合作等各方面给予特殊支持，以鼓励、调动产业技术转移的积极性。

此外，建议将唐山建成北京的出海口，加快敲定京唐高铁项目建设，构建互通互联、快捷高效的铁路网络体系，为首都功能疏解和产业转移提供保障。支持打造曹妃甸世界级重化工业基地，建议国家加紧协调北京燕山石化公司搬迁至曹妃甸。

8.3 加快推进河北省形成沿海开放发展的新格局①

世界经济贸易正在由"海权"向"新陆权"转变，中国进入了新的发展阶段，河北省经济社会发展站在了新的历史起点上。紧紧抓住港口这个沿海开放的"牛鼻子"，发挥雄安新区开发建设的优势，加快冀津港口协同发展，形成河北省港口布局规划"一张图"、统筹建设"一盘棋"、多式联运"一张网"的新模式，统筹港口群、产业群、城市群"三群"联动发展，构筑"一带崛起，两翼齐飞"的沿海空间发展新格局，加速形成河北省沿海新经济增长带，不断激发沿海地区发展活力，以沿海开放开发带动腹地开放发展，打造引领河北新一轮对外开放的新标杆。

8.3.1 站位"新的发展阶段"，迎接沿海战略新挑战

世界经济进入深度调整期。向海而生、倚港而兴的"海权"式国际贸易时代正在消退，随着我国"一带一路"推进，渝新欧、粤新欧、郑新欧、苏满欧等"新陆权"式国际贸易方式正在兴起，河北省沿海开放站在了新的历史起点。

一是世界经贸格局变迁，国际航运中心东移。当前，国际航运中心已经从伦敦、纽约转到新加坡、中国香港，并逐步转向上海、青岛、天津等中国核心港口，形成新的国际航运中心。河北沿海发展应及时抓住这一千载难逢的历史机遇期，借鉴伦敦、纽约、鹿特丹、新加坡等成熟的国际航运中心以及国内先进港口的经营管理模式，协同天津港共同打造世界级港口群，先行示范带动港口资源跨省级行政区域整合，为更大范围的京津冀协同发展创造条件。

二是现代港口思维重建，多元综合成为主流。以"水陆空铁管"多式联运为主的前三代港口经营模式正在被打破，围绕金融、保险、贸易综合服务，多元主体参与、港产城互动的大交通物流格局正在形成。河北港口及沿海地区应站在整个物流服务体系的高度，以港口为纽带，促进货物流、贸易流、信息流、资金流

---

① 本节作者：张贵，完成于 2017 年 4 月。

与人才流一体化复合型据点建设，构建以港口物流为中心的产业链，加强价值链、物流链、信息链、交易链和组织链的管理，实现港口多元综合发展格局。

三是科技创新驱动发展，加速沿海经济转型。当前，世界经济正在从资源依赖型向共享综合化转型，摆脱过度依赖资源开发利用和港口集疏的重化工业发展模式，有效集聚创新要素，加快构建河北沿海科技创新体系和促进轻资产化产业发展；从独立封闭型向平台生态化转型，借助"互联网+"，以秦皇岛、唐山、沧州高新区为依托，以省内国有港口企业资源整合为重点，发挥国有骨干港口企业的作用，通过资产划拨、股权投资、合资合作等方式，推动国有资产不同管理层级的国有港口企业整合，通过贸易合作、金融支撑、港口建设等措施，撬动港口运管有能力提升，加速沿海经济转型。

四是推动"三群"发展，构建港产城新格局。首先，推动沿海港口联动发展。充分发挥港口对临港产业发展的带动作用，突出临港石化、高端船舶、港口物流、滨海旅游、邮轮产业等，依托三海关区、海港区、北戴河新区、曹妃甸区、沧州渤海新区等区块，加快发展先进高端临港产业，打造河北临港产业带。其次，促进港产城一体化发展，统筹港口、港区、港城空间资源，加快建设曹妃甸区、黄骅新城、乐亭新区等新城（新区），加强港口规划与城市规划、产业规划衔接，加快港口重点项目建设，强化港口与临港产业、物流园区的有效对接，积极培育沿海新兴区域中心城市，发挥港口群"内拓外扩"作用，统筹港口群、产业群、城市群"三群"发展。最后，辐射带动腹地经济发展，推进港口后方腹地运输大通道建设，优化内陆无水港节点布局，拓展内蒙古、陕西、山西等"三北"地区内陆无水港建设，促进海港与内陆无水港联动发展，形成以港口为龙头、临港产业为支撑、海陆腹地为依托的港产城联动发展、融合发展、一体化发展新格局。

8.3.2　融入"一带一路"，抓住沿海发展新机遇

一是加速河北省外引内出步伐。加快沿海港口群建设，打造"一带一路"的重要区域支点。依托沿海港口、滩涂和矿产等资源优势，更加注重全面提升利用外资质量，将引资引智引技有机结合，紧盯全球信息产业、智能制造、生物产业等重点领域及相关先进要素；支持跨国公司设立总部、研发中心和专业服务机构，鼓励优势企业与国际跨国公司进行战略合作；鼓励支持河北港口集团境外开

展港口项目，参与东北亚等"一带一路"沿线港口投资建设，在港口建设、临港工业、海洋产业等方面加强国际合作；积极开拓海外市场、延伸产业链条、促进国际化发展和转型升级，通过项目促进经贸合作、加强双方物资、能源、技术、设备的互联互通；从财政税收、金融保险等方面，鼓励和帮扶钢铁、水泥、玻璃、光伏等产能具有比较优势的企业，通过建设生产基地、资本运作、股权合作等多种方式"走出去"，带动装备、技术、资本及劳务输出。同时，积极发展联运业务，完善"东出西联"交通基础设施建设，畅通以唐山港、秦皇岛港为龙头，连接内蒙古、晋北、西北等纵深腹地的"冀东物流通道"；以黄骅港为龙头，连接晋中南、鲁西北、豫北等广阔腹地的"冀中南物流通道"，积极推进水中转和铁水联运，完善陆海联运网络；完善"三港四区"的航线布局，加快推进唐曹、水曹、承秦等铁路建设，完善海铁联运布局，依托唐山港大力发展集装箱海铁联运枢纽，加快推进开通中西部省份班列。

二是推进港口多式联运发展。一方面，以发展集装箱运输为突破口，谋划多式联运工程；另一方面，发挥河北港口在大宗干散货运输中的主通道作用，依托大秦、朔黄、蒙冀等铁路大通道，以秦皇岛港、唐山港、黄骅港为煤炭主要装船港，促进港口与腹地联动发展。瞄准韩日、中亚、俄蒙等国际市场，实现物流业务无缝对接，努力优化物流服务链，打造跨境海铁联运的全新模式，提高企业物流效率，降低综合运营成本。同时，精准出击，利用外贸直航航线优势，与省内外船代、货代、贸易以及生产企业建立合作关系，参与国际竞争。

三是拓展港口综合开放空间。以"提质增效、转型发展"为主线，拓展南北双向开放新空间，增强港口综合功能。协同天津港发展国际远洋航线中转运输，推动与中远海、中外运等港航物流企业在陆桥运输、经营设施等方面的共建共用。拓展向东开放空间，进一步拓展加强日韩及其他重点地区的港航贸易合作；加快大数据平台建设，推广"矿路港航电合署办公"，按照国际一流标准努力打造一批有世界影响力的开放平台，形成相互间信息共享、统一调度的工作格局，打造河北"一带一路"建设先行基地和开放合作高地。

8.3.3 立足"京津冀协同发展"，争创沿海开放新优势

一是顺应时代变革，着力构建沿海港城带。积极顺应区域资源供求格局新变化和发展观新转变，逐渐打破经济发展对传统产业的依赖，积极寻找和培育新的

产业增长点。充分利用当前京津冀协同发展的区域资源协调新机制，解决发展过程中出现的重复建设、资源无序利用、腹地竞争等问题。发挥秦皇岛、唐山和沧州的中心城市的区位优势和空间优势，积极整合区域资源，切实加强与北京、天津在资源配置、职能分工、产业布局和基础设施等方面的衔接协调，强化中心城市极化作用，加快提升唐山、秦皇岛、沧州中心城市功能，大力发展临港产业园区，强力推进沿海基础设施建设，打造沿海新城（新区），着力构建沿海港城带；整合中心城区与周边地区资源，统筹城乡规划、产业发展、基础设施建设、社会管理和公共服务，推进港产城融合发展。

二是优化港口布局，形成"两翼齐飞"态势。以省内港口群为主要载体，统筹沿海陆域、岸线和海域等，推进生产力向海陆双向辐射；实施产业战略东移，壮大沿海经济带，为河北省经济拓展更大的发展空间，省内企业通过"增量调活"的途径配合、参与这一生产力布局调整；培育和构建东部经济板块，形成一大批产业集群，发挥强大聚集效应，逐步打造东部沿海地区高水平的增长极和增长带，成为全省乃至京津冀地区经济发展的新引擎。以唐山港、秦皇岛港、黄骅港为天津港的"两翼"，向多功能现代化大港转变，形成优势互补、错位竞争、充满活力的沿海经济新高地，协同天津共同打造北方国际航运核心区和世界级港口群。同时，围绕综合交通枢纽建设，完善货运铁路布局，规划建设黄骅—雄安货运铁路，将黄骅港打造成为雄安新区最便捷、最经济的出海口。

三是加速资源整合，发挥港口集群效应。整合统一全省沿海港口及涉海涉港资源和平台，推动港口岸线资源整合；充分运用资本市场杠杆，更好地服务于实体经济发展。通过重组、股权收购等方式组建港口集团，统筹曹妃甸港区与京唐港区的规划发展与业务布局，实现资源的集约利用与合力发展。按照"先经营管理统一，再资产统一"的模式，扩大冀津港口间现有集装箱码头、航线领域合作的广度和深度，积极探索冀津港口在干散货运输领域的合作；探索冀津合资成立国有资本运营公司，开展国有资本市场化运作，推动区域港口集约化建设和运营；大力推进"互联网+"、港口群与沿海产业深度融合，创新港口智慧物流的新模式、新生态，将港口物流链与腹地上下游产业链零距离地联系到一起，提供便捷、高效、优质、体系化的服务；探索构建沿海开发建设金融支撑体系，大力发展科技信用贷款、科技担保等，探索实施融资租赁、科技保险等金融手段，建立多层次全链条的投融资体系。

四是加快成果转化，创新分工合作模式。实施具有区域特色的差异化竞争战略，打造成信息共享的网络、成果转化平台、现代产业体系，形成地区分工协作新模式，加速形成河北省沿海新经济增长带。按照技术"入链"、企业"入群"、产业"入带"原则，充分用好唐山构建开放型经济新体制综合试点、秦皇岛北戴河国家生命健康产业创新示范区，将沿海经济增长带建设成为北京、天津和雄安新区的科技成果孵化转化及加工配套基地；共同构造区域内投资环境，配套设施和产业链条；充分发挥各园区在研发、孵化、中试、产业化制造和贸易等方面的比较优势，广泛进行分工协作、配套结网、产业群集；积极引导和支持区域内行业及企业间的经贸、技术合作；依托海洋资源，充分利用国际资本、技术等新竞争要素，建成沿海临港现代化工产业体系；通过沿海地区率先发展带动腹地经济发展。

8.3.4 依靠"区域协同创新"，激发沿海崛起新动力

一是加强顶层设计，创新沿海管理模式。首先，加强顶层设计。统筹推进全省沿海地区一体化发展，理顺城市、新区、港口内外关系，协调解决沿海一体化发展的重大问题。其次，探索改革港口管理体制，成立组建河北省海洋港口发展委员会统筹推进，由省分管领导担任主任，负责海洋经济和海洋港口发展的宏观管理和综合协调，加强发展规划和改革方案实施。最后，创新沿海港口管理运营模式，成立港口管理委员会和港口联盟，实行所有权与经营权分离；引导国有骨干港口企业以资本为纽带，向社会开放经营、委托经营、合作经营，促进市场公平竞争，实现互利共赢。

二是完善总体规划，提高沿海服务功能。首先，完善沿海地区总体规划。按照全省沿海发展格局、功能分工等要求，修订各港口总体规划。其次，加快构建沿海港口协同发展格局。推进实现港口规划、建设、管理"一盘棋"，港航交通、物流、信息"一张网"，港口岸线、航道、锚地资源开发保护"一张图"。再次，拓展现代航运服务功能。引导国内外金融机构落户，着力发展航运金融、信托、担保、投资、商业保理等航运金融服务业，支持河北港口开展配煤、洗煤、矿石筛分和混矿等增值服务。最后，设立航运服务综合平台，加快发展航运物流、船舶交易、航运经纪仲裁咨询等航运服务业，推进智慧港和绿色港建设，支持沿海港口做强做优。

三是整合沿海资源，推进沿海集约发展。首先，成立沿海资源整合平台，主要负责全省沿海地区公共码头资源开发、建设和运营，按照各港功能定位，发挥港口资产的协同效应，提升全省沿海资源利用效率和服务水平。其次，加强沿海资源统筹管控，完善沿海岸线项目的前期工作联动机制，成立河北省海洋岸线资源收储中心，加强岸线等资源的统筹管理，推进沿海集约化发展。再次，统筹建设项目，编制实施全省"十三五"海洋港口重大建设项目库，集中资金资源重点投向重大项目。最后，强化项目服务与保障，共同营造"安商、养商、富商"的良好环境。

8.4 天津自贸区对河北经济和社会的影响[①]

从上海自贸区对浦东新区的"虹吸效应"的后果来看，天津自贸区也将会在周边地区出现经济发展水平受拖累、实际可用外资额骤减、货物贸易增长率下降等现象。为此，河北省应迅速开展应对措施，主要从五大方面主动对接自贸区发展：制度对接，优化经济发展环境；功能对接，承接自贸区溢出效应；金融对接，提高要素配置效率；产业对接，发挥与自贸区毗邻优势；认识对接，探索本地复制推广。

中国（天津）自由贸易试验区作为中国北方唯一的自贸区，打造京津冀协同发展高水平对外开放平台是其重要特色之一，天津将在促进京津冀协同发展、加快政府职能转变、扩大投资领域开放、推动贸易转型升级以及深化金融领域开放创新等方面发挥独特重要作用。

8.4.1 天津自贸区试验的主要内容及设想

2015 年 4 月 21 日天津自贸区正式挂牌成立。力图将天津自贸区打造成制度创新新高地、转型升级新引擎、开放经济新动力、区域协同新平台、"一带一路"新支点。经过 3~5 年的改革探索，建成贸易自由、投资便利、高端产业集聚、金

---

① 本节作者：张贵，完成于 2015 年 5 月。

融服务完善、法治环境规范、监管高效便捷、辐射带动效应明显的国际一流自由贸易园区，在京津冀协同发展和我国经济转型发展中发挥示范引领作用。

8.4.1.1 进行制度创新和管理体制改革

天津自贸区加快政府职能转变，突出行政管理体制改革特色，在投资管理制度、贸易监管模式、金融制度、事中事后监管制度、风险防控体系等领域改革创新，并实行天津港片区、天津机场片区以及滨海新区中心商务区三大片区错位发展的政策，建立行政咨询体系、审管分离、审批归口等创新做法。实行了限制更少的负面清单以及统一的、更加便利的、与负面清单管理模式相配套的外商投资企业设立及变更备案制度。建立法律保障体系、配套税收政策以及评估推广机制，在保证自贸区建设有序开展的同时，完善国家安全审查制度，提高监管部门的监管能力并及时总结改革创新的经验和成果以形成经验进一步推广到全国其他地区。

8.4.1.2 推进投资开放和贸易便利化发展

在扩大投资领域开放方面，主要从降低投资准入门槛、改革外商投资管理模式以及构建对外投资合作服务平台三方面进行。通过准入前国民待遇加负面清单管理模式，减少和取消对外商投资的准入限制。建立与国家自主创新示范区联动机制、中小微企业贷款风险补偿机制以及人才培育等措施为企业提供良好的投资环境，推动自贸区投资业务拓展。先照后证、认缴注册资本、投资备案制等一系列投资管理方式的创新，为天津区域经济增长和就业带来新的动力。

在推进贸易便利化方面，天津自贸区将培育新型贸易方式，打造以技术、品牌、质量、服务为核心的外贸竞争新优势，在完善国际贸易服务功能、增强国际航运服务功能、创新通关监管服务模式三个方面进行改革创新，推动贸易转型升级。同时，天津市简政放权，"六个一"激发新活力：一枚印章管审批、一个部门管市场、一份清单管边界、一支队伍管全部、一个平台管信用、京津冀通关一体化。例如，过去分散在各部门的109个审批专用章简化为一个章，实现了"一枚印章管审批"。

8.4.1.3 进一步深化金融领域开放创新

天津自贸试验区金融领域开放创新将重点围绕推进金融制度创新、增强金融服务功能、提升租赁业发展水平、建立健全金融风险防控体系和推动区域金融市场一体化五个方面进行：首先，促进跨境投融资便利化和资本项目可兑换的先行先试；其次，围绕进一步扩大机构开放和业务开放，吸引更多的金融机构进入天津自贸区；再次，围绕加快建设国家级租赁业创新示范区，将融资租赁等优势特色产业单独列出加以突出与优先发展，加快形成与国际接轨的租赁业发展政策运行环境；最后，在服务京津冀协同发展方面，天津自贸区将积极探索京津冀金融改革创新试验，开展金融监管、金融产品和服务方面的创新。

自贸区和国家自主创新示范区"双自联动"，可以更好地发挥国家战略的叠加效应。把自贸区的政策和制度创新与自创区的产业和技术创新相结合，加快自创区自主创新产业化，助力和推动科技型中小企业的发展。例如利用自贸区境外借款试点改革措施，协助自创区内的园区企业从境外借入人民币资金，用于转型升级、生产经营、境外项目并购等业务，降低企业财务成本，拓展融资渠道。延展天津自贸区金融开放的深度和广度。再如健全本外币一体化的自由贸易账户功能，扩大人民币跨境使用，加快资本项目可兑换进程。未来自贸区的金融改革可以扩展到科技金融，更好地服务于创新创业企业的发展。

8.4.1.4　推动实施京津冀协同发展战略

在服务京津冀协同发展方面，天津自贸区共分解出 17 条任务，包括完善京津冀海关区域通关一体化和检验检疫通关业务一体化改革、优化无水港布局，突出海空港联动发展特色，通过贸易便利化的改革，增强口岸为京津冀协同发展的服务功能；通过改革投资管理体制，扩大开放领域，建立产业转移引导基金，带动京津冀的产业转型升级；通过金融创新，推动京津冀金融市场的一体化；通过构筑自贸区内的科技创新和人才高地，推动京津冀三地的科研机构、高校、企业之间的协同创新。支持京冀两地在自贸区建设专属物流园区，开展现代物流业务，并允许京津冀三地产权交易市场、技术交易市场、排污权交易市场和碳排放权交易市场在自贸区内开展合作，对自贸区建设成效好且可复制推广的成果，经国务院同意后将率先在京津冀地区复制推广，具备条件的，进一步推广到全国其他地区。

8.4.1.5　构建国家"一带一路"倡议新支点

天津是我国北方最大的沿海港口城市，位于"一带一路"倡议中"陆丝路"东端与"海丝路"北端的交汇点，是中蒙俄经济走廊的主要节点和海上合作战略支点，具有区位优势明显、经贸发展强劲、运距相对优势、航线布局便捷、海空联动前景广阔、多重战略机遇叠加的特色优势。天津自贸区将进一步发挥区位独特优势和港口龙头作用，推动企业装备"走出去"、富余产能"转出去"、基础设施"出去建"、能源资源"引进来"。在拓展新的外部空间、实现互联互通的同时，把我国经济发展提升到新的层次，实现对全球资源更为有效的利用，进一步获得全球化红利，创造新的经济增长活力。

8.4.2 天津自贸区对河北的主要影响

天津自由贸易区的设立为河北省经济的发展提供了一个更开阔的市场和一个更自由的平台，使河北省在融资租赁、引进人才、技术创新以及带动就业等方面获得更多有利条件。在京津冀协同发展的大背景下，天津将在整合北京与河北的资源、带动河北经济与社会发展等方面发挥不可替代的作用。

8.4.2.1 积极影响

（1）为河北省制度创新起到示范作用。天津自贸区涉及大量的制度突破，将直接为京津冀带来更多的扩散效应，外资准入模式、利率市场化、推进人民币资本项目开放、推动现代服务业开放等很多政策都将陆续推广到北京、河北。河北省为了减小天津自贸区"虹吸效应"的影响，紧跟天津脚步，积极推进体制改革和制度创新，如河北省办公厅在印发的《河北省"三证合一"登记制度改革实施办法》中指出，从 6 月 30 日起全省开始实施"三证合一"的登记制度，简化了申请材料，优化了审批流程，提高了办事效率。

（2）带动河北省外向型经济的发展。天津自贸区不仅是天津的自贸区，也可以成为京津冀的自贸区。天津自由贸易试验区在京津冀海关区域通关一体化和检验检疫通关业务一体化、优化内陆无水港布局等方面进行改革，增强口岸的辐射功能，为京津冀协同创新提供了一个自由的市场和开放的平台，给河北的企业带来进出口服务方面上的便利，降低了河北省的企业进入国际市场的信息搜寻成本，缩短了进入国际市场的距离，同时增加了河北省获得国际人才、国际资本的渠道，进而带动河北省外向型经济的发展。

在金融创新方面，中国银行自贸区分行在跨境金融服务及业务创新等领域具有丰富的专业经验，已为 6000 多家天津自贸区企业提供账户服务、现金管理等综合金融服务方案，目前共有 30 多家金融机构在自贸区设立分支机构，未来在天津自贸区内会开展跨境融资、结售汇、海外贷款、电子保函等业务。天津滨海农村商业银行则沿区域产业链条将金融服务延伸至京冀的行业、企业，为京津冀三地企业提供远期结售汇、出口信用证、出口信用保险、国内信用证等贸易融资业务，以及应收账款可流转业务，拓宽了企业的融资渠道。鉴于河北、北京当地的金融机构并不能开展相关业务，只有天津自贸区内才有金融机构开展相关特色的贸易结算、融资、担保、咨询等服务，因此会考虑入驻天津自贸区开展业务，并把天津作为出口的重要基地。

（3）促进河北省产业结构优化升级。天津自贸区承载京津冀协同发展的国家使命，在区域经济发展和产业结构调整中起到"领头雁"作用，通过产业引进与转移、集聚与扩散，借助互联互通、通关一体化等机制，更好地发挥辐射和带动作用。在农业方面，通过自贸区多样的融资租赁模式，更好地满足河北省对农业机械的需求，推动河北省农业向规模化、产业化方向发展；另外，为河北省农产品出口提供渠道，带动生产具有较强竞争力的名优特产品。在制造业方面，河北省的企业可以通过自贸区进口先进的设备和前沿的技术，并利用产业转移引导基金加快高端产业发展，特别是钢铁冶金、装备制造业转型升级。在服务业方面，天津自贸区构筑服务区域发展的科技创新和人才高地的一系列措施，为河北服务业发展提供技术支持；天津自贸区试点中的金融离岸业务以及金融方面的汇率自由贴现、利率市场化等一系列政策有利于河北省企业自由地实现资金周转，提高人民币的使用效率；鼓励自贸试验区金融机构探索与京津冀协同发展相适应的产品创新和管理模式创新等政策，有利于优化京津冀地区金融资源配置，推动区域金融市场一体化。

（4）改善河北居民的生活质量。在就业方面，自贸区的建立必然会吸引大量的外资企业入驻，增加了对高层次人才的需求，使河北省高层次人才就职外资企业的机会增多。在创业方面，自贸区的各种融资租赁以及投资贸易便利化政策，使园区企业聚集得越来越多，形成一个产业生态圈，有利于河北创业者来此创业。在消费方面，由于自贸区的一系列减免税收的政策，使进口商品的成本下降，区内设有保税直销卖场，其所有商品均为欧洲厂家直接订货，不经过中间环节，因此河北居民可以用比较低的价格买到具有质量保证的进口产品，出境旅游也会更加便利。在医疗方面，自贸区内允许设立外商独资医疗机构，意味着未来在自贸区内能享受外资医疗服务，包括综合医院、专科医院和门诊服务，使看病更加容易。

8.4.2.2　消极影响

从上海自贸区对浦东新区的"虹吸效应"的后果来看，天津自贸区也将会是在周边地区出现经济发展水平受拖累、实际可用外资额骤减、货物贸易增长率下降等现象。

（1）自贸区的"虹吸效应"限制河北发展。于经济发展欠发达的河北来说，天津自贸区产生的集聚效应将会对河北发展产生不利影响。由于自贸区优惠的政策和完善的配套服务，河北省本不发达的现代服务业倾向于在天津自贸区发展，以享自贸区的优惠政策，使河北省与天津的现代服务业的发展落差进一步拉大。在外资吸引方面，自贸区实行的准入前国民待遇和负面清单制度，对外商投资具有很强的吸引力，增加了河北省招商引资的困难程度。在人才引进方面，自贸区的发展和滨海新区优厚的人才政策吸引着区域内及京津冀人才聚集，导致河北人才进一步流失，人才引进更加困难，近期天津自贸试验区宣讲团进北京说明会的火爆场面，从一个侧面反映政策红利的"虹吸效应"。在技术创新方面，自贸区设立高端制造业、现代服务业、高新技术产业及人才四只引导基金和四个专项资金，更为天津留住人才以及技术创新提供了资金支持。

（2）自贸区产业转移加重河北的环境负担。目前，能源部门是河北省以及天津市 PM2.5 的最大工业排放源，煤炭在河北以及天津的污染来源中占首要位置。随着天津自贸区发展，劳动密集型和资源密集型产业会进一步从天津溢出，有可能向河北地区转移，而这些产业大多是污染较重的制造业，因此，会在一定程度上加重河北省的环境负担。

（3）自贸区产业优化导致河北产业"低端锁定"。天津自贸区力图发展为高端产业集聚的自由贸易园区，截至 2015 年 3 月初，天津自贸区已招商引资项目308 个，注册资本近 900 亿元，聚集了航空航天、装备制造、新一代信息技术、航空物流、国际贸易、融资租赁等。因此区域内的低端产业由于不符合自贸区的发展规划而逐渐被淘汰或转移到河北，导致了河北产业"低端锁定"，发展高端产业之路难上加难。

（4）天津与河北的贫富差距不断拉大。河北作为京津的发展腹地，长期以来经济发展落后，基础设施、政策福利等都与京津存在较大差距。随着自贸区的建立，天津经济中心的地位将会进一步确定，京冀的优质资源会逐渐向天津自贸区转移，企业总部、结算中心、研发中心、科研院所、教育和医疗机构以及高端制造业、金融业、现代服务业等产业纷纭而至。自 2014 年以来，天津自贸区所在的滨海新区累计在北京、河北开展招商活动千余次，洽谈项目 3000 多个，签约投资项目超过 500 个，意向投资额超过 5000 多亿元，而京津的低层次产业会逐渐向河北转移，河北经济发展速度和经济质量有可能会拉大与京津的差距。

8.4.3　对河北省主动对接的建议

8.4.3.1　制度对接，优化经济发展环境

从上海经验来看，制度复制是浦东新区在对接自贸区方面最先尝试的内容，尤其自贸区内正进行的行政体制改革。由于自贸区不是一级政府，涉及政府职能转变的改革举措不会很完善，比如大部分联合监管在自贸区内就无法尝试。河北省在复制的基础上，将推进改革的深度、广度，加快政府职能转变，明确政府权力清单和市场负面清单，将市场行为的主导权更多让渡于市场主体，使政府从过去的管理型政府逐步转变为服务型政府。参照自贸区做法，深化行政审批制度改革，将政研室（司法局）、发改局、投促局、经发局（不含工商业务）、贸发局、建交局（不含国土规划业务）、教文卫体局（不含药监业务）、财政局、人社局、环保局、公用事业局、外事局、安监局、城管局、交管处 15 个部门的行政审批职能纳入行政审批局，充分给企业减负松绑，降低市场准入成本和门槛。参照天津的"高层次人才绿卡待遇"，实行高层次人才的"科技绿卡"制度，给予子女入学、住房、社保、居留和出入境、办事便利、人才绿色通道、银行贷款取现、公司注册和行政许可等方面资助帮助，加速高层次人才聚集。

8.4.3.2　功能对接，承接自贸区溢出效应

瞄准《中国（天津）自贸区试验区总体方案》，将河北省内企业实际需求与自贸区对接，利用自贸区金融服务业外溢，区内注册、区外活动的特性，激发市场活力，服务当地实地经济发展。依托石家庄、保定、唐山、沧州的区位优势和产业比较优势，推进自贸区的先行先试政策、管理经验和品牌优势"一揽子"输出到河北，形成新的创新创业环境，带动河北省金融、贸易和航运功能突破；提升承接首都非核心功能的能力，以及对接天津自贸区溢出企业，探索建立适应技术扩散和市场导向技术转移机构。

8.4.3.3　金融对接，提高要素配置效率

针对天津滨海新区（将来的自贸区）金融机构集聚、总部云集现状与趋势，河北省与自贸区金融对接方面主要是复制其金融创新模式，以及金融服务功能、租赁业发展水平、金融风险防控体系，以服务省内企业，推动区域金融市场一体

化，力争达到河北省与天津自贸区"共赢发展"的格局。

8.4.3.4　产业对接，发挥与自贸区毗邻优势

天津自贸区立足于京津冀协同发展，以优化区域内现代服务业、先进制造业和战略性新兴产业布局为目标，鼓励跨区域兼并重组。因此，河北应积极发挥与天津毗邻的优势，积极参与自贸区建设，推进企业异地投资和异地并购，落实京津竞争性服务业和制造业向河北转移，共建科技成果转化、产业化基地，积极推动产业和劳动力"双转移"跨区域梯度推进。同时，支持京津河北省内建立"人才特区"、"自贸区、自创园政策辐射区"、试验区等"飞地模式"，实现与京津的良性互动。再者，推动建立科技金融合作平台，鼓励跨省开展科技风险投资活动，构建覆盖技术创新全过程多功能、多层次金融服务体系，促进京津与河北资本与技术的有效对接。

8.4.3.5　认识对接，探索本地复制推广

自由贸易区设立的任务之一是形成"可复制、可推广"的改革经验，发挥"带动示范、服务全国"的积极作用。因此，河北省要进一步强化对自贸区的认识，针对自身的优势，制定切实可行的方案，探索本地自贸区建设；另外，积极与天津自由贸易区进行对接，寻找自贸区建设过程中符合自身发展的政策组合，适时进行制度改革和政策创新。同时，积极推动创新市场共建机制和利益共享机制，探索区域内资源要素自由流动的制度安排，强化服务和深度融合，完善交叉领域的政策配套和修订，提高一体化发展的政策保障。探索创新功能区共建和跨区域管理体制机制。完善京津冀对口部门工作衔接机制，为具体推动京冀、津冀合作协议落实工作，联手推动京津冀三地合作向纵深发展。

8.5　京津冀产业协作中天津的发力点与对策①

在京津冀产业对接合作中，天津应以技术"进链"、企业"进群"、产业"进带"、园区"进圈"为主线，以"缺位补链、短链拉长、弱链强链、同构错链"

---

① 本节作者：张贵，完成于 2014 年 3 月。

为路径，形成对接协作、互补互促的五个发力点和"项目带动、企业拉动、集群驱动、产城互动、区域联动"的新格局。

笔者提出，理顺产业对接机制，重新布局和提升产业承接力和承载力，构建产业对接的"空间合作置换"新格局，在优化投资环境、提升自身服务水平方面下功夫。在企业层面做大集群、做强产业链条，形成产业上下游联动的对接与互补。着力培育和强化民间商（协）会在市场一体化中的纽带和主体作用。

8.5.1　产业对接协作、互补互促的五个发力点

京津冀产业合作应立足现代产业分工要求，理顺产业发展链条，形成上下游联动的对接与互补。围绕发展潜力大、成长性强、带动作用显著的优势产业链，积极实施"专业化生产，提升产品档次；外向化拓展，壮大产业规模；集团化发展，优化产业结构；园区化配套，推进产业集群"，最终打造"项目带动、企业拉动、集群驱动、产城互动、区域联动"的京津冀区域一体化新格局。

8.5.1.1　以项目建设为发力点，瞄准新项目新业务

驻京部委、各类总部及部属高校和研究机构正在根据新的形势谋划和拓展新项目、新领域，其新业务拓展和深化亟待寻求新的载体和空间。天津应抓住其结构调整和增量扩展的机遇，抢占先机，积极承接和对接其延伸功能和拓展项目，加快其在天津的落地或放大功能。如与中国通信工业协会、工业和信息化部软件与集成电路促进中心合作，共建"中国云"物联网/云计算国家产业园项目、"京津云城"智慧城市项目、宝坻京津中关村科技新城项目，以及与北京首创集团共建京津合作示范区（未来科技城），与北京大学共建（滨海）新一代信息技术研究院，建设中科院天津育成中心等，积极打造若干个京津合作的支点和纽带。与新拓展的新项目、新业务对接既是天津之求，也是北京各类总部之需。

8.5.1.2　以企业合作为发力点，组建新联盟新平台

依托重点发展的高新技术企业和产业，激活其主动对接协作的积极性。拓展新能源新材料、节能环保、高端装备制造、软件与集成电路、电子商务等行业，组建商会和联盟，用企业互利和协同发展为纽带，形成一批大项目、大集群。如做大天房集团、百利机电集团、农垦集团、二商集团、市政集团、城建集团等现有合作项目。同时，组建全国高性能计算机应用技术创新联盟、全国抗体药物质量联盟和工业生物技术创新联盟，形成自研发设计至终端产品相对完整的产业

链，为区域间产业合理布局、上下游联动并良性循环的区域产业生态体系。

8.5.1.3 以园区共建为发力点，拓展新产业新空间

现代服务业的制造空间和发展环境需要依托智能管理的楼宇和完整配套的园区，以形成密集度高、政策环境优、创新氛围浓的气场和氛围。在金融创新、科技研发转化、航运物流、文化创意等领域，以共建产业园区、创意园区为载体承接或对接北京高端制造和现代服务业的功能疏解拓展。围绕优势产业和重点领域开展跨区域项目合作，共建集教育、科技、技术转移转化与孵化等功能为一体的产业基地。推进京滨工业园、京津科技谷、京津电子商务产业园、京津科技创新园、北斗新兴战略产业园等合作园区的谋划和建设，以企业合建、政校企合建、跨省市共建等模式，引导优质要素向园区聚集。以股份合作模式，共建管委会、共组投资开发公司等方式助推和带动区域间企业合作、要素流动、技术溢出。形成区域现代服务业的分工合作、利益共享新格局。

8.5.1.4 以片区对接为发力点，搭建新平台新布局

天津市各区县应借助北京结构和功能的空间布局的调整，发挥地缘、人缘、经脉的优势，找准对接和合作的切入点和抓手，并将其作为调整结构、提升质量的突破点。例如以宁河县与滨海高新区的未来科技城、于家堡和响螺湾—北京国贸、天津滨海—中关村科技园、天津南站和西站—北京南站、宝坻—中关村、京津金融一体化改革试验区等为先导，通过资源优势互补，产业错位发展，设施共享和市场共建等，建设多层次、全方位、宽领域的对接协作平台和纽带。加快北京的高新技术转化，承接高质高端服务化项目入驻，促进天津市由货物贸易向服务贸易转变。

8.5.1.5 以城镇建设为发力点，打造新载体新格局

谱写"双城记"和京津冀协调发展需强化人—产—城融合，生产—生活—生态互动协调。沿京津科技新干线，打造从中关村示范区到滨海新区的战略性新兴产业和高技术产业的聚集区，加快武清、北辰、宝坻等地城市规划建设，完善市政基础设施等硬环境，提高商业、医疗、社保等公共服务软环境，开展金融、教育、研发中心、电子商务、生产型服务业和高新技术产业深度合作，形成区域内新的增长空间，探索"创新中心＋研发转化＋高端制造＋高端服务＋高品位宜居生活"的分工合作新城镇。

8.5.2　构建产业对接的"空间置换"新机制

构建产业对接通道和载体需要重新布局和提升产业承接力和承载力。处理好这一问题，一方面要探索借助和共享对方资源的空间，形成互补融合和错位发展的战略；另一方面，要保持合作的可持续性须构建和创新协调各方利益的补偿共享新机制。

第一，探索设立区域产业合作基金。主要用于跨省市基础设施建设、产业转型升级、科技研发、创新能力建设、共建园区以及跨省市专项合作等。围绕重点领域开展跨区域项目合作，共建集教育、科技、技术转移转化与孵化等功能为一体的产业基地为合作提供有力的资金支持。同时启动区域内重大合作项目的前期论证与推进，支持跨区域重大问题的研究。

第二，探索建立合理的利益补偿机制。在水资源、生态环境等方面，京津应该对做出利益付出的河北给予利益补偿。利益补偿不但包括提供水源保护和生态修复所需的资金，而且还应在产业帮扶、人员培训、项目合作、服务功能延伸等形式加大反哺力度，进而建立利益共同体。各类产业基金的运用纳入滨海金融创新的内涵。

第三，改革地方财政、税收等区域利益的分配和补偿机制，为三地产业对接创造制度优势。同时，衔接、协调、统一法规和政策，在区域产业、科技、环保、教育、人才、交通等重点专项规划的编制工作，实现发改、国土和城乡规划"三规合一"。北京城市功能疏解与津冀的"空间置换"相结合，从制度上保障区域协同发展和一体化进程，避免各自为政、重复建设、恶性竞争等。

8.5.3　完善产业对接的市场机制、提升承接能力

破解要素在京津冀的流动瓶颈和障碍。一是理顺三地政策法规，实现对接协作，清理相互抵触、互不对接、不合理的条文条例以及内部通知、决定等；二是打破商品市场的地方保护，采用非禁即行的"负面清单制度"，建立全区域的市场准入标准，统一或互认安全管理与监督、检验、检疫标准；三是促进资源要素自由的对接对流，特别是北京的金融、技术、人才以及天津的各类要素交易平台（基金）要立足于区域经济的发展，开放创新机制，增强其流转、扩散、服务功能。形成开放型统一资金市场、劳动力市场、技术市场和产权市场，以提高整个

区域配置效率和整体效益。

鉴于京津间在科技和金融等现代服务业方面存在一定落差，而优质资源和高端产业转移和功能延伸的要求相对较高，天津需在优化投资环境、提升自身承接能力和服务方面下功夫。一方面，转移、延伸北京优质的公共服务资源，实现京津冀公共服务均等化、普惠化。另一方面，在吸引外部资金和项目时，应注重创新内部机制和提升公共服务水平：一是完善园区软环境，做到与北京无差异，提升对接层次；二是营造细微化、人性化的服务以及各种高品位的文化娱乐；三是以独有的、特色的比较优势和政策体系来营造创新创业所需要的生态环境。在发挥自身区位优、资源特等优势的同时在服务效率和服务环境方面练内功。

8.5.4 对接企业和民间组织的合作机制

在企业层面开放并做大集群、做强产业链条，形成产业上下游联动的对接与互补。

在企业层面开放并做大集群和交易平台。一方面，通过共建产业园区培育有区域特色的产业集群，围绕区域重点领域、优势产业，引导区域内大中企业强强联合，组建产业协作联盟，寻找合作的"聚焦点"和"引爆点"；另一方面，加快推进科技成果孵化转化，信托各类孵化器、生产力促进中心和交易所，健全京津冀的产权交易中心，在北京环境交易所、天津排放权交易所、河北省能源环境交易所基础上，建立联动统一的碳交易市场。

在民间商（协）会层面强化其在区域一体化中的纽带和推动作用。一方面，发挥商会、协会作用，充分发挥其在行业标准制订和修订、人才教育和培训、技术交流与推广、信息收集与服务、统计体系建立、规则咨询服务、行业对外交流与合作等方面的重要作用。另一方面，重视非政府组织作用，加强各类社会团体的民间交流和合作，促进对京津冀区域的文化认同，形成互利共赢的民间基础；引导它们在环境保护、扶贫解困、解决就业、促进社会融合等方面发挥积极作用。同时通过民间团体积极培育和营造亲商文化、创业文化、创新文化等，形成风清气正、积极向上的文化环境。

另外，要培育和强化民间商（协）会在市场一体化中的纽带和主体作用。应发挥商会、协会在行业标准制订和修订、人才教育和培训、技术交流与推广、信息搜集与服务、统计体系建立、规则咨询服务、行业对外交流与合作等方面的重要作用。加强各类社会团体的民间交流和合作，促进对京津冀区域的文化认同，形成协同互利共赢的民间基础。引导民间组织在环境保护、扶贫解困、就业创业、促进社会融合等方面的互动，培育和营造开放文化、亲商文化、创业创新文化。

8.6　加快推进京津冀产业对接协作，拓展区域一体化新格局[①]

在产业对接协作方面，主要有 12 条产业带和数十条产业链亟待推进和优化调整；在地域协同方面，以京津双城为核心，以京津冀为载体，扩展到环渤海。产业对接协作、互补互促，以"四进"为主线，以"四链"为思路，与京津城市功能疏解相结合；既要有一个卓有成效的区域协作机制，形成区域间产业合理分布和上下游联动机制；又要有一个强有力的保障机制，改革不合理的区域利益分配和补偿、政府考核、官员评价体系。从而调动政府、企业和民间三方力量，增创区域发展新优势，构筑区域一体化新格局。

8.6.1　加快推进京津冀产业对接协作的总体思路

按照优势产业集群发展、战略性新兴产业规模发展、传统产业提升发展的要求，以技术"进链"、企业"进群"、产业"进带"、园区"进圈"为主线，以"缺链补链、短链拉链、弱链强链、同链错链"为思路，形成自研发设计至终端产品完整产业链的整体优势；围绕发展潜力大、成长性强、带动作用显著的优势产业链，积极实施"专业化生产，提升产品档次；外向化拓展，壮大产业规模；集团化发展，优化产业结构；园区化配套，推进产业集群"，最终形成"企业拉动、项目带动、集群驱动、区域联动"格局，全面增强天津市乃至整个区域产业的综合实力、创新能力和竞争能力。

---

① 本节作者：张贵，完成于 2014 年 3 月。

8.6.2　着力打造若干条产业带，优化区域空间布局

在产业对接协作方面，按照上述总体思路，由易到难分层次推进，着力打造七大产业带和数十条产业链。

8.6.2.1　环京津商务休闲旅游产业带

旅游业对接协作的难度最小、见效最快，实现旅游由观光向休闲的转变。打造以滨海新区、秦皇岛市和唐山市为中心城市的滨海休闲度假区，秦皇岛—乐亭—天津东疆港滨海度假带，将其建设成为环渤海地区首位的滨海度假带、国家级旅游度假区、国际知名的滨海度假地；打造张家口市桑洋河谷—秦皇岛市昌黎—滨海新区茶淀葡萄酒文化休闲聚集区，将其建设成为国内一流的葡萄酒庄园聚集区和葡萄酒文化体验地。

8.6.2.2　环渤海石油海洋化工产业带

在石油化工方面，依托南港石化产业聚集区、大港石化产业园区、南港轻纺工业园，与乐亭县的煤化工、滦南县的盐化工、海兴县的盐化工，以及沧州市渤海新区的石油化工、盐化工、精细化工，共同打造石油化工、精细化工和综合利用三大产业链；延伸聚烯烃、聚酯化纤、橡胶制品、化工新材料等30条产品链，构建高水平的石油化工产业体系，将南港石化国家新型工业化国家级产业示范基地，形成南港石化产业聚集区和轻纺产业园两大产业聚集区。

在海洋化工方面，天津市与秦皇岛、唐山和沧州共同打造海洋精细化工、海水淡化和综合利用、海洋生物医药三条产业链，主要开展300万吨/年海盐生产基地改扩建及海水综合利用项目，以基因工程海洋药物、海洋功能基因酶制剂和海水养殖动物促生长剂为重点，发展海洋生物工程，加快产业升级换代；以石化基础产品和原盐为原料，打造海洋化工循环经济产业链；大力发展海水综合利用，开发海水利用成套技术，打造"热电—海水淡化—浓海水制盐—海水化学资源提取利用"新的产业链。

8.6.2.3　京津冀北电子信息产业带

以北京为龙头，大连为龙尾，串连廊坊、天津、唐山、秦皇岛、沈阳等城市，打造一条环渤海电子产业隆起带，首先启动京津创新共同体，着力打造京津科技新干线，以宝坻、武清和滨海新区为产业聚集区，主要发展通信网络设备、物联网、平板显示、半导体照明、软件与信息服务、大数据、云计算等。与北京

中关村和亦庄经济技术开发区、秦皇岛数据产业基地、廊坊润泽国际信息港、唐山市软件产业及动漫游戏产业等，围绕创新信息产业技术、突破核心技术，形成一批在国际和国内发挥关键作用的相关标准；建设标准、检测、认证等十大技术服务平台，建成较为完善的产业服务体系；形成西青微电子、开发区、高新区、津南、静海五个产业集群；打造以滨海新区和"IT 三角"为核心、重点产业园区为支撑的产业发展格局。

8.6.2.4 京津冀区域的现代物流产业带

一是打造环首都经济圈物流产业带，通过在环首都经济圈内的一线城市和地区建设城市配送型、农产品供给型、空港服务型的现代物流园区，实现该地区与北京、天津及全国物流网络融为一体。二是建立以产业聚集为目的的物流产业带，形成一批商贸聚集节点，启动海河下游商贸物流集聚区建设，将和平路—滨江道、天津站、天津西站、小白楼等一批现代都市商业集聚区、特色商业街的建设，与河北省的白沟箱包、安平丝网、肃宁皮毛等大型商品交易市场相对接，大力增强商贸集散功能，加快大型批发市场建设，发展辐射区域的商贸物流项目。三是畅通"天津—冀东物流通道"，覆盖唐山、秦皇岛、承德、张家口等市，连接内蒙古、晋北、西北等纵深腹地；畅通"天津—冀中物流通道"，覆盖沧州、衡水、石家庄、邢台、邯郸等市，连接晋中南、鲁西北、豫北等广阔腹地；畅通"天津—冀中南物流通道"；依托天津港、唐山港、秦皇岛港、黄骅港，以及北京机场（包括第二机场）、天津滨海机场、石家庄空港等，形成海港、空港、内陆港等交通枢纽型物流产业集聚区。

8.6.2.5 渤海湾船舶修造产业带

构建沿环渤海湾岸线的科研、生产、配套、维修在内较为完整的船舶工业体系：一是形成一个从研发、分段制造、涂装到总装的完整的"大造船"产业体系，天津市以新港船厂、新河船厂、中交船厂、海斯比游艇，以及七〇七所、七所高科船用仪器设备等为核心，不断提高新一代主流船型和海洋工程作业船的修造能力，着力提升高性能船载和港口管理及海洋信息装备，着力发展以 10 万吨级散货船、1 万吨级标准箱集装箱船、液化天然气运输船、5000 吨级海洋强力平台为代表的高技术高附加值的大型船舶制造等；秦皇岛市山海关区和海港区主要发展大型散货船、特种船舶和游艇制造；唐山市曹妃甸主要发展大型海洋石油平台和 FSPO 等海洋工程；沧州市渤海新区主要发展中小型船舶。二是打造船舶配套产业集群，主要分布在秦皇岛、唐山、沧州、保定、石家庄、邯郸等地区。

8.6.2.6 中国北方高端装备制造产业带

一是打造沿渤海西岸的重型装备制造产业带，天津市应以大型、成套、精密为主攻方向，重点发展修造船、轨道交通、工程机械、核电装备、智能装备、输变电、水电装备、海洋工程、港口机械、农业机械10条产品链，积极与秦皇岛的船舶制造、电力装备制造、汽车及汽车零部件生产、电子元件加工、机械加工、核电装备、修造船基地和船舶配套产业，唐山的修造船、商用车项目、海洋工程和石化装备，沧州的港口机械、大型工程机械、汽车零部件、船舶修理、结构性金属制品、石化装备、环保装备等行业形成深度分工、紧密合作的完整产业带。二是天津市与张家口、北京、保定和廊坊共同打造汽车装备制造产业带，应着重发展发动机、传动系统、底盘、内饰、汽车电子五条产品链；发展插电式混合动力、纯电动汽车，动力电池、控制系统、充电系统、电机等一大一小新能源汽车产品链；形成开发区中高级轿车、西青区经济型轿车两个聚集区。

8.6.2.7 京津冀新能源产业带

天津市应在太阳能光伏、风能和绿色电池三个方面，加快与保定新能源高新技术产业、邢台光伏高新技术产业、唐山和秦皇岛的新能源装备制造等产业共同打造京津冀新能源产业带。天津市应做好以下四点：一是引导企业与保定英利、保定天威、宁晋晶龙、廊坊新奥、秦皇岛哈电等一批骨干企业，进行整合重组，增强新能源产业整体竞争力；二是依托天津市在太阳能薄膜电池领域领先的科研基础，重点发展晶硅太阳能、薄膜电池、聚光电池、BIPV系统集成，支持发展碲化镉光伏电池，完善产业发展配套环境，将太阳能光伏产业发展成为天津市新能源产业新的增长点；三是积极发展风电配套产业，着重提高发电机、叶片、塔筒、大功率风电齿轮箱等关键零部件技术水平和制造能力，重点发展塔筒、法兰、轮毂、底盘、主轴和变浆系统等关键配套件，为天津市风电产品提供良好的发展空间；四是以动力电池和多种能源综合利用为重要突破口，重点发展以动力电池和储能电池为代表的锂离子电池、超级电容器、镍氢电池等新能源汽车动力电池及电池组等关键产品和技术，发展高性能电池正负极材料、电解液、隔膜等关键电池材料，积极开发氢源、甲醇、乙醇等燃料电池新品种，全面打造中国绿色电池之都。

另外，还有两条相互连接的产业带亟待推进，三条产业带亟待优化调整：首都第二机场—天津北部三个区县—廊坊—京东片区—京南片区的环首都战略性新兴产业区和临空经济区，重点发展服务首都的物流业和现代服务业；北京—天津—廊坊综合性产业带，侧重现代服务业和现代制造业；邯郸—邢台—天津—唐山专业化产业带，主要从事钢铁和纺织；石家庄—保定—衡水综合性产业带，主要包括传统服务业和传统制造业；张家口—承德—秦皇岛产业带，主要是为京津提供水、空气、旅游等资源。

此外，部分金融、教育、医疗、研发机构和研发中心等高质高端服务化产业也要纳入对接协作、互补互促的重点范围。对京津双城联动来讲，这是未来的着力点和发力点。

8.6.3 加快北京城市功能疏解与津冀产业对接相结合

以空间换发展。北京加大疏解四类产业和部门：一是大红门批发市场、动物园批发市场等劳动密集型的产业链上游产业；二是中央和北京市的医院、高校等非市场因素决定的公共部门；三是金融、贸易总部和分支等部分央企总部；四是中石化燕山分公司等"三高"企业退出。同时，天津也面临梯度性产业的功能疏解，"腾笼换鸟"，把一些低端制造、附加值低的产业环节进行关停、重组和转移。

在产业对接和承接过程中，天津市应由单纯的梯度转移为主转向城市功能为主，一定要提前做好承接规划，突出本地区和城市的功能和定位、优势和特色，避免各个地区各行其是，造成无序和生态破坏。

京津冀产业对接协作还应与卫星城、城市群、新增长极和综合承载力相联系。

8.7 关于天津市新能源汽车产业发展的建议①

在京津冀新能源汽车产业的新型分工格局形成中，天津市推进新能源汽车产

---

① 本节作者：张贵、李家祥，完成于 2014 年 10 月。该报告是对在 2011 年的另一篇有关新能源汽车产业的研究报告基础上的研究思路做了调整，对内容也做了进一步细化，为了便于比对，后面附上另一篇报告（即附文），作者为张贵。

业的发展，需集中破解新能源汽车产业发展的诸多瓶颈，搭建京津冀产业协同发展平台。现就此提出建议，供市领导决策参考。

8.7.1　推进形成京津冀新能源汽车产业的新型分工格局

推进新能源汽车产业链的系统建设，朝着京津主要发展研发、整车（整机）组装、现代服务等、河北部分地区主要发展配套和零部件生产的分工趋势方向来加以推进。在这一发展态势下，天津市可找准新能源汽车产业链的优势环节、劣势环节和缺失环节，按照"强化优势、攻克劣势、弥补缺失"思路，推进新型产业分工格局的形成和发展。

8.7.2　突破新能源汽车产业发展的三大瓶颈

8.7.2.1　突破技术瓶颈

天津市新能源汽车产业链的形成需在以下技术领域实现新的突破：

电池环节，可启动"电动汽车电池重大项目"，大力扶植天津力神等具有竞争力的电池企业。

电机环节，壮大天津松正，谋划引入万向集团、南车集团、大洋电机等知名的大型上市企业，加大对稀土永磁同步电机等驱动控制系统的研发和升级。

电控环节，提升优耐特、深蓝电控等企业竞争能力，谋划引入日本富士通、亿能电子等企业，提升天津清源等整车企业的垂直一体化整合能力。

谋划引入日本旭化成工业、东燃化学和美国 Celgard 等国际知名企业发展电池隔膜材料；引入邢台纳科诺尔等国内知名企业发展电池制造设备。

建立以政府为主导，企业、研究机构共同研发模式。政府制定研发路线和时间表，企业、研究机构开展关键技术的研发。

8.7.2.2　攻克产业化瓶颈

引导和支持中海油、北京国宏金桥创业投资基金和私募基金，设立新能源汽车研发专项资金，重点支持关键技术突破。

大力推动高能镍碳超级电容器的产业化，降低电池在整车中的成本比重。

对新能源汽车生产实行信贷支持和税收减免，对相关零部件的进口给予关税优惠。

降低新能源整车制造准入门槛。

尽快建立符合国际市场、中国市场和京津冀区域市场的电动汽车生产标准体系。

8.7.2.3　突破市场化瓶颈

在消费者购买环节，建立财政补贴、减免税收、公务车采购等配套政策体系。既要对生产厂商进行补贴，也要加大对消费者的资金补贴、退税、减免（购置）税费等，力争总降幅超过整车成本 30%。实行车船税、消费税和燃油税减免，提供城市行车通道及停车等便利。对替代燃料的生产使用和基础设施的建设提供直接投入、信贷支持和税收减免。

在消费者使用环节，政府可加强新能源汽车充电站等配套设施规划和建设。支持奥特迅等充电站生产企业和社会资本进入充电站建设，政府在土地购置费用、电网接入、充电电价制定等方面予以扶持。

在厂商销售环节，鼓励电池厂商向综合服务商转变，鼓励和支持对 4S 店提升和改造，解决电动汽车修车问题。

制定政府采购实施细则及标准，优先采购节能环保和清洁能源汽车。支持公交、出租、公务、环卫和邮政等单位采购和使用新能源汽车，加强售后跟踪服务。

8.7.3　搭建京津冀新能源汽车产业区域性三大平台

筹建区域性新能源汽车技术研发中心，整合测试、信息、标准、规划、监理、法规。支持天津大学内燃机国家重点实验室、中电十八所等单位和公司建立产学研联合体，支持企业建立省级、国家级科技研发中心或工程技术中心。

拓展园区协同平台。推动天津市新能源汽车产业园区及关键材料产业园区与北京的"一园两基地"、河北省廊坊、唐山、保定、秦皇岛等相关电动汽车基地和产业园，以政府合作共建、企业合建、政校企合建、跨省市共建等模式，共建管委会。

提升产业发展平台。推动天津市配套企业与北京、河北相关企业组建产业发展联盟，把整车、电池、电控和电动四大类企业整合到一起，优化新能源汽车的研发网络、生产网络和营销网络，形成区域间产业合理分布和上下游联动产业链条，提升核心企业的垂直一体化整合能力。

附文：加快推进天津市新能源汽车产业发展的建议

天津市新能源汽车应紧紧把握"大企业—产业链—基地化"的发展模式，在产业链上游打造关键零部件基地，在产业链中游加强对新能源汽车整车研发，在产业链下游解决购车的后续问题；同时，合理运用产业政策和财政政策，加大对新能源汽车的强制性采购，力争使天津市新能源汽车用尽可能少的投入和尽可能短的时间，实现新能源汽车产业大发展。

1. 在产业链上游着力打造关键零部件基地

以电动模块（占整车成本的30%）开发为重中之重，启动"电动汽车重大专项"，大力扶植天津力神等具有竞争力的电池企业，支持磷酸铁锂离子蓄电池等动力蓄电池的研发，形成蓄电池关键材料、单体电池、蓄电池模块、蓄电池包及管理系统等的集成能力，降低电池在整车中的成本比重，提高电池的可靠性和续航能力。

打造"电动、电控"的关键零部件基地，加大对稀土永磁同步电机、三相异步电机，以及电机驱动控制系统的研发和升级；解决控制器基础硬件、芯片、高速 CAN 网关和信号处理放大部件等进口依赖；改善生产工艺，扩大企业规模，加快天津开发区等新能源汽车零部件产业群落形成。

搭建产业化支撑平台（标准、法规、融资）和研发支撑平台（测试、信息、专利、规划、监理），促进新能源汽车的小型化、模块化和平台化。

2. 在产业链中游加强对新能源汽车整车研发

设立新能源汽车研发专项资金，重点支持新能源汽车的整车集成开发的关键技术突破和产业化。

对新能源汽车及相关零部件的进口给予关税优惠，降低其生产成本；对处于研发阶段的企业，以预算资金补贴为主；对处于大规模生产的，通过税收优惠和政府购买支持为主。支持天津大学内燃机国家重点实验室、中电十八所等一批著名实验室和公司建立产学研联合体，支持天津清源、深蓝电控、力神电池、比克电池、天津蓝天高科、天津航力源、双一力（天津）新能源、天津和平海湾、松正电动科技、天津金牛、天津斯特兰、北京建龙重工、天津优耐特汽车电控等新能源汽车制造企业建立省级或国家级科技研发中心，合作开展新能源汽车研发。

积极引导和支持国内汽车生产企业合作联盟，加快新能源汽车抱团重组。仅滨海新区就有汽车上下游企业 100 余家。除发动机等个别部件企业无缘电动汽车产业之外，汽车电子、汽车零部件、汽车模具、轮胎、涂料等配套企业均可与电动汽车产业实现无缝对接。因此，要把整车、电池和能源三大类企业整合到一起，推动多行业、多区域的企业联合，形成强大合力，集中攻关，协同解决产业发展"瓶颈"，共同参与国际竞争。

降低新能源整车制造准入门槛，帮助天津清源等公司积极争取乘用车生产资质，扭转只有依靠国外市场销售的被动局面，扩大销售网络。

尽快建立符合国际市场、中国市场和天津市场的电动汽车生产和销售标准体系。

3. 在产业链下游解决购车的后续问题

对消费者也可通过资金补贴、退税、减免（购置）税费等方式，力争总降幅超过整车成本的 30%，鼓励购买新能源汽车。与收入税相比，降低消费税更能刺激新能源汽车消费，按其所购车辆的等效节能指标给予一定的购置税减让。加大对新能源汽车的税收抵扣力度，可以使购买新能源汽车比购买传统汽车更有竞争力。

大规模建设充电站。政府应在土地购置费用、电网接入、充电电价制定等方面予以扶持，在建设过程中如涉及电网改造问题，应尽早规划。

加强新能源汽车充电站等配套设施规划和建设，在停车场、社区配备必要的充电设施，统一充电接口和电池标准，收取适当的充电费用，这样既可解决充电难、充电慢，又增加就业。

在售后服务和维修方面，加快对传统 4S 店提升和改造，培训修理店技术人员，掌握提高修理混合动力车、纯电动车的技术，解决电动汽车修车难、修车贵。

优化新能源汽车市场环境，倡导"低碳、环保、绿色"的出行和生活理念，增加对新能源汽车的认同和使用。

4. 加大对新能源汽车的强制性采购

合理运用产业政策，制定新能源汽车的政府采购实施细则及标准，优先采购节能环保和清洁能源汽车。

政府采购公务车拥有巨大的市场空间，对拓展市场应起到积极作用，形成消费示范效应，促进新能源汽车发展。

积极支持公交、出租、公务、环卫和邮政等公共服务领域的单位通过国家节能与新能源汽车示范，推广财政补助资金的资助采购和使用新能源汽车。

此外，引入风险投资和私募基金，解决新能源汽车融资难问题；鼓励引导企业参与碳排放权市场交易，在天津排放权交易所挂牌交易，间接促进新能源技术研发和产业化。

8.8 张家口绿色崛起与融入京津冀协同发展的战略思考①

张家口市最大的资本是生态，要做好绿色崛起战略，积极有效融入京津冀协同发展中，特别是做好做足"生态涵养区"、京西商贸物流集散基地和"申奥"这三篇大文章，做北京的"冬都"和"夏都"，谋划申报国家战略；筹建生态补偿与修复基金、产业合作基金，积极推进京津冀深度融合；建立多元投入机制，探索多种公共服务建设模式，消弭产业对接的梯度"落差"，最终实现与京津的福利均等化和经济一体化。

8.8.1 把握四个"位"，明确自身定位

一是定位。在京津冀协同发展中，特别是在承接京津城市功能疏解和产业转移时，要准确地知道自己有什么，有哪些优势？有哪些劣势？京津冀协同发展既是历史机遇，又是政治使命，但是当地发展还得立足自身，"打铁还得自身硬"，协同发展是外在动力，而内在实力才是最终的决定性因素。

二是换位。京津产业转出地有什么产业？有哪些要转移？对方对自己有何需求？自己能给京津两地做什么？只有双方都有需求才能形成共赢局面，才有合作的基础。在此前提下，应该关注京津的增量，应以新扩、新增业务和项目为对接的着力点。

三是错位。明确当地经济社会发展的特色，特别是在产业链方面，与其他地区形成错位发展。不要急于求成、全面出击，要有重点、有步骤、分阶段推进，

---

① 本节作者：张贵，完成于 2015 年 8 月。

应放在 20~30 年的时间跨度内实现京津冀一体化发展。

四是抢位。自己想要什么？尤其是在产业承接时，一定要理清现有的产业链条，落实部署、积极推进，以"缺位补链、短链拉长、弱链强链、同构错链"为路径，按照以技术"进链"、企业"进群"、产业"进带"、园区"进圈"为主线，对接京津；明确自己不承接的产业"清单"。而不是纷纷"跑部进京"，为争抢项目，相互压低"出价"，既伤害当地整体福利和长远发展，又不利于企业"落地"后可持续发展。

综合上述考虑，在国家给定的河北省在京津冀协同发展四大定位的基础上，基于张家口的比较优势与发展趋势，应该着力打造京西北部生态涵养区、京津生态旅游疗养综合区、京冀晋蒙现代商贸物流集散基地。

8.8.2　共建共享京西北部生态涵养区

张家口要始终围绕国家定位和省委精神，紧紧把握"生态涵养区"的功能定位，做足做够绿色崛起这篇大文章。借助"2·26"后京津冀协同发展千载难逢的机遇，北京、张家口申办 2022 年冬奥会的难得契机，积极谋划和努力申报"中国北方生态涵养共建共享区"的国家战略：一是有效改善京津冀城市群结构和空间布局，构建京津新型生态屏障，统筹区域生态环境建设，探索生活、生产和生态为一体的"三生共生"的新型发展模式，加快产业、人口、城镇和生态的融合和发展；二是通过京津冀产业分工协作的辐射带动作用和产业转移的经济再造，加快促进和带动张家口（包括承德）贫困地区的发展，促进社会和谐发展。

建立"生态补偿与修复基金"。由京津冀中央和市场的"三方五主体"共同组建"生态补偿与修复基金"，即京、津、冀地方政府和中央政府，以及社会资本形成合理的生态补偿和共建共享机制。利益补偿不但包括提供水源保护和生态修复所需的资金，而且还应在产业帮扶、人员培训、项目合作、服务功能延伸等形式加大反哺力度，进而建立利益共同体。

积极探索生态功能修复和保护的多种模式。按照"完善规划、增强功能、改善环境、提升品位"的要求，借鉴 BOT（建设、经营、移交）、BOO（建设、拥有、经营）、BOOT（建设、拥有、经营、转让）、ABS（资产收益抵押）等投资模式，将生态项目进行商业化运作，吸引民间资金、民营企业以及外商外资，突破资金短缺的瓶颈制约，按照"市场筹集为主、政府投入为辅"和"谁投资、谁经营、谁受益"的投资行为市场化原则，走"政府投资、社会集资、招商引资、合理开发、滚动发展"的筹资道路，鼓励企业和个人投资建设生态项目，确立国家、地方、集体、个人、外资等多元投入主体，使生态项目建设资金的筹集步入良性循环的轨道，发挥其综合整体效益。

坚持让绿色财富的创造者成为受益者。引入市场机制，在北京环境交易中心、天津排放权交易所、河北省能源环境交易中心基础上，建立三地联动统一的碳交易市场。由于京津冀三地经济发展不均衡，适用"共同但有区别的责任"原则，在标准、配额和核算方法等方面实现协调，构建起以强制性为主、自愿性为辅的跨区域性碳交易市场，通过在总量控制的条件下，起到减少碳排放的促进作用。这个碳交易市场具有三大特征：一是能够覆盖国民经济涉及的各个行业；二是除一级市场外，还拥有健全的二级市场，包括碳期权、碳期货、碳基金等金融产品；三是能与全国及国际市场接轨。同时通过森林碳汇的发展模式来固化大气中已经被排放的碳，不仅起到改善环境的目的，也改变了落后地区的经济发展模式，由原来"输血式"的生态补偿转化为"造血式"生态共建共享机制。利用市场的趋利规律来解决治理环境存在的公地悲剧问题，实现京津冀地区资源互补的协调发展。

8.8.3　做好做优京津生态旅游疗养综合区

第一，张家口市应充分发挥生态优势，从高端、高质、高附加值的角度，拉长做强旅游业，筹建集生态旅游、生态疗养、医疗养老、休闲度假等综合性的"冬都"和"夏都"。

第二，从京津冀协同发展角度，使旅游区联动发展。积极打造环京津商务休闲旅游产业带，将张家口丰富的旅游资源纳入北京旅游版图，推出以阳原泥河湾远古文化、涿鹿三祖文化、蔚县民俗文化为重要节点的精品线路。推动京西北运动康体休闲区、京北皇家度假休闲区、京西南观光休闲旅游区与京东同城商务休闲区的联动发展，实现旅游由观光向休闲的转变。打造张家口市桑洋河谷—秦皇岛市昌黎—滨海新区茶淀葡萄酒文化休闲聚集区，打造环渤海地区首位的国家级旅游度假区、滨海度假带、国际知名的滨海度假地。

第三，生态旅游疗养综合区建设要抓住筹办2022年冬奥会机会。冬奥会直接带动京冀及周边地区至少3亿人参与冰雪运动，将优化和完善冬季运动设施和休闲旅游环境。冬奥会的申办不仅在于能不能成功，更为关键的是申办过程。通过身边冬奥会可以很好地规划、建设、提升张家口软硬件环境，更好地融入京津冀一体化过程中。

第四，生态旅游疗养综合区建设要抓住北京产业和人口外溢的时机。随着新七环和环首都圈的打造，交通配套和产业的支撑逐步到位之后，新"北京人"就势必会在北京周边新型城镇置业落户。而京西片区，正在着力打造一个同步世界的新都会，率先成为新"北京人"置业的关注焦点。上一个十年北京"发展往东"，下一个十年北京"发展往西"，必将成就张家口市。

第五，生态旅游疗养综合区建设要抓住新型城镇化发展趋势。新型城镇化是中国下一阶段最大的内需，经济发展的最大动力来源。由中国社会科学院发布的《中国农业转移人口市民化进程报告》测算表明，当前我国农业转移人口市民化的人均公共成本约为 13 万元。其中，东、中、西部地区人口转移的公共成本分别为 17.6 万元、10.4 万元和 10.6 万元。号称以 15 分钟车程为半径的京西北现代生活圈，服务周边涿鹿、下花园、蔚县、宣化、赤城等地，改变区域消费理念，为北京西北发展提供动力。哈工大科研所、昌平科技园、北京理工大学等园区高校都已进入张家口市各区县，要积极推动城镇化发展，提升中小城市生活品质。

8.8.4　做强做大京冀晋蒙商贸物流通集散基地

张家口地处冀晋蒙京四省市通衢之地，具有重要的战略地位，加快张家口市经济与社会发展，有利于改善中国北方区域发展不均衡现状，筑牢北京北方门户，有利于促进区域协调发展。在打造京冀晋蒙现代商贸物流集散基地的同时，要把握几个结合：

一是与国家"一路"战略结合。张家口市地处京、冀、晋、蒙四省通衢之地，是连接环渤海经济圈和西北内陆资源区的重要节点，距北京仅 180 千米，距天津港 317 千米。张家口发展现代商贸物流业，要紧密结合"丝绸之路经济带"，打造丝绸之路京畿之地，这是一个国际经济发展新格局与国内区域发展新格局的结合，东部连通河北省的唐山港、黄骅港与天津港，向西通向山西、内蒙古，最后汇集到新疆的欧亚大通上，这样把京津冀晋蒙都融入"丝绸之路经济带"之中，促进内地与欧亚的商贸物流业大发展。

二是与实体经济相结合。主要是围绕张家口市的八个产业，即与北京共同打造文化旅游、高端休闲、健康养老服务业基地，发展节能环保、新能源、新材料以及生物制药、电子信息等新兴产业，主动承接京津外溢功能，全面深化对接合作，服务北京、融入北京、借力北京，推进京张协同发展。现代商贸物流业与实体经济相结合，做好做强北京城市功能疏解区、产业转移承接区、高新技术成果转化区、休闲旅游养生区、绿色农产品供应区和生态涵养保护区。在这一过程中，既要关注北京市的增量，新增新扩业务；又要关注第三产业和无形资产、品牌、智力。

三是与产业链各环节相结合。以张家口的葡萄种植与酿酒为例，保守估计，仅张家口涿鹿县葡萄产业产值达到 10 亿元，怀来县葡萄产业年产值为 40 亿元。现代商贸物流业就要和葡萄产业的每个环节相结合。葡萄产业带来它的附加值是 1∶9 和 1∶11，无限的价值存在于这个产业链里，商贸物流业一定要和葡萄的储存、采摘、酿酒设备制造、食品业和餐饮业紧密结合起来，才有无限商机。

四是与新型电商结合。中国电子商务呈指数式增长，2009 年、2010 年、2011 年、2013 年先后超越德、英、日、美，成为全球最大网络零售市场，引发了零售业革命，进而引发了生产、流通、服务和技术创新在内的整个经济系统的变革，正在形成以电商为核心的新经济生态系统。这个系统最主要特征是平台化、开放化和嵌入性。义乌商贸既是传统的代表，也是现代商贸的典范。在与现代商贸物流结合中，它们利用现代媒体，现代商业机会，发展了一批平台型电子商务企业，带来了新的发展。张家口的商贸物流业就要与商业新兴的业态相结合，由传统的商业向平台型的业态发展。

此外，要跳出商贸流通谈商贸流通。要考察消费群体对商贸物流业的需求层次变化，商贸物流要关注居民消费观念是如何从可获得性、易获得性、体验性和品牌价值性变化的。这一过程中，既要实现产品升级换代，又要在服务大众过程中实现凤凰涅槃。

8.8.5　做好做实四个对接，助推绿色崛起战略

要顺利实现张家口的京西北部生态涵养区、京津生态旅游疗养综合区、京冀晋蒙现代商贸物流集散基地等的定位，还应积极推动与京津等地交通、产业、市场和生态的四大对接。

（1）交通基础对接。北京要积极开通至怀来县公交和铁路 S2 线，6 条高速公

路（京藏、宣大、张石、京新、张承、张涿）、5 条铁路（京包、大秦、丰沙、沙蔚、张集），宁远机场，该市集公路、铁路、航空于一体的现代立体综合交通体系已经形成，区域性交通枢纽地位日益彰显。

（2）产业对接。积极推进规划总面积 410 平方千米的 23 个产业园区的建设，形成京西北大型工业园区集群。怀来东花园京北生态新区和涿鹿科技成果孵化园为"桥头堡"，进一步加强与北京的产业对接。

（3）市场对接。疏通张家口与北京、天津等地市场中的"肠梗阻"，清理妨碍市场要素自由流动的各种地方规定制度，促进人才、技术、资本、产权按照市场机制配置，到 2015 年将全面建成进京蔬菜物流配送体系，在京津地区的年销售量增长一倍，达到 400 万吨；特色直供北京高端奶占到北京市场的 15% 左右。

（4）生态对接。围绕构建"首都新型生态屏障"，重点建设潮白河流域湿地保护、官厅流域节水灌溉、怀来与赤城生态涵养林建设等工程。

第 9 章
生态环境、交通网络及教育协同发展

9.1 碳交易与京津冀生态环境共建共享的市场机制[①]

近年来，京津冀地区不断加剧的环境生态污染问题，逐步成为迫切需要解决的议题。京津冀地区不可能脱离环境进行发展，这就要求开始转变经济发展思路，引入市场机制，建立三地统一的碳交易市场。由于三地经济发展不均衡，适用"共同但有区别的责任"原则，在标准、配额和核算方法等方面实现协调，通过在总量控制的条件下，起到减少碳排放的促进作用。同时通过森林碳汇的发展模式来固化大气中已经被排放的碳，不仅起到改善环境的目的，也改变了落后地区的经济发展模式，由原来"输血式"的生态补偿转化为"造血式"生态共建共享机制。利用市场的趋利规律来解决治理环境存在的公地悲剧问题，实现京津冀地区资源互补的协调发展。

9.1.1 京津冀地区碳交易现状

总体上看，京津冀地区生态建设发展不平衡的问题十分突出，整体生态状况脆弱。而且京津冀地区碳排放量约占全国的 1/5，是我国乃至世界上碳排放量最

① 本节作者：张贵、吕瑞祥，完成于 2014 年 8 月 28 日。

大的都市圈，肩负着碳排放转型的重任。

当前京津冀地区碳交易现状，是将排放大户河北省排除在体系之外，市场覆盖不足，难以有效遏制碳排放量增长，京津冀地区的碳排放量，河北省占到74%。河北省总量控制时机成熟，碳价值高。另外，京津冀碳交易市场动力高，碳排放强度不同，决定了降碳成本不同，促进地区间碳配额流通。

北京市碳排放强度为 0.17 吨/万元，天津市碳排放强度为 0.41 吨/万元，而河北省碳排放强度约为 0.95 吨/万元，三地碳排放差异巨大，通过开展碳交易，河北省优化产业结构，促进低碳发展，从而带动京津冀地区整体碳交易活跃度。

9.1.2　碳交易市场的顶层设计

构建出一个切实可行、运行科学的碳交易市场，将在很大程度上弥补我国长期以来环境政策管理工具市场灵活性缺乏的不足，在降低碳排放外部性效应的同时，与其他环境保护举措相互配合，共同促进我国经济社会和资源环境的协调发展。

9.1.2.1　构建碳交易市场的目标

京津冀碳交易市场顶层设计的基本目标是构建起以强制性为主、自愿性为辅的跨区域性碳交易市场，具备三方面的特征：一是能够覆盖国民经济涉及的各个行业；二是除一级市场外，还拥有健全的二级市场，包括碳期权、碳期货、碳基金等金融产品；三是能与全国及国际市场接轨。

碳交易市场的根本目标是要以最小的经济和环境成本，在优化配置各类节能减排资源的过程中，充分发挥市场机制的调节作用，最终实现有利于生态环境可持续发展的最佳减排效果。

9.1.2.2　构建碳交易市场的作用

碳交易市场应从四个层面发挥作用：一是构建碳交易价格发现机制，提高发达国家转移碳排放的成本，使碳排放价格能够充分体现其资源环境成本；二是使减排成果真正做到可测量、可报告、可核实，增强京津冀减排活动的真实性；三是促进低碳技术的推广和使用，通过低碳技术的本土化，使低碳技术能广泛应用于国民经济建设的各个方面；四是促进碳金融的发展，使碳金融成为产业低碳化的重要支撑，并能与国际碳金融市场实现接轨。

9.1.2.3　碳交易市场的对接与融合

京津冀地区需要加快跨区域碳交易，打破当前京津碳市场流通的配额必须来自该市的规定，实现京津冀碳配额的互相流通。主要做法为北京环境交易所和天津碳排放权交易所的碳配额除源于本地外，允许企业使用经过认证的一定比例的源于河北省的碳配额。因此，规范碳排放认证核查制度，建立区域性碳排放第三方认证核查体系，从而为国内碳交易市场提供标准化、可流通的交易标的碳配额。

9.1.2.4　碳交易市场的发展机制

由于京津冀三地发展的不平衡，在技术、经济、政治方面存在的巨大差异，导致北京和天津相对发达的直辖市与河北省相对落后的省份在进行碳排放合作过程中，难免会有难以协调的利益冲突。

借鉴运用《京都议定书》的清洁发展机制，在发展悬殊的省份之间进行项目合作，发达省份通过提供资金支持或技术援助等形式与相对落后的省份开展减少温室气体项目的开发与合作，具体合作机制是：承担减排义务的北京、天津在河北省投资能够减少排放量的项目或是为其提供减排技术支持，那么减少的排放数额就可返还北京、天津，来冲抵其本身的减排义务。

这个机制的主要目的是要协助河北省实现可持续发展，并协助北京、天津达到减排的目标。因此，这对于发达城市和落后地区来说，是一种双方都获利的交易机制。此外，由于公私部门可以共同参与这一交易，协调各方的利益，是最有潜力与最有机会的机制。

9.1.3　碳交易的运行与实施

碳交易的市场化体系离不开各交易主体及管理主体的良好建设及运行实施。碳交易市场的主要参与主体：碳交易管理机构、碳排放交易平台、试点企业和第三方核查机构等。

9.1.3.1　碳交易管理机构的职能作用

可创设碳交易管理机构作为统一运行管理机构，汇集各个管理机构的职能，由地方政府主导，多个相关部门参与。统一京津冀对碳交易的管理问题。对碳交易的各个环节和各个主体进行监管，设定合理的碳排放控制目标，重点是确定控制碳排放总量，河北省碳排放总量历年平均增长率为 1.06%，以逐年递减的增长速度确定碳排放目标，将 2015 年估测到 2.3 亿吨的碳排放总量。

只有制定出明确的节能减排或碳排放控制目标，才能对区域的温室气体排放进行控制，激发企业节能减排并进行碳交易的积极性。地区要严格按照国家确定的污染物减排要求，将污染物总量控制指标分解到基层，不得突破总量控制上限。

9.1.3.2　碳交易平台的建立与运行

京津冀碳排放交易平台在运行过程中，制定完善的碳排放交易规则和交易系统，在此基础上建设区域性的碳排放交易平台。作为新生的市场形式，碳排放交易平台是一个长期的过程，不可一蹴而就，其发展过程必须要经历分步实施、不断调整的步骤。

在碳交易市场建设初期，由于难以承受过大的市场风险，也没有健全的市场机制，碳交易平台可只进行碳减排额的现货交易，到碳交易市场发展渐趋稳定后，再将碳排放交易平台的交易产品扩大为碳期货、碳证券、碳基金、碳掉期等碳金融衍生品。以循序渐进的趋势，逐步完善碳交易市场。

在碳排放交易平台建设的过程中，需要注意的是运行过程中必须受到有关机构，如碳排放交易管理机构的严格监管。其次还要充分考虑与全国甚至国际碳交易市场的接轨问题。

9.1.3.3　试点企业作为主要参与主体

京津冀试点企业是碳交易市场的重要参与主体之一，在碳交易市场建设的现阶段，三地可根据当地的实际情况，率先在钢铁、化工、水泥、汽车制造、电力、有色金属、玻璃、造纸等高耗能行业中展开试点，将部分企业强制纳入碳交易试点，为下一阶段扩大试点范围积累经验。

河北省钢铁、电力、建材、化工、煤炭和石油加工业六大高能耗行业占工业总能源消费的90.5%。结合河北省能耗特点，着手开展对重点行业碳交易的研究工作，加强重点行业温室气体排放数据的核算和监测工作。率先推动河北省的高耗能行业的减碳信用以恰当的方式介入京津碳交易市场。

试点企业由于产能扩大或其他原因，导致实际排放量大于分配配额，就必须购买相应的碳排放权以抵消其超额的碳排放，购买的途径主要有三种：一是通过碳排放交易平台来进行购买；二是向实际排放量小于分配配额的企业直接购买；三是购买碳基金。对于碳排放仍不能达标的企业，碳排放交易管理机构应制定系统的处罚机制，对超额碳排放进行处罚。如果试点企业由于产能降低或技术进步等原因，导致实际排放量小于分配配额，就可以出售相应额度的碳排放权获得收益。

9.1.3.4　第三方核查机构的辅助作用

第三方核查机构是建设碳交易市场的必要前提。实施碳交易有一个重要的基础条件，便是基础数据的获取。现阶段，京津冀碳交易市场建设的市场环境和数据体系还很薄弱，数据监管缺位比较明显。一般而言，第三方核查机构是除了国际、国内管理职能部门外，保障碳减排交易真实、合法、有效的最重要屏障，要实现核查结果能够真实有效，第三方核查机构必须是与减排项目没有利益牵扯的独立性机构或组织，才能保证基础数据的真实可信。

9.1.3.5 结合当地环境，发展森林碳汇

通过森林碳汇抵减碳排放，受到了国际社会前所未有的关注和重视。积极推动以碳汇为主的生态服务市场的建立和发展成为京津冀应对气候变化工作的重要内容。

栽种碳汇量大的树种，对改善生态环境，尤其是减轻城市空气污染，意义很大。森林碳汇可以买卖，但如果计算不准确，碳汇买卖就缺少前提条件。企业二氧化碳排放是有额度的，超过额度而需继续排放，就必须购买碳排放指标，超额排放二氧化碳的企业出钱给森林培植和所有者。

京津冀地区人多地少，尽管经多年努力，森林覆盖率大大提高，但相比二氧化碳排放量，生态承载能力仍较弱。河北作为工业大省和二氧化碳排放大省，河北省的贫困地区可以通过种植植被，开放创新的发展道路，依靠碳汇贸易中心，通过自身的碳汇来获取补偿实现当地经济的发展和创收。这种市场模式将环境作为商品进行买卖，将摒弃以往引进高污染企业的发展模式，可建立区域范围内的森林碳汇贸易市场，企业的碳排放超量的，必须购买碳汇，以促进企业节能减排、转型升级。

探索碳排放权交易下的京津冀森林碳汇，具体操作倾向于在河北开展植树造林，改善地貌，经过认证形成在京津碳交易所流通的"碳汇指标"，进而打通河北省介入京津碳市场的通道，改善河北省中小县市植树资金少、动力弱的局面。还可以开发耕地碳汇，破解秸秆焚烧困扰难题，2014年夏收河北省发现焚烧位置619处，其中一处面积达4.5万亩，而利用耕地固碳、秸秆还田将二氧化碳固定到了土壤中，从而实现可以流通的耕地"碳汇指标"。

9.1.3.6 碳交易在运行过程中的困难

碳交易在实际操作中还需跨过两道门槛。首先，京津冀对二氧化碳要明确碳的排放限制；其次，一切燃烧都会产生二氧化碳，对使用煤、电、气、油等燃料的企业，需核定二氧化碳排放指标。发达国家的实践表明：只有迈出二氧化碳限

排这一步，使排污权成为稀缺的商品，森林碳汇贸易才能真正着手进行。

9.1.4　碳交易的组织与保障

碳交易市场的本质是利用市场手段来实现节能减排资源的优化配置。政府管理部门就必须打破计划经济时期的管理模式，认识并尊重市场规律，充分发挥市场在资源配置过程中的作用，让市场工具成为推动节能减排、发展低碳经济的重要手段。

9.1.4.1　强化管理部门领导地位

由于碳减排额与一般商品存在的差异，既需要市场机制发挥作用，又需要政府参与到市场交易的各个环节中，这也意味着，要想实现碳交易市场在京津冀地区的快速建设和健康发展，政府有关管理部门必须在碳交易市场建设发展的过程中，发挥引导性作用。

政府要加强对碳交易工作的组织领导，制定具体可行的工作方案和配套政策规定，建立协调机制，加强能力建设，主动接受社会监督，积极稳妥推进试点工作。财政部、环境保护部、发展改革委负责对地方人民政府的试点申请进行确认，并加强对试点工作的指导、协调，对排污权交易平台建设等给予适当支持，按照各自职能分别研究制定排污权核定、使用费收取使用和交易价格等管理规定。

9.1.4.2　提高管理部门服务质量

京津冀地区要及时公开排污权核定、排污权使用费收取使用、排污权拍卖及回购等情况以及当地环境质量状况、污染物总量控制要求等信息，确保试点工作公开透明。要优化工作流程，认真做好排污单位"富余排污权"核定、排污许可证发放变更等工作。

加强部门协作配合，积极研究制定帮扶政策，为排污单位参与排污权交易提供便利。严格监督管理，重点排污单位应安装污染源自动监测装置，与当地环境保护部门联网，并确保装置稳定运行、数据真实有效。试点地区要强化对排污单位的监督性监测，加大执法监管力度，对于超排污权排放或在交易中弄虚作假的排污单位，要依法严肃处理，并予以曝光。

9.1.4.3　构建健全的法律保障体系

京津冀地区应在遵守全国碳交易法律框架内，根据自身发展状况建立相互协调的可操作的碳交易细则，并随着基于配额节能减排交易的不断增加、地区性的法律法规来满足交易类别多样化的需求。从立法层面对节能减排的总体目标、管制行业、配额分配方式、运行制度、监测核查方法等做出明确规定，使地区碳交易市场建设做到有法可依，为其快速、持续和健康发展提供法律支撑。

9.1.4.4　构建健全的政策保障体系

政策保障体系与传统的法律手段相比，政策手段具有操作灵活、效果直接等特性。作为市场机制的有效补充，政策手段在碳交易市场的建设过程中也发挥着重要作用，因此，应积极推动政策保障体系的建设。京津冀地区三方政府部门应积极深入调研，制定切实可行的地区碳排放总量，循序渐进地压缩碳排放总量，给予企业充分的转型时间，实现经济的发展和碳排放缩减的双重发展。

地区间的政策保障已经初见端倪，北京市人民政府印发了《北京市碳排放权交易管理办法（试行）》，经审定的碳减排量被纳入北京市碳交易范围，以此释放出信号，京津冀有望成为率先构建碳排放权联合交易的地区。《京津冀散煤清洁化治理行动计划》《京津冀地区生态环境保护整体方案》等三方协作的一系列政府文件的出台将加快三地政策、管理、执行方面的统一。

9.1.4.5　构建健全的市场保障体系

在市场监管层面，从本质上来讲，碳交易市场实际是一种以节能减排为目的的制度安排，要保障这一制度的有效运转，通过碳排放权交易来实现节能减排的目标，必须构建切实可行的市场监管体系，设立明确的市场监管职能部门。碳交易市场的有效运行，除了需要科学的机制支撑外，还应拥有强而有力的市场监管部门。同时明确奖惩机制，加大对违规行为的处罚力度。

9.2　京津冀生态测度核算与共建共享的市场机制[①]

京津冀协同发展已进入实操性阶段，区域生态建设是京津冀协同发展的重要组成部分，随着京津冀地区经济社会的发展进步，区域生态环境形势日益严重，尤其体现在水资源和大气污染等方面。近年来，京津冀区域的生态建设与协作取

---

① 本节作者：张贵、齐晓梦、原慧华，完成于2015年8月。

得一定进展，进行了三地之间在大气污染防治、环境监测和环境执法等方面的合作与交流，但加强京津冀区域生态协作机制建设，不仅需要通过制定生态环境保护政策，还应当通过区域生态补偿来缩小区域间的经济与环境公平，实现经济、社会和环境协调发展，经济社会转型升级和可持续发展。

9.2.1　国内外生态补偿的主要模式

生态补偿在目前还没有统一的界定，一般来说，生态补偿机制是指以保护生态环境、促进人与自然和谐为目的，以经济手段为主，调整生态环境保护和建设相关各方之间利益关系的环境制度安排。"生态补偿"在国际上通用的是"生态服务付费"和"生态效益付费"。

9.2.1.1　国外生态补偿的实践和主要模式

目前世界各国纷纷开展了生态补偿的实践和探索，在欧洲、美洲、亚洲、非洲等国家都涌现了许多典型的生态补偿模式，主要可分为三种类型：政府主导模式、市场主导模式和生态产品认证计划（间接交易模式）。

（1）政府主导的生态补偿模式。政府主导的生态补偿模式包括财政资金来源、资金支付和资金用途监管与绩效评估三方面的内容。

生态补偿财政资金主要通过财政统资，设立财政专项资金、生态补偿基金，征收环境与资源税费等多种渠道获得。例如哥斯达黎加主要通过设立国家林业基金对植树造林、保护水体的土地私有者进行生态补偿，其 1996 年修订的《森林法》对国家森林基金规定了多样化的资金来源，主要包括：①国家财政统资，包括化石燃料税收入、森林产业税收入和信托基金项目收入；②与私有企业签订的协议，规定双方共同出资；③项目和市场工具，主要包括来自世界银行、德意志银行等国际国内组织的贷款和捐赠、国际债务交换、金融市场工具如债券和票据等。在十几年时间里，哥斯达黎加此项举措使森林覆盖率提高了 26%，同时提高了土地水源涵养功能，改善受益农户的生活，并在全国范围内实现了对森林价值、水源涵养重要性的认同。再如厄瓜多尔首都基多在 1998 年建立信用基金补偿制度，启动水资源保护基金对上游水土以及生态保护区的保护，基金最初来源于向生活和工业用水户征收的费用，用户也可成立协会向基金捐款。此外，墨西哥建立森林保护基金，对提高森林生态服务者按照每年、每公顷一定金额的标准补偿；德国于 1999 年通过立法设置生态税（即消费税中附加的能源消耗税），部分用于生态补偿。

生态补偿财政资金的支付可以分为直接支付和转移支付两种。直接支付属于政府补贴，政府直接将财政资金拨付给实施生态保护的主体，如美国政府实施全国性的"土地修耕保护计划"，农民自愿进行退耕还草还林等植被恢复保护活动，其产生的费用由政府直接补贴；又如英国北约克根据野生动物保护与农业法制定"莫尔斯农业计划"，政府财政为当地农户提供资金用于改善野生动物环境。

转移支付又分为纵向转移和横向转移支付两种类型。纵向转移支付由国家统筹生态保护财政资金的来源，通过中央财政向地方财政转移支付。横向转移支付则是指通过一整套复杂的计算及确定转移支付的数额标准，由富裕地区直接向贫困地区转移支付。例如德国各州依法收取的消费税附加的生态税收，在扣除了划归各州消费税的25%后剩余部分直接由财政较富裕的州按照统一标准计算拨给经济落后的州。横向转移支付有助于改变不同区域间的生态保护主体与受益主体间的既得利益格局，实现地域间财政资金和公共服务水平的均衡。

有了财政资金来源和财政资金的支付还需监管生态补偿资金的用途，并对补偿结果进行绩效评估。对用于生态补偿的财政资金都有严格的审核制度，以防作假或资金挪用；为检验生态补偿投入的资金是否真正减少了生态"净损失"需要进行绩效评估，如英国莫尔斯计划经评估非常成功，但西班牙针对生态补偿的环境影响评价（EIA）研究结果表明，该制度并不能有效地防止生态的"净损失"，偏离了可持续发展目标。对新西兰的绩效评估则表明，全国所支付生态补偿财政资金仅实现了70%的生态保护目标。

（2）市场主导的生态补偿模式。市场主导的生态补偿模式是对生态保护制度的创新，即在"生态市场"的全新理念之下，通过市场机制对产权关系较为明确的生态补偿类型提供补偿。例如法国毕雷矿泉水公司为保持水源区水质减少杀虫剂使用，为上游流域农户承担新农业设备费用并提供技术支持，实现对环保耕作方式的补偿。又如1999年澳大利亚新南威尔士林业部门和马奎瑞河食品以及纤维协会签订引水控盐贸易协定，规定灌溉者向林业部门支付费用以供流域上游更新造林，运用市场手段解决田地盐化问题。再如为确保河流的水质，哥斯达黎加的水电站给上游的森林保护活动支付费用。

随着《京都协议书》的签订和各国节能减排目标的树立，国际碳汇交易市场和排放许可证交易市场也在形成和发展。例如美国就通过法律法规或许可证为自然资源用户限定了义务和标准配额，无法完成或超标的，就要通过市场购买相应的信用额度。而国际碳交易方面，哥斯达黎加统计国内林业碳汇总量，在国际碳汇市场转让或销售国家碳汇储备，获得生态环境保护的收入，并将其大部分补偿给林场私有者。

（3）生态产品认证计划。该计划是指通过消费者选择购买经由独立第三方根据生态环保标准认证的产品，为提供生态友好型产品的企业进行补偿的计划。它实际是对生态环境服务的间接支付。欧盟生态标签制度就属于这类生态补偿。欧盟于 1992 年出台生态标签制度，对各类消费品的设计、生产、销售、使用以及回收处理进行绿色认证，以保证产品生命周期各个环节不危害生态环境。欧盟生态标签为一朵绿色小花，获得生态标签的产品也常被称为"贴花产品"。"贴花产品"可以帮助企业打造良好的品牌形象、取得消费者及社会的信赖、提高产品的附加值。类似的生态产品标识还有荷兰的 Milieukeur，北欧统一的白天鹅标志。

总体来说，国外生态补偿能够综合运用公共财政手段和市场手段，在补偿付费方面采用了公共交易、私人交易、生态标记等一些方式，补偿方式透明、开放、自由和灵活，并能提供相应的法律制度保障和相关的政策配套支撑，保证了补偿工作有序、有理、有节地开展。我国在开展生态补偿的过程中，可以适当借鉴国外的这些成功经验和做法。

9.2.1.2　国内生态补偿机制的发展

我国生态补偿实践目前是以"政府主导"为主。1985 年左右，国内颁布多部有关资源环境方面的法律法规，为进行生态补偿活动提供了法律基础。1990 年国务院发布《关于进一步加强环境保护工作的决定》，提出"谁开发谁保护，谁破坏谁恢复，谁利用谁补偿""开发利用与保护增殖并重"的环境保护方针，第一次确立了生态补偿的政策。1992 年末，原林业部邀请十个部委通过对 13 省的林区考察调研，提出建立中国森林生态补偿机制和"直接受益者付费"的方案。1999 年下半年开始，陕西、四川、甘肃西部三省率先开始退耕还林的试点工作，到 2003 年已扩展到 30 个设区市，据统计，2000~2004 年完成的退耕总效益高达 8408.2 元/年，退耕使水土流失得到控制，优化了作物生产结构，加快农村剩余劳动力转移速度，我国生态补偿进入了快速发展的阶段。进入 21 世纪，生态补偿得到国家高度重视。2006 年，"十一五"规划提出按照"谁开发谁保护、谁受益谁补偿"的原则，建立生态补偿机制。2007 年发布《国家环境保护总局关于开展生态补偿试点工作的指导意见》，提出我国将在"自然保护区、重要生态功能区、矿产资源开发、流域水环境保护"四个领域开展生态补偿试点，推动了生态补偿实践发展。2008 年修订《水污染防治法》，首次以法律的形式明确规定水环境生态补偿。2009 年的"中央一号文件"提出要提高森林生态效益补偿标准，并启动草原、湿地、水土保持等领域的补偿试点工作。2010 年 4 月，《生态补偿条例》正式启动，这意味着我国的生态补偿制度进入了新的立法准备阶段。

我国同时借助市场力量实现温室气体减排，2008 年 7 月 16 日，国家发改委决定成立碳交易所，目前，我国影响较大的碳排放交易所主要有北京环境交易所、上海环境能源交易所和天津排放权交易所。2012 年，国家发改委将北京、重庆、上海、天津、湖北、广东和深圳列为碳交易试点区，计划在试点基础上将碳交易逐步扩大到全国范围。2014 年底，北京市发展改革委与承德碳排放交易试点将正式启动，两地试行的首笔交易属于林业碳汇交易，此前承德市丰宁千松坝林场碳汇造林一期项目在环交所上线，预签发量为 96342 吨 CO_2 当量，最终眉州东坡餐饮管理（北京）有限公司就买了其中的 3450 吨，每吨价格为 19 元。

生态建设工程有"投入高、周期长、范围广、见效慢"等特点，整体而言，国内生态补偿在流域生态补偿和森林生态补偿方面做了较多的实践和探索，在草原、海洋、能源开发等生态补偿方面也做了一些尝试，但至今尚未形成一个完善的生态补偿体系。

9.2.2　京津冀生态补偿存在的问题

9.2.2.1　京津冀生态补偿实践的现状

京津冀协同发展上升为重大国家战略，京津冀绿色生态建设也受到广泛关注。2003 年，河北省委、省政府出台《关于推进林业跨越式发展的决定》，实施退耕还林、京津风沙源治理、京冀生态水源保护林、太行山绿化、沿海防护林、野生动植物保护等一批国家重点林业生态工程，并取得一定成效。近年，为深化区际生态环境领域的合作，京津冀坚持"谁受益、谁补偿，谁污染、谁付费"的原则，不断探索区域横向生态补偿制度，在水源保护方面提出一些新的思路，如开展水库水源保护跨省流域生态补偿试点、建立渤海湾近岸地区的跨界污染控制补偿机制。同时，加强区域生态建设和环境保护合作，安排专项补偿基金为水源保护、林木防护提供稳定资金，并通过科学的监测指标明确上下游地区责任。

京津冀地区是我国生态最为脆弱的地区之一,河北省肩负着京津生态屏障和涵养水源的历史责任。京津冀区域内的官厅、潘家口、大黑河、桃林口等大型水库及上游地区是京津冀三省市重要水源地,区域内供水、防洪、灌溉等水利设施又连为一体,而河北省又是京津防洪、泄洪区。国家近些年实施的"京津风沙源治理工程""退耕还林还草工程""世纪首都水资源可持续利用工程"补偿难以弥补农民的损失,特别是这些工程导致区域畜牧业生产成本的提高,严重打击了农民发展畜牧业的积极性,造成当地曾经辉煌的畜牧业严重滑坡。

为保护京津水源地和生态环境,冀北地区不仅投入大量的财力、人力和物力,而且由于地处京津水源地上游并居上风头,冀北地区大量项目因环境保护下马、限产、关停。多年来张家口、承德两市为保护水源地不同程度地丧失了发展工业、壮大自身经济的机遇,付出了巨大的发展代价,但却未能得到应有的回报,贫富差距逐渐拉大,甚至形成特殊的环京津贫困带。受益者无偿或低成本占有环境利益,保护者却得不到相应的经济补偿,就缺乏保护的工作积极性。这种表现在环境问题上的冲突和不公平,是对经济利益关系的扭曲,甚至影响到区域间的和谐关系。

9.2.2.2   京津冀生态补偿现存问题

京津冀在生态补偿领域虽然有了一些探索和突破,但仍存在比较突出的问题。生态补偿标准落差大,生态建设资金短缺。国家在工程造林投入上实行全国统一标准 200 元/亩,而随着树苗、人工成本的不断上涨,河北省人工造林成本每亩达 500 元以上,条件较差的山区每亩达 2000 元以上。北京造林绿化每亩投资最高 2 万元,是河北省的 10~100 倍;天津造林绿化每亩投资在 2000 元以上,是河北的 10 倍以上。北京密云县和河北兴隆县毗邻,密云护林员的工资为 400元/月,兴隆仅为 30 元/月。北京在全国率先建立了山区生态林补偿机制,并通过由政府出资对养殖户进行补贴等方式,有效地解决了农民增收与保护还林还草成果的现实问题。而冀北地方财政捉襟见肘,无力为封山禁牧区受损失农民进行补偿,也无充足资金进行生态建设。例如,官厅水库重新启用饮用水源功能后,执行标准提高到Ⅲ类,要求上游污水处理设施相应升级,但高额的建设费用和运行费用,远远超出当地财政支出和企业自筹的能力,仅张家口市各县城污水处理厂、生活垃圾处理场建设资金缺口就达 15.5 亿元。再如,同样的荒山造林,北京给予农民生态补助金是每亩 1000~3000 元,而河北只有 50 元,连苗木资金都不足。对林木立地条件差的地区，树苗往往须补植三次才能保证成活，但补植补种是没有补助的。长期的资金匮乏，致使生态环境的改善和生态补偿体系的形成举步维艰。

自然环境条件较差，生态建设难度加大。京津冀地处我国北方农牧交错带前缘，主体为半湿润大陆性季风气候，为典型的生态过渡区，其生态压力已临近或超过生态系统承受阈值。土地沙化、风沙危害、水土流失问题严重，经过 20 多年的生态修复，冀北地区尚未实施生态工程建设的 1100 多万亩荒山荒地，大部分是岩石裸露、沿海滩涂和土壤瘠薄等低质林地，造林绿化成本高、难度大，成活率低；退耕还林使生物栖息地受到严重干扰，本地乡土物种消失，以非乡土物种为主的园林绿化使生态系统单一，生物多样性受到严重威胁；地质灾害易发、频发，限制了生态建设。

机制保障不健全，制约因素明显。只有建立京津冀三地整体绿色生态补偿体系，才能从根本上保证区域生态安全。目前，这一机制尚不完善，受到制约很多。

从政府层面看，近年来虽然启动了京津风沙源治理、21 世纪首都水资源持续利用等工程，但还未制定京津冀区域生态建设整体规划，生态补偿机制缺乏顶层设计，法律缺乏相应的实施细则，环保政策激励力度不够、环保指标分配的区域壁垒存在。京津冀三地在建设区域整体绿色生态体系上认识不统一，缺乏便捷有效的沟通协作和整体协同机制。长期以来，我国流域水资源关系主要靠行政调控，而河北相对于京津直辖市的弱势政治地位，给其带来巨大的水资源使用权损失，张承地区一直是为下游无偿供水。行政指令式水资源分配机制、临时应急性水资源调度机制、用水与保水脱节的水资源保护机制，妨碍了用水效率的提高。三地合作上仅限于京冀水源林、森林碳汇交易等小规模、小范围的局部合作，尚未根据实际形成全方位、高层次的生态补偿合作机制。

从市场角度讲，一是京津冀缺乏明确的生态补偿价格机制，京津冀生态补偿的款项、金额的确定缺乏科学性并具有巨大的随意性；二是京津冀生态补偿缺乏环境污染责任保险，在环境污染问题上没有专门的保险机构与保险资金，导致京津冀企业在经营过程中企业风险加大，被污染地无法合理维护其权益损失；三是京津冀生态补偿社会参与不足，目前京津冀的生态共建共享主要由政府直接签署相关备忘录与合作协议，企业与社会参与有限，环保观念和自觉性缺失，造成补偿资金来源单一，生态补偿碳交易市场不活跃。

9.2.3　京津冀生态环境的共建共享

京津冀生态环境共建共享需要统一规划，建设区域生态体系，划定资源上限、环境底线和生态红线；在水资源、碳交易、大气污染和林业建设等方面治、补、养同时进行。

9.2.3.1　水资源保护共建共享

水是农业的命脉、工业的基础、人类生存发展的基本条件。2001~2013 年北京年平均人均水资源量为 142.5 立方米，天津为 119 立方米，河北是 210.3 立方米，河北省具有明显水资源优势，供水安全性和自给率高。北京市多年（2001~2013 年）平均水资源量为 24.8 亿立方米，但用水总量在 35.4 亿立方米左右，用水缺口约 10.6 亿立方米。同时，城市地表水和地下水源受到不同程度的污染，由于污水处理厂及配套管线建设相对滞后，水体纳污能力接近极限。京津冀水资源存在严重的供需矛盾。虽然经过近半个世纪的水利工程建设，形成了京津冀水资源分配、保护、利用的工程体系和区域功能格局，河北在保证京津安全供水方面发挥了重要作用，但是由于多方面的原因，京津冀始终没有建立起与社会主义市场经济体制和水资源稀缺状况相适应、协调上下游地区发展的长效机制。京津冀水资源保护需要守好"水资源开发利用红线""水功能区限制纳污红线""用水效率控制红线"三条红线，在明晰水权的基础上实施水资源总量控制，科学制定水污染治理规划及明确责任制促进水资源规划实施。

9.2.3.2　大气污染联防联控

《大气污染防治行动计划》出台以来，京津冀地区细化措施、综合施策，初步建立起大气污染防治协作机制，其空气质量有所改善，区域联防联控初见成效，但与国家标准仍有较大差距。2014 年空气质量相对较差的前 10 位城市中，天津、河北占据八席。此外，根据环保部门公布的 2013 年空气质量报告，京津冀区域空气质量综合指标平均达标天数仅为 31%，较 74 个城市平均值低 23.8%，上半年 26.2% 的天数为重度污染以上，2013 年重点区域各项指标污染物达标城市中京津冀的综合达标数为 0 个。二次气溶胶、生物质燃烧和沙尘是我国城市灰霾形成的主要原因，当前京津冀地区市区的大气污染主要源于火力发电、工业生产过程、小商用、民用炉灶和交通排放等部门，这些部门每年排放 PM2.5 及其前体物超过 1200 万吨。要实现十年内 PM2.5 浓度下降 $35\mu g/m^3$ 的目标需要将现有

PM2.5 排放降低 80% 以上，这意味着京津冀地区需要进行根本的工业结构及能源结构调整，大幅度降低重工业比重并进行电力行业的去煤、光伏等新能源的清洁替代，辅以高效、多种污染物协同控制的末端治理。同时还应控制机动车污染，目前京津冀三地机动车总量已超过 2500 万辆，大型运输车辆排放标准更新较慢、油品标准低、污染排放大等现状，给大气污染防治带来较大压力。大气污染联防联治需要从污染成因、规律和预警预报着手，动态监测环境质量，以科技手段和借助市场进行排放权交易合作开展。

9.2.3.3 加快推行碳交易合作

控制碳排放是大气协同环境治理的一个举措，碳交易是利用市场之手遏制碳排放量增长，控制温室气体排放。京津冀整体开展碳交易优势明显，时机成熟：一方面，京津冀严峻的资源和环境瓶颈，使其有望率先实行碳排放总量控制。三地的碳排放量河北省占到 74%。将排放大户河北省排除在体系之外，市场覆盖不足。另一方面，京津冀碳交易市场动力高。碳排放强度不同，决定了降碳成本不同，促进地区间碳配额流通。2013 年北京碳排放强度为 0.415 吨标准煤/万元，而河北承德为 1.17 吨标准煤/万元，相当于北京的 2.8 倍。碳排放差异巨大，给河北带来节能减排空间，带动京津冀地区整体碳交易活跃度。

开展碳交易终极目标，不是为了活跃市场，而是减排降耗。因此，要结合京津冀地区污染重、碳排放量高特点，借力碳汇，发挥其减排固碳的环境改善作用。首先，结合京津冀环境，发展森林碳汇。京津冀地区人多地少，尽管经多年努力，森林覆盖率大大提高，但相比二氧化碳排放量，生态承载能力仍较弱。探索碳排放权交易下的京津冀林业碳汇，可以重点在河北进行植树造林，依靠碳汇贸易中心，通过植被种植和植被保护，改善河北省的贫困县市资金不足、造林动力弱局面，通过自身的碳汇来获取补偿实现当地经济的发展和创收。同时，还需结合华北农业生产特点，开发耕地碳汇。其次，京津冀碳交易市场建设的关键在于碳排放总量控制。区域碳交易的难点主要在交易总量的设定和配额分配比例。可以在京津冀地区施行总量控制的碳排放交易制度，设立跨行政区的中央协调机构，实现整体地区碳排放配额的最优配置，保证跨行政区合作协议的有效实施。建立跨区域的碳交易合作，是实现林业生态补偿的有效途径，也能解决财政机制下生态服务提供者和使用者之间供需"不挂钩"的问题。碳交易市场的日益成熟，将成为京津冀生态环境共建共享的新动力，也是京津冀生态协同发展的突破口。最后，京津冀三地经济发展水平差异较大，参考联合国气候变化大会的"共同但有区别原则"。目前北京和河北的这种跨区域碳市场并未设置明确的碳配额分配比例。河北与北京、天津应该执行不同排放标准。如果配额分配机制不到位，那么对于河北企业来说，参与京冀一体化碳市场意味着要从碳市场购买配额，需要付出更多额外成本。京冀一体化碳交易的顶层设计，要能够激励河北减排，并能从减排中获得收益，这就必须要让河北的企业对碳市场具有良好预期。同样，北京市的配额指标过于宽松，不需要花很大气力就可以完成减排目标。反之，最终两方都不愿意参与，进而导致市场缺乏活跃度。真正依靠碳交易让河北实现减排的"治本"之道，是应尽早确定区域配额以及三省市的配额比例，让河北企业也作为市场供需中的一方出现在交易过程中。河北企业本身就需要通过设备升级改造完成减排，倘若让这些企业看到，自己减排以后若额度仍有剩余，那还可以拿到碳市场上进行交易，这样一来也可以减少原本的减排成本。企业自然愿意去做。未来河北在跨区域碳市场上，应扮演配额"供给者"而非"需求者"的角色。北京能效标准高且是个特大型的城市，排放量小，但减排标准也高，减排的空间小，相较之下，河北减排成本低、空间大，碳汇的交易价格明显低于北京，因此，只要河北等城市实现了一定减排，对于两地间企业配额交易就可各取所需。在分配配额时，在配额分配上向河北多倾斜一些，而为北京分配的指标更紧张一些，令北京的企业产生更多的购买配额需求，甚至可以根据河北现有的碳排放量确定配额，让企业一旦出现减排就可以出售配额，变成可以赚钱的生意。这样实施后，北京和河北可以形成转移支付的市场机制，改变北京单一地给河北补贴却总是无法帮到"点"上的局面。

9.2.3.4　完善森林生态系统建设

截至 2013 年底，北京森林面积达 58.81 万公顷，森林覆盖率为 35.84%；天津森林面积为 11.16 万公顷，覆盖率为 9.87%；河北森林面积为 439.33 万公顷，森林覆盖率 23.41%。全国森林覆盖率为 21.63%，虽然京津冀在森林资源总量上有所提升，但林业资源结构单一，缺乏成熟的森林经营保护技术，森林生态系统退化的总体趋势仍在进一步加剧，现有植被多为人工林，以工程造林、项目驱动为主，缺少顶层设计和空间布局，没有真正做到适地适树，甚至不计成本地困难立地造林、石质山地造林、爆破造林，这种方式造林反而导致环境恶化严重。在京津冀协同发展和大气污染的背景下，经济建设和经济发展必然对森林生态系统和环境支撑功能提出更高要求。

首先，京津冀森林系统建设需要创新发展思路。森林是社会经济系统的基础设施，在美化城市景观、改善人居环境、吸收降解城市污染物、减轻或消除城市热岛效应、净化大气环境、降低噪声等方面，具有其他城市基础设施不可替代的作用。特别是对京津冀大都市经济圈来说，高质量大功能的森林生态系统必然是支撑其发展的硬件性质基础设施，需要认真投入和建设。巩固和发展森林建设已经确定"近自然森林经营"的思路是提高森林质量和多功能服务价值的高效技术途径，这种经营一方面要开发和利用林业资源来为满足人类福利需求，另一方面要理解森林的自然特征并结合人类的需求来综合设计森林经营方法和手段，通过人力与自然力的交互作用，产生综合性经营效益，并使经营活动的负面干扰能保持在森林自我缓冲恢复的能力范围内。

其次，京津冀需要创新森林建设技术。京津冀林业资源长期经受采伐和其他因素干扰萌生多代天然次生林或矮林，而人工林基本是按农耕模式建立的单一树种和结构。森林系统的生态服务功能不高，需要通过近自然化改造，向有生命力的生态系统状态发展。另外，陆地生态系统服务功能的系统内部与外部物质能量的生物循环机制，需要通过大尺度多层次的景观生态系统整体规划建设才能实现。京津冀可以在景观生态系统层次上，根据不同土地、环境和功能要求，把重点不同的森林、水系、湿地、食物源、栖息地等成分和模式组装建设到一个更大的空间范围内，以提高京津冀城市群整体的生态环境和文化景观服务功能。

最后，京津冀森林生态系统建设亟待探索科学发展模式和政策创新。由于历史和地貌原因，京津冀自然现存的生物多样性水平和总量都不高，加之受到社会经济活动的干扰，已经进入显著退化阶段，需要通过技术手段积极开发本土资源和引进外来资源，进行引种、培育、驯化，使之在京津冀生态圈扎根生长，从而丰富整个区域生态建设的关键物种，改善并提高生态功能。

京津冀林业发展需缩小并最终消除区域内的差别生态补偿政策，从总体上提高以造林绿化为主的社会投入，支持并发展森林多功能健康经营。

9.2.4 京津冀生态补偿的测算和生态环境的共建共享

9.2.4.1 生态补偿的测算

生态环境修复，大前提就是三地之间生态进行补偿，共建共享是补偿之后的措施，补偿有历史的欠账，也有现实的问题，在这个过程当中，可以借鉴国外的三种模式：一是政府主导，一般是通过立法和文件。我们找到的案例里面，如德国的生态税，补偿因保护生态而受到损失，增加其收益，当然也包括一些地方，如英国北约克，为了保护野生动物，政府通过了财政补贴。二是市场主导的生态补偿，主要是通过产权的交换。比较典型的案例是法国，一个下游的自来水厂想获得水源，必须让上游的农户减少用杀虫剂，这样的案例给我们很多启示。还包括澳大利亚的一些做法。三是生态产品认证计划。如欧盟、荷兰、北欧的生态产品认证，生态产品的认证从一定程度上唤醒民众、社会组织去积极参与生态空间共享。

国内的补偿采取的是政府主导。自 1985 年起开始探讨这个问题，1990 年提出了政策，政策的原则是谁开发谁保护，我们现在谈两只手，即有形的和无形的，还有第三只手，2006 年，我们对这样的政策进行机制的设计，但是在 2010 年才进入立法阶段，由一个政策变为法律经历了 20 年。2015 年我们提出了一些新的设想，谁受益谁补偿，就这样有了市场机制的介入。

我们的实践更为落后一些，1999 年下半年我们进行了退耕还林实践，到 2008 年成立碳交易所，由市场机制去解决。虽然 2012 年进行了扩大，总体上碳交易只有寥寥几笔，调研反映出来，机制的推行，有框架但实行比较艰难，总体上来看，京津冀之间，包括全国范围内，还没有一个完善的生态补偿机制。

京津冀之间做了一些非常有益的尝试，2009 年提出了共建生态林；2014 年底，北京和河北承德进行了一个交易，丰宁的林场没有最初设想的那么多，只有 3000 多吨，每吨交易价格为 19 元。这种尝试给我们一个很重要的启迪，原来的一些碳交易市场机制现在也发生了。2015 年，北京市做了一些补偿方法的测算，上游补偿下游，补偿的量是象征性的，即 3.3 亿元。

京津冀也发起了联动机制，也制定了"水十条""国十条""大气污染防治条例"，也进行了很多行动，这些大多数只是象征性的，对等的补偿比较少。大多是水流域，大气的补偿很少；多的是政府的，少的是市场机制，这就是"三多三少"。到现在还没有一个可以拿得出来三地共同认可的补偿机制，即补偿多少，这也是此次测度的前提。

我们要搞生态共建共享，一定要有大的体制的创新和尝试，因为我们以前的生态补偿和空间共享没有取得预期的效果。

京津冀地区因为生态、经济和环境有发生冲突的地方，要解决这个问题，就要使付出生态代价的地方得到合理的补偿，仅仅是起点，仅仅是第一步，当然这后面还有共建共享的其他机制。要进行测算，在测算的方法方面，我们采用了生态补偿核算方法和生态补偿类别区分当前比较前沿的一些方法，流域的补偿，大气的补偿都算了。流域的时候，测算它的总成本，因为有直接成本和间接成本，这是相关数值，这个数值测算的结果，我们测算了三年：2011 年、2012 年、2013 年。2011 年，河北省为京津冀水流域投入将近 54.06 亿元，2012 年是 57.34 亿元，2013 年是 50.88 亿元，基本上维持在 50 亿元左右（见表 9-1）。这是河北省为整个流域面积的投入，这个流域主要是京津冀三地，三地之间我们测算了一下用水量和支付的水平，分摊给三地，给北京和天津的单列出来，2011 年是 28.95 亿元，2012 年是 30.42 亿元，2013 年是 27.18 亿元（见表 9-2）。

表 9-1　2011~2013 年河北省投入成本

单位：亿元

成本		金额		
		2011 年	2012 年	2013 年
直接成本	林业投资（包括退耕还林、封山育林和新造林）	7.75	13.04	13.3
	水土流失治理	3.01	8.2	7.48
	污水处理厂建设投入	9.71	6.08	3.85
间接成本	限制工业发展损失的成本，退耕地损失的机会成本	33.6	30.02	26.73
总成本		54.06	57.34	50.88

注：由于关注重点在于京津冀三地间的生态补偿标准，故直接成本只列示了省投资金额，数据来源于历年《河北统计年鉴》和国家统计局统计数据；限制工业发展损失成本和退耕地损失机会成本数据由计算得出。

表 9-2　北京、天津补偿比例和金额

年份	省份	保护流域成本（亿元）	分摊系数（%）	补偿金额（亿元）	总计（亿元）
2011	北京	54.1	28.48	15.40	28.95
	天津		25.03	13.54	
2012	北京	57.3	27.78	15.92	30.42
	天津		25.31	14.50	

续表

年份	省份	保护流域成本 (亿元)	分摊系数 (%)	补偿金额 (亿元)	总计 (亿元)
2013	北京	50.9	27.44	13.96	27.18
	天津		25.97	13.22	

关于能源的生态补偿核算，用能源生态足迹和能源生态承载力两种算法，特别是生态足迹（测算三地之间的碳的范围比较小，主要是二氧化碳，其他的没有算进来，可能有的值偏小），因为我们测算的主要是二氧化碳，二氧化碳基本上涵盖了 93%，从这个角度来测算，相对的覆盖面还是比较全的，这是一些算法。测算得出的结果有两类：一类是理论盈余，实际上就是我们应该得到的。2011年、2012 年、2013 年的数据仅仅是三地理论的盈余，并没有考虑到不同土地生产不同的作物，以及不同地区的吸纳能力，所以我们增加了均衡的因子和产量因子，采用基于京津冀三地的人均 GDP 作为分配，这样算出来分为两类，北京和天津的实际补偿大于理论补偿，北京、天津得到的更多，这是测算出来的结果。

2011 年，河北应该得到北京和天津的是 27.05 亿元，2012 年是 23.95 亿元，2013 年是 22.93 亿元，这是在两个方面，一个是流域面积，一个是大气污染的能源领域，采用这两种方法分别进行测算。三年给河北的补偿，严格来说，给生态付出的地方，北京和天津也有一些补偿得少，但整个生态环境相对是好转的，生态补偿的地方付出得多，理应得到补偿（见表 9-3），但怎么补偿？这是第三点需要思考的。

表 9-3　北京、天津、河北三地的理论生态盈余

年份	省份	人均生态盈余 (公顷)	单位能源生态系统效益 (元/公顷)	理论生态盈余 (元)
2011	北京	-0.89	697.81	-618.69
	天津	-1.48	467.79	-694.32
	河北	-0.99	420.36	-415.18
2012	北京	-0.89	697.81	-619.98
	天津	-1.54	467.79	-719.53
	河北	-1.00	420.36	-421.49

年份	省份	人均生态盈余 （公顷）	单位能源生态系统效益 （元/公顷）	理论生态盈余 （元）
	北京	−0.89	697.81	−622.23
2013	天津	−1.59	467.79	−742.98
	河北	−1.03	420.36	−432.98

注：盈余代表该地区应该补偿金额。

9.2.4.2 生态环境的共建共享

如果单纯谈补偿，单纯谈生态建设，我们尝试的结果不甚明朗，所以我们应该换一种思路。要想改变，生态共建共享就要跳出来。

首先是机制，也即新的合作机制。实际上是 2014 年的区域治理，区域治理实际上除了刚才谈到的"两只手"以外，借助第三方力量，就是社会组织的力量，改变政府的惯性，一个很重要的方面就是加速形成合作机制，就是市场联合会议，在不打破现有的行政体制格局下，在现有的京津冀最高决策机构领导小组的领导下，进行平等协商，如果没有平等协商，我们的很多事情很难推动，在这样的情况下，共同决策，共同投票。

其次是底线思维。党的十八届五中全会通过的"十三五"规划的很重要的思路就是底线思维，有资源的上线、环境的底线和生态的蓝线，水方面要有水资源开发的利用红线、水功能区限制纳污红线、水效率控制红线，还有生态基金的问题。

第二只手是市场机制，即无形的手，实际上这是建立生态产权，推进水权交易、碳汇交易，现在推行很难，三地之间可以尝试着建立三地统一的碳交易，确定碳污的排放总量，通过技术和清洁能源的转移，使河北由原来的输血生态转化为造血。这是我们一直强调的绿色财富或者叫生态财富的创造者，原来是牺牲者，现在把它变成受益者。这个时候就确立了补偿机制和补偿的系数。

强调社会民众的参与，除了多样化的补偿机制和政府市场的相互补充，一定要建立生态补偿的效率评价机制，让社会化的生态补偿监督、监管和评估发挥力量，第三方独立的监管机构对生态项目进行验收和日常的维护。三方力量共同合作，这种生态共建互享也许是重大的创新。我希望通过这三方力量的介入，调动政府形成利益共同体，调动市场的主体形成经济共同体，调动社会民众参与形成命运共同体，"三位一体"的共同体就是京津冀未来发展的一个整体。

9.2.5　政策建议

根据国内外生态补偿的原则和成功经验，结合京津冀生态补偿实施的现状问题，今后京津冀生态补偿可以从以下几方面进行改进。

9.2.5.1　确定多样化的补偿形式

传统的生态补偿多数以经济补偿为主，从实际看，单纯的经济补偿难以弥补为京津生态建设和环境保护做出突出贡献的河北，应当建立起多层次、全方位公平合理的补偿机制。一是利用行政干涉手段，进行公共财政支付。二是设立区际生态专项补偿基金，资金可以来源于财政补贴、税收返还、地方财政援助、生态保证金、行政处罚金以及社会捐助等多种渠道，在基金使用上，也要明确扶助对象、使用方式以及监督机制。三是继续完善政府领导下的市场交易机制。继续加强区域内碳交易合作，同时可在政府引导下进行环境容量交易，京津二市为保证人口增长和经济发展需要购买环境容量。四是实施异地开发。可在区际内划出专门土地，安排水源涵养区、风沙源治理不能建设的污染项目，此类项目收益归生态受偿区所有，变输血型补偿为造血型补偿。五是开展技术援助，包括为受偿方提供节能减排的技术交流、人员培训，协助其进行科学产业和城市发展规划。可采用政府主导，鼓励非政府组织参与技术援建及规划编制。同时还可建立专门的京津冀环境保护 NGO 组织，强化生态建设的社会公众参与和监督。总之，需符合京津冀三地的实际，通过政策补偿、资金补偿、实物补偿、能力补偿等方面有机结合确立多维长效的补偿方式。

9.2.5.2　制定合理的补偿标准

生态补偿标准一般有两种：一是效益补偿，即按照生态受益地区获得的生态收益大小进行补偿；二是成本分担，即按照环境保育和生态建设地区生态治理成本或机会成本在相关区域之间进行分摊。从公平性来讲，效益补偿更合理，但由于受益价值测算存在技术性困难，缺乏可操作性。综合考虑公平性和可行性，应当以环境保育和生态建设地区为环境保护投入的成本以及发展机会成本作为补偿的基础，以协调京津冀各方相关利益为前提，综合考虑受益区获得生态效益的大小、支付意愿和支付能力等因素，确定一个合理的各方能够接受的补偿标准。同时要加强效益补偿标准的研究扶持力度，逐步向根据生态服务订立补偿标准的方向过渡。

9.2.5.3　发挥政府和市场的互补作用

从生态补偿实践看，仍以政府主导的生态补偿模式为主，但市场竞争机制也可以提高生态效益。因此，有必要形成政府主导，注重市场手段和经济激励政策的生态补偿机制，遵循市场和政府互补的原则，逐步完善税收制度、生态环境价格机制、交易机制，建立公平、公开、公正的生态利益共享及相关责任分担机制。

9.2.5.4　完善相关法律法规，开展生态补偿试点区

生态补偿目标的实现，不是制定单一政策就可以达到，必须要有法律保障和配套政策支持。探索研究生态补偿的内涵和外延、补偿标准、补偿资金来源、相关利益主体间的权利义务关系、法律责任等，尽快形成总体思路和立法框架，对生态补偿建设单项立法。生态补偿涉及社会、经济、环保等复杂情况，京津冀在实际操作中可借鉴国际和国内比较成功的生态补偿经验，选择条件允许的地区进行试点，探索有关生态补偿的方法、实施步骤等，取得一定的经验后进行总结、完善，再逐步在区域范围内推广，做到规范运作，促进补偿工作健康有序地发展。

9.2.5.5　创建生态补偿绩效评价体制

由于地方政府所具有的有限理性进而形成的地方利益固化，严重阻滞了京津冀生态环境共建共享与生态补偿的进程与实效。因此，应增设第三方监督部门，以整体性治理的角度，重新架构科学、具有可行性的京津冀生态补偿机制的绩效评估机制。此处可借鉴欧盟检测评估经验，建立社会化的生态补偿政策监管和评估机构队伍，其基本的资质要求是由多学科专门人才组成，能对生态补偿政策的实施与成果从经济、社会、生态等多角度进行综合分析与评价。与此同时，国家应出台相关政策，要求今后所有生态补偿项目的验收、日常维护等都需由第三方独立的监管机构来进行。

9.3　河北省构建京津冀现代化交通网络系统的切入点与对策①

京津冀现代化交通网络系统的建设，既要抓紧推进路网基础设施的硬件建设，打通"限行路"和"瓶颈路"，让海路空地（铁）各种交通工具和线路互联、互通、结网；又要围绕经济中心、中心城市形成交通枢纽，还要瞄准新的增长极、新经济区和新城镇展开建设；更要突出解决交通网络系统的软件设施一体化，实现政策统一化、服务信息化、技术标准化、管理协调化、运营市场化。

预计到 2015 年底，全省等级以上公路通车里程达到 20 万千米，路网密度达到 107 千米/百平方千米。高速公路通车里程将达到 7070 千米，密度达 3.6 千米/百平方千米，超过世界发达国家水平。如何加快现代化交通网络系统建设，成为京津冀协同发展重点突破内容之一。

9.3.1　京津冀现代化交通网络系统建设的目标导向

除了以"快速、便捷、高效、安全、大容量、低成本的互联互通综合交通网络"为统领外，在打通目前河北与京津之间 18 条"断头路"和 24 条"限行路"的基础上，要做到经济要素的自由、通畅流动，着重解决影响周边百姓的经济活动和人员往来的"瓶颈"。

围绕经济中心、中心城市形成交通枢纽，优化提升石家庄和唐山两个区域次中心交通网络，整合京津保、京津廊、京唐秦、京保石、京张承三角经济区域的交通基础设施，加快推动秦皇岛、沧州、邢台、邯郸和衡水多个重要节点城市的内部交通基础设施，以及其与外部海陆空交通枢纽的联系，实现交通网络与产业布局、城镇空间优化相结合，实现由单中心向多中心，圈层结构向网络结构转变，最终形成环状节点城市群，有效解决北京的"大城市病"。

京津冀现代化交通网络系统要围绕新增长极、新经济区和新城镇展开建设。

---

① 本节作者：张贵、李佳钰，完成于 2014 年 8 月。

加快北京第二机场周边的固安、永清等县城和廊坊部分城区、唐山市曹妃甸新区、沧州市渤海新区、石家庄市正定新区、邯郸冀南新区等新增长极的发展。将新城镇建设与新型城镇化统一起来，培育和发展区域的新增长极，破解城乡二元结构难题。

9.3.2 抓紧推进交通网络系统的硬件设施完备化

首先，将打通现存的"断头路"和"限行路"作为工作重点。河北省应在加快京昆高速河北涞水段建设的同时着力推进大外环绕城公路张家口、承德、秦皇岛、保定段建设，力争实现京昆高速与北京西六环的无缝对接，建成京张、京沈、京沪、京台、大广、京珠高速连接北京"一环六射"的高速公路网，实现高速公路互联互通，为百姓出行和区域经济发展提供交通支撑。在疏通京津冀三地交通"大动脉"的同时，疏通省道及次级公路的"毛细血管"，着重清理京津与河北省交界处乡镇公路的限高铁架与限宽石墩，从根本上解决周边百姓经济活动和人员往来的"瓶颈"问题。

其次，是让各种交通工具和线路互联、互通、结网。河北省在航空联运方面将提升石家庄机场的功能定位，规划实现石家庄机场与京石高速互联，强化其区域枢纽功能，同时改建邯郸、唐山、张家口等机场，构建完善区域支线机场体系和通勤航空网络；水路联运方面将统筹港口分工布局，将河北省港口打造为大宗能源原材料北方枢纽港，同时规划建设连接矿区与港口的唐曹铁路与水曹铁路；铁路联运方面石家庄应加快石济客专建设，启动津石客专前期工作，积极谋划推进京石邯、石衡沧城际铁路以及石衡沧出海通道建设，构建石家庄铁路、高铁"双十字"交汇格局，提高铁路运输在大宗能源运输中的比重，将以道路为主体的传统发展模式转变成以轨道为主体的公共交通模式来组织城市。

最后，是要围绕中心城市对京津冀城市群的带动引导作用和经济中心对区域合作与分工的促进作用积极构建城际快速通道网络。以河北省正在建设预计2015年通车的津保高铁为例，应充分借助高铁的便捷性，同时提高轨道交通的通达性，建设市郊铁路、利用既有铁路线开行市郊列车、在规划新建城际铁路时适当考虑郊区通勤问题，最终实现零换乘、无缝对接，"一小时通勤圈""三小时商务圈"。

9.3.3　突出解决交通网络系统的软件设施一体化

9.3.3.1　政策统一化

河北省应以政策统一化为前提,积极配合编制国家正在结合京津冀的发展要求统一制定的交通规划,加强三地政府与交通管理部门的协同合作,打破"一亩三分地"的思维模式,深化联席会议制度,清理不对接的规章制度,以"规划同图、运输一体、建设同步、管理协同"为导向制定统一的区域交通信息一体化发展政策。

9.3.3.2　服务信息化

为实现一体化、智能化的区域交通信息服务,河北省要努力实现三地路网信息互通。第一,要做到交通信息服务一站通,即由运控中心收集相邻省市的高速路信息通报,由交委会将这些信息通过网站、电波等方式向市民播发京津冀区域内的交通路网信息;第二,要增加省内、省界联网 ETC 的收费车道,做到不停车收费一路通;第三,要完善 AUIS 系统,做到客运用户信息共享,从而实现长途客运联网售票一网通;第四,以公共交通一卡通的方式实现跨地区、跨交通方式的互联互通,使公共交通硬件设施能够高效地承载京津冀三地近两亿人的人口流动。

同时河北省要着力搞好京津冀信息服务平台建设,其中包括以交通运输信息采集、分析、汇集、整合为基础的公众出行信息资源共享和服务平台,重点推动云计算、物联网、北斗卫星技术等新一代信息技术在公众出行领域的深度应用;建立以政府职能转变和机制创新为前提,以信息资源高度集成、部门高度协同为目标的客货运协同监管信息平台;建设以物流信息平台为原型的道路货运交易平台,需要政府对项目整体进行引导与经费支持,实现"BOT"(建设—经营—移交)方式滚动发展,增强政府对道路运输行业宏观调控能力;集口岸通关执法管理及相关物流商务服务为一体,完善以无纸化通关、一站式全方位服务为发展方向的电子口岸信息平台,河北省交委需加强"门户"入网、认证登录和"一站式"办事等功能建设,使口岸执法管理更加严密、高效,使企业进出口通关更加有序、便捷;为打破地方机场独立性与干线机场分工不合理等问题,借助轨道交通的便捷性和通达性实现异地办理登机手续等功能的航空联运信息平台。

9.3.3.3 技术标准化

顺应综合运输产业化的发展趋势，效仿国际标准化组织及欧、美、日先进的工作成果，针对信息技术、通信技术、电子技术和交通运输管理技术等智能运输系统进行标准化，从而保障河北省智能交通运输系统在全球范围内的兼容性，扩大市场，降低风险。

9.3.3.4 管理协调化

打破计划经济体制下京津冀交通网络低效的分工概念，大力推进货物流向流量与运输线、地区间各种运输方式、各种运输方式设备能力、各种运输方式运输组织工作、运价和运输费用间的协调工作，同时向国家争取促进津冀交通发展的优惠政策，以京津双核为主轴，以唐保为两翼，根据需求，疏解大城市功能，调整产业布局，发展中等城市，增加城市密度，构建大北京地区组合城市，优势互补，共同发展。

9.3.3.5 运营市场化

从交通基础设施的源头开始，让社会资本和民营资本纳入投融资渠道；政府适时退出运营管理，最初规划和启动需要政府积极介入，当建设完成投入运营后，就要引入市场机制，采用组建运营公司委托经营等市场化手段。

9.4 切实发挥高校在京津冀协同发展和创新创业中的作用①

创新京津冀协同发展的动力源泉。高校是推进这一决策的实施关键环节，应促进创新人才的涌现及创新创业教育质量的提升，构建和优化高校人才培养生态环境系统是加强高校创新人才培养的重要途径。建议从以下几个方面入手：

9.4.1 搭建协同创新平台

为提升京津冀高等教育服务区域协同发展能力，相关领域、相关学科的高校

---

① 本节作者：张贵，完成于2016年3月。

可构建京津冀高校协同创新联盟。协同创新联盟以制度建设为基础，以提高人才培养质量为核心，以加强特色学科建设为重点，以提升教师队伍水平为保障，实现资源共享、优势互补、互惠互利、相互促进、整体提升。

联盟高校可共同构建国际化资源开放实验平台，凝聚成为具有国际影响的区域特色鲜明的学科群，通过体制机制创新，力求实现校际间教师互聘和优秀管理干部相互挂职锻炼等，实现优质师资共享；联盟高校可联合建立创新人才培养基地，促进学生的跨校交流与培养，开展拔尖创新人才选拔培养与试验，联合开展教改研究与教材建设，共同组织学生开展生产实习、毕业设计、创业教育等活动；联盟高校可联合建立多学科组成的高端智库和开放式研究机构，积极参与京津冀区域经济社会改革与发展建设，为京津冀经济转型升级提供智力支持和决策服务。

9.4.2 共同组织一批联合攻关科研项目

聚焦国家及京津冀改革与发展中的重大战略主题，围绕急需解决的重大理论与实践问题，三地高校应坚持产学研合作，联合开展产业、环境资源、社会发展等领域核心的理论研究和关键技术开发。

可以联合搭建技术创新平台，包括联合建立重点实验室、工程技术创新中心、企业技术创新中心等，联合的主体可以是大学、科研机构、大型企业、中介等，这种方式主要是针对破解产业发展中的技术瓶颈和共性技术，发挥各自的人才、产业、信息等优势，联合共建各类载体与平台，提升创新驱动发展能力；可以联合成立技术创新虚拟组织，一般由有技术需求的企业、产业集群、产业基地等发起成立，为了弥补自身技术创新能力不足，联合相关研发机构、大学等，形成围绕自身技术创新需求的、网络化虚拟型组织，采取"有事就聚合，无事就散开"的方式。这种创新组织成本较低，效率较高。

9.4.3 联合建设若干人才特区

随着曹妃甸新区、渤海新区、北戴河新区等逐步壮大、发展，可联合京津将其建设为人才集聚的"特区"，以最宽松的政策推动将这些区域成为协同发展的典范。特区要最大的解放思想、下放权限，在吸引人才方面给予最大的优惠，基本形成一个经济水平高、综合环境好、发展空间大、开放程度高、政策宽松、文化艺术资源丰富、生活交通便利的人才集聚区。特区要支持职称工作改革创新，引进人才可不受现有职称等级等限制，根据异地工作经历和业绩，破格越级申报专业技术职称；特区要提供便利的人才公共服务，在特区建立人才综合服务中心分中心，方便引进人才就近办理工作关系接转、落户、外国人工作许可等服务事项；特区可设立社会保险专门经办窗口，快速办理京津冀三地流动人才社保转移接续，实施外国人统一管理，实现外国人工作许可和证件的一口办理；聚焦人才激励、流动、评价、培养等环节，着力推进下放权力、放大收益、放宽条件、放开空间等工作，真正把权和利放到市场主体手中。

9.4.4　实施人才绿卡，贯通人才服务绿色通道

参照天津的"高层次人才绿卡待遇"，实行"一本绿卡管引才"。河北省引进的高层次人才可直接获得河北省科技绿卡。科技成果转化收入与单位纵向和横向科研经费总额之比达标的高等院校、原创技术和产品销售收入占比达标的科研院所和高新技术企业也可优选研发团队进行申报，经政府的相关专家团队评定审核后，研发团队中每一成员可获得科技绿卡。

科技绿卡由省政府统一管理，不受各市户籍制度的限制。科技绿卡持有人有权参加专项公积金；处于九年义务教育期内的科技绿卡持有人的子女可全省范围择校就读，并且可在省内任意城市参加中考；政府相关部门对科技绿卡持有人简化居留、出入境、落户、医疗、保险、住房、子女入学、配偶工作安置、公司注册和行政许可等办理程序，让高层次人才手执一本"绿卡"就能办成所有事情。

为科技绿卡持有人分步开通科技一卡通业务，实现多种缴费的省内异地结算。科技绿卡持有人人手一卡，卡内储存持有人的专项公积金账户信息和一般缴费账户信息，在省内任意地点可刷卡进行医疗费用、购房费用、养老金支付的结算以及公交、地铁、出租车、停车、高速 ETC 通行等服务的费用结算。一般缴费账户余额不足时，可在任意银行网点充值。

9.4.5　切实优化学术环境

良好的学术环境是培养优秀科技人才、激发科技工作者创新活力的重要基础。但目前我国支持创新的学术氛围还不够浓厚，仍然存在科学研究自律规范不足、学术不端行为时有发生、学术活动受外部干预过多、学术评价体系和导向机

制不完善等问题。国务院办公厅发布了《关于优化学术环境的指导意见》文件，以全面创新改革试验区建设为契机，希望从政府层面能够以严格的规章制度、切实具有约束性的管理办法，甚至在某些方面能以立法形式确保该意见落到实处，以真正的优化科研管理环境、学术民主环境、学术诚信环境、人才成长环境。

9.4.6　适应新型创新模式发展，将部分院校打造为创业型大学

如今全国"大众创业、万众创新"开展得如火如荼，京津冀也成为唯一跨省的全面创新改革试验区。作为全国科技要素最密集、最优质的区域，作为我国乃至世界最活跃的区域经济之一，京津冀必将成为"大众创业、万众创新"的主战场。

在新的时代背景下，要实现可持续创新，必须适应创新模式与方法的发展，当前创新模式已由好奇心驱动的纯粹的"R&D"（研发）慢慢走向与应用和商业融合成为实现市场价值的"创新"，即作为科学活动的"研发"与作为经济活动的"经营"两者之间的关系在逐渐密切。

新的创新模式需要有适应新创新要求的人才，而对于新型创新人才的培养，高校承担着不可推卸的责任。美国出现的创业型大学（以斯坦福大学为代表），具有强烈的创业精神，教学与研究更注重面向实际问题和更为有效的技术成果转移运作机制，在适应、推动新型创新范式，推动新型创新人才培养方面做出了很大贡献。因此，以推进全面创新改革试验区建设为契机，京津冀三地应联合选择几所有条件的高校，全面推进教育改革实验，从课程体系建设、师资引进、招生选择、科研体系建设多方面进行大刀阔斧的改革，以适应新创新模式为目标，将其建设为有影响力的创业型大学。

9.4.7　加快以创新型人才培养为目标的全面教育改革

创新型人才应富有想象力、洞察力，要有好奇心和兴趣，有广阔的学识和思辨的哲学态度。京津冀区域要建立多产而有生机的创新生态系统，必须从根本上推进中国的教育改革。首先，要适应中国由工业经济、制造经济向创造经济、知识经济的转型需求，在原有的以工程教育为主的体系中，增加通识教育、人文教育、社会科学教育，在原有的着重专才培养的教育体系中，加大融会贯通的通才培养意识和培养力度，以促进人的全面发展。其次，重视基础教育对人才的重要

启蒙和基础作用，创新型人才必须早期培养，加快推进以机械做题、以考试追求分数、以标准答案为准的幼儿园、小学、中学教育改革，要从幼儿园开始就训练孩子的思辨能力，对事物的怀疑、审视能力，培养学生独立思考和解决问题的能力，注重科学方法的训练和学生个性的发挥，不要让基础教育改革仅停留于舆论和文件中，要从政府、学校、家庭切实推动。最后，多方面改善大学教育，当前科研、项目、职称、论文、经济收入成为中国许多大学工作的主要内容，学生的教育被真正地忽略了，要重树大学工作体制和"培养具有创新素质的优秀学生是大学使命"的教育观念，要把相当的重心回归到学生的教育和培养上。

9.5 京津冀教育协同发展背景下天津教育现代化的思考[①]

京津冀协同发展是一项重大国家战略，到 2030 年一体化格局基本形成；同时，作为其重要组成部分的区域教育协同发展，也将在 2030 年取得实质性突破；而"天津教育现代化 2030"要准确把握教育事业发展面临的新形势新任务，全面落实教育优先发展战略，推进天津市教育现代化跨越式发展。在此背景下，天津教育现代化应该着重做好以下几个方面：

9.5.1 会同京冀构建京津冀教育协同发展的治理机制

京津冀教育协同发展的根本目的是解决人民日益增长的对教育权平等的需求与区域教育的不平衡不充分发展的矛盾。为此，要梳理京津冀教育协同发展中各方的特点、优势、需求及可能存在的功能重叠和冲突之处，厘清中央和区域各层面、各类部门在京津冀区域教育协同发展中的责任结构与协同合作方式，从而构建京津冀教育协同发展的治理机制；以集合政府、学校、社会机构和公民共同参与教育治理作为着力点；要解决伴随产业转移带来的人口跨区迁移问题，基础教育资源的布局一定要随之进行相应的调整；职业教育资源的布局要有助于校企合

---

① 本节作者：张贵，完成于 2018 年 9 月。

作、产教融合；高等教育资源的发展路径要有助于提升京津冀协同发展中的产学研协同创新能力。

9.5.2　共同打造京津冀教育协同发展的"生态系统"

京津冀教育协同发展作为京津冀三地协同发展的一个子系统，要服从和服务于京津冀协同发展这个大前提，与京津冀整体定位相契合。因此，一方面教育发展需要一个尊重知识、崇尚教育的生态，层出不穷的教育组织和联盟能有效地链接三地教育系统，从社会和民间来弥补政府垂直教育体系的不足，大大推进京津冀教育协同发展；另一方面推进教育专业化分工，天津要围绕"一基地三区"的城市定位，布置教育资源；再者，京津两地基本上呈现各有所长、柔性竞争的态势，而河北则显得基础较弱，三地存在明显的"断崖式"差距，京津要帮助河北补齐"短板"，建立京津对口支援河北基础教育发展的有效模式，构建利用信息化手段扩大优质教育资源覆盖面的有效机制，持续加强河北高等教育和职业教育能力建设。唯有这样，才能实现真正意义上的协同发展。

9.5.3　天津打造京津冀教育协同发展的先行区

教育在内的公共服务一体化是京津冀协同发展的深层内容和支撑，影响区域治理的效果和可持续发展，天津应发挥其先行先试的综合配套改革优势，工作重点是职业教育和高等教育，这是因为：职业教育和高等教育更容易突破行政界限和体制机制障碍，相对于基础教育而言更容易搬迁，有利于非首都功能的转移；职业教育和高等教育直接向社会提供高技能、高素质劳动者，直接服务于京津冀区域产业合理布局和创新驱动发展：一是结合区域功能调整和产业迁移的基础教育配套建设和优质基础教育资源创生问题，创新一体化发展的办学模式和办学体制；二是促进教育与各相关行业组织的协同，提升京津冀协同发展中的产学研协同创新能力；三是结合区域产业发展规划和用工需求，要对职业教育的整体布局进行优化调整，构建突破办学地域、有利于产业互补的模块教学方式及教学实习贯通的培养方式，提升职业人才培养质量。

9.5.4　教育协同发展需要配套政策的引导与支撑

京津冀协同发展上升为国家战略以来，区域教育协同发展的主要制约因素在于体制机制上的障碍，这是破解三地教育一体化发展的着力点。为此，要营造教育协同发展生态系统、加大投资力度、完善配套政策：一是要有与教育相配套的社会资本，天津在域外设立分校抑或建立新校，其相关的交通、通信、生活等服务配套要相匹配，而且要吸取发达国家走过的弯路，先于教育、产业前置配置；二是要探索京津冀教育协同创新的发展机制，有利于加快京津冀区域教育一体化发展进程，提升京津冀区域人口素质，为承接非首都功能疏解和产业转移提供保障，切切实实制定和落实"海河英才"等政策；三是要提供宽松、自由的发展空间，摆脱当前急功近利式的考核、评价制度，明确厘清基础教育、职业教育、高等教育等各层次、各种教育现代化的发展目标，并持之以恒坚守、落实、推进。

第三篇

【京津冀协同发展概况】

第 10 章
2014 年京津冀协同发展概况[①]

10.1 京津冀协同发展总体情况

截至 2014 年底,《京津冀协同发展规划纲要》仍在讨论中,但京津冀三地政府、企业和组织等在顶层设计、交通、产业、生态等多个方面均做了大量工作,取得了阶段性成果。

在顶层设计方面,2014 年 2 月 26 日,习近平总书记在北京主持召开座谈会,专题听取京津冀协同发展工作汇报,强调实现京津冀协同发展,是面向未来打造新的首都经济圈、推进区域发展体制机制创新的需要;要加快走出一条科学持续的协同发展路子来。"加强环渤海及京津冀地区经济协作"作为 2014 年重点工作被写入国务院政府工作报告中。4 月 9 日,国家发改委称正研究编制首都经济圈一体化发展的相关规划,并将提出工作思路和操作措施,"规划将根据编制工作进展情况适时出台"。国务院成立了京津冀协同发展领导小组以及相应办公室,由时任中共中央政治局常委、国务院副总理张高丽担任组长。9 月 4 日,京津冀协同发展领导小组第三次会议明确了京津冀协调发展工作思路,要加快在交通、生态、产业三个重点领域率先突破。12 月 5 日,习近平总书记主持中央政

---

① 《2014~2018 年京津冀协同发展概况》分别收录在《2015~2019 年环渤海区域经济年鉴》中。本章作者:孔月辉、张贵、孙凯辉。

治局会议，强调实施区域总体发展战略，推进京津冀协同发展。12 月 26 日，在京津冀协同发展工作推进会议上，京津冀协同发展与"一带一路"、长江经济带成为 2015 年经济工作重点，会议再次强调"加快推动交通一体化、生态环保、产业转移三个重点领域率先突破"。

在交通方面，截至 2014 年 3 月 7 日，北京大外环高速公路河北省境内路段已建成通车，路段有廊坊至涿州段、北京至新疆高速公路河北段、张家口至承德高速公路张家口至崇礼段、承德至唐山高速公路承德至兴隆段、张家口至涿州高速公路张家口段，共约 335 千米；在建项目包括张家口至承德高速公路崇礼至承德段、密云至涿州高速公路廊坊至北三县段、张家口至涿州高速公路保定段，约 445 千米。同年，津秦高铁已开通运营，初步形成由京津城际、津秦客运专线和一批高速公路构成的交通网络体系。京津第二城际、天津至石家庄铁路等项目前期工作有序推进。2014 年末，北京与河北公交出京线路达到 36 条，月客运总量突破 1100 万人次，京港澳高速河北段拓展工程全面完成，京昆高速涞水至北京西南六环段 75 千米"断头路"也全面通车。12 月 22 日，京津冀三地机场协同发展战略合作框架协议在北京签署，26 日，北京新机场正式开工建设。早在 2014 年 8 月，京津冀交通一体化领导小组成立，交通部部长任组长，在国家部委、省市政府以及各省的交通运输管理部门三个层面形成相关机制。三省市的政府和交通运输部门也分别成立了京津冀交通一体化协作领导小组和京津冀交通一体化联席会议机制。

在产业方面，北京市搭建了 30 个产业疏解合作平台，推进了 53 个产业转移疏解项目，拆除了大红门、动物园批发市场等中心城区 36 个商品交易市场，到 2014 年底累计退出完成 680 家，当时预计 2015 年底完成 1000 家退出的任务，到 2016 年全面完成 1200 家退出的任务。同年，天津引进北京投资大众汽车、格罗方德半导体、英力士、金佰利、杰士电池、ESI 机器人等 538 个项目，投资到位额 1230.50 亿元；引进河北企业投资项目 769 个，到位额 262.86 亿元。京冀两地企业在津投资到位总资金占全市引进内资的 41.48%，总项目数占 37.2%。河北省出台推动京津冀协同发展实施意见，梳理出 64 项重点工作，确定了 40 个承接合作平台，从北京和天津引进资金 3757 亿元，占外来资金的 51%。其中，天津企业到河北省投资项目 1037 个，到位资金 453.68 亿元。

在生态方面，3 月，北京环保局设协调处负责京津冀大气治污联络。6 月 10

日，京津冀及周边地区节能环保低碳环保联盟专家委员会揭牌成立。10 月，京津冀建立水污染突发事件联防联控机制。12 月 2 日，京津冀晋鲁蒙区域移动源污染控制联防联控协调会在北京市机动车排放管理中心举行，会议决定六省市区联合成立机动车排放控制工作协调小组，搭建京津冀及周边地区机动车排放污染监管平台。2014 年，北京制定《北京市新增产业的禁止和限制目录》，限增量与优存量并举，全年关停退出一般制造业和污染企业 392 家；改造燃煤锅炉 6595 蒸吨，压减燃煤 280 万吨，淘汰老旧机动车 47.6 万辆，基本淘汰黄标车。天津和河北在淘汰黄标车及老旧汽车、关停污染企业、改造燃煤锅炉、加大高耗能产业限产力度等方面也做了大量工作。同年，京津冀地区细颗粒物（PM2.5）年均浓度降至 93 微克/立方米，比 2013 年下降 12%，空气质量年平均达标天数为 156 天。此外，京津冀三地签署了生态环境建设合作协议，完成 10 万亩京冀生态水源保护林、25 万亩张家口坝上地区退化林改造、森林防火和林业有害生物联防联治等一系列生态项目建设，积极开展生态环境信息共享。

10.2　2014 年贯彻落实习近平总书记重要讲话精神举措

10.2.1　省市级三地政府积极响应

10.2.1.1　京津冀各地政府推出相关政策

2014 年 1 月 5 日，北京市《政府工作报告》提出，落实国家区域发展战略，积极配合编制首都经济圈发展规划，抓紧编制空间布局、基础设施、产业发展和生态保护专项规划，建立健全区域合作发展协调机制，主动融入京津冀城市群发展。着力破解城市发展难题，不断提高可持续发展水平。其中，将重点启动中心城小商品交易市场整治和外迁工作，带动人口的分流，包括动物园批发市场在内的四大商业交通堵点治理。3 月，北京成立了区域协同发展改革领导小组，小组办公室设在市发改委，研究北京的功能疏解、产业目录，对城市总体规划进行修改。针对动物园批发市场等服装物流行业，北京与河北形成了专门的工作班子，推动搬迁工作。3 月 17 日，河北省谋划曹妃甸自贸区的规划方案，并已于 2014 年 2 月底提交国务院。曹妃甸将以铁矿石、石油、天然气、煤炭、粮食、木材等大宗物资为主，打造中国北方大宗进出口物资的集散中心，逐步争取对铁矿石等大宗物资定价的发言权，形成影响全球的"曹妃甸价格"。3 月 26 日，河北省出台《中共河北省委、河北省人民政府关于推进新型城镇化的意见》，明确河北省将以建设京津冀城市群为载体，充分发挥保定和廊坊首都功能疏解及首都核心区生态建设的服务作用，进一步强化石家庄、唐山在京津冀区域中的两翼辐射带动功能，增强区域中心城市及新兴中心城市多点支撑作用。

10.2.1.2 京津冀三地政府合作加强有关合作

2014 年 7 月 31 日，河北省党政代表团到北京考察，签署了《共同打造曹妃甸协同发展示范区框架协议》《共建北京新机场临空经济合作区协议》《共同加快张承地区生态环境建设协议》《共同加快推进市场一体化进程协议》《共同推进物流业协同发展合作协议》《交通一体化合作备忘录》等区域协作协议及备忘录。8 月 6 日，天津党政代表团到北京考察，签署了《贯彻落实京津冀协同发展重大国家战略推进实施重点工作协议》《共建滨海—中关村科技园合作框架协议》《关于进一步加强环境保护合作的协议》《关于加强推进市场一体化进程的协议》《关于共同推进天津未来科技城京津合作示范区建设的合作框架协议》《交通一体化合作备忘录》六项协议及备忘录，制定了 9 个方面、30 个重点领域内容，交通、生态治理以及产业转移是合作重点。8 月 24 日，天津与河北签署了《加强生态环境建设合作框架协议》《推进教育协同发展合作框架协议》《共同打造津冀（涉县·天铁）循环经济产业示范区框架协议》《推进区域市场一体化合作框架协议》《交通一体化合作备忘录》五项协议和备忘录。至此，北京与河北、北京与天津、天津与河北已分别完成多个合作框架协议及备忘录。

8 月，由天津港集团与河北港口集团共同出资 20 亿元组建的渤海津冀港口投资发展有限公司正式揭牌成立。渤海津冀港口投资发展有限公司注册于天津东疆保税港区，由天津港集团、河北港口集团分别持股 50%，公司定位于主要负责天津及河北省区域内港口项目的投资与开发。

10.2.2 地方政府职能部门主动配合

在通关物流方面，2014 年 5 月 14 日，海关总署公布 《京津冀海关区域通关一体化改革方案》。9 月 22 日，京津冀通关一体化通关模式在石家庄海关启动，三地的进出口企业可根据各自需求自主选择申报、征税、放行的地点。三地海关专门成立了涉及各个业务领域的专项工作组，制定统一的操作规范、统一的业务流程、统一的执法标准，使企业无论在任何一个海关办理海关事务，都受到同样的待遇。当日，河北钢铁集团的报关员到石家庄海关的通关一体化窗口办理报关手续，这也是石家庄海关受理的首单京津冀通关一体化通关申请。

在通信资费方面，7 月 2 日，天津市消费者协会联合北京市消费者协会、河北省消费者协会公开致函国家发改委、工信部、中国移动通信集团公司、中国联合网络通信集团公司、中国电信集团公司提出公开建议"逐步降低并直至取消京津冀地区长途及漫游通讯资费"。7 月 14 日，中国电信北京分公司推出针对北京电信用户的"畅游包"业务，开通后，新老用户在京津冀三地间通话将享受"市话"待遇，无漫游费。7 月 23 日，工信部研究取消京津冀地区漫游费。7 月 24 日，工信部新闻发言人宣称工信部联合国家发改委已经对电信业务资费进行全面放开，对所有电信业务均实行市场调节价，放给企业自己决定，企业会根据运营情况、成本情况、市场竞争情况来考虑定价。截至当年底，三大运营商已针对3G 和 4G 用户分别提供了全国长途市话一体化的资费套餐。

在人才共享方面，10 月 15 日，北京市人力社保局发布了《北京市人民政府关于加快发展人力资源服务业的意见》，该《意见》指出在产业引导、政策扶持和环境营造三个方面推出十余项措施，包括人力资源服务业发展将纳入北京市国民经济和社会发展规划；建设中国北京人力资源服务产业园区，通过减免租金、贷款贴息等优惠政策，吸引各类人力资源服务机构进驻等。三地人力资源服务机构从业者资格证书将实现互认，同时组织线上线下招聘活动。北京争取国家支持，建设"中国北京人力资源服务产业园区"，通过减免租金、贷款贴息等优惠政策，吸引各类人力资源服务机构进驻园区，并在园区进行综合改革试点，在财政、金融、土地、税费、人力社保及服务模式等方面探索创新，人力资源服务业发展将纳入北京市服务业重点发展领域。

在税收合作方面，7 月 15 日，税务总局成立京津冀协同发展税收工作领导小组，制定工作方案，明确推进京津冀协同发展重大部署和政策措施，研究提出了京津冀税收管理服务一体化的具体措施。10 月 29 日，北京、天津、河北三地的国税局、地税局在京津冀税收协作会上联合签订京津冀《税收合作框架协议》，框架协议明确了九项合作内容，明确各方要积极参与京津冀协同发展税收合作，协调区域税收利益，全面优化三地税收征管、税收执法、纳税服务、税收科研等方面合作。

10.2.3　民间团体踊跃参加

举办论坛积极交流。9月19日，由人民网主办的2014京津冀协同发展战略峰会在北京展览馆举行，峰会以"合力·共赢·未来"为主题，邀请了京津冀区域地方政府领导、国家相关部门负责人、权威政策研究机构负责人、经济学家和知名学者及各行业企业领袖等约200人共同出席，就京津冀城市如何实现协同发展、如何发挥合力加速推进政策落地、房地产将发挥怎样的作用等议题展开深入研讨和对话，为京津冀协同发展建言献策。10月16日，天津市温州商会第五届会员代表大会暨"京津冀协同发展·温商论坛"举行。全国多地温州商会会长、在津各异地商会代表，以及专家学者近300人齐聚一堂，共议京津冀协同发展背景下商会建设之路。10月22日，来自京津冀三地的10个产业协会（联盟）签署了"京津冀智能制造协作一体化发展大联盟"框架协议。11月14日，由河北省社会科学界联合会主办、石家庄经济学院承办的第七届河北省社会科学博士论坛在石家庄召开，省内高校、科研单位、学术团体的150余名社科博士提交会议论文，80多位论文作者代表参加会议，论坛的主题为"深入贯彻十八届四中全会精神，全面推进京津冀协同发展"。

11月26日，人民日报社以"推进协同发展，加速产业融合"为主题，召开京津冀协同发展论坛，搭建了主管部门、地方政府、产业主体、专家学者、新闻媒体之间的交流对话平台，在京津冀交通一体化、生态环境保护、产业协同发展三个重点领域开展深入交流探讨。12月2日，中国纺织工业联合会产业转移办公室在北京莱锦创意产业园召开了京津闽企业家座谈会。北京服装协会、天津纺织工业协会、北京福建服饰商会和衡水工业新区的代表共20余人参加了会议。会议分析和探讨了在京津冀协同发展的历史机遇下，衡水工业新区发展纺织服装业的区位优势、政策导向等问题，并就纺织服装产业转移发展合作一事进行交流洽谈。12月3日，由新世界中国地产（廊坊）公司主办的"经济新常态与京津冀一体化"高峰论坛在廊坊新世界花园营销中心举行。论坛邀请一众经济名家，为关注市场投资和地产动向的投资者提供一个与权威专家面对面交流和共享的机会。

10.3　2014 年按领域协同发展情况

10.3.1　顶层设计明确发展方向

2014 年"两会"前后，京津冀一体化概念浮出水面，成为业界关注的焦点。北京市发改委、天津市规划局、河北省工业和信息化厅，三地政府部门相关负责人齐聚北京，共商京津冀三地的协同发展计划。

3 月，北京成立区域协同发展改革领导小组。3 月 14 日，天津市市长黄兴国在召开的市政府常务会议上强调，结合大交通体系建设，优化"两港四路"布局，推进区域互联互通，完善载体功能，优化服务环境，加强生态保护，积极主动承接北京功能转移。3 月 18 日，河北省召开省政府党组扩大会议，研究推进京津冀协同发展之策。河北省省长张庆伟强调，立足于为首都分忧、为京津服务、让河北受益，坚决打破"一亩三分地"思维定式，在"协同"上下功夫，主动融入京津冀协同发展大格局。综合考虑京津两市功能定位和河北省比较优势，在区域规划中河北将成为京津城市功能拓展和产业转移的重要承接地，重点在规划编制、产业布局、城镇空间布局、基础设施建设、生态环境治理等方面搞好协同，加速与两地融合。紧随其后，河北开始密集部署"加快推动京津冀协同发展的意见"制定，该意见将为河北省具体推进京津冀一体化厘清路径。在"顶层设计"层面，京津冀一体化将以已着手编制的"首都经济圈"规划为蓝本，从京津冀的功能定位、产业分工、城市布局、设施配套、综合交通体系等方面入手制定相关政策。3 月 24 日，农业部部长韩长赋在天津调研时指出，实现京津冀协同发展是国家重大战略，农业协同发展是重要方面。3 月 25 日，河北省保定市召开京津冀协同发展座谈会；同日，2014 年《京津冀蓝皮书》在京发布，《京津冀蓝皮书》中数据显示，京津冀城市群内部城镇化发展不平衡。在三地发展中，河北更多是在扮演付出者的角色，而非合作者。3 月 27 日，河北省在全省范围内召开电视电话会议，此次会议的主要议题是京津冀协同发展。下半年，北京市制定了"三个突破"重点工作和重大项目安排表，其中交通方面重点在于港口和机场。在设计规划层面，7月至8月，北京、天津、河北三地双边协议分别签订完毕，交通市场一体互联、产业发展错位互补、生态环境联防互惠成为三方共同认可的工作要点。

10.3.2　产业对接协作有序进行

10.3.2.1　高端项目签约落地保定市

2014年，保定市成立了京津冀协同发展领导小组和前方指挥部，促成458个高端项目签约落地，总投资12.8亿元。其中，京津合作项目147个，总投资5320亿元；省市重点项目279个，总投资6755亿元；列入省跟踪的央企合作项目32个，总投资757亿元。301医院涿州保障基地、涞水悦康药业、四方三伊智能电网、晨阳水漆产业园、航天乐凯新材料工业园等一批重点项目进展顺利；市内整合规划34个产业园区，基础设施建设全面提速；徐水大王店产业园、安国中药都、奥润顺达建筑节能创新园、清苑经济开发区渐成规模；保定大学科技园获批河北省首家"地校共建"国家级园区；白沟新城与北京大红门市场正式签约，首批1500家商户相继入驻。

10.3.2.2　大红门地区15家主力市场签约保定白沟

北京市对城市核心功能进行了重新定位，并据此着手梳理、引导非核心功能产业转移。5月8日，北京丰台区与保定白沟商贸产业对接推介会举办，丰台区商务委与保定白沟新城管委会签署了《战略合作协议》；丰台区商业联合会与和道国际商贸有限公司签署了《战略合作协议》；和道国际商贸有限公司与中储发展股份有限公司签署了《战略合作协议》。此次会议决定把北京大红门地区仓储、批发市场等业态搬迁、转移至保定白沟，两地的产业对接也不局限于服装行业，还包括服装面料、窗帘、鞋等产业。丰台区商务委、南苑乡等单位带着商户需求，数次到河北省白沟进行实地考察，对部分有意向承接大红门地区市场功能的商业项目进行调研，了解项目开发建设、承接能力等相关情况。为承接北京市产业转移，保定白沟新城在软环境服务、政策扶持等方面制定了一系列的优惠政策。在为企业服务方面，全程领代办项目前期手续，实行"一条龙"服务。从业人员在教育、医疗等方面与本地居民享受同等待遇。在政策扶持上，根据企业投资情况，采取"一事一议"的方式给予最大优惠；对进入现有专业市场的商户免除五年租金。对投资教育、医疗、文化、体育等城市配套功能设施的，免除一切行政事业性收费。7 月 18 日，大红门地区 15 家主力市场签约保定白沟，大红门商圈主力企业——方仕集团、中铁旅业集团分别与白沟和道国际签署协议。白沟新城获"京津冀协同发展承接市场转移示范基地"称号。

10.3.2.3 北京部分产业外迁津冀

根据《北京市 2013–2017 年清洁空气行动计划》，2014 年北京计划调整退出 300 多家污染企业，实际退出完成 680 家。

2014 年 4 月 8 日，北京第一批外迁公司有 207 家，主要涉及化工、建材、铸造等门类。对接的流程是北京市提供外迁企业名单，由天津、河北等地在名单中甄选。如果对接意向确定，由当地政府部门和北京市发改委完成对接。在京津冀一体化背景下，"总部在北京，生产到河北"已经成为北京企业外迁的共识。4 月 16 日，邯郸市政府与新兴际华北京凌云建材化工有限公司、北京市丰台区政府召开碳酸氢钠（小苏打）项目整体搬迁现场对接暨落实京津冀协同发展战略推进会，会上决定，北京凌云公司原料药碳酸氢钠项目将整体搬迁至新兴铸管武安工业区。北京市经信委 2013 年底提出锻铸造、家具两个整体退出行业向河北转移，2014 年 5 月，经过北京和河北政府共同研究确定，邯郸成安县、鸡泽县承接北京锻铸造产业转移，石家庄行唐县承接北京家具产业转移。北京正在动员 282 家锻铸造企业和 83 家家具企业与上述三县对接。10 月 24 日，北京与曹妃甸签署打造首都农副产品保障供应基地协议。共同建设北京（曹妃甸）安全农产品生产基地、北京（曹妃甸）农副产品加工及物流配送基地、北京（曹妃甸）农副产品进出口贸易基地、北京（曹妃甸）现代农业科研示范基地、北京（曹妃甸）农副产品供应基地、北京（曹妃甸）农业休闲观光基地等。12 月 30 日，北京汽车发布公告，其合营企业北京现代已与河北省沧州市政府签署企业入区协定，拟在沧州市投资建设汽车生产项目，并在沧州市设立分公司。

10.3.3 城际交通逐渐完善

2014 年，三地之间的城际铁路建设已经逐渐升温。3 月 29 日，河北省境内凤凰岭隧道破土动工，京沈客专河北段正式开工建设，线路全长 709 千米，总工期五年。12 月，北京至张家口铁路八达岭越岭段工程可行性研究报告已获国家发改委批复。12 月 30 日，京津冀三省市政府、中国铁路总公司在北京签署协议，成立京津冀城际铁路投资有限公司。投资公司初期注册资本 100 亿元，由京津冀三省市政府及铁路总公司按照 3∶3∶3∶1 的比例共同出资成立，为铁路建设提供融资资金。

10.3.4 市场一体化逐步加快

10.3.4.1 人才市场一体化

2014 年 4 月 23 日，京津冀三地人才部门在中国国际科技会展中心联合举办公益性的"京津冀区域（北京）人才交流洽谈会"。招聘会由北京人才服务中心、中国北方人才市场（天津）、河北省人才交流服务中心联合举办，此外，河北省人才交流服务中心经与北京、天津两市人才中心合作，5 月 18 日在廊坊市举办了"第三届环首都绿色经济圈招才引智大会"，设展位 200 余个，进场求职人数近万人。6 月，京津冀引智合作首次联席会议在天津市召开，研讨协商如何在引进国外智力领域方面加强合作，同时，在建立信息共享、探索政策互通、完善成果共享、构建定期联系四个机制上达成共识。7 月 12 日，天津市武清区政府与北京大学合作实施北大公学项目举行签约仪式，天津市引入北京大学教育资源。10 月 10 日，天津港保税区、天津空港经济区与河北大学共同签订区校企合作共建协议书，双方建立两地政校企常态化的人才合作交流机制。

10.3.4.2 科技协作一体化

2014 年 8 月 16 日，北京市科学技术委员会、天津市科学技术委员会、河北省科技厅签署《京津冀协同创新发展战略研究和基础研究合作框架协议》，发起成立了"京津冀地区食品安全检测与加工过程安全控制技术创新战略联盟"，在协同创新发展战略研究和基础研究层面进行了具体工作部署。同时，围绕京津冀协同创新发展等主题，联合申报科技部相关项目（课题），并在三方各自的软科学研究专项经费中，设立专门研究资金。2014 年 1~11 月，天津市吸纳北京技术合同 1069 项，成交额 15.5 亿元；向北京输出技术合同 1505 项，成交额 24.3 亿元；吸纳河北省技术合同 42 项，成交额 0.2 亿元；向河北省输出技术合同 391 项，成交额 4.18 亿元。此外，三地组建了大型科研仪器协作共享网络、技术市场联盟以及企业、科研院所共同参与的产业技术创新战略联盟等。8 月 21 日，河北省与北京市签署战略合作框架协议，将投资 100 亿元在张家口张北县建设"京北云谷"大数据基地，该基地定位为京津冀区域规模最大的云计算与数据产业基地。12 月 2 日，天津滨海高新区管委会与北京首都创业集团有限公司共同签署了《共建天津未来科技城京津合作示范区合作协议》，未来科技城京津合作示范区建设正式启动实施。

10.3.4.3　资本市场一体化

2014 年 7 月，北京、天津、河北三地产权交易机构成立了"京津冀产权市场发展联盟"，三家产权交易机构共投资设立了 25 个专业交易平台，业务领域涵盖技术、林权、矿权、金融资产、大宗商品、农村产权以及非上市公司股权交易等，到 11 月底，天津股权交易所累计有 114 家河北省企业挂牌，累计融资 15.55 亿元。同年 9 月 28 日，华夏银行在北京、天津、石家庄三地同步推出华夏京津冀协同卡，三地持卡人京津冀地区异地办理业务可享受"同城"待遇，在这三地的华夏银行网点柜台及 ATM 机均可免费办理存款、取款、转账业务；可免费通过网上银行办理三地七市（北京、天津、石家庄、唐山、保定、邯郸、沧州）间的转账。另外，各级政府层面的资金扶持正在加码。2014 年北京市已经投入 25 亿元设立京冀协同发展产业投资基金（2014~2018 年共计投入 100 亿元），为北京外迁企业入驻河北产业园区提供综合服务；投入 17.5 亿元推动新机场重点项目拆迁。2014 年 12 月，河北省政府发布《关于加快金融改革发展的实施意见》，明确提出"促进设立京津冀开发银行，重点支持回报期较长的基础设施及其他重大项目"。

10.3.5　生态共建共享

10.3.5.1　协同治水，京津冀协同发展水利专项初稿完成

2014 年 9 月 10 日，水利部公开表了《京津冀协同发展水利专项规划》初稿已完成。随着规划的制定和实施，三地在水利基础设施建设、水资源调控、水环境监管等方面的标准将逐渐趋同。按照《京津冀协同发展水利专项规划》，京津冀将逐渐构建水资源统一调配管理平台，实行水量联合调度。到 2020 年区域水资源超载局面得到基本控制，地下水基本实现采补平衡。

10.3.5.2　严格考核，政府推动协同治理大气污染

1 月 3 日，工业和信息化部印发了《京津冀及周边地区重点工业企业清洁生产水平提升计划》，将京津冀污染物削减量指标确定，河北减排任务最重。5 月 27 日，《国务院办公厅关于印发大气污染防治行动计划实施情况考核办法（试行）

的通知》发布，考核指标包括空气质量改善目标完成情况和大气污染防治重点任务完成情况两个方面。7 月 29 日，环保部印发《京津冀及周边地区重点行业大气污染限期治理方案》，方案称决定在京津冀及周边地区开展电力、钢铁、水泥、平板玻璃行业（简称四个行业）大气污染限期治理行动。8 月，北京与天津、河北分别签署了《关于进一步加强环境保护合作的协议》和《加强生态环境建设合作框架协议》。河北省在 9 月正式发布《大气污染防治行动计划实施方案》，方案提出，河北省将采取 50 条措施，着力解决以细颗粒物（PM 2.5）为重点的大气污染问题，突出抓好重点城市、重点行业、重点企业的污染治理，形成政府统领、企业施治、创新驱动、社会监督、公众参与的大气污染防治新机制。10 月 22 日，天津出台《贯彻落实京津冀及周边地区大气污染防治协作机制会议精神的 12 条措施》，重点强调抓好重点行业整治、抓好清洁煤替代、抓好机动车尾气治理、抓好电动公交车和新能源汽车推广、抓好科学治污、抓好京津冀区域协同治理任务等，到 2017 年实现全省环境空气质量明显好转的总目标。

10.3.5.3 河北省积极淘汰落后产能

2014 年，工业和信息化部分三批公布了淘汰落后和过剩产能企业名单。在第一批名单中，全国钢铁业共淘汰落后和过剩产能 6309 万吨。国家下达的 2014 年提前完成"十二五"的淘汰落后产能的任务，河北在 2013 年底就已经提前超额完成了。之后，河北自身进而敲定实施"6643 工程"，即到 2017 年完成 6000 万吨钢铁产能削减任务，6100 万吨水泥、4000 万吨标准煤、3600 万吨重量箱玻璃产能削减任务。

10.4 结语：协同发展存在的主要问题与展望

10.4.1 京津冀协同发展存在的主要问题

10.4.1.1 行政区划意识较强

京津冀的行政区划意识还比较强，跨行政区进行产业结构大调整的机制尚没有形成。京津两市虽处在一个经济区内，但行政地位、经济实力相近，缺乏珠三角区域系统行政同属一省那样的共同利害关系，也缺少长三角区域系统以上海为中心来统领整个区域的内在凝聚力，这使整体经济实力较差的河北无法被凝聚在区域整体之中。另外，京津冀地区民营经济发展缓慢，其力量还不足以打破行政区划的限制，资金、技术、信息等生产要素，难以在区域市场内合理流动和配置。

10.4.1.2　产业结构不合理

工业主导产业集中度不高，战略支撑作用不强，缺少在全国有重大影响的大企业和产业集群。而且，高新技术产业比重低。服务业发展相对滞后，现代和新兴服务业发展缓慢，增长方式依然粗放，主要表现为高消耗、高污染、低产出、低效益，经济的快速增长在很大程度上是依靠高投入、高消耗换来的，使河北省本已十分严峻的资源环境形势更加恶劣。另外，在京津冀区域中间，河北与北京、天津两地人缘、业缘、地缘十分复杂，导致了三地同类产业争资源、争人才等恶性现象产生，河北不仅没有得到应有的技术辐射，还长期无偿或低补偿为京津提供资源，扩大了与京津经济的差距。

10.4.1.3　人才结构不合理

河北省内缺乏国内领先的一流高校，而京津地区虽然教育水平和科研水平较高，但是由于其强大的人才聚集效应，使高素质的人才难以向经济发展水平和人才待遇较低的河北省流动，自身人才培养机制的欠缺和人才的严重外流使河北省高素质技能型人才短缺，技术工人整体状况与产业结构升级和高新技术产业发展需要不相适应，阻碍了相关产业的发展进步，使河北省产业结构只能停留在高消耗的第二产业为主的阶段。

10.4.1.4　区际内外存在较大差距

对于经济发展水平相关指标的统计，京津冀经济圈内，京、津各个指标均明显高于河北省各市，可划分为第一梯队，河北省内唐山、石家庄、秦皇岛、廊坊和沧州处于第二梯队，邯郸、承德、张家口、衡水、邢台和保定则处于第三梯队。事实上，在河北省内，省会石家庄和沿海城市唐山、秦皇岛无论是从产业发展水平还是对外开放程度上都远远高于其他以农业为主要产业的地区，而这些地区的辐射带动作用不强，使城市间差距逐渐加大，影响了河北省整体经济乃至京津冀地区的发展。

10.4.2 对京津冀协同发展的展望

展望下一年，京津冀一体化的重点任务也渐次清晰。

北京市要制定年度任务项目清单，在交通方面，要加快京沈客专、京张铁路、京台高速等跨区域交通干线建设，打通18条"断头路"和24条"限行路"，促进交通服务管理一体化；在生态方面，要协同推进张承生态功能区建设，实施水源保护林等合作项目，推动京津保中心区生态过渡带建设。河北省下一步将培育环京津地区新的发展增长极，不能被动等待北京的产业转移和功能疏解，要善于把京津的科技人才优势，转化为自己的产业优势，使河北成为最具活力的都市连绵区。京津冀协同发展规划的空间总体布局：以"一核、双城、三轴、四区、多节点"为骨架，推动有序疏解北京非首都功能，构建以重要城市为支点，以战略性功能区平台为载体，以交通干线、生态廊道为纽带的网络型空间格局。"一核"即指北京。把有序疏解北京非首都功能、优化提升首都核心功能、解决北京"大城市病"问题作为京津冀协同发展的首要任务。"双城"是指北京、天津，这是京津冀协同发展的主要引擎，要进一步强化京津联动，全方位拓展合作广度和深度，加快实现同城化发展，共同发挥高端引领和辐射带动作用。"三轴"指的是京津、京保石、京唐秦三个产业发展带和城镇聚集轴，这是支撑京津冀协同发展的主体框架。"四区"分别是中部核心功能区、东部滨海发展区、南部功能拓展区和西北部生态涵养区，每个功能区都有明确的空间范围和发展重点。"多节点"包括石家庄、唐山、保定、邯郸等区域性中心城市和张家口、承德、廊坊、秦皇岛、沧州、邢台、衡水等节点城市，重点是提高其城市综合承载能力和服务能力，有序推动产业和人口聚集。因此，这些地方是2015年应着重关注的区域。除了实现上述三个重点领域的突破外，体制机制的改革也将成为推进京津冀一体化的决定性因素。制度上的弊端是阻碍京津冀协同发展的根本因素，推进京津冀协同发展就必须着力推进体制机制创新，这在当下已成各方共识。探索建立三地间统一的财政税收、金融投资也将成为2015年中的重点工作。在行政体制改革方面，随着政府审批事项的减少，政府直接安排的产业和基础设施项目也会减少，这些都有利于避免功能过于集中，促进区域功能优化。另外，政府提供公共服务的方式可以有所变化，采取公共服务PPP模式，由政府向社会购买，或者政府向居民提供补贴、居民自己决定如何购买的方式。

　　京津冀协同发展将分为三个阶段，分别是：近期到 2017 年，有序疏解北京非首都功能取得明显进展，在符合协同发展目标且现实急需、具备条件、取得共识的交通一体化、生态环境保护、产业升级转移等重点领域率先取得突破，深化改革、创新驱动、试点示范有序推进，协同发展取得显著成效。中期到 2020 年，北京市常住人口控制在 2300 万人以内，北京"大城市病"等突出问题得到缓解；区域一体化交通网络基本形成，生态环境质量得到有效改善，产业联动发展取得重大进展。公共服务共建共享取得积极成效，协同发展机制有效运转，区域内发展差距趋于缩小，初步形成京津冀协同发展、互利共赢新局面。远期到 2030 年，首都核心功能更加优化，京津冀区域一体化格局基本形成，区域经济结构更加合理，生态环境质量总体良好，公共服务水平趋于均衡，成为具有较强国际竞争力和影响力的重要区域，在引领和支撑全国经济社会发展中发挥更大作用。

　　京津冀协同发展已经破茧而出，这是一项长期的战略任务、巨大的复杂的系统工程！在接下来的一年中，京津冀三地只有在行政体制改革上实现突破，才能保证在民众诉求强烈的教育、医疗、社保、养老等方面的工作有所突破。

主要参考文献

[1] 窦树华. 全国人民代表大会年鉴（2014 年卷）[M]. 北京：中国民主法制出版社，2015.

[2] 关于北京新机场工程可行性研究报告的批复 [EB/OL]. 国家发展改革委，https://www.ndrc.gov.cn/fggz/zcssfz/zdgc/201412/t20141215_1145966.html，2014-12-25.

[3] 国家发改委《关于印发能源行业加强大气污染防治工作方案的通知》[EB/OL]. 国家发展改革委，https://www.ndrc.gov.cn/xxgk/zcfb/tz/201405/t20140516_964127.html，2014-05-16.

[4] 国家发展改革委《关于新建北京至张家口铁路八达岭越岭段工程可行性研究报告的批复》[EB/OL]. 国家发展改革委，https://www.ndrc.gov.cn/xxgk/zcfb/tz/201411/t20141128_963677.html，2014-11-28.

[5] 国务院办公厅关于印发《大气污染防治行动计划实施情况考核办法（试行）的通知》[EB/OL]. 中国政府网，http://www.gov.cn/zhengce/content/2014-05-27/content_8830.htm，2014-05-27.

[6] 工业和信息化部关于印发《京津冀及周边地区重点工业企业清洁生产水平提升计划》的通知 [EB/OL]. 中国政府网，https://www.gov.cn/gzdt/2014-01/07/content_2561565.htm，2014-01-07.

[7] 关于印发《京津冀及周边地区重点行业大气污染限期治理方案》的通知 [EB/OL]. 生态环境部，https://www.mee.gov.cn/gkml/hbb/bwj/201407/t20140729_280610.htm，2014-07-25.

[8] 天津市人民政府办公厅关于印发贯彻落实京津冀及周边地区大气污染防治协作机制会议精神 12 条措施的通知 [EB/OL]. 天津市人民政府，https://www.tj.gov.cn/zwgk/szfgb/qk/2014/

20_3321/202005/t20200520_2475877.html，2014-10-29.

　　[9]政府工作报告——2014年3月5日在第十二届全国人民代表大会第二次会议上［EB/OL］.中国政府网，https：//www.gov.cn/guowuyuan/2014-03/05/content_2629550.htm，2014-03-05.

第 11 章
2015 年京津冀协同发展概况①

11.1 京津冀协同发展总体情况

经过一年多的准备，京津冀协同发展的顶层设计基本完成。2015 年 4 月 30 日，中央政治局会议审议通过了《京津冀协同发展规划纲要》，纲要指出：推动京津冀协同发展是一个重大国家战略，核心是有序疏解北京非首都功能。作为国家重点战略，京津冀一体将探索出一种人口经济密集地区优化开发的模式。截至 2015 年，京津冀协同发展在顶层设计制定、交通一体化、生态环境保护、产业升级转移等重点领域均率先取得突破。

顶层设计方面，2 月 10 日上午，中共中央总书记、国家主席、中央军委主席、中央财经领导小组组长习近平主持召开中央财经领导小组第九次会议，听取中央财经领导小组确定的新型城镇化规划、粮食安全、水安全、能源安全、创新驱动发展战略、发起建立亚洲基础设施投资银行、设立丝路基金等重大事项贯彻落实情况的汇报，审议研究京津冀协同发展规划纲要。2 月 11 日，习近平指出，疏解北京非首都功能、推进京津冀协同发展，是一个巨大的系统工程。目标要明确，通过疏解北京非首都功能，调整经济结构和空间结构，走出一条内涵集约发展的新路子，探索出一种人口经济密集地区优化开发的模式，促进区域协调发

---

① 本章作者：孔月辉、张贵。

展，形成新增长极。思路要明确，坚持改革先行，有序配套推出改革举措。方法要明确，放眼长远、从长计议，稳扎稳打、步步为营，锲而不舍、久久为功。3月5日，时任国务院总理李克强在政府工作报告中指出，2015年要推进京津冀协同发展，在交通一体化、生态环保、产业升级转移等方面率先取得实质性突破。时任中共中央政治局常委、国务院副总理张高丽26日至27日在北京、天津、河北调研京津冀协同发展有关工作。4月30日，中共中央政治局召开会议，分析研究当前经济形势和经济工作，审议通过《中国共产党统一战线工作条例(试行)》《京津冀协同发展规划纲要》。5月17日，京津冀交通一体化领导小组召开第二次会议，研究《〈京津冀协同发展规划纲要〉交通一体化实施方案》，安排部署2015年工作。6月19日，作为京津冀协同发展的顶层方案——《京津冀协同发展规划纲要》已于近期下发至北京、天津、河北三地。核心在于有序疏解北京非首都功能，在京津冀交通一体化、生态环境保护、产业升级转移等重点领域率先取得突破。7月24日，时任中共中央政治局常委、国务院副总理张高丽主持召开京津冀协同发展工作推动会议，就贯彻落实《京津冀协同发展规划纲要》提出明确要求、作出安排部署。10月23日，国家发改委发布通知，国家发改委印发了《环渤海地区合作发展纲要》。根据《纲要》，到2030年京津冀区域一体化格局基本形成。

在交通方面，6月9日，国家发改委发布《关于当前更好发挥交通运输支撑引领经济社会发展作用的意见》，提出打造"轨道上的京津冀"。京津冀未来将以城际铁路为主骨架的交通格局，实现"一小时交通圈"。2015年12月，《京津冀协同发展交通一体化规划》提出构建"四纵四横一环"主骨架，重点完成建设高效密集轨道交通网等八项任务，到2020年多节点、网格状的区域交通网络基本形成，到2030年形成"安全、便捷、高效、绿色、经济"的一体化综合交通运输体系。4月16日，由中铁六局天津铁建公司负责施工的京秦高速公路第二标段上跨大秦铁路分离式转体立交桥工程顺利完成主桥的转体施工，形成天津市通往冀北、东北地区的一条"新通道"，进一步缩短京津冀之间的时空距离。4月30日，津蓟铁路市郊客运列车正式通车，从天津至蓟县的客车运行时间由原先的2小时40分钟缩短至90分钟。7月10日，利用京哈线开行的京蓟城际快速列车"盘山号"(北京东—蓟县)正式开行，成为国内第一条由县域始发直达首都北京的城际快车，后续有望继续在北京北至古北口、北京东至怀柔等线路上，利用既有铁路线路改造后开行市郊列车。7 月 31 日，2022 年冬奥会最终举办城市揭晓，作为连接申办城市北京和张家口的京张城际铁路也呈现出设计全貌：京张城际正线除之前已获得批复的八达岭越岭段外，将再设置八座车站。北京段将设北京北站和清河站双始发站，同时还将建设支线通往延庆。天津站至天津滨海新区于家堡站 9 月 20 日开通，正线全长 44.75 千米。线路等级为客运专线，最高速度目标值为时速 350 千米。与运营的京津城际北京南站至天津站实现连接，60 分钟即可从北京到天津于家堡。12 月 9 日上午，津霸客专、霸徐铁路试运行，12 月 28 日开通运营。天津与保定间的运行时间缩短至 40 分钟。依托该铁路，可沟通京广铁路、京广高铁、京九铁路、京沪铁路、京沪高铁、津秦高铁、京津城际等多条线路。11 月 25 日，纵贯河北省太行山区的太行山高速公路正式全线开工建设，建成后将成为连通北京、河北、河南的一条交通大动脉。2015 年 10 月，新开两条河北联通北京的快速公交线。新开 898 路首末站为涿鹿—地铁朱辛庄站，新开 899 路首末站为下花园—地铁朱辛庄站，两条线路均可以接驳地铁 8 号线、昌平线。2015 年 12 月，北京平谷至三河、平谷至蓟县（含南线、北线）三条省际客运班线，正式按照公交化运营模式开始试运营。据悉，这是京津冀首批公交化省际客运线路。另外，徐尹路二期主体工程已于日前全部完工，实现通车。待河北省潮白河大桥、徐尹路河北段修通后，由燕郊进六环仅用 15 分钟。

在产业方面，6 月 9 日，由工信部等制定的京津冀产业转移指导目录已经定型。据不完全统计，京津冀投资意向签约额已超数千亿元。诸如信息技术、装备制造、商贸物流等产业，在天津、河北已经形成一定规模的产业集群。6 月 24 日，财政部和国家税务总局印发《京津冀协同发展产业转移对接企业税收收入分享办法》，对京津冀协同发展中财税分成、利益分享的问题加以明确：符合政府主导迁出且达到一定纳税规模的企业，将在迁出地和迁入地进行三大税种的分享，以迁出前三年税收总额为分享上限，五五分成。2015 年北京全年关停退出污染企业 326 户，拆并疏解商品交易市场 57 家。天津重点承接北京的总部、金融、科研、教育、医疗等功能产业，2015 年共签约项目 1433 个，达成协议投资额 3260 亿元，引进京冀投资 1739.3 亿元，增长 16.5%，占全市实际利用内资的 43%。其中包括中建股份区域总部等总部企业 102 户，中科院电工所先进电器研究院等科研机构 26 个，北师大基础教育学校等教育机构 11 个，北京圣佑医院等医疗机构 11 个，中国跨境电子商务研究协会等事业单位 3 个，中信租赁有限公司等金融机构 119 个，还有恒天集团等产业投资项目 1161 个。2015 年，河北企业到天津投资的到位额是 1700 多亿元，占各省市在天津投资的 42%，天津企业到河北投资的到位资金上年超过 430 亿元。2015 年 1~10 月，河北省引进京津项目达 3621 个，资金 2748 亿元，分别占全省的 39.6% 和 47.3%。2015 年天津对河北的投资集中在房地产业和制造业，投资额分别达 10.74 亿元和 7.32 亿元，分别占对河北全年投资总额的 30.78% 和 20.98%。河北对天津的投资集中在商务服务业和制造业，投资额分别达 19.06 亿元和 6.36 亿元，分别占对天津全年投资总额的 56.42% 和 18.83%。仅从三地单向互投情况来看，2015 年京津冀三地相互投资额为 1948.75 亿元，是 2014 年（609.52 亿元）的 3.2 倍，增幅达 220%，京津冀产业分工格局初步形成。

在生态方面，5 月 19 日，时任中共中央政治局常委、国务院副总理张高丽出席在北京召开的京津冀及周边地区大气污染防治协作机制第四次会议并讲话。2015 年前 10 个月，北京市 PM2.5 同比下降了 21.8%，"APEC 蓝"之后，"阅兵蓝"再次成为大气污染联防联控的成功实践；共同实施了京津冀区域大气污染联防联控支撑技术研发与应用项目等。在水和生态方面，京津冀水污染突发事件联防联控机制合作协议等方案已初步完成，京津冀共同实施"京津冀区域大气污染联防联控支撑技术研发与应用"项目，联合推动"京津冀钢铁行业节能减排产业技术创新联盟"，达成京津冀节能减排融资额度 300 亿元左右。2015 年，北京正式与廊坊、保定签订大气污染防治合作协议，并拿出 4.6 亿元支持两市加快推进大气污染治理。不到一年时间，治理效果初现，两市共减煤 77 万吨，每年可减排二氧化硫 6000 余吨。聚焦压减燃煤、控车减油、治污减排、清洁降尘四大领域，北京全年压减燃煤约 600 万吨。天津控车、控尘、控工业污染等多措并举，污染防治取得成效。河北加大黄标车淘汰力度，开展碳排放交易试点，加强节能降耗。2015 年，三地规模以上工业综合能源消费量分别下降 7.3%、5.2% 和 1.9%，规模以上工业万元增加值能耗分别下降 8.2%、13.2% 和 6%。同时，空气质量有所改善，全年京津冀 PM2.5 平均浓度下降 10.4%。2015 年京津冀三地空气中 PM2.5、PM10、SO_2 和 NO_2 浓度分别比 2013 年下降 17.5%、16.8%、27.1% 和 5.1%。

11.2　2015 年贯彻落实习近平总书记 重要讲话精神举措

11.2.1　省市级三地政府积极响应

11.2.1.1　京津冀各地政府推出相关政策

2015 年 3 月 6 日，首都标准化委员会第三次全体会议召开，北京市已和河北省、天津市签署《京津冀质量发展合作框架协议》，2015 年将推动建立统一的标准体系，在环境治理、产业对接、交通等方面发布一批区域标准。"首都之窗"于 5 月 19 日发布《北京市缓解交通拥堵第十二阶段（2015 年）工作方案》，首次纳入了服务京津冀协同发展的交通建设项目。连接北京周边高速路网的"北京大外环"将在当年开工建设，京台高速、110 国道二期等重点工程建设也将加速推进。5 月 25 日，北京市政府办公厅印发《2015 年北京市政府信息公开工作要点》（以下简称《要点》），公布今年政府信息公开的 17 大重点领域。其中，京津冀交通一体化、医疗教育转移疏解等信息重点公开，社会救助将公开实施过程，"三公"决算的公开要细化到公务接待人数、公务车保有量。6 月 2 日，北京市党政代表团就进一步推动京冀工作交流与合作，促进两地优势互补，加强区域生态环境保护合作与共建共享，推动区域协同发展，到承德进行考察。7 月 11 日，中共北京市委十一届七次全会表决通过《中共北京市委北京市人民政府关于贯彻〈京津冀协同发展规划纲要〉的意见》，确定了北京贯彻协同发展国家战略的时间表和路线图。

2 月 16 日，天津召开的 2015 年发展和改革工作会议指出天津将以推进京津冀协同发展为重点，加快优质要素资源聚集，重点组织实施"3311"工作，包括完善京津冀协同发展天津市规划，推动高新技术企业、科技型中小企业等优惠政策互认共享等。3 月 31 日，博鳌亚洲论坛召开，将天津自贸区特色归纳为"3 + 2"。所谓"3"，即服务京津冀协同发展、"一带一路"倡议和滨海新区开发开放。所谓"2"，就是凸显两个优势，第一个优势是融资租赁，充分发挥融资租赁在现代制造业中的作用；第二个优势是行政审批，一个印章管审批，使市场准入最大程度的便利化。5月26日，天津市人大常委会主任会议通过了《关于加强京津冀人大立法工作协同的若干意见》。

2015年4月11日，河北省《政府工作报告》指出：大力推进京津冀协同发展。以主动精神和务实态度，推动与京津合作做深做实做细。制定规划实施方案，积极配合国家编制京津冀协同发展总体规划和专项规划，组织编制河北省与京津协同发展规划方案，深化体制机制改革、强化创新驱动、开展试点示范等重大问题研究。4月30日，河北省政协十一届十二次常委会议在石家庄召开，围绕京津冀协同发展议政建言。

11.2.1.2　京津冀三地政府加强合作

河北省人大常委会与北京市人大常委会、天津市人大常委会出台《关于加强京津冀人大协同立法的若干意见》，今后三地制定立法计划和立法项目要相互交流，吸收彼此意见，使其既能满足本地立法实际需求，也能照顾到其他省市的关切，最大限度地发挥京津冀在立法资源和制度规范方面的协同推进优势。5月15日，京津冀政协主席联席会议第一次会议在石家庄召开，围绕京津冀交通一体化问题协商议政，为推动京津冀协同发展提供决策参考。会议审议通过了《关于建立京津冀政协主席联席会议制度的意见》。5月16日，京津冀开发区展览展示、京津冀开发区协同发展圆桌会及产业对接活动在天津市成功举办。在举行的京津冀开发区创新发展圆桌会上，确认成立京津冀开发区创新发展联盟，开启京津冀深度融合新尝试。联盟主要任务包括：构建以创新项目筛选、储备、孵化等为核心的京津冀产业创新创业服务平台，搭建京津冀开发区创新发展综合服务平台，搭建京津冀开发区创新发展网络服务平台等。

6月1日，京津冀首批区域协同标准发布。6月18日，京津冀三地人大形成了关于三地人大立法工作协同的若干意见，其中明确规定，今后京津冀三地制定本地立法规划和年度计划时，需要照顾其他省市，在立法规划和年度计划征求意见过程中，要同时征求其他省市意见，与协同发展不适应的地方性法规要及时清理。7月1日起，三地《电子不停车收费系统路侧单元应用技术规范》《老年护理常见风险防控要求》区域协同地方标准将实施。

11.2.2　地方政府职能部门主动配合

3 月 7 日，由天津相关部门草拟，55 名来自天津的全国政协委员联名提出增加两条京津城际通道的提案上交了全国政协。该提案题目是《关于加快推动京津冀协同发展、京津双城联动发展交通项目建设的提案》。

3 月 11 日上午，北京、天津、河北三地高级人民法院正式签署执行工作联动协作协议书，建立执行工作协作机制，密切开展司法协作，合力破解执行难，为京津冀地区经济协作和一体化协同发展提供优质高效的服务和司法保障。

5 月 6 日，交通运输部对外发布《关于促进交通一卡通健康发展加快实现互联互通的指导意见》（以下简称《指导意见》）。《指导意见》显示，将统筹考虑地区发展特点，选择京津冀、长三角、珠三角、长江经济带中游城市群等条件比较成熟、有内生需求的重点地区，以及公交都市创建城市，率先启动实施城市间交通一卡通互联互通工程。5 月 20 日，河北省交通运输厅透露，河北省在年内将实现石家庄、保定、廊坊等主要城市试点联网，并尝试与京津联网；2016 年实现京津冀三省市区域"一卡通"。

5 月 19 日，由河北省政府主办，河北省人力资源和社会保障厅承办的"京津冀招才引智大会"作为"中国·廊坊国际经济贸易洽谈会"的重要组成部分，在廊坊市举办。天津市人力社保局与北京市人力社保局签署《加强人才工作合作协议（2014 年—2017 年)》，加快人才工作合作交流，促进区域人才一体化。

5 月 26 日，中国银行天津市分行、北京市分行和河北省分行联合天津自贸区中心商务区，共同组织召开了"中心商务区—中国银行京津冀三地自贸专题推介会"，京津冀 110 余家企业代表参加了会议。同日，河北省妇联联合北京市妇联、天津市妇联，共同开展了"京津冀女企业家走进河北'一区十县'牵手创富行"活动。

11.2.3　民间团体踊跃参加

4 月 24 日，以"京津冀协同创新"为主题的南开区项目集中签约仪式在金融街（天津）中心举行，16 个体现协同创新成果、创业服务类项目在现场签约，协议金额达 117 亿元。5 月 8 日，由河北省冀商商会主办的"京津冀大协同　新冀商大发展"——2015 推进冀商战略合作大会在石家庄隆重开幕，来自京津冀三地党政领导、企业家代表和媒体界朋友齐聚一堂共商京津冀协同发展大计。

　　5月8日，由天津市文化广播影视局主办，天津市群众艺术馆、和平文化宫、南开文化宫、北辰文化馆承办的2015"梦想家"京津冀青年话剧节开幕式在天津市群众艺术馆一层多功能厅举行，这标志着第二届"梦想家"京津冀三地青年话剧节正式拉开帷幕。5月18日，中国·廊坊国际经济贸易洽谈会"京津冀产业创新协同发展高端会议"在河北省廊坊市举行，会议由河北省政府主办，华夏幸福基业股份有限公司、《财经》杂志、廊坊市商务局承办。

　　5月22日，来自北京、天津、河北、辽宁等地的百余名社会学专家、学者齐聚河北保定，就"京津冀协同发展社会学理论"相关课题进行研讨。5月23日，由共青团天津市委联合中国青年创业就业基金会、天津市科委主办，京津冀青年创新成果与创业项目交易会开幕式在东丽区体育中心举行。6月2日，京津冀留学人员回国工作对接座谈会在天津市召开，国家人社部专技司、北京市、河北省人力社保局（厅）及市外国专家局留学人员回国工作有关负责人就三地留学回国人员工作经验、合作事宜进行了探讨，确定了联合赴海外招聘、组织海外高层次人才京津冀三地行等海外人才活动的合作意向，并就留创园共建工作达成了初步设想。

11.3　2015年按领域协同发展情况

11.3.1　产业对接协作有序进行

11.3.1.1　河北省积极承接京津产业

　　2015年4月3日，北京现代汽车有限公司（北京现代）沧州工厂正式开工建设，一个总投资达120亿元的巨型汽车工厂将崛起于"渤海之滨"。这一先进的绿色项目是自2014年2月京津冀协同发展战略提出后，河北迎来的迄今为止最大体量、最高质量产业协同落地项目。围绕对接京津，沧州市重点打造了"渤海新区新型工业化基地、沧州现代产业基地、任丘石化产业基地"三大承接京津功能疏解和产业转移的平台。廊坊市科技局以京津冀协同发展为契机，以打造全国科技创新成果孵化转化示范区为有力抓手，在空间布局上以规划建设"两带十四区"为载体，积极搭建承接京津产业、资源转移的高端平台。4 月 16 日，承德市构建"京津冀大数据走廊"，规划总投资 1300 亿元，将建成总体规模 200 万机柜的大数据产业基地。5 月 10 日，在河北定州召开的京津冀循环经济产业转移承接项目研讨对接会上，国家发展改革委环资司相关负责人介绍，生态环保将成为京津冀协同发展规划中率先突破的领域之一，循环经济、再生资源行业的发展将作为其中重要组成部分。在京津冀区域层面，将打通再生资源的产业链和产业线，进行资源优化配置。京津冀一体化发展的产业落地速度加快。河北省涿州市获得 11 个项目，总投资额达 485.9 亿元人民币。5 月 20 日，激光加工国家工程研究中心京津冀区域中心在沧州市运河区激光产业园挂牌成立，该中心以华中科技大学为技术依托建立，将在沧州市开展国内先进激光制造技术科技研发和科技成果转化。11 月 23 日，"京津冀协同发展项目落地定州签约仪式"在河北定州举行。河北瀛源再生资源开发有限公司等 5 家企业与北京技术交易促进中心、首都创新大联盟、中国医学科学院药物研究所、首都生物肥料科技创新服务联盟、中国再生资源产业技术创新战略联盟等科研院所深度对接，达成合作意向。本次签约，北京将有 16 个技术项目在定州实现落地转化和示范推广，意向合同额近 3 亿元。

11.3.1.2　天津确立产业定位和分工

在定位和分工上，天津自贸区将侧重服务京津冀协同发展国家战略及利用口岸协作等机制辐射带动内陆发展。4 月 23 日，天津正式推出"现代物流业发展三年行动计划"，根据计划，天津市将打造我国北方国际物流新平台，将天津建成"一带一路"的北方"桥头堡"和京津冀城市群国际物流网络的战略核心。到 2017 年，天津市现代物流业增加值将占全市国内生产总值比重超过 9%。4 月 24 日，天津高新区举办"互联网+"训练营活动，邀请京津两地权威创业导师分享创业经验，这场创业"干货"课堂让来自京津冀地区近 200 名创业者受益。5 月 9 日，北京市西城区北展建设指挥部与天津市西青区商务委在京召开"非首都功能疏解京津对接会"。会上，双方达成商贸物流业对接协作共识，并签署《产业疏解引导区合作协议》。5 月 11 日，作为京津冀协同发展的重要引擎之一，滨海新区自 2014 年以来大力推进与北京、河北的各项战略合作。截至目前，滨海新区服务京津冀协同发展签约投资项目已超过 500 个，着力打造京津冀协同发展

"带动极"。

11.3.1.3　三地落实产业转移合作

7月16日，京津冀开发区创新发展联盟成立大会在北京召开，京津冀三省市18家单位签署联盟协议。会上，京津冀三省市12家国家级经济技术开发区、天津自由贸易试验区、中国开发区协会及京津冀三省市开发区协会等18家发起单位共同签署了《京津冀开发区创新发展联盟框架协议》。7月24日，工信部正式启动《京津冀及周边地区工业资源综合利用产业协同发展行动计划（2015–2017年）》。行动计划设定了未来三年的工作目标和主要任务，以及北京、天津、河北及周边地区在资源综合利用协同发展中的功能定位。其中，北京将推动再生资源加工利用企业逐步转移；天津、河北等地将承接北京转移的项目，形成产业链，促进节能降耗，改善区域生态环境。7月28日，"2015京津冀产业转移系列对接活动"正式启动，从此日起至10月下旬，河北省将通过个别招商对接和集中对接活动两种形式，积极对接服务京津，承接产业转移和科技成果转化，努力促成一批产业合作项目落地。

2015年11月20日，三地共150个项目签约，总投资达4500多亿元。其中包括：京冀通航产业园项目等10个工业园区类项目、廊坊市政府与浪潮集团合作建设云计算中心项目等10个以大数据为重点的电子信息产业类项目、承德政府与北汽福田汽车股份公司合作建设福田汽车新能源智能化产业基地项目等10个高端装备制造类项目、中关村（大兴）生物医药产业基地固安合作园项目等10个生物医药、新能源、新材料类项目、承德政府与汇源果汁集团合作建设食品饮料生产项目等11个传统产业转型升级类项目。

11.3.2　城际交通逐渐完善

11.3.2.1　各省市顶层设计逐步确立

2月5日，2015年北京市交通工作会议召开。会议指出北京将主动适应经济发展新常态，推动交通改革发展，建设北京现代化综合交通体系；进一步加大简政放权力度，加快普通公路、综合交通枢纽的投融资体制改革，打造京津冀交通一体化新格局。2月25日，北京市提出将以京津冀交通一体化为重点，推进三省市间的交通衔接。重点研究、逐步解决京津冀区域城际铁路网、市郊铁路网、城市轨道交通网、高速公路网、国省干线网的合理交通分担和有效衔接问题，编制《北京、天津铁路枢纽总图规划》《北京、天津、石家庄市市域（郊）铁路网规划》。

天津市交通运输委积极与河北省交通运输厅、北京市交通委进行协商，确定到 2017 年底，该市重点建设 18 条普通公路省市对接路，里程约 187 千米。7 月 31 日，天津市召开 2015 年交通运输系统年中工作会议，深入贯彻市委十届七次全会精神，动员行业上下牢固树立大局意识、机遇意识、协同意识，全力推进京津冀交通一体化率先突破。

7 月 16 日，据新闻发布会，《京津冀协同发展交通一体化规划》已编制完成、于近期印发。此外，《京津冀协同发展规划纲要交通一体化实施方案》《京津冀交通一体化 2015-2017 重点任务台账》《京津冀交通一体化 2015 年重点工作》都已经过审议。7 月 24 日，铁道第三勘察设计院发布《新建北京至唐山城际铁路工程环境影响评价第一次信息公告》与《新建北京至天津滨海新区城际铁路环评第一次公告》，公告首次公布了京滨城际铁路、京唐城际铁路的大体走向。8 月 18 日，京津冀交通一体化领导小组召开第三次会议，会议指出，京津冀协同发展战略启动以来，交通领域已率先完成并报送了《京津冀协同发展交通一体化规划》，制定并印发了《〈京津冀协同发展规划纲要〉交通一体化实施方案》，明确了三年任务台账，为全面推进京津冀交通一体化工作奠定基础。9 月 16 日，铁三院公布"京津冀城际铁路网修编"环境影响报告书。报告显示，到 2050 年，京津冀三地将规划新建城际线 24 条，总规模达 3453 千米。其中，近期规划建设项目包括京石城际、京霸城际、京唐城际、京滨城际、城际联络线等八条城际线路。

11.3.2.2 城际网络建设有序进行

9 月 20 日，京津城际延伸线于家堡高铁站投入运营。从天津滨海新区于家堡站出发可以通达天津市区、北京南站，实现京津冀一小时快速通达。9 月 28 日，从京投公司获悉，备受关注的《北京市城市轨道交通建设规划（2014-2020）》，经国家发改委会同住建部审核后，获得正式批复。10 月 14 日，京津冀城际铁路投资有限公司表示将在未来规划新建城际线 23 条。目前，公司正在推进京唐城际、京滨城际、廊涿城际、城际铁路联络线四个项目的前期工作。11 月 25 日，太行山高速公路开工动员大会在井陉县山区的施工现场举行，太行山高速公路建设项目开工。

11.3.3 生态共建共享

11.3.3.1 各地生态合作标准统一制定

2015 年 1 月 13 日，为落实《京津冀协同创新发展战略研究和基础研究合作框架协议》，京津冀三地决定共同设立基础研究合作专项，2015 年围绕南水北调对京津冀受水区生态环境影响及调控机制开展研究，单项支持力度 20 万元左右，项目执行期 2~3 年，鼓励与京津开展合作研究。2 月 10 日，来自国家部委和北京、天津、河北等省市从事雾-霾预警预报、环境监测、气象预报领域的政府管理和科研机构代表，共同在国家超级计算天津中心举行"天河超算公共平台与京津冀雾-霾研究和治理"主题研讨会。3 月 20 日，发改委发布《关于组织申报资源节约和环境保护 2015 年中央预算内投资备选项目的通知》，通知显示：就京津冀及周边地区大气雾霾综合治理工程，拟安排中央预算内投资 15 亿元。上述资金将惠及北京、天津、河北、内蒙古、山西、山东六个省份的治霾行动。同时发改委发布，2015 年中央将至少安排 80 亿资金用于资源节约和环境保护。其中，今年首次单列的选项类别——重大环境治理工程将获中央投资 35 亿元。该类别包括大气雾霾综合防治、秸秆综合利用、重金属污染治理、流域工业点源治理及清洁生产示范等多个方向的环境治理项目。此外，节能、循环经济和资源节约重大项目类为 45 亿元。战略性新兴产业专项中的节能环保技术装备产业化示范类，则需评审后确定。

6 月 4 日，京津冀及周边地区机动车排放控制工作协作小组办公室揭牌成立，成员包括七个省区市。协作小组将在全国率先实现跨区域机动车排放超标处罚、机动车排放监管数据共享、新车环保一致性区域联合抽查等。今后，超标排放的机动车将实现异地处罚。

8 月 7 日，京津冀协同发展环保产业合作及环境治理对接会在河北承德召开。会议立足承德"京津冀水源涵养功能区"的功能定位，以"共享、共赢"为主题，围绕生态环境建设、大气污染防治、水环境治理等内容，进一步加大开放合作力度，积极为环保产业入驻营造良好的发展氛围。同日，国家发改委对外表示，为落实京津冀协同发展生态环保率先突破战略，将推动印发《京津冀协同发展生态环境保护规划》。11 月 3 日，国务院新闻办举行的新闻发布会上，国家发展和改革委员会主任表示，考虑疏解北京的非首都功能，通过交通一体化、生态环境和产业发展来带动京津冀的协同发展。鼓励煤炭清洁利用,形成清洁低碳、安全高效的能源体系,京津冀一带到 2017 年煤炭利用零增长甚至负增长。11 月 26 日,河北省政协召开《关于加快城乡绿化步伐,进一步改善河北生态环境的建议》提案督办情况新闻发布会,河北今年着重抓环首都生态脆弱区造林绿化,在丰宁、怀来等 9 县营造生态水源保护林 10 万亩,开展坝上退化林分更新改造作业 25 万亩,完成地下水超采区还林还湿 1.8 万亩。预计河北全年省级以上园林城总数将超过 110 个,占市、县总数的比例超过 80%。

7 月 30 日,京津冀签署《京津冀新能源小客车充电设施协同建设联合行动计划》。11 月 27 日,京津冀三地环保部门在京召开首次京津冀环境执法与环境应急联动工作机制联席会议,正式启动京津冀环境执法联动工作机制,为逐步实现京津冀三地环保一体化,共同打击区域内环境违法行为,维护环境安全,改善环境质量提供有力支持。

11.3.3.2 生态环境联防联治效果显现

2015 年,北京正式与廊坊、保定签订大气污染防治合作协议,并拿出 4.6 亿元支持两市加快推进大气污染治理。不到一年时间,治理效果初现,两市共减煤 77 万吨,每年可减排二氧化硫 6000 余吨。聚焦压减燃煤、控车减油、治污减排、清洁降尘四大领域,北京全年压减燃煤约 600 万吨。北京市淘汰老旧机动车 25 万辆,推广纯电动汽车 8667 辆;四大燃气热电中心全部建成投运,京能石景山热电厂、国华北京热电厂实现关停,全年压减燃煤 400 万吨任务基本完成。天津市控车、控尘、控工业污染等多措并举,污染防治取得成效。河北省加大黄标车淘汰力度,开展碳排放交易试点,加强节能降耗。

2015 年全年,三地规模以上工业综合能源消费量分别下降 7.3%、5.2% 和 1.9%,规模以上工业万元增加值能耗分别下降 8.2%、13.2% 和 6%。同时,空气质量有所改善,全年京津冀 PM2.5 平均浓度下降 10.4%。2015 年京津冀三地空气中 PM2.5、PM10、SO_2 和 NO_2 浓度分别比 2013 年下降 17.5%、16.8%、27.1% 和 5.1%。

11.3.4 三地医疗加快融合

2015 年 1 月 23 日,京津冀三地医疗保险定点医疗机构的互认已经实现,率先要解决的就是工作在北京、生活在河北的人群的"家门口就医"问题,将按照异地安置的政策，居住地就医，北京标准医保报销。3 月 28 日，"京津冀医学会协同发展战略合作启动仪式"在北京首都大酒店隆重举行，三地医学会共同签署了《京津冀医学会协同发展战略合作意向书》。

5 月 19 日，位于北京东部地区的河北燕达医院，与北京东部的三甲医院朝阳医院签署合作共建协议，随后，北京天坛医院与燕达医院合作，成立脑科中心。京冀医院合作使燕郊居民在家门口就可以享受朝阳医院和天坛医院专家的诊疗服务，对破题患者看病"漫游"提供了可能路径。5 月 15 日，北京儿童医院与保定市卫生计生委举行签约仪式，正式托管保定市儿童医院，成为京津冀一体化背景下首家推行公立医疗机构跨省托管的医院。

6 月 6 日，"2015 京津冀医疗融合发展论坛暨新京报第一届院长沙龙"在京举行，北京、天津、河北三省市签署了《京津冀卫生计生综合监督交流合作框架协议》。

7 月 24 日，北京市政府与河北唐山市政府签署了卫生事业协同发展合作框架协议，这项协议将充分发挥北京优质医疗资源的帮带作用，疏解来京就医人群，把河北曹妃甸打造成京津冀卫生对接合作示范区以及首都医疗功能疏解区。9 月 24 日，北京、天津、河北三地卫生计生委共同签署了《京津冀卫生计生事业协同发展合作协议》，根据协议，三地部分检验、影像等检查结果有望从 2016 年开始互认。三地还将探索建立区域内分级诊疗、双向转诊机制。11 月 28 日，京津冀健康促进行业联盟在天津成立，三地签署《京津冀健康促进行业联盟合作协议》。今后，三地将发挥区域健康服务资源优势，搭建行业协同创新服务平台，通过开展健康项目合作，更好地为市民提供优质健康服务。

11.3.5 其他领域一体化现状

11.3.5.1 文化交流日益密切

文化会议不断涌现。2015 年 1 月 28 日，由滨海新区区委宣传部和天津市环渤海经济研究会联合举办的"京津冀协同发展与北塘文化研讨会"在泰达集团北塘总部基地举行。1 月 30 日，由环渤海经济研究会与天津社会科学院共同主办的"新常态下京津冀协同发展高层研讨会"在天津社会科学院召开。3 月 27 日，北京市文化局、天津市文化广播影视局、河北省文化厅共同签署了《京津冀签署演艺领域深化合作协议》。4 月 16 日，宝坻区人民政府与市环渤海经济研究会共同举办了"京津冀协同与宝坻区发展战略高层研讨会",来自京津两地的专家学者、政府部门的实际工作者参加会议。会议深入探讨了如何利用好京津冀协同发展等重大机遇,加快宝坻经济社会发展。

4 月 29 日,由北京市文资办主办的"2015 北京文化创意产业项目推介会"在北京文化创意产业展示中心成功举办。北京市 16 个区县,天津市南开区,河北省唐山市、保定市、邯郸市、涿鹿县、武强县等市、区、县文创主管部门领导参加了会议。来自京津冀三地的 66 家文化创意产业园区代表出席推介会,共同发起并签署了《京津冀文创园区协同发展备忘录》,并就三地协同发展展开对话。9 月 16 日,由北京大学牵头、南开大学、清华大学、河北经贸大学和首都经济贸易大学作为主要协同合作单位的协同创新机构——京津冀协同发展联合创新中心,在北京大学正大国际中心隆重举行签约、揭牌仪式,正式宣布成立。11 月 14 日,国际城市论坛京津冀协同发展 2015 年会在京郊宽沟举行,聚集来自三省市数百名专家、学者就京津冀协同发展提出意见、建议。

高校论坛积极交流。10 月 17 日,"京津冀协同发展框架下的高等教育暨大学校长高峰论坛"在北京工业大学举行,来自清华大学、北京科技大学、首都师范大学、河北工业大学、天津工业大学等京津冀三地 21 所高校的校领导出席了本次论坛。论坛主题为"科学谋划'十三五'、协同发展京津冀"。11 月 15 日,由天津市与团中央共同举办的京津冀三地青年"双创特区直通车"首期大学生推介交流活动在滨海新区中心商务区举行。来自京津冀 59 所高校的优秀大学生、创业者、团干部 400 余人齐聚一堂,共话青年创新创业。京津冀三地还共同发布成立了"京津冀大学生创业社团联盟"。11 月 19 日,北京、天津、河北三地公共图书馆在石家庄签署合作协议,京津冀图书馆联盟正式成立。签约仪式结束后,首都图书馆、天津图书馆、河北省图书馆及北京和天津部分区县图书馆、河北各设区市图书馆代表还就京津冀图书馆协同发展的机制、模式,策划、对接合作项目进行了研讨座谈。

11.3.5.2　人文旅游重点合作

4 月 13 日,被列为京津冀三省市区域旅游合作重点的"2015 京津冀旅游一卡通"全面发行。一卡通拓展了许多新的旅游线路和景点,涵盖景点从自然、人文风光逐渐拓展到游乐型景区。"推进京津冀旅游规划布局一体化、服务规范一体化、市场监管一体化、市场营销一体化"——天津市旅游局以此作为产业规划与发展的重点目标，正与京冀旅游管理部门密切协作，探索建立"京东休闲旅游示范区"，并将于年内开通北京、天津、石家庄、唐山、沧州五地"旅游直通车"。天津市蓟县，北京市平谷区，河北省兴隆县、遵化市、三河市正积极联手打造"京东休闲旅游示范区"，实现京津冀三地旅游方面的人流、物流、信息流、资金流的互联互通。6月17日，北京、天津、河北三地旅游部门共聚鸟巢，对200个旅游投融资项目进行现场推介。与此同时，由北京市旅游委携手北京产权交易所和天津市、河北省旅游局共同培育打造、覆盖京津冀区域的旅游投融资服务平台也正式启动运营，促进三地旅游资源与社会资本的有效对接，加快三地旅游产业协同发展。6月21日，京津冀旅游协同发展第四次工作会议在北京怀柔举行，京津冀三地旅游直通车及交界处互设交通导示牌工程正式进入实施阶段。这一工程的实施，标志着今后京津冀游客有望告别在三地之间旅游时找不到旅游导示牌的历史。

11.3.5.3 各领域齐头并进

在通信方面，2015年8月1日起，京津冀手机漫游费正式取消。11月16日，北京、河北、天津三地信用建设主管部门在北京中关村宣布，启动京津冀区域信用体系及信用奖惩联动机制，后续三地间恶意拖欠和逃废银行债务、逃骗偷税、商业欺诈、环境污染等失信行为，以及对失信被执行人制约等将实现"一处失信、处处受制"的区域联动。

在金融方面，9月18日，国家开发银行"开发性金融支持京津冀协同发展座谈会"在天津举行，京津冀三地政府与国开行共同签署《开发性金融支持京津冀协同发展合作备忘录》。10月16日，由北京市金融工作局、天津市金融工作局、河北省金融工作办公室主办的"2015金融促进京津冀协同发展峰会"在河北省廊坊市盛大开幕。该论坛是第十一届金融博览会的第一场论坛，以"金融推动京津冀一体化发展"为主题，就京津冀协同发展问题进行研讨，邀请政府有关部门领导、金融监管机构领导、金融领域知名学者参加。

在农业方面，2015年1月，京津冀三地休闲农业协会召开京津冀休闲农业一体化发展高峰论坛；3月至5月，第三届北京农业嘉年华与京津冀功能定位相结合，首次设立了天津、河北展馆，并引进津、冀特色农产品，体现京津冀农业特点；7月18日，首届北京农园节开幕。借助微站和微信两大移动互联网平台，让京津冀三地的休闲农业插上了移动互联网的翅膀，进入"微"时代。

5 月，京津冀农业科技协同创新中心成立；11 月，北京市农村产权交易中心向京津冀地区各类各级农村产权交易机构发出邀请，使其共同加入"京津冀农村产权交易市场联盟"，联盟成员共享市场信息、交易资源、投资人资源。京津冀农村产权交易信息实现同步披露，三地还将结合自身功能规划和产业布局，共同策划种植、养殖等专题项目。11 月 6 日，京津冀三地民政部门共同签署了《京津冀民政事业协同发展合作框架协议》，三地民政部门将在救助、养老、防灾减灾等 10 大重点领域进行合作。其中重点提出，京津冀三地将协同规划布局养老机构，引导鼓励养老服务业积极向北京之外疏散转移，探索跨区域养老新模式，开展跨区域购买养老服务试点。

11.4　结语：协同发展存在的主要问题与展望

11.4.1　京津冀协同发展存在的主要问题

京津冀快速发展过程中也存在着很多固有的问题。如：不知己不知彼，既不知自己的"三有"：有什么优势，有什么劣势？自己有什么样的发展方向？又不知对方的三有：对方有什么产业？对方有哪些要转移？对方对自己有何需求？顶层设计姗姗来迟，地方频繁出台各种规划，形成不合理的中央与地方博弈格局，中央权威和地方政府公信力受损。各地纷纷"跑部进京"，为争抢项目，相互压低"出价"，既不利于当地整体福利和长远发展，又不利于企业"落地"后发展。承接不该承接的产业，偏离当初的正确"定位"，形成新一轮的产业不合理空间布局。北京的非首都功能疏解和产业转移不彻底，疏解人口多于产业转移，优质功能和服务并没有足够延伸和辐射到产业地，"不接地气"。

11.4.1.1　区域观念淡薄

区域经济结构失衡多年来，京津冀为了获取地方利益，长期实行自愿垄断、贸易保护、市场分割、自成体系的封闭政策，从而诱发城区系统生产建设中的重复布局和地区工业结构趋同，形成区际内部某种程度的"大而全""小而全"生产体系，技术上不了档次，专业化仅仅停留在产品的专业化上。

缺乏公平、合理的区际利益协调机制。由于三省市存在着特殊的经济关系以及区位因素的影响，三地区特别是河北省与北京市、天津市并不能获得同等的发展机遇，这就意味着三地区在相同的主观努力下并不能获得同等的发展机遇和经济收益，从而驱使三省市各地区在一个不公平的环境中相互竞争，导致区域经济畸形发展，而且还影响区域经济结构的优化程度以及区域经济宏观效益整体水平的发挥，从而延缓区域经济整合与经济一体化的发展进程。

缺乏区域组织保障系统以及协调统一的区域经济发展规划。由于京津冀区域合理分工、优势互补的区际分工体系与运行机制并不完善，区域经济组织与区际经济活动始终处于无序、混乱和松散的状态。市场分割、贸易摩擦、恶性竞争时有发生。特别是区域经济在不受中央或区域协调组织宏观规划与统筹布局的控制和管理下，区域系统内劳动地域分工规律、整体效益规律以及协调发展规律很难对区域经济产生有益的影响。

缺乏统一的地区性金融市场。从该区域金融服务水平与功能质量来看，京津冀地区的金融体系不够完善，经济体制改革相对滞后，主要表现在地方性银行、非银行部门没有融资权，部分地区人民银行的融资活动只能根据中央银行信贷规模的分配来决定地方性贷款额度、融资渠道狭窄，无法形成经济区域资金流通与循环态势。

11.4.1.2 区域环境问题严峻

从总体上看，随着经济的快速增长，京津冀的生态环境质量总体仍在下降，以城市为中心的环境污染仍然呈恶化的趋势，空气污染依然严重，地表水污染普遍，特别是流经城市的河流污染严重，地下水受到点状和面状污染、水位持续下降，加剧了水资源的供需矛盾，生态破坏加剧的趋势尚未得到控制。

11.4.1.3 城际交通欠完善

京津冀地区对城际交通线路的网络建设缺乏足够重视，不能充分满足城市客货运输迅速、便利、安全、经济的需求。交通网总体布局存在缺陷，铁路与公路网络都以核心城市为中心向外放射，以致内外的交流必须通过北京枢纽或天津枢纽，为两市带来了大量的过境运输，干扰核心城市交通。同时，京津两大交通枢纽的分工与协作不善，忙闲不均。

11.4.2　对京津冀协同发展的展望

展望下一年，京津冀协同发展的主要任务也渐次清晰。

第一，要敢于开展区域协调发展规划的理论创新。"有什么样的理论作指导，将决定走什么样的城镇化道路"，立足于全球化的国际视野剖析产业链条在全球组织、空间集聚等过程中的基本市场经济规律，将市场在资源配置中起决定性作用和政府发挥更好引导作用的双重优势结合，建立区域产业转型转移与综合交通网络构建、重大项目建设等之间关联机制的新理论；建立城镇空间、产业和交通三者高度协同、交互融合的新方法和发展规划体系；建立空间、产业和交通三者间的关联指标体系。通过研究产业集聚与运输成本之间的互动机制、产业集聚与综合交通之间的空间协同关系，建立交通、产业和空间的新型三要素协同理论。

第二，要善于探索区域产业体系一体化发展的利益共享机制创新模式。以城镇空间一体化发展为载体、以优化区域分工和产业布局为重点、以资源要素空间统筹为主线，结合区域内城镇区位、资源、环境、交通条件，以"全球、国家、区域"三结合的视野理顺产业发展链条，以提升产业竞争力和区域一体化质量为目标，以大城市为依托、中小城市为重点，发挥不同城市资源优势和产业优势，形成区域间产业合理分布和上下游联动机制，通过区域内分工协作实现错位发展，构建辐射作用大、竞争力强的区域产业一体化。区域协调发展应加强顶层设计，明确区域内各城市功能定位、产业分工、城市布局、基础设施配套等重大问题。

第三，要优先构建多层次区域一体化综合交通网络。减少分割和扩大开放是每个国家或地区走向现代化的必由之路，综合交通网络应当适度超前布局，成为突破区域行政隔阂的"先行军"，通过交通一体化的发展倒逼全要素自由流动及促进公共服务均等化。以空间、产业和交通关联指标体系为基础，指导区域综合交通体系建设，发挥中心城市对周边中小城市的带动作用，促进区域分工协作，引导区域协调发展。区域内部交通应适应区域一体化发展需要，支撑中心城市对区域内中小城市的带动作用，优化区域空间结构与功能布局，促进区域分工协作。既可以削弱中心城市过度集聚导致的"大城市病"带来的交通拥堵、环境污染等负外部性，又能充分发挥中心城市的规模效应；既可以解决外围"睡城或卧城"职住严重失衡问题，又可以降低中心城市的运行成本。城际/市郊铁路等区域快速轨道交通是缩短城际时空距离最高效的运输方式，加强以多层次轨道网络为主体的城际交通一体化与城市空间结构优化、产业布局调整的协同，应该成为区域协调发展战略的关键所在。

第四，要勇于创新区域协调发展的合作模式。按照"目标同向、措施一体、作用互补、利益相连"进行分工合作，坚持优势互补、互利共赢，协同推进"基础设施相联相通、资源要素对接对流、公共服务共建共享、生态环境联防联控"，从产业、基础设施、生态环境治理、政策协调等方面建立城市群一体化推进实施机制，比如可结合首都新机场发展京津冀协调共建的"首都特区"，以探索协同合作的新模式。

京津冀协同发展将分为三个阶段，分别是：近期到2017年，有序疏解北京非首都功能取得明显进展，在符合协同发展目标且现实急需、具备条件、取得共识的交通一体化、生态环境保护、产业升级转移等重点领域率先取得突破，深化改革、创新驱动、试点示范有序推进，协同发展取得显著成效。中期到2020年，北京市常住人口控制在2300万人以内，北京"大城市病"等突出问题得到缓解；区域一体化交通网络基本形成，生态环境质量得到有效改善，产业联动发展取得重大进展。公共服务共建共享取得积极成效，协同发展机制有效运转，区域内发展差距趋于缩小，初步形成京津冀协同发展、互利共赢新局面。远期到2030年，首都核心功能更加优化，京津冀区域一体化格局基本形成，区域经济结构更加合理，生态环境质量总体良好，公共服务水平趋于均衡，成为具有较强国际竞争力和影响力的重要区域，在引领和支持全国经济社会发展中发挥更大作用。

京津冀协同规划纲要已经确立并审议通过，这是一项长期、艰巨而又很鼓舞、意义非凡的工作。在接下来的一年中，京津冀三地协同发展即将进入实质性发展阶段，各省应明确自己的定位，并在交通、产业、生态、医疗、文化、教育等各个领域逐步突破。

主要参考文献

[1] 北京市人民政府关于公布市政府各部门行政审批事项汇总清单的通知 [EB/OL]. 北京市人民政府，https: //www.beijing.gov.cn/zhengce/zfgb/lsgb/201905/t20190531_82771.html，2019-05-31.

[2] 关于进一步加强区域合作工作的指导意见 [EB/OL]. 国家发展改革委，https: //www.ndrc.gov.cn/xxgk/zcfb/tz/201512/t20151231_963542.html，2015-12-31.

［3］关于新建大同至张家口高速铁路可行性研究报告的批复［EB/OL］.国家发展改革委，https：//www.ndrc.gov.cn/fggz/zcssfz/zdgc/201509/t20150908_1146028.html，2015-09-08.

［4］国家发展改革委关于印发环渤海地区合作发展纲要的通知［EB/OL］.中国政府网，https：//www.gov.cn/xinwen/2015-10-24/content_5000542.htm，2015-10-24.

［5］国务院关于北京市服务业扩大开放综合试点总体方案的批复［EB/OL］.国务院，http：//www.gov.cn/zhengce/content/2015-05/21/content_9794.htm，2015-05-21.

［6］国务院关于环渤海地区合作发展纲要的批复［EB/OL］.国务院，http：//www.gov.cn/zhengce/content/2015-09/27/content_10191.htm，2015-09-27.

［7］国务院关于印发水污染防治行动计划的通知［EB/OL］.国家发展改革委，https：//www.ndrc.gov.cn/xxgk/zcfb/qt/201504/t20150416_967871.html，2015-04-16.

［8］国务院关于印发中国（天津）自由贸易试验区总体方案的通知［EB/OL］.国家发展改革委，https：//www.ndrc.gov.cn/xxgk/zcfb/qt/201504/t20150420_967874.html，2015-04-20.

［9］政府工作报告——2015 年 3 月 5 日在第十二届全国人民代表大会第三次会议上［EB/OL］.中国政府网，https：//www.gov.cn/guowuyuan/2015-03-16/content_2835101.htm，2015-03-16.

第 12 章
2016 年京津冀协同发展概况①

12.1 京津冀协同发展总体情况

2016 年，京津冀地区在交通、生态、产业三个重点领域率先突破，推动实施了一批带动性、互补性、融合性很强的重大项目，对稳增长、促改革、调结构发挥了重要作用。2016 年是"十三五"时期的开局之年，年初发布的《"十三五"时期京津冀国民经济和社会发展规划》为京津冀地区今后五年发展指明了方向。随后，京津冀空间规划编制完成，关于交通、生态、产业、科技、教育等的 12 个专项规划和一系列政策意见相继出台，目标一致、层次明确、互相衔接的规划体系渐趋形成。

在顶层设计方面，《中华人民共和国国民经济和社会发展第十三个五年规划纲要》将"推动京津冀协同发展"作为第三十八章内容，从有序疏解北京非首都功能、优化空间格局和功能定位、构建一体化现代交通网络、扩大环境容量和生态空间、推动公共服务共建共享五个方面规划了京津冀协同发展的进程和目标。"两会"期间，政府工作报告提出，2016 年要重点推进包括"京津冀协同发展"在内的"三大战略"，在基础设施、产业布局、生态环保等方面实施一批重大工程。随后国务院发布关于落实《政府工作报告》重点工作部门分工的意见，强调要优

---

① 本章作者：刘霁晴、张贵。

化区域发展格局，落实京津冀协同发展规划纲要。国家发展改革委发布的《关于
2016 年深化经济体制改革重点工作的意见》中指出，一要抓紧完善京津冀协同发
展规划纲要的配套政策，二要编制京津冀空间规划。本年度还召开了若干重大会
议。上半年，习近平总书记在中南海主持召开会议，专题听取北京冬奥会和冬残
奥会筹办工作情况汇报时作重要讲话，指出筹办北京冬奥会、冬残奥会，要对全
面实施京津冀协同发展战略起到引领作用，进一步发挥北京对京津冀区域发展的
辐射带动作用。习近平总书记主持中共中央政治局会议，强调规划建设北京城市
副中心，疏解北京非首都功能、推动京津冀协同发展是历史性工程，必须发扬
"工匠"精神，精心推进，不留历史遗憾。下半年，京津冀区域质量发展合作推
进领导小组第一次会议召开，强调一是要用新发展理念指导质量工作，二是要有
针对性地开展工作，三是要加紧研究制定具体政策。

在交通方面，京津冀协同发展又上一个新台阶。2016 年京津冀提前完成
"公交一卡通"任务，河北省内 643 条公交线路、1.2 万余部公交车与京津实现一
卡通行。在打通"断头路"方面，国家高速公路网 G2 线河北段最后一部分——
总长 48 千米的沧州至盐山县千童镇段高速公路建成通车，打通了 G2 线河北、山
东两省交界断头路，形成了京津冀鲁地区的又一条南北大通道。密涿高速公路河
北段建成通车，北京大外环河北段（替代路线）全线贯通。在此基础上，京津冀
交通一体化有了新的部署。上半年，京津冀交通一体化领导小组召开第四次会
议，指出"十三五"时期京津冀交通一体化进入了全面落实、深入推进的关键阶
段，并通过了《京津冀交通一体化 2016 年工作要点》。国务院办公厅印发《关于
促进通用航空业发展的指导意见》，强调加强区域协作，推进京津冀重点城市群
的综合型通用机场建设。下半年，国家发展改革委批复《关于京津冀地区城际铁
路网规划》，规划以"京津、京保石、京唐秦"三大通道为主轴，到 2020 年与既
有路网共同连接区域所有地级及以上城市，基本实现京津石中心城区与周边城镇
0.5~1 小时通勤圈，京津保 0.5~1 小时交通圈，有效支撑和引导区域空间布局调
整和产业转型升级，远期到 2030 年基本形成以"四纵四横一环"为骨架的城际
铁路网络。

在生态方面，2016 年京津冀区域成果显著。区域 PM2.5 平均浓度为 71 微克/
立方米，同比下降 7.8%，与 2013 年相比下降 33%，其中北京市 PM2.5 平均浓度
为 73 微克/立方米，同比下降 9.9%，与 2013 年相比下降 18%。区域平均优良天

数比例为 56.8%，同比上升 4.3%，其中北京市平均优良天数比例为 54.1%，同比上升 3.1%。在此基础上，国家出台了新的环保措施。同年上半年，国家林业局印发《林业发展"十三五"规划》，指出"十三五"时期建设京津冀生态协同圈，打造京津保核心区并辐射到太行山、燕山和渤海湾的大都市型生态协同发展区，增强城市群生态承载力。环境保护部印发《关于积极发挥环境保护作用促进供给侧结构性改革的指导意见》，指出京津冀区域内的排污费征收标准应大幅提升并逐步统一，应加快开展京津冀地区战略环评。下半年，国家林业局和京津冀三地政府共同签订《共同推进京津冀协同发展林业生态率先突破框架协议》，印发了《京津冀生态协同圈森林和自然生态保护与修复规划（2016-2020 年)》。环保部和科技部共同制定的《国家环境保护"十三五"科技发展规划纲要》发布，指出要创新京津冀跨区域水资源、水环境、水生态一体化管理制度和跨区域生态补偿机制，针对推进京津冀一体化过程中的区域多介质复合污染问题系统研究区域尺度环境质量改善和风险控制原理与机制，研究通过环境质量约束倒逼区域产业结构和能源结构优化升级的政策调控体系。

在产业方面，2016 年京津冀产业结构不断优化。京津冀三次产业结构中的第三产业比重较 2015 年提高 1.4%，产业发展突出功能定位。北京市文化创意与高技术产业分别增长 12.3% 和 9.1%；天津装备制造业增加值占规模以上工业的 36.1%，拉动全市工业增长 3.7 个百分点；河北超额完成钢铁、煤炭等行业去产能任务，不断推动产业结构升级，装备制造业占规模以上工业的比重达到 26%，超过钢铁行业成为工业第一支柱。另外，京津冀产业合作与转移加快。2016 年，北京企业在津冀两地的投资认缴额分别增长 26% 和 100%，北京向津冀的技术输出额达 154 亿元，同比增长 38.7%；天津自 2014 年累计引进京冀企业投资项目 4865 个，累计到位资金 5226.7 亿元，占天津引进内资的 44%；河北从京津引进项目 4100 个、资金 3825 亿元，分别占全省的 42% 和 51%。京津冀合作共建各类科技产业园区 55 个，产业技术联盟达到 65 家，建设各类众创空间 300 余家，京津 550 项科技项目、1300 多家高技术企业落户河北。截至年底，曹妃甸累计开工京津项目 65 个，总投资 1766.1 亿元，其中北京项目 54 个，总投资 1730.84 亿元：首钢二期、华润电力二期、文丰木材、城建重工新能源汽车、保利北斗智慧城等一批投资在 5 亿元以上、科技含量较高项目相继开工建设。

12.2　2016 年贯彻落实习近平总书记重要讲话精神举措

12.2.1　省市级三地政府积极响应

12.2.1.1　京津冀各地政府推出相关政策

北京市政府为贯彻落实京津冀协同发展战略，对北京市做出了全面规划。上半年，北京新的城市总体规划完成修编，上报国务院京津冀协同发展领导小组办公室。此外，北京市为生态、科技、人才流动等各方面的协同发展做出了具体部署。北京市人民政府办公厅发布了《北京市食品药品安全三年行动计划（2016-2018年)》，明确提出未来三年将实现京津冀食品药品日常监管信息共享，跨区域打击食品药品违法犯罪行为。北京市政府常务会审议通过了《北京市生态环境监测网络建设方案》，提出健全京津冀生态环境监测协同发展机制，推动建立统一的京津冀生态环境监测网络质量管理体系。北京市公开发布了《关于深化首都人才发展体制机制改革的实施意见》，提出建立京津冀干部人才挂职交流的常态化机制。《北京市"十三五"时期加强全国科技创新中心建设规划》发布，根据规划，"十三五"期间北京市将构建分工合理的京津冀创新发展格局，明确三地科技创新优先领域，实现合理分工与有序协作，促进区域间、产业间循环式布局。北京市政府发布《北京市"十三五"时期城乡一体化发展规划》，明确提出将建设环京津鲜活农产品基地，鼓励北京种植养殖企业与津冀开展有效对接，推进统一标准化体系和检测结果互认。

天津市政府出台了各项具体措施助力京津冀协同发展。天津市人才工作领导小组批准印发《支持"双创特区"加快集聚人才　率先建成人才改革试验区的九项措施》，实施京津冀人才资质互认互准，设立社会保险专门经办窗口，快速办理京津冀三地流动人才社保转移接续。天津出台了《深入实施天津市知识产权战略行动计划（2016-2020 年)》，旨在促进京津冀知识产权协同、探索京津冀知识产权服务业深度融合和推动京津冀知识产权保护合作，搭建京津冀知识产权人才信息共享平台，共同围绕重点产业领域开展专利信息分析和专利预警，建立京津冀知识产权保护协同联动机制。天津市发布《教育综合改革方案（2016—2020年)》，涉及建立和完善京津冀教育协同发展机制的改革任务。天津市对《重污染天气应急预案》进行修订，推动了京津冀区域内重污染天气应对行动统一。天津市加快推进能源替代工作，全力推动 458 个电能替代项目实施，预计到 2017 年底，全市 363 个村 10 万余户村民将全部实现电采暖。同时，在更多原本使用燃煤、燃油的领域，也将实现用相对清洁的电能替代。

河北省政府根据《京津冀协同发展规划纲要》确定的"三区一基地"功能定位，分别编制了四个专项规划，标志着河北省落实京津冀协同发展战略取得重要阶段性成果。一是根据《河北省建设全国现代商贸物流重要基地规划》，河北将打造"一环、两通道、多节点"商贸物流空间结构。二是根据《河北省建设新型城镇化与城乡统筹示范区规划》，河北将与京津共同打造世界级城市群，并聚焦产业发展、公共服务建设、水资源保障三大短板，力争尽快缩小与京津的差距。三是根据《河北省建设京津冀生态环境支撑区规划》，河北省将划定森林、湿地、草原、海洋、河湖等生态保护红线，落实好河北省大气污染防治、水污染防治和土壤污染防治三个"五十条"措施，推进京津冀生态建设联动等攻坚行动。四是根据《河北省全国产业转型升级试验区规划（2016–2020 年)》，到 2020 年，服务业增加值占生产总值的比重达到 45%左右；战略性新兴产业占规模以上工业增加值的比重达到 20%以上；装备制造业占规模以上工业比重达到 25%，成为工业第一支柱产业；形成装备、钢铁、石化"三足鼎立"，纺织、食品、建材等多点支撑的工业结构。此外，河北省为各方面的协同发展做出了具体部署。生态方面，河北省大气办印发《河北省散煤污染整治专项行动方案》，提出利用三年时间，对全省散煤生产、流通、使用等环节进行综合整治，基本实现全省城乡散煤替代和清洁利用，有效降低散煤污染。河北省全年出台 50 条措施，启动实施重污染河流环境治理攻坚、白洋淀和衡水湖综合整治、县城及以上集中式饮用水源地安全防护三个专项行动。医疗卫生方面，河北省人民政府办公厅印发了《河北省医疗卫生服务体系规划（2016—2020 年)》，围绕促进京津冀协同发展、疏解北京非首都功能要求，细化和界定了全省区域医疗功能。

12.2.1.2 京津冀三地政府加强合作

产业协同方面，工信部和京津冀三地政府联合编发了《京津冀产业转移指南》，引导京津冀地区合理有序承接产业转移，优化产业布局，加快产业结构调整和转型升级步伐。另外，京津冀三省市举行联席会议，通报京津冀协同发展工作情况，围绕京津冀全面创新改革试验、设立协同发展基金、统筹规划清河地区发展、京冀香河商贸城建设、北京城市生活服务保障基地建设、北京新机场临空经济区建设、曹妃甸协同发展示范区重大项目建设、支持河北化解钢铁过剩产能等议题进行了深入研究讨论，达成广泛共识。

人才流动方面，由京津冀三地党委组织部指导、12 家人才协会共同发起在北京成立京津冀人才协会联盟，联盟旨在服务京津冀协同发展国家战略。此外，北京市文化局、天津市文化广播影视局、河北省文化厅在京签署《京津冀三地文化人才交流与合作框架协议》，三地将建立长期的文化人才互派工作机制，全力推进三地文化人才交流与合作。

生态环境方面，天津市环保局与北京市环保局、河北省环保厅联合开展了2016 年京津冀联合环境隐患排查，三省市共计出动 133 人次，对京津冀三地 5家企业，其中天津市 1 家、北京市 2 家、河北省 2 家进行了环境风险隐患排查。在达沃斯论坛期间，京津冀三地环保部门共同在天津市部署了联防联控环境质量保障工作，并由天津市环保局牵头，征求北京市环保局、河北省环保厅意见，印发了《2016 天津夏季达沃斯论坛京津冀联防联控环境保障工作方案环境保障工作方案》。

12.2.2　地方政府职能部门主动配合

产业协同方面，由河北省商务厅、北京市商务委共同主办的京冀服务贸易和商务服务业合作洽谈会暨项目签约仪式在北京举行，30 个京冀合作项目现场签约，共 300 余家企业进行了项目对接交流。

人才流动方面，京津冀三省市外国专家局共同签署了《外籍人才流动资质互认手续合作协议》，方便了京津冀三地外籍人才流动，优化了办事程序，减免办事材料，实现各类资质互认机制。京津冀三地人社部门在河北省石家庄市签署《专业技术人员职称资格互认协议》，提出专业技术人员职称资格互认，适用于京津冀专业技术人员在三地间流动过程中的职称晋升、岗位聘用、人才引进、培养选拔、服务保障等。

教育协同方面，京津冀三省市教育局签署教育督导协作机制框架协议，以加强京津冀教育督导全方位沟通与协商，建立务实合作、高效开放的区域教育督导体系和协作工作机制，三方将密切沟通，在教育督导评估和监测协作研究、共同组建教育督导专家库实现资源共享等方面开展合作。

公共服务方面，京津冀三地卫生计生委在北京共同签署了《京津冀公立医院医用耗材联合采购框架协议》，标志着三地医用耗材联合采购工作正式启动，将加快推进京津冀市场一体化进程。京津冀三省市民政部门签署《京津冀养老工作协同发展合作协议（2016年—2020年)》，合力破解跨区域老年福利和养老服务方面的身份、户籍壁垒，形成"一省两市"养老服务发展新格局，让京津冀三地老人异地养老无障碍。

12.2.3　民间团体踊跃参加

在教育领域，北京大兴区、天津北辰区、河北廊坊市三区市教育联盟成立，"十三五"期间，三区市教育联盟将合作培养百名教育领军人才。组建联盟的主要目的是主动对接京津冀协同发展总体战略，积极融入京津冀教育协同发展工作体系。

在体育领域，北京国安、天津泰达、河北华夏幸福三家俱乐部联合宣布孔雀城2016京津冀冠军杯足球赛正式启动。对于三家俱乐部来说，合作并不仅局限于举办这个小型杯赛，各方将在青训等方面展开多方位的合作和交流。

在公共服务领域，2016年首届京津冀养老论坛在津举行，来自全国老龄办、京津冀政府部门和主办单位负责人、高校专家学者、养老机构负责人等，就三地老龄事业和养老产业热点话题展开了讨论。

12.3　2016年按领域协同发展情况

12.3.1　城际交通逐渐完善

12.3.1.1　各省市顶层设计逐步确立

京津冀交通一体化领导小组第5次会议强调要发挥好交通在京津冀协同发展

中的先行作用，各省市逐步确立了交通发展的顶层设计。交通运输部就 2022 年
冬奥会交通运输保障及项目建设情况开展实地调研，强调要加快推进京津冀协同
发展，为北京冬奥会做好交通运输服务保障。航空方面，《推进京津冀民航协同发展
实施意见》审议通过，提出到 2030 年京津冀地区将基本实现空域一体化，实
现综合交通互联互通，形成更加有力的政策保障体系。另外，国家发展改革委印
发了《北京新机场临空经济区规划（2016–2020 年）》，指出北京市将与河北省合
作共建新机场临空经济区，促进京冀两地深度融合发展。

12.3.1.2　城际网络建设有序进行

新开通的铁路和公路进一步完善了京津冀城际交通网络。铁路方面，北京铁
路局在京津冀间开行环形快速列车四对，并且将增加围绕北京、天津、石家庄，
贯通邯郸、保定、唐山、承德等地级市的省际环形快速列车。德州东至北京南间
高铁市域客运列车"德州号"开行运营。公路方面，京台高速公路北京段正式通
车，成为北京去往天津的第三条通道和新机场东部的集散通道。京津冀三省市区
域交通一体化统筹协调小组第三次联席会议签署了首都大外环高速公路承德至平
谷段、北京新机场高速公路东延、105 国道这三条公路的接线协议，确定了接线
位置。太行山高速公路全线开工，规划在京昆高速（G5）和京藏高速（G6）之
间，预计 2018 年建成，填补了北京市正西方向无高速公路的空白，有效缓解了
西部地区出行压力。

12.3.2　生态共建共享

12.3.2.1　顶层设计逐步确立

生态环境问题是制约京津冀协同发展的重要因素之一，以协同的视角确立三
省市生态共建共享的顶层设计至关重要。污染治理方面，京津冀及周边地区大气
污染防治协作机制第四次会议召开，指出要加强协作、联防联控，在推动京津冀
协同发展中有效治理大气污染。京津冀及周边地区大气污染防治协作小组第六次
会议暨水污染防治协作小组第一次会议召开，强调坚定不移推进供给侧结构性改
革，加大力度改善大气和水环境质量。交通运输部出台的《珠三角、长三角、环
渤海（京津冀）水域船舶排放控制区实施方案》正式实施，我国在环渤海（京津
冀）水域设立了船舶大气污染物排放控制区，以改善我国沿海和沿河区域特别是
港口城市的环境空气质量。国家发展改革委等八部门联合发布《关于推进电能替

代的指导意见》，将以京津冀及周边地区的农村为重点，逐步推进散煤清洁化替代工作，大力推广以电代煤作为重点工作。中国气象局印发《超大城市综合气象观测试验总体工作方案》，确定在京津冀地区开展为期三年（2016–2018年）的超大城市综合气象观测试验，以提高气象观测数据的整体质量，重点解决城市短临预报和环境气象服务中的关键技术问题。环保数据方面，京津冀林业数据资源协同共享推进会在天津召开，分析了当前面临的形势，讨论并通过了《京津冀林业数据资源协同共享工作机制》《京津冀林业数据资源协同共享管理办法》。工信部等三部门联合召开"国家绿色数据中心试点工作推进会暨京津冀绿色数据中心协同发展论坛"，加快了绿色数据中心试点工作的进程。

12.3.2.2 生态环境联防联治效果显现

京津冀区域全年PM2.5平均浓度为71微克/立方米，同比下降7.8%，与2013年相比下降33%。其中北京市PM2.5平均浓度为73微克/立方米，同比下降9.9%，与2013年相比下降18%。区域平均优良天数比例为56.8%，同比上升4.3%，其中北京市平均优良天数比例为54.1%，上升3.1%。据统计，河北省铁产能和钢产能的下降数量已经超过两个鞍钢的产能。张家口地区清洁能源发电量累计突破100亿千瓦时。

12.3.3 产业对接协作有序

12.3.3.1 河北省积极承接京津产业

产业协同首先要明确产业分工，河北省积极承接京津产业，为京津冀产业协同发展提供良好基础。全国首批国家科技成果转移转化示范区——河北·京南国家科技成果转移转化示范区获科技部批复将启动建设，河北·京南示范区将以落实京津冀协同发展战略为核心，充分发挥跨区域辐射带动作用，探索承接京津创新要素外溢转移、与河北产业创新需求对接转化的新模式。在河北曹妃甸召开的京津冀开发区创新发展联盟（曹妃甸）产业合作对接会上，京津冀开发区创新发展联盟与中国工商银行、北京亦庄国际投资发展有限公司共同设立1000亿元的"京津冀开发区产业发展基金"，以支持京津冀三地开发区基础设施建设及产业升级项目。河北省怀来县在京津冀协同发展的国家战略下积极承接北京高新技术产业转移，重点打造怀来航天产业园，带动当地高新产业集群快速发展。

12.3.3.2　京津冀产业协同发展

京津冀三地在制度层面优化产业协同发展的环境。在北京召开的"2016 京津冀协同发展政策说明会"深入探讨了京津冀地区如何优化产业布局，加强产业协作，推动产业转型升级和转移对接，对于探索京津冀产业合作发展新路径具有重要意义。京津冀部分地区税务部门签署《"聚集京津冀协同、深化国地税合作"区域税收协同共建框架协议》，落实纳税人跨省市迁移、税收资质互认，并联合打击税收违法犯罪行为，以服务京津冀产业转移、为企业合理流动提供便利。

在此基础上，京津冀产业协同发展取得了鲜明成效。第一产业方面，京津冀区域在促进技术共享、农产品流通等层面有显著发展。农业部等八部门联合印发《京津冀现代农业协同发展规划（2016-2020 年)》，计划到 2020 年京津冀现代农业协同发展取得显著进展。国家发展改革委、农业部、商务部等六部门联合印发《京津冀农产品流通体系创新行动方案》，对京津冀三地农产品流通创新发展进行了部署，并且将建设"环京津一小时鲜活农产品物流圈"。由京津冀农林科学院共同发起，联合京津冀地区农业科研院所等 23 家成员单位的京津冀农业科技创新联盟成立大会，将加强农业科技资源共享，围绕京津冀农业节水高效发展、"菜篮子"工程、精准扶贫等重点领域联合申报一批国家级和区域级项目，共建一批实验室及科技示范基地，建立学术交流平台，实现京津冀三地的合作共赢。第二产业方面，在钢铁和装备制造业领域京津冀协同取得了进一步发展。"京津冀钢铁联盟（迁安）协同创新研究院"机制落地河北，加速转型的河北钢铁企业将获得来自北京的清洁技术创新支撑。北京公交集团在公交集团"十三五"发展规划纲要发布会上透露，京津冀地区将建设占地约 2000 亩的公交智造产业园。第三产业方面，京津冀区域在金融业、旅游业、物流业等方面的协同发展上迈出了新的步伐。金融业方面，中国人民银行工作会议在北京召开，会议提出要加快发展京津冀协同发展的金融配套服务。保监会制定了《京津冀保险公司分支机构高级管理人员任职资格备案管理试点办法》，旨在促进保险业高管人员有序流动，推动京津冀保险市场协同发展和一体化进程。"京津冀工商界金融服务联盟"在河北省廊坊市正式成立，旨在整合京津冀区域金融服务资源，为三地商会和民营企业提供高效、便捷的专业化服务，促进京津冀区域非公有制企业转型升级和经济社会协同发展。旅游业方面，国家发改委和国家旅游局联合发布《全国生态旅游发展规划（2016—2025 年)》，指出将在京津冀地区重点培育 20 个生态旅游协作区，共建 11 处重点生态旅游目的地。河北省政府与中国旅游集团、首都旅游集团在涞水县分别签署战略合作协议。物流业方面，北京首农集团与河北交投集团、省供销社签署京津冀一体化食品供应冷链项目框架合作协议，这是当时京津冀最大的食品供应冷链项目。

12.3.4　科技创新环境改善

国家出台的新的政策部署改善了京津冀科技创新环境，有利于形成创新引领的区域协同发展新模式。中共中央、国务院印发了《国家创新驱动发展战略纲要》，指出要提升京津冀区域科技创新能力，打造区域协同创新共同体，统筹和引领区域一体化发展。国务院批复同意《京津冀系统推进全面创新改革试验方案》，指出进一步促进京津冀三地创新链、产业链、资金链、政策链深度融合，建立健全区域创新体系，推动形成京津冀协同创新共同体，打造中国经济发展新的支撑带。时任国务院总理李克强主持召开国务院常务会议，指出要构建京津冀协同创新共同体，引智引技引资并举，汇聚全球创新资源，以创新提升区域发展层级。国务院办公厅发布《关于完善国家级经济技术开发区考核制度促进创新驱动发展的指导意见》，指出依托京津冀开发区创新发展联盟，促进常态化的产业合作、项目对接和企业服务，提升区域合作水平。国务院办公厅印发《促进科技成果转移转化行动方案》，强调落实京津冀协同发展战略，进一步加强重点区域间资源共享与优势互补，提升跨区域技术转移与辐射功能，健全区域性技术转移服务机构。国务院印发《北京加强全国科技创新中心建设总体方案》，提出要根据京津冀协同发展的总体要求，优化首都科技创新布局，构建京津冀协同创新共同体，引领服务全国创新发展。京津冀知识产权发展联盟在北京成立，将推动京津冀三地协同发展，提升三地企业的知识产权管理能力，充分调动京津冀优质知识产权服务资源，提升京津冀三地企业在国内外市场的核心竞争力，为本地区企业"走出去"战略保驾护航。

北京中关村在天津和河北分别建立了科技园区，加强与津冀的创新合作。天津滨海—中关村科技园在天津滨海新区正式揭牌，这是目前我国唯一跨省区市的全面改革试验区，两地依托"中关村"创新品牌打造的"京津中关村科技城"已经进入实质运营阶段，已有 800 多家创新企业达成投资意向，百余个创新主体将入驻科技城，带动京津冀区域形成创新大生态。在河北，中关村海淀创业园石家庄分园在河北互联网大厦开园。

12.3.5　其他领域一体化现状

文化方面，京津冀三地文化部门已搭建了京津冀文化协同发展框架体系，建立了京津冀文化人才互派工作机制，并在文化演艺、文化产业、非遗保护等重点领域率先实现了突破。《京津冀三地文化领域协同发展战略框架协议》《京津冀演艺领域深化合作协议》《京津冀三省（市）群众艺术馆（中心）协同发展合作协议》《京津冀三地文化人才交流与合作框架协议》等文件的先后签署，构建了三地文化合作的平台基础。在此基础上，三地携手打造了"动漫北京"、北京文博会、天津滨海文交会、河北特色文化产品博览交易等产业交流合作平台。

教育方面，河北省唐山市与北京市朝阳区签署职业教育战略合作协议，双方将开展多方面合作，其中包括形成学生互访互学交流机制、合作培养技能人才、共建实习实训基地等。河北大学、北京工商大学、天津财经大学三所高校联合成立京津冀高校商科类协同创新联盟，今后将在教师互聘跨校授课、学生跨校交流培养、联合开展教改研究与教材建设、开展科研协同攻关等方面展开合作。

体育方面，借力 2022 年北京冬奥会，京津冀体育协同发展进程进一步加快。北京市体育局、天津市体育局及河北省体育局三方在河北省张家口市崇礼区召开了京津冀体育产业发展高峰论坛暨京津冀冰雪运动体验旅游季活动，共同签署了《深入推进京津冀体育协同发展议定书》，就进一步发展全民健身、提高竞技体育水平、推进体育产业发展以及密切相互沟通联系四个方面深入加强交流合作描绘了蓝图。

医疗卫生方面，京津冀三地日渐融合，这是京津冀协同发展在公共服务方面的重要体现。中国医学科学院北京协和医学院、天津经济技术开发区管理委员会、泰达国际心血管病医院响应京津冀协同发展规划，在天津签署战略合作协议，三方将共同构建产学研发深度融合的协同创新机制，服务公立医院改革的研究和实践。京津冀一体化卒中急救系统在北京启动，旨在推动京津冀地区急性缺血性卒中急救流程的建立，推广实施急诊取栓新技术。患者在京津冀三地指定的 132 家医疗机构就诊，所做的 27 项检查结果，将可以实现互认。从而，患者可以避免很多重复的检查，节约时间，节约费用。

养老方面，京津冀开发了许多养老产业和项目，助力公共服务领域的协同发展。河北省印发《河北省"大健康、新医疗"产业发展规划（2016—2020 年)》，未来五年河北将构建"环京津健康养老产业圈"，着力打造多个绿色生态医疗健康和老年养护基地，预计 2020 年产业规模达 8000 亿元。根据规划，河北将逐步启动"京津冀都市圈"公共卫生及养老产业规划。按照京津冀三地优势互补、互利共赢、共建共享的原则，建立区域协调发展机制，解决三地医疗机构和养老机构之间互相独立、自成系统问题。京津冀现已启动养老机构共享试点，目前已有三个试点项目，分别为天津市武清区养老护理中心、河北省三河市燕达国际健康城、中标集团河北高碑店市养老项目。

艺术方面，京津冀三地共同举办了精品文艺活动。由北京市文联、天津市文联、河北省文联主办，京津冀三地杂技家协会和中国杂技团有限公司承办的区域性大型杂技专题演出"传统与传承——京津冀杂技精品节目展演"在北京民族文化宫大剧院举行。此外，京津冀文化厅局在国家大剧院共同举办群星耀京华——京津冀群众精品文艺节目展演。三地群星奖获奖和入围作品，以及优秀群众原创作品共 11 个，展现出三地文化协同发展的最新成果。整台节目涵盖舞蹈、音乐、戏剧、曲艺等艺术门类，表演者覆盖各年龄段，现场约 2000 位观众中，绝大多数是一线建筑工人和基层文艺爱好者，呈现出"群众演、演群众、演给群众看"的特点。

12.4 结语：协同发展存在的主要问题与展望

12.4.1 京津冀协同发展存在的主要问题

京津冀地区经过多年的发展，北京和天津的双核集聚现象显著，与周边地区相比长期存在工业化落差，河北大部分地区仍然以污染较重的工业、加工业为主，今天的石家庄还在满天雾霾、尘埃的环境当中。北京和天津之间也缺少有效的合作和产业分工，没有实现联动。京津冀经济一体化还仅限于初始阶段，区域经济一体化效应没有被充分地挖掘出来，没有形成像长三角、珠三角那样的密集城市群。

12.4.1.1　区域发展不平衡

京津冀区域内部，地区间的发展差距巨大，存在着明显的"中心—外围"二元经济结构。其中，北京市和天津市占据"中心"地位，而河北省则处于"外围"。从工业化阶段来看，北京已经进入后工业化阶段，天津处于工业化后期阶段，河北则仍处于工业化中期阶段。北京和天津对河北的要素单向吸附，导致对河北的辐射带动效应有限。

12.4.1.2　生态环境问题突出

根据环保部对全国空气质量的监测，京津冀是全国空气污染最严重的地区，全国空气质量最差的 10 个城市中有 7 个位于这一地区。除大气污染外，河流污染、土壤污染、土壤沙化、草场退化、水源短缺等问题也日益突出。出现这些问题的根源在于该地区产业结构偏向于重工业。生态环境的恶化对区域经济的可持续发展构成了挑战，倒逼推动区域生态环境协同治理机制的完善。

12.4.1.3　"行政区经济"现象明显

京津冀区域发展的典型特征是区域内发展迅速、区域间矛盾突出，其背后推手是"行政区经济"。在"财政分权"和"官员晋升锦标赛"的激励下，各地方政府基于自身利益最大化的需求，既致力于发展辖区内经济，又致力于辖区间的"标尺竞争"，区域经济发展带有浓厚的行政干预色彩。京津冀地区既有北京这样的首都城市，又有京津两大直辖市，各种行政部门汇聚于此，国有企业比重较高，导致政府的行政干预力量过强，且三地行政级别明显不对等，单靠地方政府合作来解决区域间的矛盾不太现实。京津冀区域缺乏一种有效的区际合作与利益协调机制，三方合作陷入了"共识多、行动少"的怪圈，对区域协同发展构成了严重的障碍。

12.4.2　对京津冀协同发展的展望

三年多的协同发展历程，积累了宝贵的工作经验。坚持以习近平总书记系列重要讲话精神为指引，按照各自功能定位，矢志不渝推动协同发展；坚持抓住疏解非首都功能的"牛鼻子"，以疏解整治促进优化提升，使产业结构和城市功能更加科学合理；坚持以点带面，全面推进，以交通、生态、产业等重点领域为突破口，逐步实现全方位协同发展；坚持改革创新，以新型体制机制为协同发展提供坚实保障，不断推进基本公共服务均等化进程。

同时也要看到，由于历史上"地方意识"的影响，发展缺乏宏观统筹，利益格局固化等问题需要着力解决；行政色彩相对浓厚，市场发挥的作用不够充分，民营经济活力需要有效激发；三地资源禀赋条件、整体水平等差异客观存在，"发展鸿沟"需要大力弥合；疏解非首都功能有待持续推进，变"虹吸效应"为"外溢效应"的思路和方法需要继续拓展；交通、生态、产业等重点领域尚待取得新的突破，以点带面的作用需要充分发挥；体制机制壁垒仍然在一定程度上存在，需要深度破除；等等。这些经验和问题，都为下一步推进工作提供了有益参照。

主要参考文献

［1］北京：京津冀干部挂职交流常态化　积分落户办法将设创新创业指标［EB/OL］.新华社，https：//www.xinhuanet.com/politics/2016-06/27/c_1119121999.htm，2016-06-27.

［2］北京市人民政府办公厅关于印发《北京市食品药品安全三年行动计划（2016-2018年)》的通知［EB/OL］.北京市人民政府，https：//www.beijing.gov.cn/gongkai/guihua/wngh/qtgh/201907/t20190701_100006.html，2016-01-27.

［3］京津冀产业转移指南出炉［EB/OL］.中国政府网，https：//www.gov.cn/xinwen/2016-06/29/content_5086837.htm，2016-06-29.

［4］国家发展改革委关于京津冀地区城际铁路网规划的批复［EB/OL］.国家发展改革委，https：//www.ndrc.gov.cn/gzdt/201611/t20161128_827856.html，2016-11-28.

［5］国家发展改革委 民航局关于印发《推进京津冀民航协同发展实施意见》的通知［EB/OL］.中国政府网，https：//www.gov.cn/xinwen/2017-12/06/content_5244738.htm，2017-12-06.

［6］国家林业局关于印发《林业发展"十三五"规划》的通知［EB/OL］.国家林业局，https：//www.forestry.gov.cn/main/218/content-875034.html，2016-05-06.

［7］推进京津冀协同发展生态率先突破框架协议签订［EB/OL］.经济参考报，https：//www.jjckb.cn/2016-06/27/c_135469198.htm?from=groupmessage，2016-06-27.

［8］北京市政府与国家统计局签署战略合作框架协议［EB/OL］.北京日报，https：//www.gov.cn/xinwen/2016-04/30/content_5069423.htm，2016-04-30.

［9］国务院办公厅关于印发促进科技成果转移转化行动方案的通知［EB/OL］.国务院，https：//www.gov.cn/zhengce/content/2016-05/09/content_5071536.htm，2016-05-09.

［10］国务院关于深入推进新型城镇化建设的若干意见［EB/OL］.国务院，https：//www.gov.cn/zhengce/content/2016-02/06/content_5039947.htm，2016-02-06.

［11］国务院批转国家发展改革委关于2016年深化经济体制改革重点工作意见的通知

［EB/OL］. 国务院，https：//www.gov.cn/zhengce/content/2016−03−31/content_ 5060062.htm，2016−03−31.

　　［12］河北省人民政府关于印发河北省建设全国现代商贸物流重要基地规划（2016−2020年）的通知［EB/OL］. 河北省政府办公厅，https：//info.hebei.gov.cn/hbszfxxgk/329975/329982/6610625/index.html，2016−02−29.

　　［13］河北省人民政府关于印发河北省新型城镇化与城乡统筹示范区建设规划（2016−2020年）的通知［EB/OL］. 河北省政府办公厅，https：//info.hebei.gov.cn/hbszfxxgk/329975/329982/6609970/index.html，2016−02−29.

　　［14］河北省人民政府关于印发河北省全国产业转型升级试验区规划（2016−2020 年）的通知［EB/OL］. 河北省政府办公厅，https：//info.hebei.gov.cn/eportal/ui? pageId=1962757&articleKey=6709035&columnId=329982，2016−12−30.

　　［15］河北省人民政府关于印发河北省建设京津冀生态环境支撑区规划（2016−2020 年）的通知［EB/OL］. 河北省政府办公厅，https：//info.hebei.gov.cn/hbszfxxgk/329975/329982/6610339/index.html，2016−02−29.

　　［16］环保部：2016 年全国 PM2.5 平均浓度同比下降 6%［EB/OL］. 新华社，https：//www.gov.cn/xinwen/2017−01−05/content_5156570.htm，2017−01−05.

　　［17］京津冀"十三五"规划印发［EB/OL］. 新华网，https：//www.xinhuanet.com/politics/2016−02/16/c_128721274.htm，2016−02−16.

　　［18］京津冀发展结构优化质量提高［EB/OL］. 北京日报，https：//www.gov.cn/xinwen/2017−02/24/content_5170479.htm，2017−02−24.

　　［19］京津冀协同两周年　一盘棋发展步入纵深［EB/OL］. 新华社，https：//www.gov.cn/xinwen/2016−02/29/content_5047435.htm，2016−02−29.

　　［20］习近平听取北京冬奥会冬残奥会筹办工作情况汇报［EB/OL］. 新华社，https：//www.xinhuanet.com/politics/2016−03/18/c_1118378932.htm，2016−03−18.

　　［21］细数"十三五"规划纲要草案里的"高精尖"［EB/OL］. 新华社，www.gov.cn/xinwen/2016−03/06/content_5049683.htm，2016−03−06.

　　［22］张高丽：深入贯彻新理念新思想新战略　确保如期全面建成小康社会［EB/OL］. 新华社，https：//www.gov.cn/guowuyuan/2016−03/21/content_5056114.htm，2016−03−17.

　　［23］政府工作报告（全文）［EB/OL］. 新华社，https：//www.gov.cn/guowuyuan/2016−03/17/content_5054901.htm? mTypeGroup，2016−03−17.

　　［24］中共中央 国务院印发《国家创新驱动发展战略纲要》［EB/OL］. 新华社，https：//www.gov.cn/zhengce/2016−05/19/content_5074812.htm，2016−05−19.

　　［25］中共中央政治局召开会议　研究部署规划建设北京城市副中心和进一步推动京津冀协

同发展有关工作 [EB/OL].新华社，https：//www.gov.cn/xinwen/2016–05/27/content_5077392.htm，2016–05–27.

[26] 中华人民共和国国民经济和社会发展第十三个五年规划纲要 [EB/OL].国务院，https：//www.gov.cn/xinwen/2016–03/17/content_5054992.htm，2016–03–17.

第 13 章
2017 年京津冀协同发展概况①

13.1　京津冀协同发展总体情况

　　2017 年是京津冀协同发展三大领域重点突破三年行动计划的收官年。实施京津冀协同发展重大战略的三年来，京津冀三地经济稳中向好，民生持续改善，疏解对接有序推进，在交通建设、环境保护、产业升级三大重点领域成效显著，创新驱动效果更加明显，产业合作格局更加清晰，营商环境更加优化，进一步走向高质量发展，形成区域发展新格局。

　　在顶层设计方面，中共中央总书记、国家主席、中央军委主席习近平在中国共产党第十九次全国代表大会上的报告上强调，要以疏解北京非首都功能为"牛鼻子"推动京津冀协同发展。年末召开的中央经济工作会议同样提出京津冀协同发展要以疏解北京非首都功能为重点，保持合理的职业结构。习近平总书记在主持召开中央全面深化改革领导小组第三十五次会议时指出，在京津冀及周边地区开展跨地区环保机构试点……深化京津冀及周边地区污染联防联控协作机制……推动形成区域环境治理新格局。此外，习近平总书记在北京考察冬奥会筹备情况时指出，北京冬奥会是我国重要历史节点的重大标志性活动，对京津冀协同发展有着强有力的牵引作用，要全力做好各项筹办工作。第三十五次会议京津冀协同

---

① 本章作者：刘霁晴、张贵。

发展工作推进会议强调要继续推进交通、生态、产业三个重点领域率先突破……着力推进体制机制改革创新……大力推进基本公共服务共建共享……科学做好重点区域规划布局，进一步强化土地、房地产、人口等管控举措。两会期间，时任国务院副总理张高丽在河北代表团参加审议时肯定了河北过去一年的发展成果，并希望河北继续全面融入京津冀协同发展，坚定不移推进供给侧结构性改革，深入实施创新驱动发展战略，加强生态环境保护，切实保障和改善民生，全面落实办奥理念，努力谱写河北改革发展新篇章。

在京津冀协同发展工作推进会议上，时任国务院副总理张高丽提出七个"严"：坚决严禁大规模开发房地产、严禁违规建设、严控周边规划、严控入区产业、严控周边人口、严控周边房价、严加防范炒地炒房投机行为。在世界级城市群建设的规划上，《北京城市总体规划（2016–2035年)》指出建设以首都为核心的世界级城市群，实现北京城市副中心和雄安新区"两翼"比翼齐飞。

在交通方面，京津冀协同发展又上一个新台阶。一方面，2022年冬奥会交通保障项目完成情况良好：延崇高速如期全面开工，冬奥会张家口赛区综合交通规划编制完成，万龙至转枝莲隧道、张家口奥运物流中心和宁远机场改扩建项目开工，省道张榆线等干线公路完工。另一方面，京津冀交通一体化进程加快：石济高铁的开通使京津冀区域内形成以北京、天津、石家庄、德州为基点的矩形高铁网络；京津冀主要城市之间已经实现交通"一卡通"；京秦高速京冀、冀津接线段主体建成，密涿高速万庄连接线、东湾连接线北延段、松兰公路完工，京蒋公路基本建成；京津冀省域道路客运联网售票系统基本建成，区域客运班线公交化改造加速推进；交通行政执法、联合治超、海事统一监管等机制初步形成。

在生态方面，京津冀区域治理成果显著。2017年是"大气十条"的考核年，京津冀区域细颗粒物浓度比2012年下降25%，超额完成规定中下降10%的任务，其中北京市细颗粒物年均浓度控制在60微克/立方米。本年度，环保部重点对京津冀及周边地区"2+26"城市开展了"散乱污"企业综合整治，涉及6.2万家企业，据专家估算，该举措对PM2.5浓度下降贡献率达30%。京津冀地区燃煤电厂已经全面完成超低排放改造。京津冀区域13个城市平均优良天数比例为56%，同比下降0.8个百分点；PM2.5浓度为64微克/立方米，同比下降9.9%；PM10浓度为113微克/立方米，同比下降4.2%。继大气污染联防联控之后，京津冀在水生态协同治理方面有了重要突破，永定河综合治理与生态修复已正式启动并加紧实施；引滦工程的源头潘家口、大黑汀水库网箱养鱼已全部清理完毕，暂停了一年多的引滦入津供水于近期正式恢复。

在产业方面，2017 年京津冀产业转移加快进行，产业结构不断优化。从三次产业的情况来看，京津冀区域第二产业稳中有进，第三产业快速发展，第三产业比重为 58.6%，同比提高 1.1 个百分点。从地区的情况来看，北京动能转换明显提速，创新驱动逐步发力，新经济增加值比上年增长 9.8%，高技术产业增加值比上年增长 9.5%，研究与试验发展（R&D）经费支出比上年增长 7.5%。天津质量效益稳步提升，转型发展成效显现，消费品制造业实现利润占全市的 15.3%，同比增长 22.0%，拉动全市工业利润增长 3.4 个百分点，规模以上工业战略性新兴产业增加值增长 3.9%，高技术制造业增加值增长 10.4%，对工业增长的贡献率达到 64.6%。河北转型升级成效明显，新动能支撑增强，装备制造业增加值比 2016 年增长 12.1%，装备制造业可比价增加值占规模以上工业的比重为 27.0%，比钢铁工业高 2.2 个百分点，而受政府主动调结构推动，钢铁工业增加值下降 0.1%，石化工业增加值下降 3.6%；同期，高新技术产业增加值增长 11.3%，其中，新能源、生物、电子信息、高端装备技术制造领域增加值分别增长 17.2%、15.3%、14.9% 和 13.9%。在此基础上，京津冀产业转移与合作加快。2017 年，北京疏解提升市场 241 个、物流中心 55 个，涉及建筑面积约 438 万平方米，其中动物园地区 12 家、大红门地区 45 家市场以及天意、万通、永外城市场全部完成疏解提升。“动批”地区第一个整体疏解闭市的市场天皓城市场，目前转型为宝蓝金融创新中心，吸引了云计算、无人机、云支付等金融科技企业入驻，2017 年入驻企业年营业收入约 5 亿元，实现利税约 5000 万元。天津开发区签约首都项目 393 个，吸引来自北京投资 664 亿元，同时启动了 MSD 京津冀产业对接区、京津冀大数据协同处理中心等新的承接载体，在北京开设“政务服务点”，开创跨京津政务服务新模式。河北省从京津引进资金突破 2500 亿元、项目近 3000 个，仅唐山市与京津合作亿元以上项目就达 400 项，总投资 5567.56 亿元。河北省的开发区在定向精准承接京津产业转移中，发挥了重要的载体作用，聚集效应凸显，截至 2017 年底，累计引进京津项目 11670 个，引进资金 10426 亿元。

13.2　2017 年贯彻落实习近平总书记重要讲话精神举措

13.2.1　省市级三地政府积极响应

13.2.1.1　京津冀各地政府推出相关政策

北京市政府为贯彻落实京津冀协同发展战略，在财政支出、创新协作、法律援助、公共安全等各方面做出了具体部署。在财政支出方面，考虑到保障疏解北京非首都功能、京津冀协同发展、筹备冬奥会等重大支出需求，北京市综合测算后的 2017 年财政支出规模为：一般公共预算支出 6243.5 亿元，同口径增长 10.1%，并将统筹的资金聚焦在京津冀协同发展、创新驱动、生态环境建设、城市治理、提升公共服务水平五大重点领域。在创新协作方面，北京出台了《加快科技创新发展新一代信息技术等十个高精尖产业的指导意见》。在法律援助方面，在北京出台的《关于完善法律援助制度的实施意见》中指出，要健全完善京津冀法律援助异地协作机制，方便受援人异地维护自身合法权益。在公共安全方面，北京市《推进防灾减灾体制机制改革实施意见》提出要编制京津冀区域应急处置预案，建立三地政府以及社会力量间的联合响应机制，建设航空、铁路、公路协同的区域疏散救援通道。

天津市政府出台了各项具体措施助力京津冀协同发展。在天津市与中央企业落实京津冀协同发展战略恳谈会暨签约仪式上，20 个央企项目集中签约落户天津市，涉及先进制造业、战略性新兴产业和现代服务业，项目体量大、水平高、带动作用强，每个项目投资均超亿元，总投资 1217 亿元，一些项目处于产业链枢纽环节，将有力带动相关资源要素聚集，进一步增强天津发展后劲，为推动京津冀协同发展注入强大动力。在构建一体化市场方面，天津市市场和质量监督管理委员会发布了 14 个助推京津冀协同发展项目库，包括京津冀互设企业登记窗口，举办京津冀国际广告节，商标和地理标志联合保护，产品质量抽检信息共享，计量技术规范共建共享，协同发布实施地方标准，食品和食用农产品全产业链追溯，药品 GMP、GSP 联合检查，推广《天津市中药配方颗粒质量标准》，推广天津市药物临床试验监督管理系统，推动落实医疗器械产品注册审查指导原则和生产质量管理规范，建设天津宝坻综合检验检测服务平台，建设焊接材料产品质量监督检验中心，联合开展检验检测能力验证。在医疗卫生方面，天津高新区将打造以干细胞基因技术引领的"生命健康谷"，构筑起全生命周期的精准健康管理体系，为京津冀地区提供精准医疗服务。在生态环境方面，《天津市 2017 年大气污染防治工作方案》提出加强车辆尾气排放检验，强化机动车检验机构日常监管，严格落实机动车超标排放异地处罚机制，推进京津冀区域机动车污染联防联控。

《河北省"十三五"时期应急体系建设规划》中指出京津冀应急合作交流和应急宣教培训工作深入开展，每年举办一次跨区域综合应急演练，构建保障人民安居乐业、社会安定有序的全方位立体化公共安全网。河北省政府印发《河北省农业供给侧结构性改革三年行动计划（2018–2020 年)》，提出河北省将着力建设"一区一带百园"科技农业创新高地。"一区"即在雄安新区建设农业创新基地；"一带"即充分发挥雄安新区农业创新基地辐射作用，加快建设环首都现代农业科技示范带，到 2020 年，建设 50 个京津冀农业协同创新平台；"百园"即选择200 家现代农业产业园区和 130 家农业科技园区承接创新成果。保定市为全域保护和改善白洋淀生态环境，规划了 10 类 156 个项目，投资近 246 亿元，大力抓好河流整治、生态修复等方面的工作。唐山市为推进京津冀协同发展，重点在产业对接、承接北京非首都功能疏解、打造协同发展平台和加快交通一体化建设四个方面实现突破，年内实施京津合作重点项目 200 个以上，完成投资 300 亿元以上。

13.2.1.2　京津冀三地政府加强合作

产业协同方面，为了进一步引导京津冀三地产业有序转移与精准承接，京津冀三省市共同研究制定了《关于加强京津冀产业转移承接重点平台建设的意见》，初步明确了"2 + 4 + 46"个平台，引导创新资源和产业向平台集中，包括北京城市副中心和河北雄安新区两个集中承载地，四大战略合作功能区（曹妃甸协同发展示范区、北京新机场临空经济区、天津滨海新区、张承生态功能区）及 46 个承接平台（协同创新平台 15 个、现代制造业平台 20 个、服务业平台 8 个、农业合作平台 3 个）。京津冀三地渔业主管部门共同签署合作协议，联合开展水生生物资源养护工作，成立京津冀地区水生野生动物保护专家组，构建渔情信息统计分析互通机制，探索共建覆盖京津冀的渔业基础信息大数据中心，并计划开展水产品质量安全监管协作试点，统一制定三地水产品质量检测标准执行目录。"京津冀城市生活智慧港"在河北省高碑店市正式开工，项目建成后面积将达到1500亩，重点发展安全食品、营养食品、保健食品以及高品质农副产品。

生态环境方面，京津冀三地发改部门联合制定了《京津冀能源协同发展行动计划（2017—2020年）》，旨在打造一体化的新型能源系统，构建绿色低碳、安全高效的现代能源体系。京津冀水环境综合治理研讨会召开，国家环保部环境规划院与天津市水环境产业技术创新联盟签署战略合作协议，在天津滨海新区率先试点水资源循环利用及工业污水污泥危废零排放。

人才服务方面，"京津冀创新创业人才服务港"揭牌，以实施京津冀"大智移云"人才优选计划为核心，以应用性、职业型"大智移云"人才培养为目标，开创"政、产、学、研、用、资本"六位一体的高校创新创业教育新模式。"通武廊"推出人才服务绿卡，持绿卡的高层次人才在"通武廊"三地间流动，可享受三地相应的人才政策，相应资格参照学历、职称等通用标准可进行分层级等同化互认，并共享三地创新平台资源；在三地创办的企业，可由当地人才办协调相关部门优先办理预约现场办公、上门讲解人才、科技政策等相关手续服务；同时还可享受每年一次的全面健康体检、每两年一次的休假疗养活动。

13.2.2　各级政府职能部门主动配合

司法工作方面，北京市第三中级人民法院、天津市第一中级人民法院和河北省廊坊市中级人民法院在协同发展司法保障工作联络机制会上签署了《协同发展司法保障工作联络机制》，强化三地法院之间的司法互助合作，起到为京津冀协同发展战略进行司法保障的作用。跨域立案服务一体化已经在京津冀三地的七家试点法院开展。

人才服务方面，由河北省人社厅主办的第八届中国河北高层次人才洽谈会组织京津冀230家重点企事业单位与各类高层次人才进行交流，筛选确定30项技术合作项目，邀请专家与项目负责人对接洽谈，提供岗位涵盖电子通信、医药卫生、教育、机械制造、房产建筑等行业。

社会事务方面，民政部组织召开京津冀民政事业协同发展座谈会，形成了

《京津冀民政事业协同发展合作框架协议》和 15 个专项合作协议，并在社会养老、救助管理、社会组织管理、减灾救灾、优抚安置、行政区划调整、社区建设、社会工作、志愿服务等领域取得了积极进展。此外，北京市工商局、天津市市场和质量监督管理委员会、河北省工商局签署《京津冀消费维权一体化战略合作协议》，三方将搭建统一的消费维权接诉平台，建立统一的消费维权工作机制和消费维权数据共享机制，建立三地消费维权联席会议制度，成立消费维权一体化平台工作小组。

公共安全方面，中国地震局研究审议《京津冀协同发展防震减灾十三五专项规划》，指出要推动京津冀协同发展地震安全保障各项工作，着力打造京津冀防震减灾协同发展的国家示范区，加快提升京津冀周边地区的防震减灾能力。

13.3　2017 年按领域协同发展情况

13.3.1　交通网络逐渐完善

13.3.1.1　顶层设计及标准体系逐步确立

京津冀交通一体化领导小组召开第六次会议，会议强调京津冀交通一体化是京津冀协同发展的"主骨架"，是服务非首都功能疏解和区域产业对接协作的"先行官"，是推进京津冀全面深化改革的"试验田"，要准确把握京津冀交通一体化面临的新情况、新变化，加快打造"轨道上的京津冀"，推进交通一体化率先突破顺利收官。国家发改委、民航局发布《推进京津冀民航协同发展实施意见》，提出京津冀将实行 144 小时过境免签政策，并且未来将形成"世界级机场群"。交通运输部海事局印发了《关于深化津冀海事监管一体化的意见》，明确了五项主要任务：一是统筹规划渤海中西部通航资源布局，二是建立完善津冀海事协同监管机制，三是加快推进津冀海事监管设施建设，四是推进通航资源和监管信息共享，五是加快推进津冀海事监管模式改革。京津冀三地共同制定《京津冀跨省市省级高速公路命名和编号规则》《道路货运站（场）经营服务规范》两项交通领域区域协同地方标准。

13.3.1.2 立体化交通网络建设有序进行

加快推进张家口冬奥会区域交通基础设施规划建设，延崇高速 2017 年 6 月底如期全面开工，张家口宁远机场改扩建项目开工；落实京津冀协同发展交通领域率先突破要求，京秦高速京冀、冀津接线段主体建成；京津冀城市公交、轨道交通实现"一卡通"互联互通，累计发放 72 万张，京津冀道路客运联网售票系统覆盖 132 个汽车客运站。京津冀城际铁路发展基金设立，总规模 1000 亿元，初期规模 600 亿元，京唐、京滨铁路，城际铁路联络线一期工程和石衡沧港城际等项目开工。

13.3.2 生态共建共享

13.3.2.1 顶层设计及标准体系逐步确立

污染治理方面，环保部出台《京津冀及周边地区 2017–2018 年秋冬季大气污染综合治理攻坚行动方案》等"1+6"配套方案，聚焦"散乱污"企业、集群综合整治、高架源稳定达标排放，加大压煤减排、提标改造、错峰生产措施力度，把重污染天气妥善应对作为重要突破口。环保数据方面，京津冀国家绿色数据中心试点工作交流会召开，重点探讨了能耗监测、智能控制、冷热电三联供等节能环保技术在数据中心领域的推广应用，为推动京津冀地区数据中心绿色发展开拓了思路。在生态环境标准体系的确立过程中，京津冀三地环保部门、质监部门共同组织制定《建筑类涂料与胶黏剂挥发性有机化合物含量限值标准》，这是环保领域首个统一标准，对京津冀区域内生产、销售、使用建筑类涂料与胶黏剂等环节进行全过程管控，以减少使用过程中大约 20% 的无组织排放的挥发性有机物（VOCs）。

13.3.2.2 生态环境联防联治效果显现

2017 年京津冀区域绿色发展指数为 143.22，2013~2017 年平均上升幅度为 9.42 个点，表明在京津冀协同发展战略进入实施阶段后，生态环境的联防联治成效明显，区域绿色发展水平明显提高。空气质量得到改善，2017 年 PM2.5 浓度为 64 微克/立方米，同比下降 9.9%；PM10 浓度为 113 微克/立方米，同比下降 4.2%。京津冀在水生态协同治理方面也有了重要突破。由北京市和河北省共同实施的首个合作共建水生态项目——"密云水库上游生态清洁小流域项目"已经落地实施，预计完成时项目区水土流失治理度达到 85%，新增污水处理能力

59.66 万吨。

13.3.3　产业协同稳步推进

13.3.3.1　京津冀产业标准体系逐步形成

自 2015 年京津冀三地召开安全生产地方标准协同工作会的三年里，京津冀三地完成了 89 个地方标准的制定，形成覆盖三地区所有重点行业的安全生产技术标准体系，标准一体化正成为助推京津冀产业协同发展的重要力量。京津冀三地联合发布的《安全生产等级评定技术规范第 1 部分：总则》和《安全生产等级评定技术规范第 2 部分：安全生产通用要求》正式实施。随后，食品制造、纺织、服装制造加工、木材加工、家具制造、汽车制造、仓储、印刷、环卫、冶金 10 个行业领域的地方标准发布，于 2018 年 1 月 1 日正式实施。此外，京津冀三地检验检疫局开展行政审批区域协作，持续稳步推进检验检疫行政审批结果在京津冀三地互认，实现"一地获批、三地通用"。京津冀三地农业部门签署《京津冀农产品质量安全协同监管框架协议》，京津冀将实现农产品质量安全检测结果互认，建立检测信息共享机制。

13.3.3.2　京津冀产业协同发展步伐加快

京津冀产业协同发展取得了鲜明成效。由国家发改委、财政部、工信部牵头发起的京津冀产业协同发展投资基金成立，基金首期规模 100 亿元，这是国家出资引导社会资本参与的第一支京津冀协同发展专项投资基金，也是目前国内唯一一支以区域协同为主题的政府参与的产业投资基金，对区域内的产业结构调整和创新机制有了更多关注。在高技术产业协同发展方面，京津冀大数据协同处理中心在位于天津开发区的国家超级计算天津中心正式启动建设，未来京津冀地区数据处理能力将达到每秒百亿亿次。京津冀三地经信、工信部门联合发布《京津冀协同推进北斗导航与位置服务产业发展行动方案（2017–2020 年）》，指出京津冀地区将打造形成能够基本满足北斗规模化应用服务的基础设施和公共服务平台，建立领先全国并具有国际影响力的权威智库，巩固并保持京津冀北斗导航与位置服务产业在全国的领先优势。到 2020 年，实现北斗导航与位置服务产业总体产值超过 1200 亿元，使京津冀地区成为国内最具影响力的北斗导航与位置服务产业聚集区和科技创新制高点。在第一产业协同发展方面，京津冀三地商务部门联合发布《环首都 1 小时鲜活农产品流通圈规划》，规划提出到 2020 年基本形成布局合理、高效畅通、环境友好、协作共赢的环首都 1 小时鲜活农产品流通圈，并布局了"一核双层、五通道、多中心"的流通网络。在第二产业协同发展方面，《河北省装配式建筑"十三五"发展规划》提出构建京津冀装配式建筑协同发展格局，计划到 2020 年形成能够服务于京津冀地区的装配式建筑生产和服务体系。在第三产业协同发展方面，京津冀在保险一体化上迈出了新的步伐。保监会在北京、天津和河北三地开展保险公司和全国性保险专业代理机构跨区域经营备案管理试点。保监会的《保险公司跨京津冀区域经营备案管理试点办法》和《保险专业代理机构跨京津冀经营备案管理试点办法》，对保险公司和保险专业代理机构跨区域经营备案管理试点的目的、适用范围、备案条件、备案材料、退出机制、监管安排等内容进行了明确，确保试点工作稳步推进、风险可控。

13.3.4 科技创新环境改善

国家新的政策部署改善了京津冀科技创新环境，有利于形成创新引领的区域协同发展新模式。国务院知识产权战略实施工作部际联席会议办公室印发的《"十三五"国家知识产权保护和运用规划重点任务分工方案》中强调要推动京津冀知识产权保护一体、运用协同、服务共享，促进创新要素自由合理流动。北京通州、天津武清、河北廊坊三地签订《"通武廊"科技合作协议》，围绕合作协议，三地正式启动《通武廊科技创新合作行动计划（2017–2020)》，打造"通武廊"小京津冀"试验田"，探索三地联动发展的体制机制，助力京津冀协同创新发展。河北保定加快京津冀科技成果转化中心项目建设，项目建设主要内容包括企业总部基地、金融街、云计算中心、物联网中心、大数据应用中心、创业中心、会展中心等，主要配套功能有科技研发、成果转化、企业孵化、项目加速、大学生创业示范、专业人才培训、会议会展、综合金融服务等。

13.3.5 其他领域一体化现状

文化方面，习近平总书记在中国文联十大、中国作协九大开幕式上发表重要讲话，指出要深刻把握文化产业面临的新机遇新要求，进一步提升文化产业发展质量和效益，加强重点文化产业带建设，发展特色文化产业，制定发布京津冀文化产业协同发展规划纲要。京津冀三地签署了《京津冀文化产业协同发展行动计划》，该行动计划提出京津冀将建立文化产业联席会议制度，搭建大数据支撑和微信宣传两个平台，每年组织开展京津冀文化产业协同发展十项重点活动，包括每年制订一个京津冀三地文化产业协同发展工作计划、每年至少举办一次京津冀三地文化产业联展活动、每年至少举办一次京津冀文化产业项目推介会等。

教育方面，京津冀联合发布"十三五"期间京津冀教育协同发展工作计划，在教育领域非首都功能疏解、北京城市副中心与津冀毗邻地区教育统筹发展、教育对口帮扶、教育人才队伍建设、职业教育统筹协作平台建设、大学生思想政治教育工作协作等十方面进行专项合作。

体育方面，由国家体育总局会同国家发改委、旅游局编制的《京津冀健身休闲运动协同发展规划（2016-2025 年)》提出构建"国际知名运动休闲目的地""国家运动休闲区""环京津冀运动休闲带""运动休闲走廊"的基本空间布局等。其中，以崇礼为中心在北京西北主打冰雪和户外休闲运动；以兴隆为中心主打山地户外健身休闲运动；以"涞水—涞源—易县"为中心在北京西南定位为山地户外和水上健身国家运动休闲区；以通州为中心的北京东部则被规划成与世界一流城市副中心相配套的城市社区健身休闲群。

医疗卫生方面，截至 2017 年末，京津冀跨省异地就医住院医疗费用直接结算定点医疗机构达到 1093 家，其中北京 683 家，天津 147 家，河北 263 家。京津冀食品药品安全区域联动协作第二次联席会上，京津冀三地共同签署了《京津冀食品生产领域监管联动协议》《京津冀医药品注册领域监管备忘录》《京津冀药品生产流通监管合作协议》，并商讨在食品生产、药品注册、药品生产流通等领域建立协作机制。河北省出台的关于贯彻《"健康中国 2030"规划纲要》的实施意见中指出，要立足河北省"三区一基地"功能定位，积极推进京津冀、环渤海、中原协作区协同发展，全面推进京津冀健康领域错位发展和融合发展，打造大健康新医疗融合发展和战略性新兴产业新高地。

养老方面，京津冀三地民政部门联合印发《关于增设京津冀养老服务协同发展试点机构的通知》，新增设六家机构作为京津冀养老工作协同发展的试点，加上 2016 年三地确定的三河燕达国际健康城等三家先行试点机构，京津冀养老服务协同发展试点机构增至九家。

艺术方面，京津冀三地联合举办了丰富多彩的文艺活动。由首都博物馆、天津博物馆和河北博物院联合推出的"金玉满堂——京津冀古代生活展"在春节期间为市民献上了一份年味十足的文化大礼。该展览集合了三家博物馆的文物优势和特色，共包含 600 多件（套）文物，并且以"同一主题、三个篇章、三地联展、一册图录"的形式呈现，是京津冀三地博物馆协同办展的一种模式创新。此外，还举办了"美在京津冀"美术作品系列展览、京津冀非遗展等，丰富了人民的精神生活，促进了区域文化交流与繁荣。

13.4 结语：协同发展存在的主要问题与展望

综上所述，京津冀协同发展逐步深入，积累了宝贵工作经验，在交通、生态、产业三大重点领域一体化成效明显，雄安新区的成立也为京津冀协同发展注入了新的动力。在巩固、肯定已有发展成效的基础上，还要认识到现存的问题。如交通一体化程度与成熟的发达经济体还存在差距；区域创新协作能力相比于世界级城市群的定位还有待发展；区域发展仍然不平衡，资源短缺、生态环境问题还亟待解决；区域产业发展落差大，城市间产业联系强度较弱；等等。2018 年是京津冀协同发展中期目标的起始年，京津冀三地仍需继续扎实推进京津冀协同发展，直面问题，不断突破，形成发展合力。

主要参考文献

［1］2017 年京津冀经济运行分析 河北成增长主动力天津没落 ［EB/OL］. 搜狐网，https：//www.sohu.com/a/229821693_597671，2018-04-28.

［2］2017 年全国大气环境质量进一步改善 ［EB/OL］. 新华社，https：//www.gov.cn/xinwen/2018-06/01/content_5295212.htm，2018-06-01.

［3］2018 年河北交通推进京津冀一体化这样干！［EB/OL］. 京报网，https：//www.71.cn/2018/0125/983773.shtml，2018-01-25.

［4］《关于加强京津冀产业转移承接重点平台建设的意见》新闻发布会 ［EB/OL］. 首都之窗，https：//www.beijing.gov.cn/shipin/szfxwfbh/16111.html，2017-12-20.

［5］成就与展望：京津冀协同发展战略实施这四年 ［EB/OL］. 宣讲家网，https：//www.71.cn/2018/0307/989177.shtml，2018-03-07.

［6］国务院知识产权战略实施工作部际联席会议办公室关于印发《"十三五"国家知识产权保护和运用规划重点任务分工方案》的通知 ［EB/OL］. 知识产权局网站，https：//www.gov.cn/xinwen/2017-08/24/content_5220034.htm，2017-08-24.

［7］河北省 2017 年从京津引进资金突破 2500 亿元 ［EB/OL］. 河北日报，https：//www.gov.

cn/xinwen/2018-01/03/content_5252816.htm，2018-01-03.

　　[8] 河北唐山2017年与京津合作亿元以上项目400项［EB/OL］. 新华社，https：//www. gov.cn/xinwen/2018-02/27/content_5269241.htm，2018-02-27.

　　[9] 环境保护部与河北省人民政府签署《推进雄安新区生态环境保护工作战略合作协议》［EB/OL］. 环境保护部网站，https：//www.gov.cn/xinwen/2017-11/14/content_5239542.htm，2017-11-14.

　　[10] 京津冀大数据协同处理中心在天津启动建设［EB/OL］. 新华社，https：//www.gov.cn/xinwen/2017-08/18/content_5218705.htm，2017-08-18.

　　[11] 京津冀发展结构优化质量提高［EB/OL］. 北京日报，https：//www.gov.cn/xinwen/2017-02/24/content_5170479.htm，2017-02-24.

　　[12] 京津冀国家绿色数据中心试点工作交流会召开［EB/OL］. 工业和信息化部网站，https：//www.gov.cn/xinwen/2017-05/19/content_5195336.htm，2017-05-19.

　　[13] 京津冀将共建渔业基础信息大数据中心［EB/OL］. 河北日报，https：//www.gov.cn/xinwen/2017-01/16/content_5160164.htm，2017-01-16.

　　[14] 京津冀联手打造北斗产业聚集区［EB/OL］. 中国政府网，https：//www.gov.cn/xinwen/2017-04/17/content_5186314.htm，2017-04-17.

　　[15] 京津冀区域发展指数稳步提升［EB/OL］. 千龙网，https：//beijing.qianlong.com/2018/0802/2737639.shtml，2018-08-02.

　　[16] 京津冀三地签署《京津冀文化产业协同发展行动计划》［EB/OL］. 中国新闻网，https：//www.chinanews.com/gn/2017/12-22/8407256.shtml，2017-12-22.

　　[17] 京津冀协同发展工作推进会在京召开　张高丽主持会议并讲话［EB/OL］. 新华社，https：//www.gov.cn/guowuyuan/2017-04/06/content_5183809.htm，2017-04-06.

　　[18] 京津冀携手用好绿色能源［EB/OL］. 人民日报，https：//www.gov.cn/xinwen/2017-11/05/content_5237307.htm，2017-11-05.

　　[19] 能源局发布《能源发展"十三五"规划》等［EB/OL］. 能源局网站，https：//www.gov.cn/xinwen/2017-01/05/content_5156795.htm#1，2017-01-05.

　　[20] 体育总局　国家发展改革委　国家旅游局关于印发《京津冀健身休闲运动协同发展规划（2016-2025年）》的通知［EB/OL］. 国家体育总局，https：//www.sport.gov.cn/n10503/c826040/content.html，2017-09-14.

　　[21] 天津：试点滨海新区　共建碧水蓝天［EB/OL］. 天津日报，https：//www.gov.cn/xinwen/2017-01/17/content_5160517.htm，2017-01-17.

　　[22] 习近平：决胜全面建成小康社会 夺取新时代中国特色社会主义伟大胜利——在中国共产党第十九次全国代表大会上的报告［EB/OL］. 新华社，https：//www.gov.cn/zhuanti/2017-10/27/content_5234876.htm，2017-10-27.

　　[23] 习近平听取北京冬奥会冬残奥会筹办工作情况汇报［EB/OL］. 新华社，https：//www.gov.cn/xinwen/2017-05/23/content_5196189.htm，2017-05-23.

　　[24] 习近平主持召开中央全面深化改革领导小组第三十五次会议［EB/OL］. 新华社，https：//www.gov.cn/xinwen/2017-05/23/content_5196189.htm，2017-05-23.

［25］张高丽在河北代表团参加审议［EB/OL］.新华网，https：//www.gov.cn/guowuyuan/2017-03/08/content_5175348.htm，2017-03-08.

［26］中共中央、国务院决定设立河北雄安新区［EB/OL］.新华社，https：//www.gov.cn/xinwen/2017-04/01/content_5182891.htm#1，2017-04-01.

［27］中央要求高起点、高质量编制好雄安新区规划［EB/OL］.新华社，https：//www.gov.cn/xinwen/2017-12/20/content_5248944.htm，2017-12-20.

第 14 章
2018 年京津冀协同发展概况①

14.1 京津冀协同发展总体情况

2018 年是实现京津冀协同发展规划纲要中期目标的开局之年，四年来，京津冀三地坚持优势互补、互利共赢、扎实推进、奋力开拓，在交通、生态、产业三大领域率先实现了突破，经济运行总体平稳，产业协同格局更加清晰，营商环境进一步优化，创新创业氛围愈加浓厚。与此同时，雄安新区也从顶层设计阶段转向实质性开工建设阶段，在由"1+N"规划体系和"1+N"政策体系初步构成的顶层设计基础上，一批基础性项目先行启动，京雄城际铁路开工建设，白洋淀治理、植树造林工程等生态项目动工实施，雄安市民服务中心已建成并投入使用。

在顶层设计方面，明确判断了京津冀协同发展的发展阶段和重点任务。中共中央总书记习近平在中共中央政治局第三次集体学习时强调，建设现代化经济体系要积极推动城乡区域协调发展，优化现代化经济体系的空间布局，实施好区域协调发展战略，推动京津冀协同发展。时任国务院总理李克强作政府工作报告时提出要扎实推进区域协调发展战略，以疏解北京非首都功能为重点推进京津冀协同发展。时任国务院副总理张高丽在京津冀协同发展工作推进会议上对疏解北京非首都功能、京津冀协同发展等做出了重要部署，针对疏解北京非首都功能指出

---

① 本章作者：刘霁晴、张贵。

要认真落实控增量、疏存量政策意见，推动实施一批疏解示范项目，加快推进北京城市副中心建设，做实做细做好北京市级机关和市属行政部门搬迁工作；针对京津冀协同发展，指出要扎实推进交通一体化建设，强化区域污染联控联治和生态环境保护，促进产业优化升级和有序转移，深入推进京津冀全面创新改革试验，加快建设北京全国科技创新中心，大力促进基本公共服务共建共享；年末召开的中央经济工作会议将促进区域协调发展作为重点工作任务，强调推动京津冀地区成为引领高质量发展的重要动力源。此外，张高丽同志在京津冀及周边地区大气污染防治协作小组第十一次会议上强调要以京津冀及周边地区等区域为重点，抓紧制定实施打赢蓝天保卫战三年作战计划。

在交通方面，京津冀交通一体化又上一个新台阶。一方面，京津冀交通协同治理水平不断提高；另一方面，京津冀区域交通互联互通加速形成，太行山高速公路全线通车试运营，纵贯太行山区，44 个互通、18 条连接线与 11 条高速公路和数十条国省干线连通，是畅通京冀豫的又一条交通大动脉；京秦高速公路北京段正式通车，国家高速公路网在北京的最后一条断头路得以消除；京秦高速津冀段天津蓟州区与河北省玉田县衔接段开通运营，京秦高速天津段与河北省衔接段全线贯通；北京大兴国际机场高速公路一期主体工程基本完工；京张高铁开始全面铺轨，建成后，乘高铁从北京到张家口的时间将缩短到 50 分钟；曲港高速公路曲阳至肃宁段正式通车，西接太行山，东至渤海湾，是河北省"东出西联"的高速重要通道。

在生态方面，京津冀区域协同治理力度强化，环境治理成果显著。京津冀及周边地区 2018 年平均优良天数比例为 50.5%，同比上升 1.2 个百分点；PM2.5 年均浓度为 60 微克/立方米，同比下降 11.8%，比 2013 年下降近一半，这得益于生态治理的路径优化和手段强化。在国家层面上，国务院成立京津冀及周边地区大气污染防治领导小组，主要职责为在京津冀及周边地区贯彻落实党中央、国务院关于京津冀及周边地区大气污染防治的方针政策和决策部署；组织推进大气污染联防联控工作，统筹研究解决大气环境突出问题；研究确定大气环境质量改善目标和重点任务，指导、督促、监督有关部门和地方落实，组织实施考评奖惩；组织制定有利于大气环境质量改善的重大政策措施，研究审议大气污染防治相关规划等文件；研究确定重污染天气应急联动相关政策措施，组织实施重污染天气联合应对工作；完成党中央、国务院交办的其他事项。在地方层面上，北京市印发实施了《北京市蓝天保卫战 2018 年行动计划》，突出精治法治共治；天津市制定公布了《天津市 2018 年大气污染防治工作方案》，提出严格管控机动车污染；河北省划定生态保护红线面积 4.05 万平方千米，基本形成了优化京津冀区域生态空间安全的格局。

在产业方面，2018 年京津冀产业转移加快进行，产业结构不断优化。北京市"高精尖"经济结构逐步构建，2018 年北京市服务业占地区生产总值达到 81.0%。截至 2018 年，北京市加速疏解非首都功能，疏解一般制造业企业累计达到 2648 家，累计疏解提升台账内市场 581 家、物流中心 106 个，北京市输出到津冀的技术合同成交额累计约 780 亿元，中关村企业在津冀设立分支机构约 7500 家。天津市先进制造业和现代服务业稳步增长，2018 年高技术制造业、战略性新兴产业增加值分别同比增长 4.4% 和 3.1%。河北省产业结构调整步伐加快，2014 年以来钢、铁、水泥、玻璃产能累计分别压减 8222 万吨、7529 万吨、7370 万吨、7983 万重量箱。2013~2018 年，京津冀地区卫星灯光指数增长了 15.40%。北京、天津与河北三地的灯光指数 2018 年较 2013 年分别增长了 15.41%、7.50% 和 18.30%。

14.2　2018 年贯彻落实习近平总书记重要讲话精神举措

14.2.1　省市级三地政府积极响应

北京市政府为贯彻落实京津冀协同发展战略，在顶层设计、投资建设和非首都功能疏解等方面做出了具体部署。在顶层设计方面，北京市推进京津冀协同发展领导小组会议召开，强调要坚持以"四个意识"、以首善标准，带头抓好京津冀协同发展各项工作；对北京推进京津冀协同发展提出三点要求：一要加强谋划，二要主动作为，三要扎实工作。北京市发改委对外发布了《2018–2020 年行动计划和 2018 年工作要点》，从加强疏解、联动"两翼""织密"交通网等方面践行京津冀协同发展的重大战略，打造区域协同发展改革的引领区。在投资建设方面，2018 年北京市政府重点工程中涉及 88 个京津冀协同发展类项目，累计完成建安投资 418 亿元，项目包括北京新机场、中国人民大学通州校区、延庆冬奥村、延崇高速、京津风沙源治理二期和太行山绿化三期等，共涉及非首都功能疏解、城市副中心建设、冬奥会和冬残奥会设施、交通一体化和生态环境联防联治五个方面。在非首都功能疏解方面，2018 年北京市国资委系统统筹推动市管企业完成疏解整治项目 590 处、面积 198 万平方米，疏解退出城六区二级及以下企业 100 户，转型升级改造市场 24 个。截至 2018 年，北京疏解一般制造业企业累计超过 2600 家，疏解提升市场超过 580 家，动物园、大红门等区域性批发市场完成撤并升级和外迁。

天津市政府进行了顶层设计并出台了各项具体措施助力京津冀协同发展。在顶层设计方面，天津市京津冀协同发展领导小组召开扩大会议，会议强调加快推进产业协同，推动滨海—中关村科技园等承接平台建设；加快推进创新协同，深化区域科研机构合作，实现载体共建、联合攻关、成果共享；加快推进体制机制协同，着力打造自贸试验区升级版，深化"通武廊"区域合作创新发展；加快推进环保协同，深化大气、水、土壤污染防治协作；加快推进基础设施建设协同，完善天津连接京冀周边城市交通网络，加快智能港口建设，打造高效便捷的京冀出海通道。在交通一体化方面，天津融入"轨道上的京津冀"建设，主动实现海港空港与京冀的快速对接，补齐交通设施网络短板。在承接产业转移方面，"1+16"产业承接平台相继建成，截至 2018 年，承接北京企业投资到位金额超过 6400 亿元，占天津引进内资的 40% 以上。中新天津生态城落后的北京企业已达到 3200 余家，占注册企业总数近一半。

河北省政府在京津冀协同发展的具体领域建设上取得了长足进步。在产业结构调整方面，2018 年河北省服务业比重超过了第二产业，跃升为国民经济第一大产业，产业结构调整实现新突破，实现了由工业主导向服务业主导的转变。在环境治理方面，截至 2018 年，河北省累计压减炼钢产能 8223 万吨、炼铁产能 7529 万吨、煤炭产能 5801 万吨、焦炭产能 2604 万吨、水泥产能 7370 万吨，推进 214 家企业退城搬迁；河北省发布钢铁、焦化行业大气污染物超低排放标准，钢铁行业各工序排放标准达到国内排放标准的最严水平；2018 年河北重污染天数仅为 17 天。在生态保护方面，雄安新区加快千年秀林建设，完成造林绿化 10 万亩；全年河北省共完成营造林 987.6 万亩，是年度计划的 107.7%。

14.2.2　三地政府职能部门加强合作

司法工作方面，京津冀三地司法行政机关签署《司法行政工作服务京津冀协同发展框架协议》，遴选三地优秀律师、公证员、司法鉴定人 100 人，组建京津冀北京冬奥会法律服务团。北京市第一中级人民法院、天津市第二中级人民法院、河北省石家庄市中级人民法院、河北省邢台市中级人民法院、河北省沧州市中级人民法院在天津召开会议，协商制定了《京津冀三省（市）中院推进区域清算与破产案件审理工作协作机制（试行）》，以期进一步整合审判力量，更好地发挥专业化审判优势和区域优势。京津冀推进司法鉴定联合执法，在血液酒精浓度鉴定联合专项检查工作基础上，建立完善京津冀三地常态化执法检查机制，扩大司法鉴定工作合作领域。

财政税收方面，京津冀三地税务局建立了京津冀联合税收经济分析工作机制，充分发挥税收经济分析"导向标""参谋助手"作用，更好地服务京津冀协同发展国家战略。

社会事务方面，京津冀三地在河北雄安新区签署《京津冀工伤保险工作合作框架协议》，明确在工伤认定、工伤劳动能力鉴定和工伤医疗康复三个方面开展合作，充分保障工伤职工的合法权益。

公共安全方面，天津市举办京津冀林业有害生物灾害应急防控演练，检验了天津市林业有害生物灾害应急预案、京津冀毗邻地区联动工作方案的启动和执行能力，以及现有装备性能发挥和实战应用能力，进一步提高天津市林业有害生物灾害应急防控能力，推动和巩固京津冀林业有害生物灾害应急防控体系建设。

14.3　2018 年按领域协同发展情况

14.3.1　交通网络逐渐完善

14.3.1.1　顶层设计及标准体系逐步确立

交通运输部制定了《交通运输服务决胜全面建设小康社会开启全面建设社会

主义现代化国家新征程三年行动计划（2018-2020年)》，指出加快推进京津冀交通一体化进程，形成北京、天津、石家庄中心城区与新城、卫星城之间"1小时通勤圈"，以及北京、天津、保定、唐山之间的"1小时交通圈"，加快推进2022年冬奥会配套交通项目建设。在京津冀交通一体化法制与执法协作第三次联席会议上，审议通过了《京津冀省际通道公路养护工程施工作业沟通管理办法》《京津冀普通公路建设项目计划协调机制》《京津冀交通运输行政执法人员学习交流工作方案》，推进三地交通运输主管部门交通运输立法协作。国务院办公厅印发《推进运输结构调整三年行动计划（2018-2020年)》，要求2018年环渤海地区主要港口和唐山港、黄骅港的煤炭集港改由铁路或水路运输，计划2020年将京津冀及周边地区打造成为全国运输结构调整示范区，货物运输结构明显优化，铁路、水路承担的大宗货物运输量显著提升。

14.3.1.2 多样化交通网络建设有序进行

北京至雄安城际铁路正式开工建设，标志着雄安新区重大基础设施启动建设，建成后可实现30分钟从北京城区到达雄安新区，为新区集中承接北京非首都功能疏解提供有力支撑，是联系雄安新区、北京新机场和北京城区最为便捷高效的重大交通基础设施。北京兴延高速公路全线贯通，是2019年世界园艺博览会和2022年北京冬奥会的重点交通保障工程，建成通车后将缩短北京市中心城与河北张家口方向的距离。雄安新区华北最近出海通道——津石高速公路的天津东段正式开工建设，建成后天津滨海新区与雄安新区之间车程预计可缩短至1.5小时左右。津冀集装箱码头和津唐集装箱码头吞吐量突破300万标准箱。

14.3.2 生态环境共建共享

14.3.2.1 生态治理手段强化完善

京津冀及周边地区大气污染治理行动首起量化问责案件公布，河北省廊坊市文安县部分塑料企业未落实采暖季错峰生产要求，违规进行生产，包括文安县县长在内的多名责任人被处分。雄安新区启动白洋淀综合整治攻坚行动，《河北雄安新区白洋淀综合整治攻坚行动实施方案》提出了治理白洋淀生态环境六大攻坚任务：入河入淀排污口整治攻坚、工业污染源达标排放专项攻坚、农村生活污水排放和厕所改造及垃圾清运排放整治攻坚、河流入淀口及淀区生态湿地建设攻坚、水产和畜禽养殖清理整顿攻坚、纳污坑塘整治攻坚，旨在全面提升白洋淀生态环境保护水平，加快恢复"华北之肾"功能。

14.3.2.2　生态环境联防联治效果显现

2018年，区域绿色发展指数为146.84，比上年提高3.61个百分点。与2013年相比，平均每年提高8.26个百分点。在节能减排方面，区域能耗持续下降，与2013年相比，北京、天津、河北三地万元GDP能耗分别累计下降21.9%、26.3%和29.1%（按可比价格计算）。在空气质量方面，区域PM2.5年平均浓度由2013年的106微克/立方米下降至2018年的55微克/立方米，下降48.1%，其中，北京由89.5微克/立方米下降至51微克/立方米，下降43.0%；天津由96微克/立方米下降至52微克/立方米，下降45.8%；河北由108微克/立方米下降至56微克/立方米，下降48.1%。在绿色投资方面，区域节能环保支出占一般公共预算支出的比重由2013年的3.2%上升至2018年的4.9%，其中，北京由3.3%上升至5.3%，天津由1.9%上升至2.2%，河北由3.9%上升至5.6%。在生态建设方面，区域人均城市绿地面积由2013年的15.2平方米/人增至2018年的19.1平方米/人，年均增长4.7%，较2010~2013年年均提高水平快2.9个百分点。

14.3.3　产业协同稳步推进

14.3.3.1　京津冀产业标准体系逐步形成

京津冀三地在标准化领域的合作机制进一步巩固，目前围绕环保、安全生产、交通等领域已发布41项区域协同地方标准，其中2018年发布24项，一批有关京津冀交通一体化、安全生产、人力资源、物流、旅游的区域协同地方标准正在制定。此外，依托首都标准网建立了京津冀协同发展服务平台，有效实现了标准信息的通报与共享。京津冀发布冷链物流区域协同标准，促进冷链物流规范化、标准化发展，标志着京津冀物流一体化取得新成就，具体包括冷链物流冷库技术规范、冷链物流运输车辆设备要求、冷链物流温湿度要求与测量方法、畜禽肉冷链物流操作规程、果蔬冷链物流操作规程、水产品冷链物流操作规程、低温食品储运温控技术要求、低温食品冷链物流履历追溯管理规范等内容。

14.3.3.2　京津冀产业协同发展步伐加快

2014~2018年，河北省共引进京津资金约1.8万亿元，占全省同期引进省外资金的一半以上。河北省香河县紧抓京津冀协同发展和北京非首都功能转移的重大机遇，不断加大基础设施投入，吸引科技型企业落户，构建现代高端产业聚集区，2018 年新增企业技术研发中心 5 家、高新技术企业 22 家、科技型中小企业 111 家。天津新兴燃气有限公司与唐山旭华科技有限公司签约了天然气分布式能源工业互联网新模式应用项目，进行工业互联网智能化改造。河北瀛源再生资源开发有限公司与北京住总万科建筑工业化科技股份有限公司签约，在河北瀛源再生资源基地共建装配式建筑产业园。

14.3.4　创业创新氛围浓厚

14.3.4.1　京津冀科技创新环境改善

国务院发布《2018 年深入实施国家知识产权战略　加快建设知识产权强国推进计划》，探索由北京知识产权法院集中管辖京津冀技术类案件，深化京津冀区域的专利联合执法，加强京津冀知识产权战略实施工作统筹协调等工作重点。京津冀科技资源创新服务平台正式发布，以大数据、互联网、云计算、地理信息系统为技术手段，以"科技资源＋数字地图＋情报研究＋平台服务"为特色模式，集信息查询、可视化与分析、综合评价、辅助决策等功能于一体，面向三地政府、企业、科研人员提供信息和咨询服务。京津冀三地签署《京津冀创新券合作协议》，形成首批互认开放实验室目录，共涉及 753 家各类实验室，其中北京427 家、天津 238 家、河北 88 家，科技创新券重点支持企业利用异地科技资源开展测试检测、合作研发、委托开发、研发设计、技术解决方案等科技创新活动，以服务合同和收支凭证作为资金兑现依据。

14.3.4.2　创新创业活动持续增多

由国家发展改革委员会和中国科学技术协会主办的"创响中国"活动依托全国 120 家双创示范基地，2018 年举办"双创"服务活动近 2400 场，直接参与人数近 100 万人，34 家来自京津冀和东北地区的国家级双创示范基地成立了"京津冀双创示范基地联盟"，推动双创示范基地建设工作。首届"京津冀—粤港澳"（国际）青年创新创业大赛北方赛区决赛在天津举办，共有 34 支优秀创新创业团队参与角逐，以"创想未来城市"为主题，项目涵盖智慧城市、前沿科技、未来生活等热门领域。

14.3.5　其他领域一体化现状

文化方面，京津冀三地签署《京津冀非遗曲艺人才培养合作协议》，京津冀非遗曲艺人才培训基地在天津成立，在曲艺人才资源库和曲艺档案数据库建设、作品创作交流、曲艺理论研究等方面开展深入合作，以多种举措实现曲艺人才、作品、活动的共建共享。第十三届中国北京国际文化创意产业博览会上，京津冀博物馆展区围绕协同发展、共建共享的主题，设媒体播放区、互动活动区、古代历史文化场景复原、文创产品展示四大展区，以文创品牌"燕国达人"为代表开展一系列面向百姓、传播中国传统文化的活动。

教育方面，《京津冀教育协同发展行动计划（2018—2020 年)》发布，强调优化提升教育功能布局、推动基础教育优质发展、加快职业教育融合发展、推动高等教育创新发展、创新教育协同发展体制机制五大方面。京津冀三地民族、教育工作部门签署《京津冀协同推进民族教育工作战略合作框架协议》，明确将进一步推进三地教育、民族工作部门互联互通，在体制机制创新、课程教学改革、教育体系评价等方面开展合作。

体育方面，2018 年第二届京津冀国际体育产业大会顺利举行，以"开放共享·合作共赢"为主题，旨在搭建京津冀区域体育产业融合的沟通交流平台，推动京津冀体育产业协同发展，服务 2022 年北京冬奥会。

医疗卫生方面，京津冀鲁辽五省市卫生计生委签署了《环渤海地区（京津冀鲁辽）卫生健康协同发展合作协议（2018–2020 年)》，从加强医疗服务区域合作、推进公共卫生计生区域联动、强化卫生计生事业发展规划对接、构建卫生计生综合监督协调机制、加快区域卫生健康信息一体化建设、加强人才培养和科研合作、加强基层卫生合作、带动区域内健康服务业发展、提升示范点地区的合作水平、推动首都优质医疗资源由北京密集区域向外围低密度区域转移十个方面加强合作。第五届京津冀区域医疗发展会议顺利举办，会上成立了京津冀健康协作中心，旨在统筹京津冀三地医疗卫生在顶层设计、资源配置、发展路径等重大问题上的协同。

养老方面，北京市政府印发《关于加强老年人照顾服务完善养老体系的实施意见》，指出要加强京津冀区域养老服务资源整合和产业协作，制定实施养老机构运营补贴、异地养老交通补贴、"北京通"系列卡跨省市结算等协同发展措施；开展购买服务、医养结合、人才培养、金融服务等方面的协作，逐步实现政策衔接、资质互认、标准互通、监管协同。鼓励竞争力强、有实力的养老服务企业在京津冀区域连锁经营，推动建立区域养老联盟。开展京津冀社保对接试点，做好医保缴费互认工作。

艺术方面，北京正阳门城楼举办"阿呆的欢喜——京津冀系列民俗文化展"，展览由来自河北磁州窑博物馆的"曲阳泥塑"与廊坊博物馆的"武强年画"组合而成，展览现场还举办了年画拓印和泥塑卡片填色等活动。

14.4 结语：协同发展存在的主要问题与展望

京津冀协同发展在各领域逐步深入，在交通、生态、产业三大重点领域一体化成效明显，雄安新区的规划建设如火如荼。在巩固、肯定已有发展成效的基础上，还要认识到现存的问题。例如交通网络的立体化多样化程度相比于世界级城市群还有待发展；区域内产业生态系统尚未形成，产业上下游联系强度较弱；区域创新协作发展水平仍然较低；经济社会发展与生态环境问题之间的矛盾依然突出；等等。2018 年是京津冀协同发展中期目标的起始年，京津冀三地仍需扎实推进京津冀在各领域的协同发展，规划好、建设好雄安新区，直面问题，不断突破，形成发展合力，向着世界级城市群的目标迈进。

主要参考文献

［1］2018 "创响中国"成绩单：2400 场活动，百万人参与［EB/OL］. 新华社，https：//www.gov.cn/xinwen/2019-01/15/content_5358114.htm，2019-01-15.

［2］2018 年京津冀区域绿色发展指数比上年提高 3.61 个点［EB/OL］. 中国产业经济信息网，https：//www.cinic.org.cn/xw/tjsj/656598.html，2019-11-15.

［3］2018 年蓝天保卫战"成绩单"：三大重点区域 PM2.5 同比下降［EB/OL］. 新华社，https：//www.gov.cn/xinwen/2019-01/07/content_5355632.htm，2019-01-07.

［4］北京 88 个京津冀协同发展项目完成建安投资 418 亿元［EB/OL］. 新华社，https：//www.gov.cn/xinwen/2018-12/25/content_5352081.htm，2018-12-25.

［5］北京市推进京津冀协同发展领导小组会议召开［EB/OL］. 北京日报，https：//www.gov.cn/xinwen/2018-06/14/content_5298616.htm，2018-06-14.

［6］北京至雄安城际铁路开工建设［EB/OL］. 经济日报，https：//www.gov.cn/xinwen/2018-03/01/content_5269631.htm，2018-03-01.

［7］发展改革委关于新建北京至雄安城际铁路调整可行性研究报告的批复［EB/OL］. 发展改革委网站，https：//www.gov.cn/xinwen/2018-03/01/content_ 5269709.htm，2018-03-01.

［8］关于积极推进大规模国土绿化行动的意见［EB/OL］. 林草局网站，https：//www.gov.cn/xinwen/2018-11/20/content_5341910.htm，2018-11-20.

［9］国务院办公厅关于成立京津冀及周边地区大气污染防治领导小组的通知［EB/OL］. 国务院，https：//www.gov.cn/zhengce/content/2018-07/11/content_5305678.htm，2018-07-11.

［10］国务院关于河北雄安新区总体规划（2018—2035 年）的批复［EB/OL］. 国务院，https：//www.gov.cn/zhengce/content/2019-01/02/content_5354222.htm，2019-01-02.

［11］国务院关于落实《政府工作报告》重点工作部门分工的意见［EB/OL］. 中国政府网，https：//www.gov.cn/zhengce/content/2018-04/12/content_5281920.htm?ivk_sa=1024320u，2018-04-12.

［12］河北划定生态保护红线　构建优化京津冀区域生态空间安全格局［EB/OL］. 新华社，https：//www.gov.cn/xinwen/2018-07/14/content_5306459.htm，2018-07-14.

［13］河北省出台支持雄安新区企业搬迁转移若干措施［EB/OL］. 河北日报，https：//www.gov.cn/xinwen/2018-12/30/content_5353547.htm，2018-12-30.

［14］河北省去年共完成营造林 987.6 万亩［EB/OL］. 河北日报，https：//www.gov.cn/xinwen/2019-01/16/content_5358187.htm，2019-01-16.

［15］京津冀发布冷链物流区域协同标准［EB/OL］. 新华社，https：//www.gov.cn/xinwen/2018-04/14/content_5282441.htm，2018-04-14.

［16］京津冀及周边地区大气污染治理行动首起量化问责案件公布［EB/OL］. 新华社，https：//www.gov.cn/xinwen/2018-02/25/content_5268709.htm，2018-02-25.

［17］京津冀加强交通一体化立法执法协作［EB/OL］. 交通运输部网站，https：//www.gov.cn/xinwen/2018-01/25/content_5260420.htm，2018-01-25.

［18］京津冀将现"1 小时通勤圈"［EB/OL］. 北京日报，https：//www.gov.cn/xinwen/2018-06/26/content_5301271.htm，2018-06-26.

［19］京津冀科技资源创新服务平台正式发布［EB/OL］. 新华社，https：//www.gov.cn/xinwen/2018-10/12/content_5330094.htm，2018-10-12.

［20］京津冀区域交通互联互通加速形成［EB/OL］. 新华社，https：//www.gov.cn/xinwen/2018-09/22/content_5324497.htm，2018-09-22.

［21］京津冀三地年内共享创新券［EB/OL］. 北京日报，https：//www.gov.cn/xinwen/2018-06/04/content_5295957.htm，2018-06-04.

［22］京津冀协同发展工作推进会议在京召开　张高丽主持会议并讲话［EB/OL］. 国务院，https：//www.gov.cn/guowuyuan/2017-04/06/content_5183809.htm，2017-04-06.

［23］四大行河北雄安分行获批开业［EB/OL］. 新华社，https：//www.gov.cn/xinwen/2018-03/02/content_5270081.htm，2013-03-02.

［24］天津市京津冀协同发展领导小组召开　扩大会议［EB/OL］. 天津日报，https：//www.gov.cn/xinwen/2018-06/08/content_5297031.htm，2018-06-08.

［25］天津主动服务"轨道上的京津冀"［EB/OL］. 经济日报，https：//www.gov.cn/xinwen/2018-03/30/content_5278445.htm，2018-03-30.

［26］雄安新区实行产业准入正面清单［EB/OL］.人民日报，https：//www.gov.cn/xinwen/2018-09/17/content_5322557.htm，2018-09-17.

［27］张高丽出席京津冀及周边地区大气污染防治协作小组第十一次会议并讲话［EB/OL］.国务院，http：//www.gov.cn/guowuyuan/2018-01/25/content_5260708.htm，2018-01-25.

第15章
2019 年京津冀协同发展概况

15.1 京津冀协同发展总体情况

2019 年是京津冀协同发展战略实施五周年。五年来，京津冀三地顶层设计不断优化、一体化交通网络加快构建、联防联控联治大气污染、产业协同发展布局有效推进、创新创业氛围愈加浓郁。同时，京津冀协同发展已从战略谋划阶段进入全面推进重点突破的关键阶段，雄安新区和北京副中心城市从顶层设计阶段转向了实质性的开工建设阶段。

在顶层设计方面，明确京津冀协同发展的主攻方向。2019 年 1 月 16 日至 18 日，中共中央总书记习近平视察京津冀三地，主持召开京津冀协同发展座谈会并发表重要讲话。他强调，要从全局的高度和更长远的考虑来认识和做好京津冀协同发展工作，增强协同发展的自觉性、主动性、创造性，保持历史耐心和战略定力，稳扎稳打，勇于担当，敢于创新，善作善成，下更大气力推进京津冀协同发展取得新的更大进展。同时，习总书记对推动京津冀协同发展提出了六个方面的要求：紧紧抓住"牛鼻子"不放松，积极稳妥有序疏解北京非首都功能；保持历史耐心和战略定力；以北京市级机关搬迁为契机，高质量推动北京城市副中心规划建设；向改革创新要动力，发挥引领高质量发展的重要动力源作用；坚持"绿水青山就是金山银山"的理念，强化生态环境联建联防联治；坚持以人民为中心，促进基本公共服务共建共享。时任国务院副总理韩正在座谈会上表示，完善政策、健全机制，增强疏解北京非首都功能的内生动力；要坚持高质量高标准，规划建设好北京新的"两翼"；要抓好跨区域重大轨道交通等基础设施建设，为疏解北京非首都功能创造便利条件；要坚持以人民为中心的发展思想，推进基本公共服务均等化，不断增强人民群众获得感。时任国务院总理李克强作政府工作报告时指出京津冀协同发展重在疏解北京非首都功能，高标准建设雄安新区。此外，韩正同志在京津冀协同发展小组会议中强调要高质量高标准建设雄安新区，把规划转换成建设项目；积极稳妥有序疏解北京非首都功能，探索形成内生动力机制；扎实推进北京城市副中心建设，积极做好北京市机关搬迁保障工作；大力推进重大基础设施建设；加强生态环境保护，推进基本公共服务均等化，不断提高人民群众获得感。

在交通方面，京津冀交通一体化格局基本形成。一方面，交通运输部及三省市交通部共同签署《首都地区环线高速公路全线绕出北京市域方案备忘录》，意味着"首都地区环线高速"迈出重要的一步。另一方面，京津冀"1.5 小时交通圈"有序推进，京张高铁正式通车，乘高铁从北京到张家口时间缩短到 50 分钟，京张高铁是世界上首条时速 350 千米的智能高铁，开启了世界智能高铁的先河；延崇高速公路河北段主线建成，主线段起自张家口怀来县京冀交界处，与延崇高速北京段顺接；延崇高速公路松山特长隧道左洞全线顺利贯通，标志着延崇高速公路建设取得重大进展，全线通车后，北京到崇礼的车程将由现在的 3 小时缩短为 1.5 小时；京雄城际（北京段）开通，旅客搭乘列车从北京西站到达北京大兴国际机场只用 20 分钟；京雄高速（北京段）开工建设，北起西南五环，南至京冀界全长约 27 千米，全线建成后，从北京到雄安新区将实现 1 小时通达，此外，道路沿线还串联了丰台河西，房山长阳、良乡等多个地区组团，建成后将新增一条南部地区进出中心城区的快速联系通道；北京大兴国际机场正式通航，机场建成"五纵两横"的交通网络，1 小时通达京津冀，辐射北京、雄安新区、天津等京津冀核心区。

在生态方面，京津冀区域协同治理力度加强，环境治理成效显著。2019 年是打好污染防治攻坚战的关键之年。京津冀区域 2019 年 PM2.5 年均浓度为 50 微克/立方米，同比下降 9.1%；京津冀及周边地区"2＋26"城市 PM10、SO_2、CO 和 NO_2 浓度分别下降 38%、77%、49% 和 11%，平均重污染天数由 75 天减至 20 天。京津冀空气质量有所提升，北京市 PM2.5 年均浓度为 42 微克/立方米，同比下降 17.6%；河北省 PM2.5 平均浓度降至 50.2 微克/立方米，同比下降 5.8%，大气质量达到六年来最好水平；天津市 PM2.5 平均浓度总体保持稳定。在国家层面，京津冀联合印发《2019-2020 年京津冀生态环境执法联动重点工作通知》，制定了 2019~2020 年京津冀环境执法联动重点工作方案，切实发挥执法实效。在地方层面上，北京市公布《北京市污染防治攻坚战 2019 年行动计划》，推动空气质量改善、推进水环境质量改善、保障土壤环境安全；2019 年北京市林木绿化率达到 62.0%，比上年提高 0.5 个百分点；森林覆盖率达到 44.0%，提高 0.5 个百分点；人均公园绿地面积为 16.4 平方米，增加 0.1 平方米。全市污水处理率为 94.5%，比上年提高 1.1 个百分点，生活垃圾无害化处理率达到 99.98%，提高 0.04 个百分点。天津市加快建设 736 平方千米双城间绿色生态屏障；新增植树造林 40 万亩；渤海综合治理提速推进，制定"一河一策"治理方案。河北省印发《河北省碧水保卫战三年行动计划（2018-2020 年）》，提出以水环境质量改善为核心，重点突出京津冀水源涵养和生态环境支撑区、雄安新区、冬奥会比赛场区、北戴河及相邻地区、大运河生态带，深入推进水污染防治；此外，《张家口首都水源涵养功能区和生态环境支撑区建设规划（2019-3035 年)》实施，根据规划，到 2035 年，张家口将建成首都水源涵养功能区和生态环境支撑区；河北省全年完成营造林 1026 万亩，森林覆盖率达到 35%，京津生态安全屏障更加牢固。

在产业方面，京津冀新兴产业快速发展，产业结构优化升级。2019 年，京津冀区域三次产业结构为 4.5：28.7：66.8，第三产业增加值占 GDP 的比重比上年提高 5.5 个百分点，高于全国平均水平 12.9 个百分点。北京市聚焦"高精尖"，规模以上工业中高技术制造业、战略性新兴产业增加值分别增长 9.3% 和 5.5%，对工业增长的贡献率分别为 74.7% 和 58.9%（两者有交叉），规模以上现代服务业和高技术服务业法人单位收入分别增长 8.8% 和 10.2%，均高于服务业平均水平；天津市新兴产业加快发展，规模以上工业中，战略性新兴产业增长 3.8%，快于全市工业 0.4 个百分点，高技术产业和战略性新兴产业增加值占规模以上工业增加值的比重分别达到 14.0% 和 20.8%，规模以上服务业中，新服务、高技术服务业、战略性新兴服务业营业收入均实现两位数增长，分别增长 14.8%、19.3% 和 12.4%；河北省新动能不断集聚，工业战略性新兴产业增加值比上年增长 10.3%，快于规模以上工业 4.7 个百分点，高新技术产业增加值增长 9.9%，占规模以上工业增加值的比重为 19.5%，规模以上服务业中，战略性新兴服务业营业收入比上年增长 7.4%，高技术服务业营业收入增长 9.2%。

15.2 2019 年贯彻落实习近平总书记重要讲话精神举措

15.2.1 省市级三地政府积极响应

北京市政府为贯彻落实京津冀协同发展战略，在顶层设计、投资建设、非首都功能疏解以及北京城市副中心建设等方面做出具体部署。在顶层设计方面，北京市发改委发布《北京市推进京津冀协同发展 2019 年工作要点》，从疏解北京非首都功能，加强"两翼"建设，推进体制机制创新等"软任务"，更高水平推动京津冀协同发展。在投资建设阶段，北京市政府重点安排 90 项京津冀协同具体任务，项目包括北京大兴国际机场、延崇高速、京雄高速等，共涉及雄安新区、疏解非首都功能、城市副中心建设、交通一体化、生态环境防治、公共服务建设以及冬奥会和冬残奥会设施等方面。在非首都功能疏解方面，北京市严格执行新增产业禁止和限制目录，截至 2019 年底，全市不予办理工商登记业务累计达 2.28 万件，退出一般制造业企业 399 家，疏解提升市场和物流中心 66 个，拆违腾退土地 5706 公顷；北京建筑大学、北京信息科技大学、北京城市学院等高校累计从中心城区向外转移师生超过 3 万人；2019 年北京流向津冀技术合同成交额超 210 亿元。在北京城市副中心建设方面，国务院批复《北京城市副中心控制性详细规划（街区层面）（2016 年—2035 年）》，聚焦交通基础设施、公共服务、生态环境、智慧城市、产业五大领域；年初，市级机关正式迁入城市副中心行政办公区，涉及 35 个部门、165 个单位；北京城市副中心全年安排 245 项重大项目，总投资 6381 亿元，当年计划完成投资 753 亿元，拆除违法建设 1010 万平方米，新建和规范提升便民商业网点 117 个；北京市与廊坊北三县项目推介洽谈会上共签约 52 个项目，总投资 337 亿元；友谊医院通州院区开诊，东直门医院实现主体东迁，安贞医院通州院区开工，北大人民医院通州院区基本建成。

天津市政府进行了顶层设计并出台了各项具体措施深化京津冀协同发展。在顶层设计方面，天津市人民政府印发《中国（天津）自由贸易试验区创新发展行动方案》，推出强化服务京津冀协同发展的联动支撑作用、高水平推进"一带一路"经贸合作、探索促进国际业务发展的财税措施等多项新举措建设京津冀协同开放的高水平国际合作平台。在交通一体化方面，天津港与曹妃甸签署《携手发展环渤海中转运输，共助京津冀协同发展合作协议》，在天津自贸试验区与曹妃甸综合保税区间搭建海上"走廊"；津石、塘承高速公路全面开工；京滨、京唐高铁加快建设。在承接北京非首都功能方面，天津持续建设"1+16"专业承载平台，启动北京招商服务中心；滨海—中关村科技园新增注册企业 502 家；国家会展中心、中国核工业大学等开工建设；与北京大学、清华大学、中国人民大学签署战略合作协议及 10 项子协议取得阶段性成果；截止到 2019 年，天津引进北京项目已累计 4000 多个，到位资金 7000 多亿元。在环境治理方面，天津市有序推进 736 平方千米绿色生态屏障建设，升级保护修复 875 平方千米湿地，累计补水 4.14 亿立方米，提升 153 千米海岸线生态功能，10 条入海河流水质达标。

河北省政府在京津冀协同发展方面做出了具体部署。在产业结构调整方面，2019 年河北省第三产业占经济总量的比重达到 51.3%，为河北省历史最高水平。在环境治理方面，2019 年河北省完成压减炼钢产能 1402.55 万吨、煤炭 1006 万吨、焦炭 319.8 万吨、水泥 334.3 万吨、平板玻璃 660 万重量箱，淘汰火电 50.6 万千瓦，18 个重污染企业实现退城搬迁；排查整治"散乱污"企业 4504 家，实现动态清零。在生态保护方面，全年河北省完成营造林 1026 万亩，森林覆盖率达到 35%。在冬奥会建设方面，河北高质量推进冬奥场馆和配套基础设施建设，赛会服务保障工作不断深化，76 个冬奥项目全部开工建设、36 个完工。

15.2.2　三地政府职能部门加强合作

司法工作方面，京津冀三地司法行政机关共同签署《京津冀司法行政系统国庆 70 周年服务保障工作筑牢环首都"护城河"行动方案》，组建三地协同工作机制领导小组，建立三地司法厅（局）协同联动工作机制，共同维护首都安全稳定；司法部及京津冀三地司法厅（局）召开"雄安新区建设和京津冀协同发展法制保障"座谈会，会议指出，将法治保障和法律服务贯穿雄安新区和京津冀协同发展的全过程；此外，京津冀三地签署《京津冀司法行政戒毒系统工作战略合作协议》，标志着京津冀戒毒工作协同发展建立起"3+1"新格局；京津冀三地法院实现跨域立案全覆盖。

政务服务方面，京津冀三地共同制定了《京津冀政务服务协同发展战略合作框架协议》，着力推进"七个协同、一个支持"，推动构建"京津冀＋雄安（3＋1）"政务服务协同发展新格局；初步梳理确定《京津冀政务服务"一网通办"事项建议清单》和《京津冀政务服务通办事项电子证照共享应用清单》线上线下政务服务事项"两个清单"，推动京津冀政务服务事项"一网通办"、异地可办；北京、天津、河北及雄安新区已初步形成了"京津冀＋雄安（3＋1）"政务服务"一网通办"线上线下服务框架；共同研究制定了《京津冀全国守信联合激励试点建设方案（2019—2023年)》和《京津冀区域协同社会信用标准框架合作协议》；京津冀三地公共资源交易跨区域协同发展机制初步建立，三地信息资源、专家资源实现初步共享，数字证书逐步互认。

公共安全方面，京津冀三地应急管理部门签订《北京市天津市河北省应急救援协作框架协议》，对危险化学品、水旱灾害、地震地质灾害、森林防火、道路交通等领域突发事件的联防联控以及联合处置，有效整合三地应急力量和社会公共资源，为京津冀协同发展保驾护航；京津冀警务协同发展领导小组第九次会议审议通过了《关于建立京津冀电信诈骗案件涉案资金快速查询绿色通道的意见》《关于建立京津冀三地公安机关跨区域图侦警务合作机制的意见》等工作意见。

15.3　2019年按领域协同发展情况

15.3.1　交通网络逐渐完善

15.3.1.1　顶层设计及标准体系逐步确立

中共中央、国务院印发《交通强国建设纲要》，提出到2035年，基本建成交通强国；到本世纪中叶，全面建成人民满意、保障有力、世界前列的交通强国。天津市将对照交通强国更高更远的发展目标，扛起先行旗帜，打造一流智慧绿色港口、"轨道上的京津冀"、文明绿色城市交通、美丽畅通乡村路，推动天津和区域交通高质量发展，更好服务世界级港口群、机场群和城市群建设；河北省出台

《关于贯彻落实〈交通强国建设纲要〉高质量谱写交通强国河北篇章的若干措施》。京津冀三地共同发布全国首个京津冀交通的区域性标准《电子不停车收费系统路测单元应用技术规范》，开启了联合建设交通标准化新航程。此外，交通运输部与津冀两省市统筹规划，出台《津冀沿海锚地布局方案》，推进津冀沿海水域资源共享共用，实施交通组织、航海保障和应急反应一体化运行，优化水域海事监管服务，提升区域航运物流效率，助力津冀沿海港口群协调发展。

15.3.1.2　多样化交通网络建设有序进行

京津冀交通一体化的格局基本形成。京礼高速公路北京段全线完工，建成通车后，市民驾车就可以到达北京冬奥会延庆赛区比赛场地，是北京 2020 年高山滑雪世界杯测试赛、2022 年冬奥会的重点交通保障工程。截至 2019 年，三地公路里程合计达 23.5 万千米，比上年末增加 0.4 万千米，其中高速公路里程 9938.4 千米，增加 281 千米。"轨道上的京津冀"有效有序推进。京唐城际铁路建设全面提速，建成后将构成连接京津间的第三条快速铁路通道，是京津冀地区轨道交通网络的重要组成部分以及推进京津冀交通一体化率先突破的标志性工程。燕潮大桥通车，该桥东连燕郊高新区北外环路，向西跨潮白河与北京市通州区徐尹路对接，是打通燕郊与北京快速连接的快关键控制性工程，北京六环到燕郊仅需 15 分钟。京津冀机场群完成旅客吞吐量 14665.6 万人次，较上年增长 1.1%，货邮吞吐量 226.0 万吨。京津冀交通"一卡通"全面覆盖公交及地铁。

15.3.2　生态环境共建共享

15.3.2.1　生态治理手段强化完善

生态环境部公布《京津冀及周边地区 2019-2020 秋冬季大气污染综合治理攻坚行动方案》，方案提出六大攻坚任务：调整优化产业结构、加快调整能源结构、积极调整运输结构、优化调整用地结构、有效应对重污染天气、加强基础能力建设，旨在推进环境空气质量改善，坚决打赢蓝天保卫战。国家发展和改革委员会、河北省人民政府联合印发《张家口首都水源涵养功能区和生态环境支撑区建设规划（2019-2035 年)》，"两区"建设是国家深入实施京津冀协同发展战略的重大部署之一，并明确了首都水源涵养功能区、首都生态环境支撑区、京津冀绿色发展示范区、国际冰雪运动与休闲旅游胜地四个功能定位。津冀为解决交界模糊区域"三不管"问题，开展联合执法专项行动，共同对两块边界争议区域进行联合检查，共出动执法人员 50 余人次。

15.3.2.2　生态环境联防联治效果显现

京津冀区域 2019 年 PM2.5 年均浓度为 50 微克/立方米，同比下降 9.1%，平均重污染天数由 75 天减至 20 天。京津冀三地生态环境治理得到有效改善。北京市完成城市绿心 8000 亩绿化造林主体栽植。河北省完成营造林 1026 万亩，全省森林覆盖率达到 35%；完成张家口冬奥会赛区周边及张家口全域绿化 184 万亩；雄安新区规划建设进入新阶段，统筹推进流域治理和生态补水，白洋淀湖心区断面水质提升到Ⅳ类；完成太行山燕山绿化 402 万亩、京津保生态过渡带绿化 65 万亩、廊道绿化 59 万亩。天津市新增植树造林 40 万亩；完成双城间绿色生态屏障 3.58 万亩造林任务；屏障区一级管控区各类林木总面积达 13.7 万亩。

15.3.3　产业协同稳步推进

15.3.3.1　京津冀产业标准体系逐步形成

京津冀三地在标准化领域的合作机制进一步加强。首部施工类京津冀区域协同工程建设标准《城市综合管廊工程施工及质量验收规范》发布，此标准将助力京津冀三地加强城市综合管廊规划、建设和运营管理，解决城市道路"开膛破肚"难题，避免"马路拉链"和"空中蜘蛛网"现象泛滥，促进集约利用土地和地下空间资源，提高城市综合承载能力。此外，京津冀三地监管部门签订《加强京津冀三地食品质量安全协同监管协议》，统一京津冀三地食品检验参数、检验方法、判定依据等；共同编制《绿色建筑评价标准》，将形成统一绿色建筑评价体系，带动京津冀绿色建筑产业共同发展。

15.3.3.2　京津冀产业协同发展步伐加快

京津冀三地经信部门签署《进一步加强产业协同发展备忘录》，进一步完善产业协同推进机制，建立"3+3+3"协商沟通机制、推动产业链协同、共建产业合作载体、搭建产业合作交流平台，巩固京津冀产业协同发展。科博会设立京津冀协同发展产区，举办京津冀协同发展项目对接推介会，三地签约 52 个产业合作项目，涉及智能制造、大数据、节能环保、公共服务医疗健康等领域，计划投资额 149.12 亿元。此外，京津冀签署产业链引资战略合作框架协议，促进机构共同探索京津冀产业链引资合作模式，围绕重点产业开展引资合作，实现信息和资源共享。

15.3.4 创新创业氛围浓厚

15.3.4.1 京津冀科技创新环境改善

中关村企业在津冀两地设立分支机构累计超 8000 家，科技创新园区链加快形成。京津冀等 12 省市签署《十二省市知识产权行政保护协作协议书》，为进一步提升知识产权综合保护效能提供支撑。2019 年河北省出台《关于深化科技改革创新推动高质量发展的意见》等一系列政策举措，基本涵盖了创新创业、科学研究、成果转化等科研全过程，营造了良好创新政策环境，共建省级以上创新平台 98 家、产业技术创新联盟 76 家，技术转移分支机构或研究推广机构 10 余家。同时，京津冀建立科技创新券合作机制，遴选三地 753 家实验室支持企业跨区域开展创新活动。河北省正式启动京津冀三地科技创新券共享互认工作，已有 27 个与京津开放实验室合作的创新券项目完成审核、公示程序，获得 131 万元创新券资金支持；积极推动建立包括河北·京南科技成果转移转化示范区、科技冬奥绿色廊道、环首都现代农业科技示范带在内的"一南一北一环"协同创新重大平台体系。天津市科技成果展示交易运营中心网上服务平台启动运行。

15.3.4.2 创新创业活动持续增多

2019 年"创响中国"北京海淀站活动启动，发布京津冀双创大数据地图项目，将实现京津冀数据资源共享，加快协调发展；天津市签约中科创新大数据中心项目，该项目可提供服务器托管、公有云、混合云、互联网综合解决方案等服务，预计总投资 60 亿元，将服务于京津冀地区大数据发展；廊坊建设的"京津冀大数据感知体验中心"投入使用。第五届京津冀大学生创新创业大赛暨科技型企业创新创业大赛在秦皇岛举办，共征集参赛项目 37 项，涵盖电子信息、先进制造、节能环保、生物医药等行业领域。

15.3.5 其他领域一体化现状

文化方面，京津冀文化和旅游部门召开京津冀文化和旅游系统发展工作会，成立了京津冀文化和旅游协同发展领导小组，签署了《京津冀文化和旅游协同发展战略合作框架协议》，三地将加快推进京津冀文化和旅游产业发展，扩大京津冀文化和旅游融资渠道，联合开展文化和旅游项目招商引资活动。京津冀三地博物馆与文化企业联合签署《雨燕计划——京津冀博物馆研学合作协议》，计划将

"北京雨燕"的故事融入博物馆研学与社教工作中。

教育方面，京津冀三地颁布《京津冀教育协同发展行动计划（2018—2020年)》，提出将进一步推进京津冀教育协同发展，并明确了2019年重点推进的京津冀跨省市高职单独招生试点、北京职业教育资源到河北省廊坊市北三县地区合作办学等六项工作，该计划包括优化提升教育功能布局、推动基础教育优质发展、加快职业教育融合发展、推动高等教育创新发展、创新教育协同发展体制机制五大方面，其中包括支持新建、改扩建北京城市副中心中小学45所，同时促进优质教育资源向北三县地区延伸布局。此外，北京市科学教育馆协会、天津市自然科学博物馆学会和河北省自然科学博物馆成立京津冀科学教育馆联盟，将共享三地政府支持项目科普资源研发成果，搭建三地科普场馆交流合作平台，形成京津冀科学教育馆目标同向、优势互补、互利共赢的协同发展新格局。

医疗卫生方面，京津冀三地签署医疗保障协同发展合作协议，围绕异地就医住院、门诊直接结算、医药产品集中采购和医疗保障协同监管等方面展开合作。2019年三地411家医疗机构、36项临床检验结果实现互认，176家医疗机构、20项医学影像检查资料实现共享。京津冀医疗合作共建，天坛医院与张家口市第一医院合作，成功打造出可复制推广的"天坛模式"；同仁医院与张家口市第四医院合作共建，探索建立利益共享的"同仁模式"；积水潭医院等市属医院分别与张家口市相关医院共建合作，为推进普及京张冰雪运动、筹办2022年冬奥会和残奥会提供医疗保障；中日友好医院建立远程医疗中心，与雄安新区三县医院组建远程医疗平台，实现远程医疗网络联通。

体育方面，2019年京津冀体育产业大会顺利举行，以"开放·合作·共享"为主题，大会整合各类体育产业资源，融合各行业、各生产要素，链接三地体育产业资源，促进京津冀体育产业协同发展，推动健康中国建设。

脱贫攻坚方面，京津两省全年共帮扶河北省项目361项，对口帮扶28个贫困县（区），投资11.03亿元，河北省级专项扶贫资金55亿元，截止到2019年，河北省62个贫困县全部"摘帽"。

养老方面，京津冀三地实现"户籍跟着老人走"的突破，三地民政部门先后两批把天津市武清区养老护理中心、河北省高碑店市养老项目等9家养老机构作为试点，其中，武清区已有4家养老院，为三地老人提供养老床位800张；河北省三河市燕达金色年华健康养护中心率先实现了与北京医保、运营补贴的互联互通；此外，千余家京津冀地区医院实现了异地就医直接结算，老人可以异地医保刷卡就医，形成"京津冀跨区域协同养老"战略。

15.4　结语：协同发展存在的主要问题与展望

综上所述，京津冀协同发展在各领域逐步深入，在交通、生态、产业三大重点领域一体化成效明显，北京城市副中心建设拉开帷幕。在巩固、肯定已有成效的基础上，还要认识现存的问题。例如区域发展仍然不平衡，城市规模差距依然较大，北京市和天津市两级独大，河北省城市规模总体偏小；区域经济发展水平差距过大，人口不断由河北向北京、天津集聚；交通网络立体化多样化还有待提升；资源短缺、生态环境问题亟待解决。2020 年是京津冀协同发展中期目标之年，京津冀三地仍需扎实推进京津冀在各领域的协同发展，向世界级城市群的目标迈进。

主要参考文献

［1］2019 年创响中国"北京海淀站启动 中关村科学城双创"大地图"发布［EB/OL］. 人民网，https：//bj.cri.cn/20190619/f83aac44-9f3a-86a5-63ea-5fb6b5848c9c.html，2019-06-19.

［2］2019 京津冀体育产业大会举行 助力京津冀体育协同发展［EB/OL］. 人民网，https：//sports.people.com.cn/n1/2019/1122/c202403-31468919.html，2019-11-22.

［3］2019 年京津冀协同发展成绩单发布，有"减法"更有"加法"［EB/OL］. 中国政府网，https：//www.gov.cn/xinwen/2019-12/31/content_5465337.htm，2019-12-31.

［4］2019 年天津市国民经济和社会发展统计公报［EB/OL］. 天津市统计局，https：//www.tj.gov.cn/sq/tjgb/202005/t20200520_2468078.html2020-04-26.

［5］政府工作报告——2019 年 3 月 5 日在第十三届全国人民代表大会第二次会议上［EB/OL］. 中国政府网，https：//www.gov.cn/zhuanti/2019qglh/2019lhzfgzbg/index.htm，2019-03-05.

［6］我国首条智能高铁京张高铁全线轨道贯通［EB/OL］. 新华社，https：//www.gov.cn/xinwen/2019-06/12/content_5399514.htm，2019-06-12.

［7］北京京冬奥会主通道延崇高速松山隧道左洞贯通［EB/OL］. 中原新闻网，https：//baijiahao.baidu.com/s?id=1651946068240653587&wfr=spider&for=pc，2019-12-04.

［8］北京大兴国际机场正式通航［EB/OL］. 中国证券网，https：//baijiahao.baidu.com/s?id=1645641432134061766 &wfr=spider&for=pc，2019-09-25.

［9］北京市 2019 年国民经济和社会发展统计公报［EB/OL］. 北京市统计局，https：//tjj.

beijing.gov.cn/tjsj_31433/tjgb_31445/ndgb_31446/202003/t20200302_1673343.html，2020-03-02.

　　［10］充分发挥职能作用　打造亮丽的"法治雄安"［EB/OL］.河北新闻网，https：//hbrb.
hebnews.cn/pc/paper/c/201909/07/content_7113.html，2020-09-06.

　　［11］第五届京津冀大学生创新创业大赛暨科技型企业创新创业大赛落幕［EB/OL］.乐居网
秦皇岛，https：//baijiahao.baidu.com/s?id=1647356568310005125&wfr=spider&for=pc，2019-10-
14.

　　［12］关于印发《京津冀及周边地区2019-2020年秋冬季大气污染综合治理攻坚行动方案》
的通知［EB/OL］.生态环境部，https：//www.mee.gov.cn/xxgk2018/xxgk/xxgk03/201910/t20191016_
737803.html，2019-10-11.

　　［13］韩正：深入贯彻落实习近平总书记重要讲话精神　推动京津冀协同发展取得新的更大
进展［EB/OL］.中国雄安官网，https：//www.xiongan.gov.cn/2019-03/01/c_1210070397.htm，
2019-03-01.

　　［14］河北实施碧水保卫战三年行动计划［EB/OL］.中国雄安官网，https：//www.xiongan.
gov.cn/2019-02/13/c_1210058406.htm，2019-02-13.

　　［15］［回眸2019］区域协调向高质量发展迈进［EB/OL］.经济日报，https：//www.ce.cn/
xwzx/gnsz/gdxw/202001/03/t20200103_34035935.shtml?from=singlemessage，2020-01-03.

　　［16］回望2019·养老服务篇：久久为功 积聚势能［EB/OL］.中华人民共和国民政部，https：
//www.mca.gov.cn/article/xw/mtbd/201912/20191200022624.shtml，2019-12-02.

　　［17］京"津冀+雄安"政务服务"一网通办"最新进展来啦［EB/OL］.中国雄安官网，
https：//www.xiongan.gov.cn/2019-12/23/c_1210407402.htm，2019-12-23.

　　［18］京津冀：三地生态环境执法联动向纵深推进［EB/OL］.中国雄安官网，https：//www.
xiongan.gov.cn/2020-03/23/c_1210526063.htm，2020-03-23.

　　［19］京津冀海关签署《合作备忘录》协同支持雄安新区建设［EB/OL］.中国政府网，https：
//www.gov.cn/xinwen/2019-11/06/content_5449507.htm，2019-11-06.

　　［20］京津冀警务协同发展领导小组第九次会议在津召开［EB/OL］.新华社，https：//m.
xinhuanet.com/tj/2019-11/22/c_1125261398.htm，2019-11-22.

　　［21］京津冀科学教育馆联盟成立［EB/OL］.新华社，https：//m.xinhuanet.com/he/2019-09/
19/c_1125011928.htm，2019-09-19.

　　［22］京津冀联合发布教育协同发展三年行动计划［EB/OL］.新华社，https：//baijiahao.
baidu.com/s?id=1622602437414604033&wfr=spider&for=pc，2019-01-14.

　　［23］京津冀签署合作协议：三地异地门诊将直接结算［EB/OL］.新京报，https：//www.
bjnews.com.cn/news/2019/06/22/594384.html，2019-06-22.

　　［24］京津冀三地签署《进一步加强产业协同发展备忘录》［EB/OL］.长城网，https：//
baijiahao.baidu.com/s?id=1642923869653485422&wfr=spider&for=pc，2019-08-26.

　　［25］京津冀三地将统一绿色建筑评价标准［EB/OL］.中国产业信息网，https：//www.cinic.
org.cn/hy/jz/584768.html，2019-08-02.

　　［26］京津冀三地签署产业链引资战略合作框架协议［EB/OL］.中国产业经济信息网，
https：//www.cinic.org.cn/xw/kx/535183.html，2019-06-03.

［27］京津冀深化戒毒工作协同发展 ［EB/OL］. 中新网，https：//www.chinanews.com/gn/2019/12-23/9040479.shtml，2019-12-23.

［28］京津冀食品检验检测技术创新联盟正式成立 ［EB/OL］. 中国产业经济信息网，https：//www.cinic.org.cn/hy/zh/671903.html，2019-11-28.

［29］京津冀环首都"护城河"国庆 70 周年服务保障行动方案重磅发布 ［EB/OL］. 北京司法行政，https：//www.163.com/dy/article/EO8J44L50514DUKG.html，2019-09-04.

［30］京津冀医疗卫生合作成效明显 ［EB/OL］. 中华人民共和国国家发展和改革委员会，https：//www.ndrc.gov.cn/fggz/dqjj/zdzl/202003/t20200303_1222257.html，2020-03-03.

［31］科博会京津冀三地签约近 150 亿元 ［EB/OL］. 新京报，https：//www.bjnews.com.cn/news/2019/10/26/641989.html，2019-10-26.

［32］留住"北京雨燕"京津冀签署 《雨燕计划》［EB/OL］. 新京报，https：//www.bjnews.com.cn/feature/2019/06/08/588853.html，2019-06-08.

［33］区域协同扎实推进 重点领域成效明显 ［EB/OL］. 北京市统计局，https：//www.beijing.gov.cn/gongkai/shuju/sjjd/202003/t20200313_1838153.html，2020-03-13.

［34］生态协同推动实现京津冀协同发展中期目标 ［EB/OL］. 中国林业新闻网，https：//www.greentimes.com/green/news/yaowen/zhxw/content/2020-01/17/content_446921.htm，2020-01-17.

［35］首部施工类京津冀区域协同工程建设标准发布 ［EB/OL］. 中国产业经济信息网，https：//www.cinic.org.cn/yq/rmbq/shichang/555859.html，2019-06-27.

［36］天津滨海新区搭建五大载体平台 融入京津冀协同 ［EB/OL］. 经济参考报，https：//www.workercn.cn/32843/201908/02/190802040214605.shtml，2019-08-02.

［37］天津推出多项新举措建设京津冀协同开放高水平国际合作平台 ［EB/OL］. 新华社，https：//www.xinhuanet.com/politics/2019-10/11/c_1125091418.htm，2019-10-11.

［38］图解《北京市污染防治攻坚战 2019 年行动计划》［EB/OL］. 北京市生态环境局，https：//sthjj.beijing.gov.cn/bjhrb/index/xxgk69/zfxxgk43/fdzdgknr2/zcfb/zcjd89/1713338/index.html，2019-02-20.

［39］习近平在京津冀三省市考察并主持召开京津冀协同发展座谈会 ［EB/OL］. 中国政府网，https：//www.gov.cn/xinwen/2019-01/18/content_5359136.htm，2019-01-18.

［40］写在北京市级机关搬迁入驻城市副中心一周年之际 ［EB/OL］. 中国新闻网，https：//www.chinanews.com/gn/2020/01-11/9057370.shtml ，2020-01-11.

［41］行稳致远 京津冀协同发展 6 年取得诸多惠民实效 ［EB/OL］. 光明日报，https：//politics.gmw.cn/2020-02/26/content_33595926.htm，2020-02-26.

［42］一批标志性工程扎实推进 北京城市副中心拉开建设框架 ［EB/OL］. 中国新闻网，https：//www.chinanews.com/gn/2020/01-08/9054272.shtml，2020-01-08.

［43］中共中央 国务院印发《交通强国建设纲要》［EB/OL］. 中国政府网，https：//www.gov.cn/zhengce/2019-09/19/content_5431432.htm，2019-09-19.

［44］中共中央 国务院关于支持河北新区全面深化改革和扩大开放的指导意见 ［EB/OL］. 新华社，https：//www.xinhuanet.com/politics/2019-01/24/c_1124038340.htm，2019-01-24.

附　录
首席专家的研究成果与学术贡献

一、总体介绍

围绕"创新生态系统""雄安新区""京津冀协同发展"在《经济研究》《中国工业经济》等刊物发表重要学术论文 70 多篇（截至 2019 年）；出版了《创新生态系统：理论与实践》(2018)、《创新驱动与高新技术产业发展——产业链视角》(2014)、《高新技术产业成长——不确定性分析框架》(2007)、《京津冀协同发展前沿研究》(2006)（副主编）、《京津冀经济社会发展报告 (2018)——区域治理：京津冀协同发展新征程》、《河北省经济发展报告 (2017)——率先突破与京津冀协同发展》、《河北省经济发展报告 (2016)——新常态与京津冀协同发展》、《河北省经济发展报告 (2015)——京津冀协同发展与河北战略》、《河北省经济发展报告 (2014)——新型城镇化的路径选择与运行模式》、《环渤海区域经济发展报告 (2008)——人力资本与竞争力指数》（副主编）、《河北经济地理》、《中小企业跨区域合作研究》等 10 余部有关京津冀与创新生态系统的学术著作；主持完成国家社会科学基金重点项目"基于竞争优势转型的创新生态系统理论、机制与对策研究"、国家社会科学基金项目"我国高新技术产业自主创新模式研究"、"发展对经济增长有突破带动作用的高新技术产业研究"和主持完成国家重大项目子课题 3 项；主持完成省部级以上项目 30 多项。

（1）在学术界首次提出"京津冀协同发展"的概念，并协同京津冀三地社会科学界联合会策划、组织 2006 年度和 2007 年度"京津冀协同发展论坛",整理编撰论坛论文集《京津冀协同发展前沿研究》(副主编,中国经济出版社,2006)。

(2)从 2003 年早期参与环渤海研究,到 2006 年转向京津冀区域合作研究,再到 2014 年京津冀协同发展研究,三个阶段分别从副主编《京津冀协同发展前沿研究》(2006)、《环渤海区域经济发展报告》(2008),到参编《京津冀蓝皮书》(2012–2014),再到 2014~2018 年牵头撰写五部《河北省经济发展报告》和《京津冀经济社会发展蓝皮书》(主题全部围绕京津冀协同发展)形成系列京津冀协同发展和雄安新区建设的学术成果。

(3)在创新方面,主要研究领域和研究专长可概括为创新"三部曲",即企业创新、产业链创新、创新生态,并围绕这个创新研究演化路径形成了系列研究成果。

在企业创新方面,时间为 2000~2007 年前后,主要集中在承担第一个国家社科基金项目期间。揭示了突破带动经济增长新模式——产业集成化;构建了完整的产业集成化理论框架和模型;探讨了基于产业集成化的产业创新发展战略选择。这一期间主要代表性成果:出版了 3 部著作;在《中国工业经济》《天津社会科学》发表了 10 多篇系列相关的学术论文;主持完成国家社科基金项目 1 项,参与国家重大招标项目 2 项,主持完成省部级科研项目 4 项,以及主持其他 4 项省部级科研项目。

在产业链创新方面,时间为 2007~2014 年,主要集中在承担第二个国家社科基金项目期间。构建了产业链创新的理论模型,深入分析了生产链、知识链和行政链的创新行为,强调以"产业链创新"的"催化"与"涌现"作为我国高新技术产业自主创新模式的最佳选择,并以此促进产业战略发展,突破带动经济增长。这一期间主要代表性成果:出版了 4 部著作;主持完成国家社科基金项目 1 项,参与国家重大招标项目 1 项,以及主持完成其他省部级科研项目近 10 项;在《科学学与科学技术管理》等期刊发表了 20 余篇系列相关的学术论文;获得了多项省部级奖励。

在创新生态系统方面,时间为 2014 年至今,主要集中在承担第三个国家社科基金重点项目期间。从理论和实践两个方面梳理、深化、挖掘和整合创新生态系统相关理论,提出"基于创新视角的竞争优势转型理论"和"基于竞争优势转型的创新生态系统理论",丰富和深化了创新生态系统理论体系。这一期间主要代表性成果：出版 2 部学术著作，主持完成国家社科基金重点项目 1 项，参加国家社科基金重大项目 2 项，以及主持其他 10 多项省部级科研项目；在《经济研究》《光明日报》等重要报刊发表了 20 多篇学术论文和文章；获高等学校科学研究优秀成果二等奖 1 项，获天津市社会科学优秀成果奖一等奖 1 项，获河北省社会科学优秀成果二等奖 1 项。

二、代表性成果及基本观点

（1）《创新生态系统：理论与实践》（著作，第一作者；经济管理出版社，2018 年版），发表相关论文 25 篇，包括 CSSCI 论文 15 篇，被引证 231 次，合计下载数高达 2 万余次；相关咨询报告获得国务院原副总理张高丽批示；南开大学经济研究所所长刘刚教授发表书评"结构全面且合理，内容新颖且深刻"。该书从理论和实践两个方面梳理、深化、挖掘和整合创新生态系统相关理论，提出"基于创新视角的竞争优势转型理论"和"基于竞争优势转型的创新生态系统理论"，为国家、区域、产业以及企业等不同层面创新生态系统的构建和发展提供理论指导和实践借鉴。南开大学经济研究所所长刘刚教授在《经济参考报》（2018 年 7 月 11 日第 7 版）上发表书评，认为该书"对创新生态系统的构建和发展进行了深入研究"，有"结构全面且合理，内容新颖且深刻，结论普遍性和特殊性相结合"等几方面特点。该书已成为河北工业大学管理科学与工程和技术经济与管理专业的博士生必读书目。

（2）《创新驱动与高新技术产业发展——产业链视角》（社会科学文献出版社，2014 年版），获得天津市第十届社会科学优秀成果一等奖（2016 年）。该书引入复杂性理论，抓住高新技术产业自主创新的关键——产业链创新，围绕"制度引致催化创新—瓶颈突破（及重点突破）—整体推进涌现创新—产业跨越发展"的研究思路，以产业链创新的催化与涌现作为我国高新技术产业自主创新模式的最佳选择，突破带动经济增长。天津社科联原党组书记李家祥教授在总序中指出："这部著作揭示了产业链创新的内在动因和形成机制，重新揭示了自主创新的新动态，揭示了高新技术产业竞争的新本质，诠释了市场经济游戏的新规则，预示了产业结构变革的新趋势。"

（3）主持完成国家社会科学基金重点项目"基于竞争优势转型的创新生态系统理论、机制与对策研究"（项目批准号：14AYJO06），起止时间：2014 年 6 月至 2018 年 5 月；出版与课题研究直接相关的学术著作 1 部，发表论文 50 篇，包括 CSSCI 论文 26 篇，北大核心论文 13 篇，其中 20 篇论文被人大复印报刊资料转引；多份咨询报告得到国务院副总理、中央政治局委员，以及河北省和天津市领导的高度重视，多次获得肯定性批示，为各级领导的决策提供了宝贵的意见和依据。该项目引入生态系统理论、复杂系统理论和组织行为理论等学科交叉综合，在综合分析我国技术创新、企业创新、产业创新和创新型国家现状的基础上，提出"基于创新视角的竞争优势转型理论"和"基于竞争优势转型的创新生态系统理论"。由关注系统中要素构成和资源配置转向关注要素间、系统与环境间的动态过程；由关注创新组织内部转向与外部环境的联系；由关注创新组织结构到关注创新过程事件；由关注静态的创新系统到动态的生态系统，也使企业间的竞争优势之争演变为创新生态系统间的竞争。

（4）有关京津冀协同发展的专题咨询和决策参考，具有一定的影响力。就京津冀协同发展和一体化方面，多次参加中央政治局委员、天津市和河北省领导的专题咨询汇报。30 余份咨询报告得到国家领导人（国务院副总理）、中央政治局委员、河北省和天津市领导的高度重视，多次获得肯定性批示，为各级领导的决策提供了宝贵的意见和依据，有关京津冀协同发展的协同创新共同体、高新技术产业带、产业分工与互补，有关天津市的创新生态系统建设、自主创新政策、产学研协同创新、重点产业链发展，有关河北省的京津冀产业对接协作、产业一体化、数字内容产业发展，在新华社内参《国内动态清样》、新华社《经济决策参考》以及天津市政府《内参》、《信息专报》和《参阅件》等政府内部文件刊发，并被京津冀政府和相关部门采纳。

（5）《京津冀协同发展前沿研究》（副主编，负责产业部分；中国经济出版社，2006 年版）。该书首次在学术界提出"京津冀协同发展"的完整概念。该书将"协同"嵌入京津冀区域发展之中，在学术界较早提出了都市圈崛起的理论体系：区域产业分工和协作是京津冀都市圈崛起的重点和难点；区域资源整合与协调发展是京津冀都市圈崛起的基础条件；企业协同发展是京津冀都市圈崛起的载体和主体。

（6）《河北省经济发展报告（2017）——率先突破与京津冀协同发展》（著作，第一作者，负责总报告及组稿定稿；社会科学文献出版社，2017年版），荣获社会科学文献出版社第九届"优秀皮书报告奖"（三等奖）。该报告对协同发展阶段性进展及未来发展思路进行了全方位解读，认为京津冀协同发展形势稳定并且战略实施已经取得了成效。然而，也应看到天津、河北两地在协同发展指标得分上远远落后于北京，并且天津、河北与北京的差距并未缩小，部分时期的差距甚至在逐渐拉大，这将是今后京津冀协同发展中值得注意与反思的问题。雄安新区的设立盘活了京津冀协同发展的一盘棋，其更长远的战略意义在于探索中国经济转型发展新模式，打造创新驱动新引擎，成为引领全国创新发展的新的经济增长极。

（7）《河北省经济发展报告（2016）——新常态与京津冀协同发展》（主编，负责总报告及组稿定稿；社会科学文献出版社，2016年版）。该报告首次从区域治理角度梳理和总结京津冀协同发展，认为面对新常态赋予京津冀协同发展的新使命、提出的新挑战，加速推进京津冀协同发展需要凭借敢破敢立的勇气与智慧，完成重大体制机制突破，进行有效制度安排，建立以"三重共同体"为基础的区域治理新体系，即在政府层面形成利益共同体、在市场主体层面形成经济共同体、在社会民众层面形成命运共同体。中国社会科学院主办的第十八次全国皮书年会（2017）对该报告做出高度评价，获得了良好的社会反响。

（8）《河北省经济发展报告（2015）——京津冀协同发展与河北战略》（主编，负责总报告及组稿定稿；社会科学文献出版社，2015年版）。该报告从河北省角度审视京津冀协同发展。京津冀协同发展的根本不在于短期的政府行为和刺激政策，而在于能够直面深层次的体制改革和调整，推行创新驱动，把该区域建设成为世界级城市群、打造成为世界级创新中心。南开大学周立群教授在对该报告的评论中指出："该书是对京津冀协同发展这一国家重大战略的前瞻性探索。"

（9）《河北经济地理》（著作，第一作者，经济管理出版社，2017年版），获得"十三五"国家重点图书出版规划项目、国家出版基金资助项目资助，收入《中国经济地理》丛书。该书是认识河北、走进河北的一个"窗口"，旨在理清河北省当前自然、经济和社会基本情况，以便按照经济和自然规律要求，优化河北省的生产力空间布局和组合，改变当前经济要素分布不尽合理和不够完善之处；以便为"十三五"期间坚持"创新、协调、绿色、开放、共享"的发展理念，建设经济强省、美丽河北提供科学的决策依据。中国人民大学孙久文教授在该书的总序中指出："这套丛书为一般读者了解中国各地区的情况提供手札，为从事经济工作和规划工作的读者提供参考的资料。"

三、主要学术积累和学术贡献

围绕"创新生态"和"京津冀协同发展"的主要学术积累和学术贡献包括以下四个方面：

1. "创新驱动"及"创新生态系统"方面的学术累积和学术贡献

（1）创新生态系统作用机理及演化。课题首席专家将经济新常态下的新市场竞争模式和创新范式归结为创新生态系统；提出"基于创新视角的竞争优势转型理论"和"基于竞争优势转型的创新生态系统理论"，为国家、区域、产业以及企业等不同层面创新生态系统的构建和发展提供理论指导和实践借鉴（《创新生态系统：理论与实践》，社会科学文献出版社，2018 年版）。研究认为创新驱动的本质直接体现为创新生态系统的构建和优化：其要素模型包括有形资产"硬件"与无形机制"软件"，其中体制机制作为活跃的创新要素，激发了热带雨林式创新，是创新生态系统的异质性所在。研究表明：目前我国正处于向创新生态系统范式过渡阶段，应紧扣创新生态系统的内在特质，以我国创新活动中存在的问题为导向，从构建创新生态系统形成的基础体系、运行支撑体系、演化引导体系三个方面推进创新生态系统建设（《创新生态系统：创新驱动的本质探源与范式转换》，载于《科技进步与对策》，2016 年第 20 期）。此外，创新生态场"活化"了创新生态系统内部要素，场内追赶竞争力、合作外溢力、环境根植力及外力以正向动力或负向阻力形式作用于生态系统的内部网络，推动整个创新生态系统不断螺旋上升和演化（《创新生态系统作用机理及演化研究——基于生态场视角的解释》，载于《软科学》，2016 年第 12 期）。

（2）京津冀的创新驱动。创新驱动是京津冀区域治理的必然选择。创新改变重工业化过程中涉及的技术、资本、需求、供给以及资源禀赋的约束，改变现代社会主要建立在不可再生的矿产资源基础上的生产方式。京津冀的创新驱动战略是一个复杂的系统工程，不仅在技术创新、R&D 等方面，而且从更广泛意义上去探讨，即如何创新出高一级新产业，如何从产业链条上去掌控新产业，如何从单独的创新现象，通过制度安装"催化"出成千上万的创新活动，形成创新"涌现"，形成"制度引致'催化'创新—瓶颈突破（及重点突破）—整体推进'涌现'创新—产业跨越发展"的发展思路，并以此促进产业战略发展，突破带动经济增长（《河北省经济发展报告（2016）——新常态与京津冀协同发展》，社会科学文献出版社，2016 年版）。

（3）京津冀产业链创新。"产业链创新"的"催化"与"涌现"是我国高新技术产业自主创新模式的最佳选择（《新型城镇化：河北省转变经济发展方式的战略选择》，社会科学文献出版社，2014 年版）。中国高新技术产业正在进入战略发展机遇期，产业链创新是发展的关键（《中国高新技术产业自主创新能力评价——基于产业链为核心的视角》，载于《河北经贸大学学报》，2011 年第 1 期）。天津滨海新区作为国家首批电子信息产业基地之一，一直是我国重要的电子信息产品制造业基地，其电子信息产业已呈现出产业链创新趋势，以滨海新区开发开放为契机，以三大基地和四大国家级产业园为产业创新主体，日益成为天津经济增长的重要引擎（《天津滨海新区电子信息产业链创新研究》，2012 年版）。

（4）京津冀协同创新评价。"绩效评价"是量化区域创新能力的方法之一，而实证分析表明京津冀各地区的创新协同指数整体上稳步上升但增速缓慢；协同创新度对创新绩效的影响不显著，区域一体化程度较低使创新绩效分布极不平衡，各地市创新绩效呈"断崖式"分布（《基于产业对接与转移的京津冀协同发展研究》，载于《经济与管理》，2014 年第 4 期）；京津冀陷入了协同创新、创新绩效与区域一体化之间无法有效协调的不良循环（《协同创新、区域一体化与创新绩效——对中国三大区域数据的比较研究》，载于《科技进步与对策》，2017 年第 5 期）。从区域内部和具体指标来看，河北省在创新投入、创新资源、创新影响三方面仍处于落后地位，但在创新效率和大众创新方面有一定优势；北京在创新投入和创新影响两方面领先；而天津拥有相对更高的大学生比率，在创新资源方面有一定优势。今后三地在创新领域应当继续加强合作，实现资金、人才、创意互补，以取长补短，实现三地创新的共同进步（《河北省经济发展报告（2017）——

率先突破与京津冀协同发展》，社会科学文献出版社，2018 年版）。

（5）京津冀产业协同创新能力与路径。京津冀三地产业协同创新能力差异较大：北京产业协同创新整体能力强，天津产业升级方面能力较强，河北总体效果较差（《京津冀区域产业协同创新能力评价与战略选择》，载于《河北师范大学学报（哲学社会科学版）》，2015 年第 1 期）。协同发展的根本动力在于创新驱动，协同创新特别是产业协同创新是创新驱动的核心所在，是提高区域核心竞争力、转变经济发展方式的新型创新模式，是破解京津冀区域发展瓶颈、建设世界级产业创新中心的必然选择。提出京津冀三地应按照"强点、成群、组链、结网成系统"的协同创新路径，最终形成由研究、开发、应用三大群落构成的创新生态系统，并通过编制京津冀产业发展专项规划、搭建跨区域产业协同创新平台、编制产业协同创新路线图及重点行动计划等逐步推进产业协同创新（《京津冀产业协同创新路径与策略》，载于《中国流通经济》，2015 年第 9 期）。

（6）京津冀区域体制机制创新。机制创新是京津冀区域治理的题中之义。课题首席专家认为京津冀协同发展的市场机制存在诸多问题：体制机制束缚，地方保护严重；国有企业占比较大，非公经济发展不够活跃；特大企业较多，中小微企业活力不足；尚未建立统一的区域性市场规则［人民日报记者采访：《京津冀市场一体三地一家（京津冀协同发展·市场篇），2014 年 8 月 13 日］。因此，亟待从顶层设计的视角进行体制机制创新。顶层设计的核心是三地如何协调利益，涉及财税制度，涉及中央对地方、上级对下级政府的考核，涉及官员评价体系等［人民日报记者采访：《九问京津冀 圆梦当可期（京津冀协同发展·深度观察）》，2014 年 8 月 25 日］。"三位一体"机制是课题首席专家于 2015 年提出的重要理论：在架构政府机制、市场机制和社会机制的基础上，形成相对完整、运行顺畅的区域政府网络体系、区域市场网络体系和区域社会网络体系，通过树立互动合作理念，推进体制机制创新，完善区域法律法规、大力发展中小企业，发挥社会组织作用的方式来推进京津冀区域协同发展（《京津冀区域治理与三位一体机制设计的研究》，载于《城市》，2015 年第 5 期）。

2. 京津冀"产业一体化"方面的学术积累和学术贡献

（1）京津冀产业对接与转移。产业对接转移是当前京津冀协同发展的关键一环，应将重"存量"模式向重"增量"的模式转化［人民日报记者采访：《产业大

挪移 纵横京津冀（京津冀协同发展·产业篇）》，2014 年 8 月 14 日］，通过"双生"战略思路换得发展出路，既要"有中生新"，做精做优传统产业；又要"无中生有"，做大做强新兴产业（光明日报记者采访：《河北：蜕变之后谋崛起》，2015 年 5 月 26 日）。基于产业发展新本质和创新活动的新趋势，结合京津冀产业转移和对接的现状，课题首席专家将产业分工协作与产业转移具有的新内涵、新判断、新路径和新动向，归纳为构建区域产业生态：市场充分发挥资源配置的决定性作用，通过产业分工协作的带动和产业转移的经济再造，重塑经济增长的动力源泉，构建区域现代产业体系，建成世界级创新中心，打造新经济增长方式引领区。进而在政府引导和市场主导下，形成区域产业转移协调机制，加速区域内产业转移，实现产业的转移对接（《生态系统视角下京津冀产业转移对接研究》，载于《中共天津市委党校学报》，2014 年第 4 期）。

（2）京津冀区域产业网络。京津冀的崛起将以新产业的出现和产业创新为先导。这既符合产业发展的新趋势，也是区域发展的必然要求。京津冀产业创新应进行合理的制度安排，在产业和技术方面做出重大新选择，率先实行产业创新的综合试验，推行技术扩散创新战略和实施产业创新分工、一体化协作战略。在此基础上，构建该区域产业网络系统，提升整体产业发展能力和竞争能力（《京津冀都市圈产业创新网络再造与能力提升》，载于《河北工业大学学报（社会科学版)》，2014 年第 1 期）。

3."区域治理"方面的学术积累和学术贡献

针对京津冀协同发展中的各种问题和"乱象"，引入并发展了"区域治理"理论。该理论的核心是通过平等协商让资源和要素在区域间有效配置，其对"系统架构、创新驱动、优势再造"三大核心命题的解答是消除京津冀协同发展的约束，寻找新动力，实现新目标的必由之路。

（1）京津冀区域治理的系统架构。系统架构是京津冀区域治理核心架构的关键。京津冀协同发展应在更大层面上针对发展过程中存在的问题，如体制问题、定位问题、中心城市辐射问题、利益冲突问题、城乡差别问题以及二元化问题等，进而构建一个区域系统，促使要素、资源、政策、产业等实现系统性、完整性、匹配性和协调性（《京津冀协同发展与区域治理研究》，载于《中共天津市委党校学报》，2015 年第 3 期）。而将区域治理作为新的发展模式，应构建破解京津冀区域治理的"三重共同体"结构，即在政府层面打造利益共同体，在市场主体层面培育经济共同体，在社会民众层面构建命运共同体（《京津冀协同发展的新形势与新思路》，载于《河北师范大学学报（哲学社会科学版）》，2017 年第 4 期）。

（2）京津冀区域治理的创新驱动。创新驱动是京津冀区域治理的必然选择。创新改变重工业化过程中涉及的技术、资本、需求、供给以及资源禀赋的约束，改变现代社会主要建立在不可再生的矿产资源基础上的生产方式。京津冀的创新驱动战略是一个复杂的系统工程，不仅在技术创新、R&D 等，而是从更广泛意义上去探讨，即如何创新出高一级新产业，如何从产业链条上去掌控新产业，如何从单独的创新现象，通过制度安装"催化"出成千上万的创新活动，形成创新"涌现"，形成"制度引致'催化'创新—瓶颈突破（及重点突破）—整体推进'涌现'创新—产业跨越发展"的发展思路，并以此促进产业战略发展，突破带动经济增长（《新常态下京津冀协同发展战略的新思维》，载于《河北省经济发展报告（2016）——新常态与京津冀协同发展》）。

（3）京津冀区域治理的优势再造。优势再造是京津冀区域治理的动力源泉。京津冀区域的优势再造包括基础设施、市场、产业、资源、金融、发展规划等核心内容，是区域内能量聚合、优势互补、形成合理分工与协作的必然要求，也是提升区域整体竞争力的源泉所在。再造不是对过去发展成就的"否定"，而是优化升级，具体包括两个过程：一是合理化过程：即对前期发展的优化配置，形成彼此协调发展；二是高新化过程：培育和发展这一地区活力、动力和自生能力，进而提高国内区际和国际竞争力（《新常态下京津冀协同发展战略的新思维》，载于《河北省经济发展报告（2016）——新常态与京津冀协同发展》）。

4. 在京津冀其他方面的学术积累和学术贡献

（1）京津冀空间布局。课题首席专家按照"机制合理、形态优良、科学持续、优势互补"的发展思路，借鉴多中心网络型世界级恒湿群空间结构发展的经验，将京津冀地区经济活动空间格局概括为以"两核两心四带多节点"为协作载体的空间战略布局："两核"指北京和天津，"两心"为石家庄和唐山两个区域次中心，发展京津冀科技新干线、京唐秦发展带、京保石发展带和滨海发展带，从而推动保定、廊坊、张家口、承德、秦皇岛、沧州、邢台、邯郸和衡水多个重要节点城市的发展（《基于产业对接与转移的京津冀协同发展研究》，载于《经济与管理》，2014年第4期）。除此之外，课题首席专家作为专家参与各级别的京津冀协同发展研讨会时强调，应明确京津保三角、京津唐三角、京津廊三角、京张承三角、唐山—滨海—沧州增长带等空间结构组团与产业布局的未来方向；明确北京中关村、天津滨海新区、唐山曹妃甸区、沧州渤海新区、石家庄正定新区等战略性功能区的定位；同时还要涉及诸如涿州、固安、大厂、黄骅、白沟新城、定州、任丘、迁安、武安等区位优势突出、要素禀赋明显、成长性好的中小城市和京津冀区域的新增长点（《京津冀功能定位暨河北布局》，载于《中国经济报告》，2015年第10期）。

（2）京津冀现代化交通网络系统。京津冀物流交通一体化建设是京津冀区域性市场一体化的先行基础，是一切市场要素与资源自由流动的先决条件与重要保障，确保人员流动与生产资料流通。用时间换距离，降低市场要素流动与集结成本，提升市场开放度，有助于实现人才、生产要素和商品在三次产业之间和京津冀三地之间无障碍流动，形成高效、便捷的统一流通市场（《构建富有活力的京津冀区域性统一市场的建议》，载于《京津冀协同发展丛书（二）》）。基于对京津冀交通设施竞合关系的实证研究可知（《基于秩和比的京津冀综合承载力比较研究》，载于《地域研究与开发》，2014年第4期），津冀区域交通最大的障碍在于没有规划、建设、运输、管理的"一张图"。由此，京津冀现代化交通网络系统的建设，既要抓紧推进路网基础设施的硬件建设，打通"限行路"和"瓶颈路"，让海路空地（铁）各种交通工具和线路互联、互通、结网；又要围绕经济中心、中心城市形成交通枢纽，还要瞄准新的增长极、新经济区和新城镇展开建设；更要突出解决交通网络系统的软件设施一体化，实现政策统一化、服务信息化、技术标准化、管理协调化、运营市场化（《构建京津冀现代化交通网络系统的战略思考》，载于《河北工业大学学报（社会科学版）》，2015年第2期）。

（3）京津冀生态补偿核算与机制设计。生态问题需长期的城市集群整合，主要包括交通、工业和智能技术三个方面（记者采访：Key Conference Calls for Urbanization Efforts，载于《环球时报（英文版）》，2015年12月22日）。生态共建共享是区域一体化的关键，对京津冀协同发展尤为重要。长久以来，为保证京津冀地区经济发展，河北在资源开发利用、承接京津两地的落后产能等方面都作出了巨大的让步与牺牲，尤其在水资源供给与矿产资源开发方面最为突出。课题首席专家采用成本分析法、基于能源生态足迹的生态服务价值法，通过系统地分析京津冀生态共建共享现状及问题，测算出京津在流域和大气方面对河北生态补偿的具体金额（《京津冀协同发展中的生态补偿核算与机制设计》，载于《河北大学学报（哲学社会科学版）》，2016 年第 1 期）。该研究旨在呼吁京津冀区域政府主导下的生态补偿标准和方式有待改进，未来要分别从制定合理补偿标准、树立底线红线思维、引入排放权交易、建立区域污染防治、生态保护联动机制以及引导公众参与等角度，共建共享京津冀生态市场机制。

（4）京津冀教育协同发展机制。京津冀教育协同发展具有多维度：一是在治理机制设计方面，一定要在保证三地"权责明晰、合作高效"的基础上，以集合政府、学校、社会机构和公民共同参与教育治理作为着力点；二是能否解决伴随产业转移带来的人口跨区迁移问题方面，基础教育资源的布局一定要随之进行相应调整；三是高等教育资源的发展路径是否有助于提升京津冀协同发展中产学研协同创新能力；四是职业教育资源的布局是否有助于校企合作、产教融合（记者采访：《张贵：力推生态系统创新》，载于《中国教育报》，2017 年 6 月 27 日第 8 版）。教育协同发展追求的目标绝不仅是以强补弱的简单物理变化，也不仅是资源在规模或范围上的跨地区拓展，而是通过结构性的资源调整，构建共享共赢的整体统筹发展模式，实现"1+1+1>3"的化学质变（记者采访：《京津冀发力高教协同》，载于《人民日报（海外版）》，2017 年 4 月 5 日第 11 版）。

（5）京津冀文化协同发展机制。京津冀协同发展是三地共同的责任和事业，需要媒体有效引导三地广大群众在各个方面特别是重大问题、重点工作上，消除观念差异，统一认识、统一行动。特别是主流媒体的"协同"意识，会推动一体化的文化认同，进而树立本区域的文化自信，逐步实现文化自觉，最终形成京津冀的新文化：一种对协同发展和一体化深度透析后的新文明创造能力和文化价值（记者采访：《大咖聚滨海　给力京津冀》，载于《天津日报》，2017 年 2 月 28 日第 9 版）。

（6）京津冀人才一体化发展合作机制。加快京津冀人才合作是京津冀协同发展的必然要求。在人才培养、人才交流、人才政策、人才保障体系等方面取得了一定成就，但仍存在一些深层次问题，应按照"突破瓶颈、政策引致、优化配置、开放发展、高地集聚"的一体化发展思路，从顶层设计、政策衔接、多元主体参与、搭建利益纽带、实现内外循环、法制建设等方面构建人才合作机制，从人才发展与产业、资本、教育、平台、项目、制度环境相结合方面形成一体化政策保障（《京津冀人才一体化发展的合作机制与对策研究》，载于《中共天津市委党校学报》，2017 年第 3 期）。

后 记

　　本书是国家社科基金重大项目"雄安新区创新生态系统构建机制与路径研究"（项目批准号：18ZDA044）的阶段研究成果。

　　本书的主要内容是以首席专家张贵教授为首的媒体采访、专题研究和京津冀协同发展年度总结。参与撰写和调研的主要有李峰副教授，刘雪芹、刘霁晴、吕晓静、李佳钰、赵勇冠、钱钰、孙晨晨、续紫麒等博士研究生，梁莹、张东旭、李慧祥、赵一恒、孙建华和黄梓昕等硕士研究生也参与了部分资料收集和整理工作。

　　本书收录的部分内容已经被《人民日报》、《纽约时报》（头版）、《光明日报》、《经济日报》、新华社、中新社、路透社、中央电视台，以及《天津日报》、《河北日报》、北京电视台、天津电视台和河北电视台等50多家新闻媒体多次报道，感谢各家媒体和各位记者付出的辛勤努力。

　　本书收录的另一部分内容是近年来针对京津冀协调发展的专题报告，为相关决策提供了参考依据和理论支撑。

　　同时，本书被收入河北省人文社会科学重点研究基地、河北省新型智库"河北工业大学京津冀发展研究中心"的"智库丛书专辑"。

　　感谢经济管理出版社的编辑及校对人员为本书出版付出的辛勤劳动。

　　当然，由于编写组能力和时间所限，若有不妥之处，敬请读者批评指正！

国家社科基金重大项目课题组